主办单位 河北师范大学历史文化学院
河北师范大学古籍整理研究所

2025 年第一辑

（总第一辑）

贾丽英 主编

历史文献前沿

中国社会科学出版社

图书在版编目（CIP）数据

历史文献前沿. 2025 年. 第一辑：总第一辑／贾丽
英主编. -- 北京：中国社会科学出版社，2025. 1.
ISBN 978-7-5227-4581-7

Ⅰ．K207-55

中国国家版本馆 CIP 数据核字第 2024Z9W486 号

出　版　人	赵剑英
责任编辑	安　芳
特约编辑	刘中平
责任校对	张爱华
责任印制	李寡寡

出　　版	中国社会科学出版社
社　　址	北京鼓楼西大街甲 158 号
邮　　编	100720
网　　址	http://www.csspw.cn
发 行 部	010-84083685
门 市 部	010-84029450
经　　销	新华书店及其他书店

印　　刷	北京君升印刷有限公司
装　　订	廊坊市广阳区广增装订厂
版　　次	2025 年 1 月第 1 版
印　　次	2025 年 1 月第 1 次印刷

开　　本	787×1092　1/16
印　　张	22
字　　数	481 千字
定　　价	118.00 元

凡购买中国社会科学出版社图书，如有质量问题请与本社营销中心联系调换
电话：010-84083683

集　刊　名：《历史文献前沿》

主办单位：河北师范大学历史文化学院
　　　　　　河北师范大学古籍整理研究所

主　　　编：贾丽英

编　委　会（以姓氏笔画为序）

主　　　任：戴建兵

委　　　员：［日］三上喜孝　　［韩］尹在硕　代国玺　刘　源
　　　　　　刘　屹　邬文玲　李　军　李　峰　李学功
　　　　　　阿　风　陈　爽　宫长为　徐　毅

副　主　编：陈瑞青　宋　坤　申艳广

编辑部成员：申艳广　刘梦扬　宋　坤　张昂霄　陈瑞青
　　　　　　赵宠亮　赵秀宁　崔　壮　贾丽英

《历史文献前沿》创刊词

本刊由由河北师范大学历史文化学院、河北师范大学古籍整理研究所共同主办。

历史文献学是河北师范大学历史文化学院传统优势学科之一，学院在传世文献、出土文献、实物文献、档案文献、革命文献以及域外文献整理研究方面都有较强的学术团队。近年来，学院先后获批以历史文献为整理研究对象的国家社科基金重大、重点项目多项，研究内容涵盖甲骨文、金文、简牍、黑水城文献、古籍纸背文献及抗战文献等多种类型历史文献，形成了自己的特色方向。东北亚研究中心成立后，域外文献研究也取得了较大进步。这正是学院及古籍整理研究所创办此刊物的学术根基。

刊物名之曰"前沿"，意在突出问题意识和创新意识，侧重于采用新方法、使用新资料、得出新见解，既包括对旧问题的重新审视，也包括对新材料的全新解析。探索历史学多元化发展路径、体现学界关注的最新焦点问题、代表最前沿的研究水平。

经过较长时间的准备，在学界的大力支持下，《历史文献前沿》得以正式创刊。本刊坚持学术传承与国际视野并重，热忱欢迎国内外历史文献学专家学者不吝惠赐大作，分享成果。我们希望在这里既能看到史学名宿的大家手笔，也能看到史学新锐的神品佳作。衷心希望学界同仁能够持续关注《历史文献前沿》的成长，愿《历史文献前沿》守正创新、行稳致远。

《历史文献前沿》编辑部

2024 年 12 月 1 日

目 录

甲骨金文

族徽"丽鬲"与孔子的"文献"

张怀通　马恩斯[*]

（河北师范大学历史文化学院，河北石家庄，050024）

摘　要： 两件"丽鬲"瓶是商末青铜器，其上族徽铭文的下部是一个倒写的"鬲"字，上部呈侧向的二人形象的并列之形，应是"丽"字，意思是"比并""匹耦"。在西周晚期到战国早期的束仲🐾父簋等十多件青铜器铭文的器名之前都有一个"🐾"字，作二"鬲"相从或相抵之形，即"丽"字，意思是成双成对。这些都表明"鬲"有"比并""匹耦"之义。从"鬲"的"献"字也有"比并""匹耦"之义，《商誓》中的"献民"，意思是辅佐之民；《论语》记载的孔子所讲"文献"，意思是文字依据。

关键词： 丽鬲瓶；献民；献臣；文献；《商誓》；《论语》

现藏于北京故宫博物院的两件商末青铜瓶，在《殷周金文集成》中的编号分别是6916、6917，其圈足内铸有铭文，可能是族徽，结构、形态相同。请见下图：

图一　《集成》6916　　　图二　《集成》6917

学者已经对该族徽有所关注，进行了初步的隶定与解读，但在某些方面仍然存在较大探讨空间。同时，该族徽对释读《逸周书·商誓》中的"献民"、《论语·八佾》中的"文献"均有较大助益，因而有必要放在一起讨论。下面先对其含义在学者已有成果基础上再作考证，然

---

[*] 张怀通，男，1963年生，历史学博士，河北师范大学历史文化学院教授，博士生导师，研究方向为先秦史、《尚书》学。马恩斯，男，1989年生，河北地质大学马克思主义学院教师，专业方向为先秦史。

后以此为基础，对"献民""文献"及相关问题进行考释。不妥之处，敬请大家批评指正。

一　族徽上部文字是"丽"

（一）学者对该族徽的隶释

对于这个族徽，《殷周金文集成》分作上下两个文字临摹，而将器物直接命名为"𢎥𢎥"瓻①，这显然是作为未知文字来对待。张亚初先生将上一字隶定为"并"，将下一字隶定为"鬲"②，那么器名就是"并鬲"瓻。严志斌先生将上一字隶定为"比"，下一字直接临摹，器名则作"比𢎥"瓻③。陈英杰先生将以上学者观点进行了对比分析，作出综合判断："商代晚期的两件瓻铭作𢎥（6916，原拓）、𢎥（6917），上一字释'比'或'并'，下一字释'火'或'鬲'。我们认为释'鬲'（倒书）可能是对的，金文中有以'鼅'（7021 瓻）、'鼎'（如 4745 卣）为族名者。此字旋转 180 度作𢎥、𢎥，正象'鬲'之形。"④ 那么器铭就是"比鬲"瓻，或"并鬲"瓻。

张亚初、陈英杰二位先生将该族徽下部文字隶定为"鬲"，笔者认为很正确，该字正是"鬲"的倒形，毋庸置疑。张亚初、严志斌、陈英杰三位先生将族徽上部文字隶定为"并"或"比"，则不正确。该字有"并"或"比"的意思，但字形却应该隶定为"丽"。

（二）族徽上部文字是"丽"

商周甲骨文金文中的"并"，分别作"𢎥"（《合集》6055）、"𢎥"（并瓻，殷，《集成》6579）等形，是两个侧向或正向站立的人。如果是侧向，"人"形变作"人"字，在下肢象形部位的偏下方加一横或两横，隶定后作"𢎥"或"𢎥"形⑤；如果是正向，作二人形象并立之状，下方加或不加一横，隶定后作"𢎥"形⑥，二者都会"并肩""并列"之意。"并"的字形显然与族徽的上部文字——两个侧向的"人"的象形——不符。再者，两个侧向"人"形象下面的一短横在脚下，不在下肢象形部位的偏下方，且长短不均匀。这可能是与族徽铭文下部"鬲"字的分界线，其作用与"鬲"字下面的一长横相同，不能作为上部文字的构件来对待。

---

① 中国社会科学院考古研究所：《殷周金文集成》（修订增补本），中华书局 2007 年版，第 3973 页。
② 张亚初：《殷周金文集成引得》，中华书局 2001 年版，第 122 页。
③ 严志斌：《商代青铜器铭文研究》，上海古籍出版社 2013 年版，第 485 页。
④ 陈英杰：《谈金文中一种长期被误释的象形"鼅"字——兼论"鬲""鼅"的形体结构》，《金文与青铜器研究论集》，上海古籍出版社 2020 年版。
⑤ 姚孝遂等：《殷墟甲骨刻辞类纂》，中华书局 1989 年版，第 64 页。
⑥ 容庚编著，张振林、马国权摹补：《金文编》，中华书局 1985 年版，第 712 页。

商周甲骨文金文中的 "比"，作 "𰀁"（《合集》697 正）、"𰀁"（班簋，西周早期，《集成》4341）等形，是两个 "人" 字的并列之形，《说文解字》比部云："比，密也。二人为从，反从为比。"① 两个 "人" 字的并列，与族徽铭文上部两个侧向 "人" 形象的并列，显然不是一回事，应该加以严格区分，不能看作同一个文字。

族徽的上部文字，既不是 "并"，也不是 "比"，而应是 "丽"②。商周甲骨文金文中的 "丽" 字作 "𰀁""𰀁"（《合集》1487），"𰀁"（競【丽】作父乙卣，西周早期，《集成》5154.1），"𰀁"（競【丽】器，西周早期，《集成》10479）等形，形体方向正反无别。③ 有的是完全形式，有的是省略形式，这可由《合集》1487 中的两个 "丽" 字得到证明。省略的对象，学者认为是两人头上所戴 "头饰"。两种形式的 "丽" 的造字本意相同，都是 "象两个戴头饰之人比并、耦对之形"，"进而引申表示 '比并' '匹耦' 之义"。④ 族徽的上部文字是两个侧向 "人" 的象形，与 "丽" 的字形基本相同，因此可以认定是同一个文字，即 "丽"。

仔细观察，族徽上部文字中 "人" 的形象，与上举某些 "丽" 字存在少许差异。主要在头部，一个凸显了头颅，一个凸显了所谓 "头饰"。笔者认为，所谓 "头饰"，应该是头颅的象形。众所周知，甲骨文字的刻写非常不便，往往将圆形笔画刻成方形，如 "辟" 由 "O" 形刻成了 "口" 形，由此可见 "丽" 字上部的所谓 "头饰"，即 "𰀁"，可能是头颅线条的直化与简化，那么二者就没有分别。如此一来，将族徽上部文字隶释为 "丽" 就更加确定无疑。而且，这个 "丽" 字 "一般多用作人名或族名"⑤，也与学者对两件觚铭性质是族徽的认识相符合。既然如此，这两件青铜器的名称就应该是 "丽鬲" 觚。

将这个族徽的上部文字隶定为 "丽"，在此之前是不可能的。长期以来学者将这个字与 "𰀁"（宗周钟，西周晚期，《集成》260）等字，一起隶定为 "競"，释为 "竞逐" 之义。《出土文献》2020 年第 1 期发表了王子扬先生的论文《甲骨金文旧释 "競" 的部分字当改释为 "丽"》。该文广泛搜集对比了商周甲骨文金文中 "丽" 与 "競" 二字字形及辞例的差别，将 "丽" 字从释读正误混杂的 "競" 字中剥离出来，从而为我们准确认读这两件商末青铜觚上的族徽的上部文字是 "丽"，奠定了牢固的基础。

① 许慎：《说文解字》，中华书局 1963 年版，第 169 页。
② 笔者按：退一步讲，即使该字不是 "丽"，而是 "比" 或 "并"，对于下文论证 "鬲" 有 "比并" "匹耦" 之义，从 "鬲" 的 "献" 字也有 "比并" "匹耦" 之义，进而论证 "献民" 是辅佐之民，"文献" 是文字依据，也足够了。
③ 笔者按：邬可晶、王子扬先生认为甲骨文 "丽" 字上面的一横，表示下部的两个人形耦并。见氏著《甲骨金文旧释 "競" 的部分字当改释为 "丽"》，《出土文献》2020 年第 1 期。果真如此，这个一横发挥的作用是指示。我们再来看族徽上部文字下方的一横，似乎也有指示上面的侧向而立的两个人是耦并。这意味着，即使将一横当作文字构件，也不影响本文所论族徽上部铭文是 "丽" 字的观点的成立。但从王先生所举甲骨文金文中的 "丽" 字看，还没有一横在下面的例子。这个问题存疑待考。
④ 王子扬：《甲骨金文旧释 "競" 的部分字当改释为 "丽"》，《出土文献》2020 年第 1 期。
⑤ 王子扬：《甲骨金文旧释 "競" 的部分字当改释为 "丽"》，《出土文献》2020 年第 1 期。

（三）从"丽"看"鬲"字的含义

两件商末青铜觚上的族徽的上部文字是"丽"，含义是"比并""匹耦"，为我们释读族徽下部文字"鬲"的含义带来很大启发。

从西周晚期的束仲𤔲父簠（《集成》3924），经春秋时代的曾诸子鼎（《集成》2563）、郳凡伯怡父鼎（《铭图》2347—2348），直到战国早期的蔡公子缶（《集成》10001）等十多件青铜器铭文中，于器名之前都有一个"𩰲"字，从二"鬲"上下相从或相抵之形，中间由一个随形趋向的线条隔开。该字所从两个"鬲"字有繁简之别，但没有含义之分，学者认为是同一个字。过去吴振武先生认为该字是"沥"的异构，读作"历"，乃"陈列"之义。① 最近，李零先生依据这类器物往往成双成对出土的特点，经过深入分析研究，认为"双鬲者，丽之变也"，而"丽即伉俪之俪、骈俪之俪，是成双成对的意思"②。

李先生的观点正确，可以信从。但李先生在谈到"鬲"与"丽"的关系时却说：二者"形变音不变"，"鬲是来母锡部字，麗是来母支部字，为阴入对转字，古音相通。……器铭从二鬲的写法是丽字的繁化"。又说："古文麗应与双鬲形的丽字有关。小篆麗的双角反而更像是从双鬲形的丽字发展而来，而不是从辛字头发展而来。"③ 由上文对于"丽"字的分析可知，李先生的主张有得有失。"鬲"与"丽"声韵相通的观点可以成立，而𩰲是"丽"字繁化且是"麗"字源头的观点则值得商榷。

从共时方面讲，丽鬲觚族徽铭文的上部是"丽"字，含义是"比并""匹耦"，而"鬲"与之上下对应，呈相抵之形。从历时方面讲，从西周晚期到战国早期的束仲𤔲父簠等青铜器铭文中的"𩰲"即"丽"是成双成对的意思，而"鬲"是该字的主体。共时的横向线索与历时的纵向线索聚焦在一个点之上，即"鬲"，那么"鬲"字的含义也应是"比并""匹耦"。又由于丽鬲觚的时代是商末，那么可以断定，"比并""匹耦"应是"鬲"字较为初始的含义。如此一来，声韵相通，意思相同的"鬲"与"丽"，就不是繁简之别，而是通假的关系。

细心的读者一定可以发现，在"鬲"字的历时线索上，从商末到西周晚期，时间跨度较大，中间有无"比并""匹耦"之义的"鬲"字作为连接上下的环节呢？答案是肯定的。

清华简《摄命》中有一句话，作"汝能䛆，汝能并命，并命勤縺（肆）"，是"王"对"伯摄"的表彰之语。其中的"䛆"，从"言"从"鬲"，意思应是用"出纳朕命"的方式

---

① 吴振武：《释"瀝"》，《文物研究》第六辑，黄山书社1990年版。笔者按：与吴先生观点近似，邓佩玲先生认为，该字"当读为'延'，具有铺陈、陈列之意"，"形容器物依次排列，与古书所谓的'列鼎'意义相类"。见氏著《新出两周金文及文例研究》，上海古籍出版社2019年版，第194、196页。

② 李零：《丽器考》，《青铜器与金文》第四辑，上海古籍出版社2020年版。

③ 李零：《丽器考》，《青铜器与金文》第四辑，上海古籍出版社2020年版。笔者按：王子扬先生说："丽"与"麗"二字，"是两个来源不同、本义相异的字"，"两种'丽'字形体至迟在西周初年就开始通用了"。见氏著《甲骨金文旧释"競"的部分字当改释为"丽"》，《出土文献》2020年第1期。

对“王”进行“辅佐”①，显然是“比并”“匹耦”的引申义。整句话的大意是：你能辅佐我，能够为我勤劳尽命。《摄命》可能是古文《尚书》的逸篇，形成时代大约是西周中期，那么这个“鬴”就处于商末“丽鬲”觚之“鬲”与西周晚期的朿仲□父簋之“□”的中间位置。

“鬲”字从商末，经西周中晚期，春秋早中期，再到战国早期的完整链条就基本形成了，其含义是“比并”“匹耦”，引申义是“辅佐”“襄助”，则更加确定不疑了。②

二 从“鬲”看《商誓》“献民”的含义

（一）从“鬲”看“献”字的含义

“鬲”字在商末就具备了“比并”“匹耦”的含义，而且以特殊的方式一直延续到了战国时代的早期，然而在较早的传世文献与出土材料中，除了新近刊布的清华简《摄命》，长期以来不见用为“比并”“匹耦”之义的“鬲”字。20世纪60年代于省吾先生说：“鬲与从鬲之字既有支持、扼持、把持三种训释、语意相因，所以引伸当作辅佐解”，而对于自己所引据材料，却又不得不申辩，“就时间上来说，都比较晚一些。”于是于先生一方面将春秋晚期叔夷钟（春秋晚期，《集成》1.272—8）“汝应□公家”之“□”隶定为“鬲”；一方面指出《大诰》“嗣无疆大历服”之“历”在魏三体石经古文中作“鬲”；“鬲”与“历”双声叠韵，可以通假，而“历”训“辅佐”，以弥补这一缺憾。③

实际上，叔夷钟中的这个字应是“赞”，不是“鬲”，《大诰》今古文中的这个与“鬲”相通的“历”，古今学者多释为“历数”，意思是天运、天命。④ 因此两个字例都不足以证明先秦时代的较早资料中有“比并”“匹耦”之义的“鬲”字。

问题又回到了原点。笔者认为，在清华简《摄命》之外的先秦时代较早传世文献与出土

---

① 笔者按：本文将“鬴”字解释为“辅佐”，采纳的是张怀通先生的观点，见氏著《麦器与清华简〈摄命〉“鬴”诸字试说》（清华简《摄命》研究高端论坛，上海大学，上海·2019），后作为一节收入《〈尚书〉新研》（中华书局2021年版）之中。同时必须明确指出，张先生为了证明“鬲”有“辅佐”之义，将叔夷钟（春秋晚期，《集成》1.272—8）的“汝应□公家”，小盂鼎（西周早期，《集成》2839）的“明，王格周庙，【鬲王、邦】宾”、畯簋（西周中期，《铭图》5386）的“旦，王格庙，即位。□【鬲】王”等中应该隶释为“赞”的字，都隶释为“鬲”，显然是错误的。

② 笔者按：族徽“丽鬲”的含义或与两件所谓“觚”有关。“觚”是宋人的命名，由康王早期器物内史亳丰同可知，其本名应叫“同”。吴镇烽先生说：“商周青铜同（也就是通常所说的觚），呈喇叭形，中间微鼓肚，多么像□。同呈圆形，故引申为会合、聚集、齐一、统一等。”见氏著《内史亳丰同的初步研究》，《考古与文物》2010年第2期。正与“比并”“匹耦”的意义相近。

③ 于省吾：《释“蔑历”》，《东北人民大学学报》1956年第2期。

④ 孔氏传，孔颖达疏：《尚书注疏》，阮元校刻《十三经注疏》，中华书局1980年版，第198页；金兆梓：《尚书铨译》，中华书局2010年版，第154页。

材料中，有用以表示“比并”“匹耦”含义的“鬲”字，只是这个“鬲”字不是以本来面目出现，而是以“献”字的形式存在着。

“献”的繁体作“獻”，初文作“鬳”，字根是“鬲”。在有些卜辞中“鬲”用为“献”，例如：丙寅卜，又□鹿，其……禣……（《合集》30765）对于其中的“□”字，姚孝遂、胡厚宣二位先生都隶定为“鬲”①，而对于另一条卜辞“乙卯卜，□贞，□羌，其用妣辛□”（《合集》26954）中的“□”字，二位先生或隶定为“献”，或隶定为“鬳”②，而“鬳”是“献”的初文。由所在语境及发挥的语法作用看，前引卜辞中的“鬲”就是“献”字。甲骨文中的“鬲”字发展演变为“鬳”“獻”的轨迹，历历可察（右起左读）：③

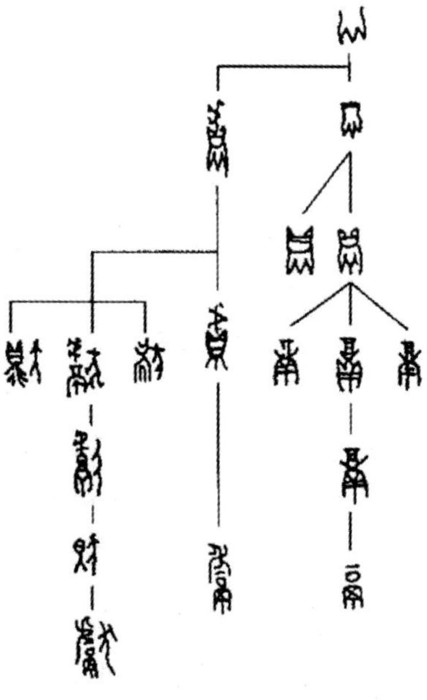

图三　“献”字

图三中的“献”字，多数从“鬲”，但也有的从“鼎”，这是因为“鬲”与“鼎”在造型用途等方面紧密相连，④《尔雅·释器》云“（鼎）款足者谓之鬲”⑤，说的正是这个意思，因此不影响对于“献”字含义的认定。“献”从“虍”从“犬”，《说文解字》鬲部云：“鬳，鬲属，从鬲虍声。”犬部云：“献，宗庙犬名羹献，犬肥者以献之。从犬鬳声。”⑥ 无论“虍”“犬”，还是“鬳”“鼎”，都围绕着“鬲”这一根本而存在，都在“鬲”的基础之上发挥作用。

既然“鬲”是“献”字的根本，那么“献”字的含义中就应该具备“鬲”的“比并”“匹耦”的义项。后世文献中，一些“献”字有“赞佐”之义，如《文选·三国名臣序赞》有句“遂献宏谋”，旧校：“五臣本‘献’作‘赞’。”⑦ 再如《文赋》有句“务嘈啈而妖冶”，注云：“啈”与“囋”及“巘”同⑧。实际上都是秉承着先

① 姚孝遂等：《殷墟甲骨刻辞摹释总集》，中华书局1988年版，第683页；胡厚宣等：《甲骨文合集释文》第三册，中国社会科学出版社2009年版。

② 姚孝遂等：《殷墟甲骨刻辞摹释总集》，中华书局1988年版，第599页；胡厚宣等：《甲骨文合集释文》第三册，中国社会科学出版社2009年版。

③ 金祥恒：《甲骨文字考释三则》，《“中央研究院”第二届国际汉学会议论文集》（语言与文字组），台北：“中央研究院”，1989年。

④ 笔者按：陈英杰先生说：“鬲、鼎形制和功用都有密切关系，因此鬲、鼎作为器名可以互称、连称。”又说：“鬲、甗、鼎在形制和功用上都存在着某种联系，字或从鬲，或从鼎，或从象形之甗，乃属义近形符换用之例。”见氏著《谈金文中一种长期被误释的象形“甗”字——兼论“鬲”“甗”的形体结构》，《金文与青铜器研究论集》，上海古籍出版社2020年版。

⑤ 邵晋涵撰，李嘉翼、祝鸿杰点校：《尔雅正义》，中华书局2017年版，第419页。

⑥ 许慎：《说文解字》，中华书局1963年版，第62、205页。

⑦ 宗福邦等：《故训汇纂》，商务印书馆2003年版，第1435页。

⑧ 朱骏声：《说文通训定声》，世界书局1936年版，第679页。

秦典籍中"献"字的"比并""匹耦"的含义而来。

（二）从"鬲"看"献民"的含义

现在就以上文的论证为依据，对给古今学者造成极大纷扰的先秦典籍中以"献"为核心的"献民""献臣""文献"等词语进行新的解释。

"献民"在《逸周书》的《商誓》《尚书》的《雒诰》，以及西周晚期青铜器胡簋等中一共出现了五例：

> （1）《商誓》："王若曰：告尔伊旧何父……及太史比【友】、小史昔【友】，及百官里居【君】献民。"①
>
> （2）《度邑》："维王克殷国，君诸侯，乃征厥献民九牧之师，见王于殷郊。"②
>
> （3）《作雒》："俘殷献民，迁于九毕【里】。"③
>
> （4）《雒诰》："其大惇典殷献民，乱为四方新辟。"④
>
> （5）胡簋："肆余以餗【义】士𢼒【献】民，稽𢼒先王宗室。"（（西周晚期，《集成》4317））

按照本文对于"献"字的考证，所谓"献民"，就是王的"比并"之民、"匹耦"之民，也就是辅佐之民。由《作雒》《雒诰》中的"献民"之前特加一个"殷"字看，"献民"没有族属的性质，而是指代所有辅佐之民。杨筠如先生说："古者称臣或曰友，或曰朋，或曰畴，或曰匹，其义一也。"⑤ 张政烺先生说："国之重臣与王为匹耦"，"君臣遭际自有匹合之义"。⑥正符合上举五例"献民"的意思。过去学者将"献民"解释为或"士大夫"⑦，或"贤民"⑧，

---

① 朱右曾：《逸周书集训校释》，商务印书馆 1940 年版，第 67 页。笔者按：《商誓》中还有一个"献民"，作"天王其有命尔百姓献民，其有缀芳。夫自敬其有斯天命，不令尔百姓无告"（朱右曾《逸周书集训校释》，商务印书馆 1940 年版，第 68 页）。此处按篇计算，当作一例来对待。

② 笔者按：朱右曾云："旧作'乃厥献民征主九牧之师'，今依《史记》及《玉海》订。"见氏著《逸周书集训校释》，商务印书馆 1940 年版，第 70 页。献民在"征"的前或后，不影响本文的讨论。

③ 朱右曾：《逸周书集训校释》，商务印书馆 1940 年版，第 76—77 页。

④ 杨筠如：《尚书核诂》，陕西人民出版社 1959 年版，第 221 页。

⑤ 杨筠如：《尚书核诂》，陕西人民出版社 1959 年版，第 215 页。

⑥ 张政烺：《"奭"字说》，《甲骨金文与商周史研究》，中华书局 2012 年版。

⑦ 孔晁注，卢文弨校勘：《逸周书》，《丛书集成初编》，中华书局 1985 年版，第 136 页。

⑧ 陈逢衡：《逸周书补注》，宋志英、晁岳佩选编《〈逸周书〉研究文献辑刊》第三册，国家图书馆出版社 2015 年版，第 390 页。笔者按："献"释为"贤"，是古今多数学者的见解。对于二者之间的关系，皮锡瑞说："（《多方》、《立政》中的）义民犹（《大诰》中的）民仪，谓贤者。义读为仪，仪训为贤。"见氏著《今文尚书考证》，中华书局 1989 年版，第 405 页；张衍田先生说："'仪'有善、贤义，'献'与'仪'同音通假，故'献'亦可训'善'、训'贤'。"见氏著《"文献"正义》，北京大学中国传统文化研究中心编《北京大学百年国学文粹》史学卷，北京大学出版社 1998 年版。这代表了学者的共同认识。

或"世禄秉礼之家"等①，意思近似，但未达一间。本文的论证则为之补足了推理过程中的重要缺环，使得文脉前后频率协调，文意上下条理顺畅。在有的典籍中，"献民"或作"民献"②，或作"民仪"③，或作"义民"④，都是由"献民"即"辅佐之民"演变而来，则毋庸再论⑤。

（三）从"鬲"看"献臣"的含义

"献臣"只在《尚书》的《酒诰》中出现了一例。

（6）《酒诰》："予惟曰：女劼毖殷献臣，侯甸男卫，矧太史友，内史友，越献臣百宗工。"⑥

---

① 刘师培：《周书补正》，宋志英、晁岳佩选编《〈逸周书〉研究文献辑刊》第九册，国家图书馆出版社 2015 年版，第 427 页。笔者按：刘师培先生在其他地方对"献民"有更为详细的解释，他说："考《左传》桓二年云：'武王克商，迁九鼎于洛邑，义士犹或非之。'杜预以义士为夷齐之属，盖本《史记·伯夷传》。……至宋陈亮等以义士即多士，由周而言则为顽民，由殷而言则为义士，惠栋《九经古义》从之。……又《佚周书·商誓解》曰：'尔百姓献民。'《度邑解》曰：'乃厥献民征主九牧之师，见王于殷郊。'《作雒解》曰：'俘殷献民，迁于九毕。'孔晁注曰：'献民，士大夫也。'其说近是，惟必待引申。盖献民即仪民，乃殷之故家世族也。殷之于臣'世选尔劳'（见《盘庚篇》），故入仕者均故族，而古代之礼又仅达于卿士大夫，故有献民之称。周迁献民于九毕，犹刘敬语高祖迁齐楚大姓于长安也。此与《多士篇》所言互证，周公迁殷顽于洛，所言多士亦即指献民言。即《左传》定四年所谓以顽民分赐鲁、卫者，亦即殷代之献民也。"见氏著《义士释》，《左盦集》，《刘申叔遗书》，凤凰出版社 1997 年版。可以互相参考。

② 笔者按：《大诰》云："今蠢今翌日民献，有十夫予翼，以于敉宁【文】武图功。"见杨筠如《尚书核诂》，陕西人民出版社 1959 年版，第 161 页。

③ 笔者按：《尚书大传》："《大诰》……《书》曰：'民仪有十夫。'"见郑玄注、王闿运补注《尚书大传》，《万有文库》第二集七百种，上海：商务印书馆 1937 年版，第 35 页。

④ 笔者按：《多方》云："惟天不畀，纯，乃以尔多方之义民，不克永于多享。"见杨筠如《尚书核诂》，陕西人民出版社 1959 年版，第 257 页。

⑤ 笔者按：西周早期大盂鼎（《集成》5.2837）中"王曰：……赐汝邦司四伯，人鬲自驭至于庶人，六百又五十又九夫；赐夷司王臣十又三伯，人鬲千又五十夫"之"人鬲"，有学者认为是《商誓》诸篇中的"献民"或《大诰》中的"民献"，例如吴大澂，他说："鬲，疑献之省文，盂鼎'人鬲千又五十夫'，人鬲当读如民献，贤也。《周书·作雒》'俘殷献民'，《酒诰》'汝劼毖殷献臣'，皆别于殷顽民而言。"见吴大澂、丁佛言、强运开辑《说文古籀补附录》，中华书局 2011 年版，第 72 页。但另有学者认为二者是不同性质的两类人，人鬲应是奴隶，例如陈梦家先生，他说："'人鬲'可有两个解释：一犹《左传》哀公二年'人臣隶圉'和僖公十七年卜招父所说'男为人臣'的'人臣'，乃全属奴隶；一包括下层的自由人（御）以至于最低的奴隶（鬲、庶人）。"见氏著《殷虚卜辞综述》，中华书局 1988 年版，第 619 页。再如唐兰先生，他说："'人鬲'作册夨令簋作'鬲'。鬲《说文》引《汉令》作鬻。鬻与磿通，《周书·世俘解》说：'武王遂征四方，凡憝国九十有九国，馘磿亿有十（当作七）万七千七百七十有九，俘人三亿万有二百三十。凡服国六百五十有二。'馘说磿而俘说人，可见人就是磿，这些被杀的与被俘的，都是此铭所说的'人鬲'。人鬲是战俘奴隶，前人把他们当作《大诰》中所说'民献有十夫'是错的。人鬲自驭至于庶人，可见地位很低，而献民则都是贵族身份。"见氏著《西周青铜器铭文分代史征》，上海古籍出版社 2016 年版，第 189 页。与以上学者的思路不同，李学勤先生认为"鬲"的意思是"数"，他说："《尔雅·释诂》：'历，数也。''历'（或'磿'、'鬲'）训为数，可以是动词，也可以是名词。……《世俘》'馘磿'即首级之数，大盂鼎'人鬲'即人数。令簋'臣十家，鬲百人'，即十家仆，人数共一百人，这可能是恰巧百人，也可能是一种约计。"见氏著《青铜器与古代史》，台北：联经出版事业股份有限公司 2005 年版，第 234 页。笔者认为李学勤先生的观点正确可从。

⑥ 杨筠如：《尚书核诂》，陕西人民出版社 1959 年版，第 193 页。

其中的"献臣",按照本文对"献"字的论证,含义应该是辅佐之臣。这与"侯甸男卫""太史友,内史友""宗工"的地位相互协调,因而是正确的。但此处有一个问题需提出来,必须予以解答,即为什么"献"修饰的是"臣"而不像《商誓》《雒诰》等篇章一样是"民"。

"臣"在商周时代是一个卑贱的称谓。"臣"来源于战俘,身份是奴仆,有被各级贵族层层占有的特征,"陪臣""曾臣"即臣的臣,表示的就是这一层意思。个别的"臣"由于特殊机缘而跻身高级统治者之列,可以与公卿并肩,但其实质仍然是卑贱者。① 在这样的认识之下,再来看《酒诰》。《酒诰》发布于平定武庚叛乱不久,此时周公称呼殷遗民为"献臣",既表明了他们在旧王朝中的政治地位,又表明了其被征服后的奴仆身份,恰如其分。相对而言,武王在《商誓》中称呼殷遗民为"献民",有一种怀柔的心境蕴含其中,这与其同时宣布的"胥告商之百【姓】无罪,其维一夫"的政策相一致。至于《雒诰》《作雒》中的"献民",前者是周公在东征已经胜利、天下局势已经稳固的前提下对殷遗民的称呼;后者是春秋后期对周初情势早已没有切身感受的《作雒》作者对于词语的随机选择。形势发生了变化,对象的性质已有所不同,称呼当然也就随之改变。及时反映现实的生动性与层层叠加的时代性,正是语言的魅力所在。

陈梦家、杨筠如、周凤五等先生将"献民""献臣"解释为"罪民"或"孽民"②,以突出其殷遗民的身份特征,则是既没有看到武庚叛乱前后局势的遽然变化的现实,以及在不同局势中殷遗民政治地位升降起落的境况,也没有留意《大诰》、胡簋中的"献民"所指都是周家自己人的事实。③ 从运思开始就有所偏颇,在辨析过程中又"一刀切",那么所得结论自然就不可靠了。

三 "文献"新释

"文献"一词由孔子首先使用,见于《论语·八佾》。

> 《八佾》:"子曰:夏礼吾能言之,杞不足征也。殷礼吾能言之,宋不足征也。文献

---

① 张怀通:《〈洪范〉"三德"章新释》,《中国经学》第 24 辑,广西师范大学出版社 2019 年版。

② 陈梦家:《殷虚卜辞综述》,中华书局 1988 年版,第 618 页;杨筠如:《尚书核诂》,陕西人民出版社 1959 年版,第 161—162、193、221 页;周凤五:《"嬖"字新探——兼释"献民"、"义民"、"人鬲"》,《台大中文学报》2015 年第 51 期。

③ 笔者按:陈梦家先生说:"所谓'民献有十夫',据《大诰》上下文来看指扶翼武王完成文武功业的贤臣。"见氏著《殷虚卜辞综述》,中华书局 1988 年版,第 618 页。

　　不足故也，足，则吾能征之矣。"①

　　最早为"文献"作解的是郑玄，他说："献，犹贤也。我不以礼成之者，以此二国之君，文章贤才不足故也。"② 这是用文章解释文，用贤才解释献。从此之后，古今学者多遵从此说，并不断加以丰富完善。朱熹是古代学者的代表，他说："文，典籍也。献，贤也。"③ 张衍田先生是当代学者的代表，他说："文是言的记录，前代治国之言载诸简册即为文。由此可知，'文献'之'文'，义为文章、典籍，所载内容，为前代以礼治国之制"；"先秦典籍记载人们征引古事古制时，常常习惯于用'臣闻之'一类的词语提起。这是因为，当时人们对古事古制的了解，不仅是通过典册的记录阅读来的，还有一条重要途径就是通过口耳相传听来的。这些口耳传闻的重要古事古制，都记录在博物君子的脑子里。统治者们要想很好地吸取过去的统治经验，使自己的统治符合古制，一方面要参考典册上记录的历史文件，同时还需要访询通晓古事古制的贤达"，这些贤达就是贤人、献民，或简称献。④ 在这一主流的观点之外，还有一些对于"文献"的解释，例如：上献的书籍文章、文字记载与前代器物等⑤。为了避免枝蔓，此处不再赘述。

　　笔者认为，依据本文对于"献"有"比并""匹耦""辅佐"之义的考证，可以为孔子所讲"文献"增添一项新解释：文献的意思是文字依据。

　　辅佐与依据是一体的两面，于省吾先生说："古文字的用法，有本为一字而分施受之别，也就是说，主动和被动，或上对下下对上所说的都用一个字，它的函义相异而相因。"⑥ 很显然，"献"就是这样的一个字。

　　在"文字依据"的意义上，文献与文籍、图赞的意思相近。《尚书序》孔疏云："《说

　　① 朱熹：《论语集注》，齐鲁书社 1992 年版，第 22 页。
　　② 何晏《论语集解》注引，何晏集解，邢昺疏《论语注疏》，阮元校刻《十三经注疏》，中华书局 1980 年版，第 2466 页。
　　③ 朱熹：《论语集注》，齐鲁书社 1992 年版，第 22 页。笔者按：朱熹的学生蔡沈继承了朱熹的观点，并将其引入对《雒诰》"其大惇典殷献民，乱为四方新辟，作周恭先"的解释，他说："典，典章也。殷献民，殷之贤者也。言当大厚其典章及殷之献民。盖文献者，为治之大要也。"见氏著《书集传》，中华书局 2017 年版，第 167 页。可与朱熹的观点相互参考。
　　④ 张衍田：《"文献"正义》，北京大学中国传统文化研究中心编《北京大学百年国学文粹》史学卷，北京大学出版社 1998 年版。朱熹之后，学者对"文献"的解释以马端临、刘师培为代表，马端临云："凡叙事，则本之经史而参之以历代会要，以及百家传记之书，信而有证者从之，乖异传疑者不录，所谓文也。凡论事，则先取当时臣僚之奏疏，次及近代诸儒之评论，以至名流之燕谈，稗官之纪录，凡一话一言，可以订典故之得失，证史传之是非者，则采而录之，所谓献也。"见氏著《文献通考》自序，中华书局 1986 年版。刘师培先生云："仪献古通……书之所载谓之文，即古人所谓典章制度也；身之所习谓之仪，即古人所谓动作威仪之则也。……孔子言夏殷文献不足，谓夏殷简册不备，而夏殷之礼又鲜习行之人也。"见氏著《文献解》，《左盦集》，《刘申叔遗书》，凤凰出版社 1997 年版。可以作为参考。
　　⑤ 笔者按：可参看张衍田先生的归纳，见氏著《"文献"正义》，北京大学中国传统文化研究中心编《北京大学百年国学文粹》史学卷，北京大学出版社 1998 年版。
　　⑥ 于省吾：《释"蔑历"》，《东北人民大学学报》1956 年第 2 期。

文》云：'文者，物象之本也。籍者，借也。借此简书，以记录政事，故曰籍。"① 《国语·周语下》云："若启先王之遗训，省其典图刑法，而观其废兴者，皆可知也。"② 《文心雕龙·颂赞》云："赞者，明也，助也。昔虞舜之祀，乐正重赞，盖唱发之词也。"③ 正是对 "籍" "赞" 本义及所发挥作用的中肯解释。文献或文籍、图赞，如果用今天的词语作类比，大概相当于我们熟知的 "数据"。

① 孔氏传，孔颖达疏：《尚书注疏》，阮元校刻《十三经注疏》，中华书局 1980 年版，第 113 页。笔者按：葛志毅先生说："此应是《说文序》，然与今本文字有异，盖此为唐时古本。"见氏著《试论〈尚书〉的编纂资料来源》，《谭史斋论稿续编》，黑龙江人民出版社 2004 年版。

② 上海师范大学古籍整理研究所校点：《国语》，上海古籍出版社 1988 年版，第 108 页。

③ 刘勰著，黄叔琳注，纪昀评，李详补注，刘咸炘阐说，戚良德辑校：《文心雕龙》，上海古籍出版社 2015 年版，第 57 页。

卫簋与伯狱诸器铭文研究*

刘梦扬**

（河北师范大学历史文化学院，河北石家庄，050024）

摘　要：卫簋与伯狱诸器词例独具特色，为我们认识时代较早的西周册命记述方式提供了宝贵的材料。"光尹"是卫与狱对其长官的敬称。使用"朕光尹"一词介绍册命礼中的右者，强调此次册命礼中的右者是受命者的上级；"告某于王"一句意为右者（长官）将受命者为官之业绩禀告于王，反映出西周职官系统中长官沟通周王与下属的作用。"用事"本是册命礼中周王讲话的一部分，随着册命铭文格式的固定化，"用事"一词也被固定于册命铭文之中，成为一种"套语"。受命者初次接受任命，册命中会详述受命者职司，而如果受命者已有本职，在册命中可能不会详述。

关键词：卫簋；伯狱诸器；册命铭文；右者；用事

目前所见卫簋为一套四件同铭同形青铜器，其中两件 2008 年见于香港收藏家手中，由此引起学者们的注意，另外两件分别由内地博物馆和私人收藏。卫簋铭文主要记述了周王对卫的册命，词例独具特色，与一般典型的西周册命铭文不尽相同。其文例可能源自 2005 年海外回归的伯狱诸器。这些铭文为我们深入认识西周册命记述方式提供了宝贵的材料。

一　卫簋与伯狱诸器铭文内容及特点

2008 年见于香港的两件卫簋（《铭图》5368）圆鼓腹微显倾垂，有斜坡状圈足，兽首半环耳带有小珥；盖上有圈足状捉手；盖下与口沿处饰长尾鸟纹。综合考虑器形、纹饰与铭文

---

* 本文为河北师范大学 2023 年度人文社会科学校内科研基金计划项目"西周册命铭文所见官制研究"（S23B008）阶段性成果。

** 刘梦扬，女，1990 年生，历史学博士，河北师范大学历史文化学院助理研究员，研究方向为先秦史。

字体、历日等因素，可推断卫簋约作于西周中期早段的穆、共时期，① 其铭文内容为：

> 唯八月既生霸庚寅，王格于康大室。卫曰：朕光尹仲偘父右，告卫于王。王赐卫佩、缁市朱亢、金车、金𬭊。曰：用事。卫拜稽首，对扬王休，卫用肇作朕文考甲公宝𬬻鼎，其凤夕厥馨香敦祀于厥百神。亡不则肆蓬，馨香则登于上下，用匄百福、万年。俗兹百生，亡不醻鲁，子子孙孙其万年永宝用兹王休。其日引毋替，世毋忘。（《铭图》第 12 册第 130 页）

与之相关的还有 2005 年海外回归的伯狱诸器（包括一鼎、一盘、一盉、一盨、伯狱簋二、狱簋一），其中的狱盘（《铭图》14531）与狱盨（《铭图》5676）诸器铭文分别记述了周王对狱的两次册命，内容和格式与卫簋高度相近，可相互对读参证，相关铭文内容如下：

> 狱盘：
> 唯四月初吉丁亥，王格于师𫗧父官，狱曰：朕光尹周师右，告狱于王。王赐狱佩、缁市丝亢、金车、金𬭊，曰：用凤夕事。狱拜稽首，对扬王休，用作朕文祖戊公盘、盉，孙孙子子其万年永宝用兹王休，其日引勿替。（《铭图》第 25 册第 579 页）
> 狱盨：
> 唯十又一月既望丁亥，王格于康大室，狱曰：朕光尹周师右，告狱于王。王或赐狱佩、缁市朱亢。曰：用事。狱拜稽首，对扬王休，用作朕文考甲公宝尊簋，其日凤夕用厥馨敦祀于厥百神，孙孙子子其万年永宝用兹王休，其日引勿替。（《铭图》第 12 册第 453 页）

狱与卫所祭之父皆称"文考甲公"，狱又自称为"伯狱"，可知狱是卫的兄长，是大宗宗子，卫是其弟，是从大宗分出担任王官的小宗。由铭文历日线索可知，狱盘所记册命在卫簋之前，狱盨所记册命在卫簋之后。卫一支是在其父伯甲父过世之后分出的第一代，与大宗还保持着密切的联系，在祭祀活动和礼器制作方面仍受大宗的主导与影响。卫簋铭文当是源于此，可能与伯狱诸器同批铸造，在行文用词和格式上与之有着共同的特点。

卫簋与伯狱诸器记述的册命与一般较为典型的西周册命铭文格式略有不同，如利鼎（《铭图》2452），铭文内容为：

> 唯王九月丁亥，王格于般官，邢伯入右利，立中廷，北向。王呼作命内史册命利，

---

① 朱凤瀚：《卫簋与伯狱诸器》，《南开学报》2008 年第 6 期。

曰：赐汝赤环市、銮旂，用事。利拜稽首，对扬天子丕显皇休，用作朕文考隩伯尊鼎，利其万年子孙永宝用。（《铭图》第 5 册第 293 页）

相比之下，卫簋与伯狱诸器铭文的特点主要体现在以下几点：第一，省略了对右者与受命者在册命礼中所处位置的记述，增加了"狱曰""卫曰"的标记，从一般册命铭文对册命场景和内容的直接陈述变为器主口吻的转述；第二，在介绍右者时使用了"朕"，强调右者与作器者之间的密切关系，不同于一般册命铭文仅介绍右者的姓名与身份。第三，在记述周王赏赐之前有"告某（作器者之名）于王"一句，此类文例尚未见于目前所知的其他青铜器。这些特点已为学者们注意和研究。① 在此基础上，这些用词的意义及其出现的背景还有进一步讨论的空间。

二 释"光尹"

"光尹"是卫与狱对册命礼中的右者仲侃父和周师的称呼。册命礼中右者与受命者的关系复杂，不少学者对此进行过专门的讨论。西周册命铭文往往只记右者的姓名与身份，如利鼎中仅记右者为井伯，右者与受命者的关系还需其他线索来论证。卫簋与伯狱诸器铭文的特点之一是用作器者的口吻转述册命礼，作器者的主体意志因此得以更加突出。铭文在介绍右者时特别用"朕光尹"强调说明了右者与受命者的密切关系。"朕"在金文中一般作第一人称所有格，释为"我的"，与"作器者曰"的转述口吻一脉相承。

"光"在金文中常用作赞美之词，如"对扬武公丕显耿光"（禹鼎《铭图》2498）；又可读为"贶"有赏、赐意，如"王光宰甫贝五朋"（宰甫卣《铭图》11303）；还有"荣"意②，如"敢追明公赏于父丁，用光父丁"（矢令方彝《铭图》13548）、"井侯光厥吏麦"（麦盉《铭图》14785）但尚未见"光"本字与尹或其他人称直接连用之例。

此处"光"可读为"皇"。③ "皇"在金文中多与亲属称谓"祖""考""母"等连用，是对已逝亲属的尊称；又与"天"（大克鼎《铭图》2513）"上帝"（宗周钟《铭图》15633）连用，表现对超然的崇拜和赞美；还有"皇王"（梁其钟《铭图》15522）、"皇辟"（召圜器《铭图》19255）、"皇公"（班簋《铭图》5401）、"皇君"（几父壶《集成》12438）、"皇尹"（作册大鼎《铭图》2390）等称，是臣属和下级对君主或长官的敬称。

① 李学勤：《伯狱青铜器与西周典祀》，《文物中的古文明》，商务印书馆 2008 年版，第 289—294 页；朱凤瀚：《卫簋与伯狱诸器》，《南开学报》2008 年第 6 期；吴镇烽：《狱器铭文考释》，《考古与文物》2006 年第 6 期。
② 李学勤：《谈叔矢方鼎及其他》，《文物》2001 年第 10 期。
③ 李学勤：《伯狱青铜器与西周典祀》，《文物中的古文明》，商务印书馆 2008 年版，第 289—294 页。

"尹"所代表的职官在商周不同时期身份地位不尽相同。商代的尹多用于执政官长之称，甲骨文中有"黄尹""伊尹"，金文中所见商代的尹在商王身边，地位很高，可能是主政大臣，如逦鼎（殷，《铭图》2312）：

> 乙亥，王归在龟次。王飨酒。尹光逦，唯格，商贝。用作父丁彝，唯王征井方，
> 凰。（《铭图》第 5 册第 65 页）

铭文记商王征伐井方（可能取得了胜利）回到龟地驻扎，在龟举行飨酒。尹光跟随商王出征，参加了飨酒，之后赏赐属下逦贝。逦出自商代大族，逦虽是尹的属下但亦能随商王出征并参加飨酒，其本人身份并不低，可能是中级武官，隶属于尹。此铭中的"尹"是职官名，可以随商王出征，并有自己的下属，当是商王重臣。

至西周，不少殷遗民对长官亦惯称尹，如彦鼎（西周早期，《铭图》2022）：

> 癸卯，尹赏彦贝三朋，用作父丁尊彝。（《铭图》第 4 册第 187 页）

家臣对家主也可称尹，如公臣簋（西周晚期，《铭图》5183）：

> 虢仲令公臣司朕百工，赐汝马乘、钟、五金，用事。公臣拜稽首，敢对扬天尹丕显
> 休，用作尊簋，公臣其万年，永宝兹休。（《铭图》第 11 册第 180 页）

公臣簋所记是贵族家族内部模仿周王的一次册命，公臣是家臣，受到家主虢仲命令掌管其家族内部的百工，并受到马、钟等赏赐。蔡运章先生认为此"虢仲"即虢公长父，为厉王时期重臣。[①] 但其在王朝中所任职务并不是"尹"。公臣称虢仲为"天尹"是对虢仲的尊称，与卫簋"光尹"意义相近。

西周中晚期还有"作册尹"（师农簋《铭图》2481）、"尹氏"（颂簋《铭图》2492）、"尹"（伊簋《铭图》5399）等职官参与册命礼，但他们属于史官系统，并非担任右者，而是在册命礼中负责代王册命受命者或授王命书等事务。卫簋与伯狱诸器中的仲侃父和周师是右者，与此类属于史官系统的尹不同。"光尹"是敬称而非二人实际的官职。

"皇尹"见于史兽鼎（西周早期《铭图》2423）：

> 尹令史兽立（涖）工于成周。十又一月癸未，史兽献工于尹。咸献工。尹赏史兽

---

① 蔡运章：《论虢仲其人——三门峡虢国墓地研究之一》，《中原文物》1994 年第 2 期。

裸。赐豕鼎一，爵一。对扬皇尹丕显休。用作父庚宝尊彝。（《铭图》第 5 册第 241 页）

"立"，读为"涖"，视也。《周礼·春官·大宗伯》"眡涤濯涖玉鬯"；"裸"，饮宾客之礼。铭文记尹命令史兽到成周监工，十一月癸未这一天工程完成，史兽向尹报告完成。尹赏史兽举行裸礼，并赐给他鼎和爵。此处尹是史兽的长官，"皇尹"是史兽对其的敬称，但其职官名是否就是"尹"缺少证据。《尔雅·释言》"尹，正也"。《诗经·小雅·节南山》"赫赫师尹"。周初的"尹"可能与"师"一样，皆是对长官的泛称。史兽称其父为父庚，可能是殷遗民。

又有"皇天尹大保"，见于作册大方鼎（西周早期《铭图》2390）：

公来铸武王、成王翼鼎。唯四月既生霸己丑，公赏作册大白马，大扬皇天尹太保宝。用作祖丁宝尊彝。隽册（《铭图》第 5 册第 183 页）

铭文记公（即下文的太保）为武王、成王铸了祭祀用鼎。四月既生霸己丑这一天，公赏赐作册大一匹白马。作册大表示感激。"宝"，相当于休，是休赐、赞美之意。[1] "公"是作册大的长官，"天尹太保"是作册大对公的尊称。"太保"是职官名，此时的"太保"可能是召公奭。"天尹"则是加在职官名"太保"之上的溢美之词，也非职官之名。作册大称其祖为"祖丁"，铭末又有族徽"隽册"，亦可能是殷遗民。

史兽和作册大与伯狱、卫两兄弟皆可能是殷遗民，沿用了商人用"尹"称呼长官的习惯，但西周的"尹"不一定是长官的实际官职。如作册大称长官为"皇天尹"而其实际官职是太保。

"光尹"是卫簋中卫对其长官仲侃父的敬称。伯狱与卫皆是殷遗民后裔，称长官为"尹"是商人称执政大臣为尹的泛化和遗留。使用"朕光尹"一词介绍册命礼中的右者，强调此次册命礼中的右者是受命者的上级，二者具有密切关系。

三　释"周师"

卫簋中卫之长官仲侃父职官不明，其职司也难以推断。从二人受命赐物相近来看，他们作为王官的地位相近。[2] 狱长官实际的官职是"周师"。"周师"在金文中多用作地名，西周

---

① 郭沫若：《两周金文辞大系图录考释》，上海书店出版社 1999 年版，第 5 页；［日］白川静通释：《金文通释选读》，曹兆兰等译，武汉大学出版社 2000 年版，第 47 页。

② 朱凤瀚：《卫簋与伯狱诸器》，《南开学报》2008 年第 6 期。

中晚期很多册命礼和周王的赏赐皆在周师某宫举行，详见表一：

表一　　　　　　　　　　　周师册命、赏赐一览表

器名与时代	册命地点	右者	受命者	职事
师辰鼎 西周中期《铭图》4281	周师彔宫	司马共	师辰	胥师俗司邑人，唯小臣、膳夫、守、官、犬眔甸人膳夫、官、守、友
师俞簋盖 西周中期《铭图》5330	周师彔宫	司马共	师俞	总司保氏
谏簋 西周晚期《铭图》5336	周师彔宫	司马共	谏	司王宥（囿）
兴盨 西周中期《铭图》5672	周师彔宫	司马共	兴	册赐攸勒等
宰兽簋 西周中期《铭图》5376	周师彔宫	司土荣伯	宰兽	总司康宫王家臣妾
大师虘簋 西周中期《铭图》5280	周师量（糧）宫	师辰	大师虘簋	赐虎裘
师痹簋 西周中期《铭图》5338	周师司马宫	司马井伯亲	师痹	官司邑人、师氏

由表一可知，在周师接受册命的主要是"师"类系统的职官，所任职事也以掌管邑人、甸人以及王家、王囿为主。彔可读为"麓"，"周师彔宫"可能是建在山间的营地中枢；量可通为"糧"，《说文》糧，"谷也"①，"周师量宫"可能是用于管理、存储军粮之地；"周师司马宫"当为周师的司马办事之处。由此可见，周师可能是周王直属的军事用地，用为职官的"周师"是此地的主管。

金文中师类系统的职官一般称"师某"。"某"是私名，如"师永"；或称字，如"师雍父"。称为"某师"者较为少见，除此处的"周师"外，还有新见京师畯尊（西周早期《铭图》11784）：

　　王涉汉伐楚，王有咲工。京师畯昌斤，王釐（赐）贝，用作日庚宝尊彝。冀（《铭图》第 2 册第 253 页）

铭文记京师畯从昭王伐楚，因为在斤地立下战功，受到昭王赐贝。②"京师"是作器者职官，畯是其私名。此处的"京师"当是指洛邑。《诗经·大雅·民劳》"惠此中国，以绥四方……惠此京师，以绥四国"，"中国"与"京师"同义复踏，何尊"宅兹中国"，此处"中国"指洛邑一带。③洛邑附近有"东八师"，京师畯出自"冀"族，为殷遗民，可能是东八师长官之一，在昭王南征中因战功受赏，与其职官身份相合。

---

① 王辉编著：《古文字通假字典》，中华书局 2008 年版，第 416 页。

② 李学勤：《由新见青铜器看西周早期的鄂、曾、楚》，《文物》2010 年第 1 期。

③ 唐兰：《西周青铜器铭文分代史征》，中华书局 1986 年版，第 76 页；杨永生：《清华简〈系年〉"京师"及相关史地问题考》，华东师范大学历史学系主办："出土文献与商周社会学术研讨会"会议论文，2019 年 10 月。

又有"吴师"，见大簋盖（西周晚期《铭图》5344）。铭文记周王赐大里，命吴师召大，此吴师亦是职官之名，可能是吴地长官。

"周师"作为职官之称见于守宫盘（西周早期《铭图》14529）和免簠（《铭图》5974）。守宫盘铭文内容为：

> 唯正月既生霸乙未，王在周，周师光守宫事，祼。周师丕䢃，赐守宫丝束、苴幕五、苴幂二、马匹、毳布三、团篷三、珠朋。守宫对扬周师釐，用作祖乙尊，其百世子子孙孙永宝用，勿坠。（《铭图》第 25 册第 574 页）

守宫盘记周师嘉奖守宫的职事，赏赐守宫丝、马等物。以往一般认为守宫是周师的下属。由上述材料可知，"周师"是师类系统的武官，周师与守宫的关系有两种可能：

其一，此处守宫未必是周师的下属，而是属于近身服事周王的职官系统，可能受周王委派出使周师（地名），为周师（职官）办事。类似情况可参考遇甗（西周中期《铭图》3359）：

> 唯六月既死霸丙寅，师雍父戍在古师，遇从。师雍父肩事遇使于献侯，侯蔑历，赐遇赤金，用作旅甗。（《铭图》第 7 册第 243 页）

遇本是师雍父的臣属，受其指派出使献侯，献侯嘉奖了遇，赏赐他赤金。

其二，"守宫"所守之"宫"并非周王住处，而是周师（地名）范围内的录宫、量（糧）宫、司马宫等地。守宫为周师属下的守门之吏。

免簠铭文内容为：

> 唯十又二月初吉，王在周。昧爽，王格于大庙。井叔右免，即命。王授作册尹书，俾册命免：命汝胥周师司廩，赐汝赤环市，用事。免对扬王休，用作尊簠。免其万年永宝用。（《铭图》第 13 册第 296 页）

胥，有辅、相意。① 免簠记周王册命免作周师的属官，掌管仓廩。"司廩"非免的职官而是其职事。② 周师有"量（糧）宫"，见大师虘簋，可能是主管存粮之处，正与免的职事相配，或为其办事之处。狱为周师属官，与免的身份地位接近，可能亦是周师属下师类系统

---

① 《方言》"胥，辅也。文王胥附先后"；《释诂》"胥，相也"。
② 陈絜、李晶：《夨季鼎、扬簋与西周法制、官制研究中的相关问题》，《南开学报》2007 年第 2 期。

的职官。

伯狱为周师属下师类系统的武官。卫与伯狱不属于一个职官系统，具体职事暂不可考，但二人作为王官的地位相近。

四　释"告某于王"

卫簋与伯狱诸器在介绍册命礼的时间、地点、右者与周王的赏赐之间增加了"告某于王"一句，与册命铭文的一般格式不同。"某"是受命者之名。此句紧接着铭文对右者的介绍"朕皇尹仲侃父（卫簋）/周师（伯狱诸器）右"，因此"告"的主语是册命礼中的右者，在此处亦是受命者的长官。

金文中"告某于某"的句式见于与诉讼有关的器铭，第一个"某"是被起诉者，第二个"某"是负责审理诉讼的长官，如鬲比鼎（西周晚期《铭图》2483）"鬲比以攸卫牧告于王"、五祀卫鼎（西周中期《铭图》2497）"卫以邦君厉告于井伯、伯邑父、定伯……"但在册命礼中，受命者是受赏而非受讯，诉讼术语的解释在此处显然不通。

吴镇烽先生释此句为由右者（长官）把对受命者拟任命的职官及赏赐器用报告给王，由王来宣布。① 但目前文献与古文字材料中尚未有相关用例可供参证，右者是否有拟定受命者职官和赏赐的权利还有待讨论。朱凤瀚先生认为此句意为右者（长官）将受命者为官之业绩禀告于王，可从。下面补充讨论此用法的用例来源。

《广韵》："告，报也，告上曰发，告下曰诰。"金文中"告"主要意为下级向上级汇报事务，有如下几种情况：

1. 报告军情：

用玁狁方兴，广伐京师，告追于王②
王命益公征眉敖，益公至告③

汇报军功：

告擒馘百，讯卅④

---

① 吴镇烽：《狱器铭文考释》，《考古与文物》2006 年第 6 期。
② 多友鼎，西周晚期《铭图》2500，第 5 册第 392 页。
③ 乖伯簋，西周晚期《铭图》5385，第 12 册第 174 页。
④ 敔簋，西周晚期《铭图》5380，第 12 册第 162 页。

汇报管理事务：

> 厥非先告蔡，毋敢疾有入告①
> 厥非先告父厝②

这些事务都是军事情报和家族管理方面的实际事务，而不涉及拟定赏赐。"右者（长官）将受命者为官之业绩禀告于王"与此情况正相符合。

西周职官系统中，长官往往是沟通周王与下属的中间环节。属官所受的王命与赏赐都是间接得之于长官。如禹鼎（西周晚期《铭图》2498）：

> 禹曰：丕显桓桓皇祖穆公，克夹绍先王，奠四方。肆武公亦弗忘朕圣祖考幽大叔、懿叔。命禹肖朕祖考，政于井邦。肆禹亦弗敢惷，惕共朕辟之命。呜呼哀哉，用天降大丧于下国，亦唯噩侯驭方率南淮夷、东夷，广伐南国、东国，至于历内。王乃命西六师、殷八师曰：扑伐鄂侯驭方，勿遗寿幼。肆师弥怵匌恇，弗克伐噩。肆武公乃遣禹率公戎车百生，斯驭二百，徒千，曰：于将朕肃穆，惟西六师、殷八师，伐鄂侯驭方，勿遗寿幼。雩禹以武公徒驭至于噩，敦伐噩，休获厥君驭方。肆禹有成，敢对扬武公丕显耿光，用作大宝鼎，禹其万年子子孙孙宝用。（《铭图》第5册第387页）

铭文主要记噩侯驭方率领南淮夷和东夷入侵周王朝的东南部，威胁到王畿安全。周王派出西六师和殷八师抵御，受到挫折。武公命令属官禹帅军出征，协助王师。禹俘获噩侯驭方，取得战争胜利。禹所受出征的命令"于将朕肃穆，惟西六师、殷八师，伐鄂侯驭方，勿遗寿幼"正是武公转述周王"扑伐鄂侯驭方，勿遗寿幼"命令而来。

多友鼎铭文内容为：

> 唯十月，用狁犹方兴，广伐京师。告追于王。命武公遣乃元士，羞追于京师。武公命多友率公戎车羞追于京师。癸未，戎伐筍、衣（卒）服，多友西追。甲申之辰，搏于郑，多友折首执讯，凡以公车折首二百又□又五人，执讯廿又三人，俘戎车百一十又七乘。衣（卒）复筍人俘。或搏于龏（共），折首卅又六人，执讯二人，俘车十乘。从至，追搏于世，多友或右（又）折首执讯。乃追至于杨冢。公车折首百又十又五人，执讯三人，唯俘车不克以，衣（卒）焚。唯马驱尽。复夺京师之俘。多友乃献俘馘讯于

① 蔡簋，西周晚期《铭图》5398，第12册第202页。
② 毛公鼎，西周晚期《铭图》2518，第5册第471—472页。

公，武公乃献于王。乃曰武公曰：汝既靖京师，䞒汝，赐汝土田。丁酉，武公在献宫，乃命向父召多友，乃出于献公，公亲曰多友曰：余肇使汝，休不逆，有成事。多禽（擒）。汝靖京师，赐汝圭瓒一、汤钟一肆、鐈鋚百钧。多友敢对扬公休，用作尊鼎，用朋友，其子子孙孙永宝用。

　　铭文主要记狁犹入侵周王朝京师之地，周王命武公派遣属官到京师追击狁犹。武公转述周王命令，派遣多友率领武公的军队出征。多友在战场上取得大胜，不仅追回了被狁犹掳走的京师百姓，还杀死、俘获了很多入侵者，焚烧了不能带走的战车。多友将俘获献给武公，武公将之转献于周王。之后武公向多友转述了周王的嘉奖：周王称赞多友有靖京师之功，可以获得土田的赏赐。继而武公又在献宫嘉奖、赏赐多友：武公称赞多友很好地完成了他的命令，擒获了众多敌人，赏赐多友圭瓒、汤钟等物。武公最终赏赐多友的不是周王提出的土田，而是圭瓒、汤钟等物，说明周王与长官各有选择赐物的自由。

　　多友鼎铭所记武公作为多友的长官，不仅向多友传达了出征的王命，还将多友的战功汇报给周王，这与伯狱诸器和卫簋中仲倗父和周师"告卫（卫簋）/狱（狱盘）于王"的行为相近。但表达此意所用"告某于某"的句式却不见于金文，当另有渊源。狱与卫既为殷遗民，其语言习惯可能与商人有关。

　　姚孝遂先生提出，"卜辞告之内容大体可以分为两类，一为祭告，一为臣属之报告。[1] 卜辞"告某于某"的辞例中"告"的含义亦不出此范围，其中用为"告事"之意，所告事项内容丰富，如：

　　（1）告舌方于上甲。（《合集》6134）
　　（2）告舌方于黄尹。（《合集》6142）
　　（3）贞，于大甲告舌方出。（《合集》6142）

　　舌方是与商相对的方国之一，常滋扰商之边境。上甲、黄尹和大甲是商人受崇拜祭祀的祖先神和先贤臣。综观诸例，此组卜辞中"告舌方于某"意为将舌方出兵侵扰之事报告祖先和先贤，以祈求他们庇佑商人取得战争胜利。

　　（4）告蠢于西母。（《合集》1631）
　　（5）其告蠢于上甲。（《合集》9628）

----

① 姚孝遂、肖丁合著：《小屯南地甲骨考释》，中华书局1985年版。

"螽"即蝗虫，蝗虫过境会危害农业生产。"西母"是商人崇拜的自然神之一。"告螽于某"意为将蝗虫过境之事禀报祖先和神祇，请求他们保佑商人农业生产不受影响。

(6) □未卜，争贞，告王目于祖丁。（《合集》13626）

(7) 癸巳卜，敝贞，子渔疾目，裸告于祖乙。（《合集》13619）

子渔是商人贵族，"疾目"即眼睛受伤或犯有眼病。综合考察（6）（7）两例，"告王目于祖丁"意为将商王眼部不适之事报告祖丁，请求祖丁保佑商王身体安康。

受甲骨卜辞以祭祀记录为主的内容限制，"告某于某"用为"告事"之意，所告之事主要是灾祸，告的对象是祖先、先贤和自然神，目的是祈求平安渡过灾难。但与金文中"下级向上级汇报事务"的用意是一致的。

卫簋与伯簇诸器中"告某于王"一句意为右者（长官）将受命者为官之业绩禀告于王，反映出西周职官系统中长官沟通周王与下属的作用。其句式当来源于商人卜辞中的习惯用法。

五　释"用事"

卫簋和伯簇诸器皆是以作器者的口吻转述册命仪式，但其中也有对册命内容的直接记录，主要体现在赐物和王命上。以卫簋铭文从首句到"告卫于王"是以作器者卫的口吻介绍册命的时间、地点和右者。从"王赐"开始到册命礼部分结束，则是客观地描述了赐物和王命。这部分内容可能来自廷礼所用命册的原文。其中"用事"是周王对卫的讲话，也是本铭中的唯一一句"王命"。

"用事"一词在西周中期典型的册命铭文格式①出现之前就已经见于青铜器铭文，本是周王讲话的一部分，如静鼎（西周早期《铭图》2461）：

唯七月甲子，王在宗周。令师中罙静省南国，相揪位。八月初吉庚申至，告于成周。□月既望丁丑，王在成周大室，令静曰：俾汝司在曾覼师。王曰：静，赐而汝邑、旂、巿、采蜀。曰：用事。静扬天子休，用作父丁尊彝。（《铭图》第5册第312页）

---

① 典型的册命铭文格式一般包括时间、王格于某宫、某（右者）右某（受命者）入门、立中庭、北向；王曰、赏赐、受命者拜谢等几部分内容，见于西周中期以后。

铭文记周王在宗周命令师中和静巡视周王朝南方疆土，修建行宫。二人顺利完成任务，向周王报告。后周王在成周命令静管理曾噩师，其中的勉励之词就是“用事”。此后，除正式的周王册命外，王臣模仿周王册命家臣也使用了此词，如师毁簋（西周晚期《铭图》5363）：

唯王元年正月初吉丁亥，伯龢父若曰：师毁，乃祖考有勋于我家，汝有虽小子，余令汝死我家，总司我西偏、东偏，仆御百工，牧臣妾，总裁内外，毋敢不善。赐汝戈琱䤅、柲、彤沙、毌五、赐钟一肆五金，敬乃夙夜，用事。毁拜稽首，敢对扬皇君休，用作朕文考乙仲𩰫簋，毁其万年，子子孙孙，永宝用享。（《铭图》第 12 册第 120 页）

师毁簋铭文记伯龢父命令师毁管理家族内事务。其中“总裁内外”“毋敢不善”“敬乃夙夜”“用事”等词皆来是周王册命中的常用语。由此可见，随着册命铭文格式的固定化，“用事”一词也被固定于册命铭文之中，成为一种“套语”。

獄盘中“用事”的位置写作“用夙夕事”，“用事”与“夙夕”相连又见于元年师兑簋（《铭图》5331）“敬夙夕事”和大克鼎（《铭图》2513）“敬夙夜用事”，其意义与“用事”相同，只是强调要求作器者朝夕勤勉。

“用事”常出现在赐物之后，如望簋（《铭图》5319）：

唯王十又三年六月初吉戊戌，王在周康宫新宫，旦，王格太室，即位，宰倗父右望入门，立中廷，北向，王呼史年册命望：死司毕王家，赐汝赤环市、銮，用事。望拜稽首，对扬天子丕显休，用作朕皇祖伯甲父宝簋。其万年子子孙孙永宝用。（《铭图》第 12 册第 18 页）

册命赐物一般都具有一定的身份象征意义，“用事”是周王命词的一部分，出现在赐物之后有“以之履行职责”之意。因此不少出现“用事”一词的册命铭文都明确地说明了受命者的职事，如望簋的“死司毕王家”，此外还有“更乃祖考，司卜事”（曶鼎《铭图》2515）、“胥周师司廪”（免簠）、“总官司康宫王臣妾、百工”（伊簋《铭图》5339）等。

但也有一部分出现“用事”一词的册命铭文没有写明受命者的具体职司，如趞鼎（西周晚期《铭图》2479）：

唯十又九年四月既望辛卯，王在周康邵宫，格于大室，即位。宰讯右趞入门，立中廷，北向。史留（籀）授王命书，王乎内史𠭰册赐玄衣、纯黹、赤市、朱衡、銮旂、攸勒，用事。趞拜稽首，敢对扬天子丕显鲁休，用作朕 皇考郘伯、郑姬宝鼎，其眉寿万

年，子子孙孙永宝用。(《铭图》第 5 册第 348 页)

这类册命铭文与卫簋和伯狱诸器的格式相近，皆只有赐物和"用事"一句王命。参考卫簋和伯狱诸器的事例，可知这些人接受册命亦有原因，或许和伯狱、卫一样，是因长官将他们的行政业绩汇报了周王，而受到赏赐。

伯狱与卫是用作器者的口吻介绍右者，因此也就顺带客观上说明了受命原因。趞则是如实记录册命内容，这些人原有本职，不需在册命中重新说明。由于受命原因和本职不在王命内容之中，也就没有特别记录。据此可以推测，受命者初次接受任命，册命中会详述受命者职司，而如果受命者已有本职，在册命中可能不会详述。

结　论

综上所述，卫簋与伯狱诸器册命铭文辞例的特点带给我们关于西周册命铭文的认识主要有如下几点：

第一，"光尹"是卫与狱对其长官仲侃父和周师的敬称。狱与卫皆是殷遗民，称长官为"尹"是商人称执政大臣为尹的泛化和遗留。使用"朕光尹"一词介绍册命礼中的右者，强调此次册命礼中的右者是受命者的上级。

第二，"周师"为职官名，是周地军事长官。伯狱是周师属下师类系统的武官。卫与伯狱不属于一个职官系统，具体职事暂不可考，但作为王官的地位相近。

第三，卫簋与伯狱诸器中"告某于王"一句意为右者（长官）将受命者为官之业绩禀告于王，反映出西周职官系统中长官沟通周王与下属的作用。青铜器铭文中尚未见此种用法的句式，这种句式当源自卜辞。

第四，"用事"本是册命礼中周王讲话的一部分，随着册命铭文格式的固定化，"用事"一词也被固定于册命铭文之中，成为一种"套语"。受命者初次接受任命，册命中会详述受命者职司，而如果受命者已有本职，在册命中可能不会详述。

简牍文献

岳麓秦简"盗取蜀巴洞庭犀牛者黥为城旦舂"的生态史料意义[*]

岳麓秦简"盗取蜀巴洞庭犀牛者黥为城旦舂"的生态史料意义[*]

王子今[**]

（西北大学历史学院，陕西西安，710127）

摘　要：《岳麓书院藏秦简》（柒）中有涉及"蜀、巴、洞庭犀牛"的简文，值得生态环境史研究者关注。以往有关蜀地是否有"犀"生存的考察，得到新的出土文献证明，可以更为深入。而对于当时犀牛分布区北界的推定，也有了比较确定的信息。荆州地方"犀"这一物产资源，因此可以察见由秦而汉的历史变化。惩处"盗取""犀牛"行为的制度内容，是生态保护法令研究的新证。相关法制史迹象，可以充实对于秦政的认识。而"盗取""犀牛"行为当与战争背景下对犀甲的需求量有关。有关东周秦代军事装备的知识，也可以因此得以增益。

关键词：《岳麓书院藏秦简》（柒）；蜀；巴；洞庭；盗取；犀牛；生态环境

《岳麓书院藏秦简》（柒）中可见涉及"蜀、巴、洞庭犀牛"的简文，作为重要的生态环境史料，值得研究者关注。以往有学者对历史时期野生动物分布的变化有所考察，犀牛也是研究对象之一。[①] 关于蜀地是否有"犀"生存，学界曾经存在不同认识。[②] 对于犀牛分布区的历史变迁，也有视野更宽的研究。[③] 得到岳麓秦简新的出土文献证明，相关考察获得了可以更为深入的条件。而对当时犀牛分布区北界的推定，也有了比较确定的信息。古来荆州

---

[*]　2021 年国家社科基金后期资助项目重点项目"汉代丝绸之路生态史"（21FZSA005）阶段性成果。

[**]　王子今，河北武安人，西北大学铸牢中华民族共同体意识研究基地教授，"古文字与中华文明传承发展工程"协同攻关创新平台、中国人民大学国学院教授。

①　文焕然、何业恒、高耀亭：《中国野生犀牛的灭绝》，《中国历史时期植物与动物变迁研究》，重庆出版社 1995 年版。

②　任乃强校注：《华阳国志校补图注》，上海古籍出版社 1987 年版，第 136 页；王子今：《战国秦汉时期中国西南地区犀的分布》，《面向新世纪的中国历史地理学——2000 年国际中国历史地理学术讨论会论文集》，齐鲁书社 2001 年版。

③　王子今：《西汉南越的犀象——以广州南越王墓出土资料为中心》，《广东社会科学》2004 年第 5 期；《南越国史迹研讨会论文选集》，文物出版社 2005 年版；《说犀角杯：一种东西文化交流的文物见证》，《四川文物》2008 年第 1 期。

地方"犀"这一物产资源，因此可以察见由秦而汉的历史变化。这条简文的内容，已有学者在研究中有所分析。^① 但是讨论似乎还可以继续深入。我们注意到，惩处"盗取""犀牛"行为的制度设定，是上古时期生态保护法令研究的新证。相关法制史迹象，可以充实对于秦政的全面认识，从而能够更接近政治史的真实。而"盗取""犀牛"行为的存在，当与持续战争背景下对犀甲的大量需求有关。有关东周秦代军事装备的知识，也可以因此得以增益。

一 岳麓秦简"盗取蜀巴洞庭犀牛者黥为城旦舂"简文

《岳麓书院藏秦简》（柒）可见对"盗取""犀牛"者予以刑罚惩处的简文，体现了相关社会现象及对应的行政制度：

> ·自今以来敢有盗取蜀、巴、洞庭犀牛者，黥为城旦舂。   ·六（0550）^②

简文内容涉及蜀郡、巴郡及洞庭郡。

"洞庭"郡名初见于里耶秦简，传世史籍文献未载。^③ 秦"洞庭郡"进入研究者视野，丰富了人们对秦政管理空间的认识。而"自今以来敢有盗取蜀、巴、洞庭犀牛者，黥为城旦舂"简文，提供了涉及法律制度史、行政管理史以及生态环境史的有意义的信息。

简文称"敢有盗取蜀、巴、洞庭犀牛者，黥为城旦舂"，即对野生动物"犀牛"的"盗取"行为视作犯罪，司法部门予以"黥为城旦舂"的处罚。

"蜀、巴、洞庭"的郡名排列，按照长江水流方向作为叙说顺序，即以自上游向下游为序。当然，这也是秦军政力量区域控制的先后顺次。

简文所谓"自今以来"，由字面似乎可以说明"自今以来敢有盗取蜀、巴、洞庭犀牛者，黥为城旦舂"等文字书写时，这一行政制度的确定和推行，很可能刚刚启始。

二 东周与秦代"蜀、巴""犀牛"分布

巴蜀地方是否确实曾经有"犀牛"生存，学界曾经存在不同的意见。

① 文毅：《秦代犀牛分布的历史学考察》，《理论观察》2023年第1期。
② 陈松长主编：《岳麓书院藏秦简》（柒），上海辞书出版社2022年版，第82页。
③ 郑威：《出土文献所见秦洞庭郡新识》，《考古》2016年第11期；吴方基：《秦简所见地方行政制度研究的新进展》，《简帛研究2017（春夏卷）》，广西师范大学出版社2017年版；郭涛：《文书行政与秦代洞庭郡的县际网络》，《社会科学》2017年第10期。

《禹贡》说扬州、荆州之“贡”，包括“革”。孔安国解释说：“革，犀皮。”孔颖达也说：“《考工记》：‘犀甲七属，兕甲六属。’《宣二年左传》云：‘犀兕尚多，弃甲则那。’是甲之所用，犀革为上，革之所美，莫过于犀。知‘革’是犀皮也。”而《禹贡》言梁州，涉及大致同一纬度，位于长江上中游的巴蜀地方，物产则并不包括“犀革”。①

不过，《山海经》卷二《西山经》写道：“嶓冢之山，汉水出焉，而东南流注于沔；嚣水出焉，北流注于汤水。”“兽多犀兕熊罴……”又如《山海经》卷五《中次九经》：“岷山，江水出焉，东北流注于海，其中多良龟，多鼍，其上多金玉，其下多白珉，其木多梅棠，其兽多犀象，多夔牛。”② 可知在《山海经》成书的时代，西南巴蜀地区曾经存在“其兽多犀”的局部环境。梁州的“犀革”经济意义次于扬州、荆州，可能有产量差距的原因，也可能存在交通条件等因素。

《艺文类聚》卷六一引汉扬雄《蜀都赋》言蜀地物产：“于近则有瑕英菌芝，玉石江珠，于远则有银铅锡碧，马犀象僰，西有盐泉铁冶，橘林铜陵。其傍则有期牛光旄，金马碧鸡……”③ 明确说到“犀”。扬雄《蜀都赋》还有说到其他动物的文字：“北则有岷山，外羌白马。兽则麙羊野麋，罢犛貘貒。”④ 其中“貘”也是对于生态环境条件具有指示意义的动物。⑤《艺文类聚》卷六一引晋左思《蜀都赋》也有“孔翠群翔，犀象競驰”⑥ 语，形容“犀”一类亚热带、热带动物在蜀地的活跃。

《华阳国志》卷三《蜀志》说蜀地物产之“饶”时举列“犀、象”，以为“其宝”之一。任乃强解释这段文字时说：“‘犀、象’皆热带动物。犀角、象牙，中土所重。皮坚韧，为甲。上古并由商贾自蜀道输入。秦以后番禺道畅通。三国以后，海道乃通，而蜀道转寂。此所言，魏晋以前事也。近年四川盆地频数发现古犀象化石，皆人类初生时代之遗迹，未可用以解释此文。”以为“古犀”“化石”不能证明蜀地“其宝”包括“犀”的意见，似缺乏说服力。《华阳国志》卷三《蜀志》记载李冰经营成都平原事迹：“外作石犀五头以厌水精，穿石犀渠于南江，命曰犀牛里。后转〔置犀〕为耕牛二头，一在府市市桥门，今所谓石牛门是也。一在渊中。”任乃强以为“石犀”之“犀”当作“兕”，而“兕”不过水牛而已，断言所谓李冰“作石犀五头”是“附会”之辞。他认为：“常璩所亲见之李冰石牛，是耕牛，非犀牛也。”据任乃强说，“李冰所作石牛，既是‘耕牛’，作水牛形矣，何以昔人又传其为犀？考水牛亦我国南方原产之巨型兽类；最先种稻之我国南方民族，已驯扰之成水田之耕

---

① （清）阮元校刻：《十三经注疏》，中华书局 1980 年版，据原世界书局缩印本，第 148—150 页。

② 袁珂校注：《山海经校注》，上海古籍出版社 1980 年版，第 29、156 页。

③ （唐）欧阳询撰，汪绍楹校：《艺文类聚》，上海古籍出版社 1965 年版，第 1096 页。

④ 注释称见《古文苑》韩元吉本，又章樵注本。（汉）扬雄著，张震泽校注：《扬雄集校注》，上海古籍出版社 1993 年版，第 1 页。

⑤ 王子今：《“貘尊”及其生态史料意义》，《西北大学学报》（哲学社会科学版）2022 年第 3 期。

⑥ （唐）欧阳询撰，汪绍楹校：《艺文类聚》，上海古籍出版社 1965 年版，第 1105 页。

牛。殷周之际，中原人民已见其物，称之为兕。骇其形体之大，比于虎类。《九经》中每见其字。《诗》曰：'匪兕匪虎，率被旷野。'其双角巨大而空，古人雕以盛酒，称为'兕觥'，见于《南诗》。志其形体者，始于《尔雅》，仅'兕似牛'三字。谓其形体似中国北方之黄牛也（古牛字只谓黄牛）。兕字造型为双巨角，明是古人初见水牛时制。其音近犀（在蜀且同音）。缘是秦汉蜀人呼之'石兕'，魏晋人转误为犀，遂并误会李冰造作之意为厌水也。犀非牛类，而蜀人恒呼'犀牛'，正缘与兕混也。"又说："中原牛耕，惟用黄牛。吴楚稻作，皆用水牛。李冰'穿二江于成都'，别支流'溉灌三郡，开稻田'，大力提倡种稻（谷物中稻之产量最高），从而提倡引种水牛，师法吴楚稻农。故刻此石牛五头，分置两江灌溉地区，宣传物宜，以为劝导。当时呼之为兕，后被妄传为作犀厌水也。"①

其实，李冰"作石犀五头以厌水精"事，可以看作西南地区犀的生存史在传说中的反映。《南齐书》卷四八《孔稚珪传》记载，孔稚珪上表，有"今宜早发大军，广张兵势征犀甲于岷峨，命楼船于浦海"语。②《隋书》卷三七《李敏传》说，"汉世牂柯之地"，"益宁出盐井、犀角"。③ 都说到岷峨、牂柯之地有犀生存。唐宋时期四川地区仍然有零星野犀活动的历史记录④，也可以据以质疑任乃强否定四川有犀的论点。大致可以判定，任乃强说缺乏历史资料的支持。

岳麓书院藏秦简有关"蜀、巴""犀牛"简文透露的信息，可以充实我们对于上古犀牛分布史的知识。秦时"蜀、巴"野生动物分布包括"犀牛"的事实，得到出土文献的确认。

"自今以来敢有盗取蜀、巴、洞庭犀牛者，黥为城旦舂"简文具有法令意义，似不大可能将"水牛""兕""转误为犀"。

三　扬州"犀牛"分布形势推想

岳麓书院藏秦简"自今以来敢有盗取蜀、巴、洞庭犀牛者，黥为城旦舂"简文有关"犀牛"分布的信息，可以与上古文献相关资料相比较。《禹贡》说到扬州、荆州都有"齿、革"之贡：

> 淮海惟扬州。彭蠡既猪，阳鸟攸居。三江既入，震泽底定。筱簜既敷，厥草惟夭，

---

① （晋）常璩撰，任乃强校注：《华阳国志校补图注》，上海古籍出版社 1987 年版，第 113、116、136 页。

② 《南齐书》，中华书局 1972 年版，第 839—840 页。

③ 《隋书》，中华书局 1973 年版，第 1126 页。

④ 文焕然、何业恒、高耀亭：《中国野生犀牛的灭绝》，《中国历史时期植物与动物变迁研究》，重庆出版社 1995 年版。

厥木惟乔。厥土惟涂泥。厥田惟下下，厥赋下上错。厥贡惟金三品，瑶琨筱簜，齿革羽毛惟木，岛夷卉服，厥篚织贝，厥包橘柚锡贡。沿于江海，达于淮泗。

荆及衡阳惟荆州。江汉朝宗于海。九江孔殷，沱潜既道，云土梦作乂。厥土惟涂泥。厥田惟下中，厥赋上下，厥贡羽毛齿革，惟金三品，杶干栝柏，砺砥砮丹，惟箘簬楛，三邦底贡厥名，包匦菁茅，厥篚玄纁玑组，九江纳锡大龟。浮于江沱潜汉，逾于洛，至于南河。

扬州所贡 "齿革"，孔安国解释说："齿，革牙；革，犀皮。"① 孔颖达也说："《考工记》：'犀甲七属，兕甲六属。'《宣二年左传》云：'犀兕尚多，弃甲则那。'是甲之所用，犀革为上，革之所美，莫过于犀。知'革'是犀皮也。"荆州所贡 "齿革"，孔安国说："土所出与扬州同。"孔颖达指出："《传》'土所'至'州同'，《正义》曰：'与扬州同而扬州先齿革，此州先羽毛，盖以善者为先。'由此而言之，诸州贡物多种，其次第皆以当州贵者为先也。"②

注家均以 "犀皮" 释 "革"。按照孔颖达 "当州贵者为先" 的说法，依所谓 "物以远至为珍，士以稀见为贵"③ 之常情，则扬州之 "犀" 较 "羽" 为珍贵，荆州之 "羽" 较 "犀" 为珍贵。由此大致可以推知荆州犀皮出产数量可能更多。荆州 "羽毛" 之贡，里耶秦简提供了重要的生态史与行政史信息。④

《周礼·夏官司马·职方氏》总结扬州、荆州自然地理与人文地理条件，有如下文字：

东南曰扬州。其山镇曰会稽。其泽薮曰具区。其川三江，其浸五湖。其利金锡竹箭。其民二男五女。其畜宜鸟兽。其谷宜稻。

正南曰荆州。其山镇曰衡山。其泽薮曰云瞢。其川江汉，其浸颍湛。其利丹银齿革。其民一男二女。其畜宜鸟兽。其谷宜稻。

所谓 "畜宜鸟兽"，郑玄注："鸟兽，孔雀、鸾、鸂鶒、犀、象之属。"汉儒注解以为 "鸟兽" 包括 "犀、象之属"，是值得注意的。《周礼正义》亦提示："《禹贡》荆州'厥贡羽毛齿革'。""《史记·货殖传》云：'江南出金、锡、连、丹沙、犀、齿革。'""《尔雅·

① 《史记》卷2《夏本纪》引《禹贡》扬州"齿、革、羽、旄"，裴骃《集解》："孔安国曰：'象齿、犀皮、鸟羽、旄牛尾也。'"中华书局1959年版，第58页。
② （清）阮元校刻：《十三经注疏》，中华书局1980年版，据原世界书局缩印本，第148—149页。
③ 《后汉书》卷106《循吏传·孟尝》，中华书局1965年版，第2474页。
④ 王子今：《说"捕羽"》，后收录于《里耶秦简博物馆藏秦简》，中西书局2016年版；《里耶秦简"捕羽"的消费主题》，《湖南大学学报》（社会科学版）2016年第4期，后收录于《里耶秦简研究论文选集》，中西书局2021年版；《里耶秦简"捕鸟及羽"文书的生活史料与生态史料意义》，《西部考古》第12辑，科学出版社2016年版。

释地》云：'南方之美者，有梁山之犀象焉。'"　"是荆域多犀象，故擅齿革之利矣。"① 而《职方氏》突出强调荆州"其利丹银齿革"，郑玄注："革，犀兕革也。"② 也说明两湖地区"犀"的分布与中原经济生活有更密切的联系。

又《逸周书·职方》所说与《周礼》略同："东南曰扬州。其山镇曰会稽。其泽薮曰具区。其川三江，其浸五湖。其利金、锡、竹、箭。其民二男五女。其畜宜鸡狗鸟兽。其谷宜□。"又说："正南曰荆州。其山镇曰衡山。其泽薮曰云梦。其川江、汉，其浸颍湛。其利丹、银、齿、革。其民一男二女。其畜宜鸟兽。其谷宜稻。"扬州所谓"其畜宜鸡狗鸟兽"，加入了农家通常蓄养的家禽家畜"鸡狗"，所说已经并非限定于野生动物，与《周礼》不同。"鸟兽"与"鸡狗"并列者，已经不大可能包括"犀、象之属"了。而荆州"其利丹、银、齿、革"，所说"革"，也被解释为"犀牛皮"。③ 荆、扬比较，"犀"之分布的差异已经有所显现。而岳麓书院藏秦简"自今以来敢有盗取蜀、巴、洞庭犀牛者，黥为城旦舂"简文根本没有说到扬州地区"犀牛"，更为直接地表现了资源分布的历史性变化。当然，其原因可能也与秦行政力量的控制于"荆""扬"有别相关。

扬州"犀"产资源地位的降格，当与这一地区经吴越与中原持续的密切交往和农耕事业的长期的历史进步，经济开发优先于长江流域上游、中游地区，人类活动对自然环境的影响也更为显著有关。

四　简文"洞庭犀牛"与"犀牛"在荆州的退却

里耶秦简可见反映"湖南地区""虎患"的资料。④ 体现出简牍资料中有关野生动物分布这一生态环境史信息的意义。

前引《禹贡》《周礼》《逸周书》都说荆州出产"犀""甲"。而岳麓书院藏秦简所见"洞庭犀牛"明确告知人们秦时"犀牛"在"洞庭"地方曾经有一定生存数量的历史事实。

然而历史资料中的许多记述，说明大致在西汉前期至西汉中期，"犀牛"在这一地方的历史文化记录中已经消失。"犀牛"生存区域已经明显向南移动。

陆贾使南越，劝说赵佗放弃帝号。赵佗上书表达对汉王朝行政权威的顺从。其中说道：

① （清）孙诒让撰，王文锦、陈玉霞点校：《周礼正义》，中华书局1987年版，第2640、2649、2651、2654页。《汉书》卷28上《地理志上》引此文"畜宜鸟兽"句，颜师古注："鸟，孔翠之属。兽，犀象之属。"第1539页。

② （清）阮元校刻：《十三经注疏》，第862页。

③ 黄怀信：《逸周书校补注译》，西北大学出版社1996年版，第384—385页。

④ 庄小霞：《里耶秦简所见秦"得虎复除"制度考释——兼说中古时期湖南地区的虎患》，《出土文献研究》第17辑，中西书局2018年版。

"谨北面因使者献白璧一双,翠鸟千,犀角十,紫贝五百,桂蠹一器,生翠四十双,孔雀二双。"① 其中"犀角十",是引人注目的。《史记》卷一二九《货殖列传》介绍岭南经济形势:"番禺亦其一都会也,珠玑、犀、瑇瑁、果、布之凑。"②《汉书》卷二八下《地理志下》有同样的分析,其文句则为:"处近海,多犀、象、毒冒、珠玑、银、铜、果、布之凑,中国往商贾者多取富焉。"③ 其中"犀"被列为当地最重要的经济物资。《盐铁论·崇礼》说:"夫犀象兕虎,南夷之所多也。"④ 所谓"南夷"的空间指向并不十分明朗。但是《盐铁论·力耕》写道:"珠玑犀象出于桂林,此距汉万有余里。"⑤ 似说来自"桂林"。而秦桂林郡临海。⑥ 所谓"此距汉万有余里",也可能言来自海外。《艺文类聚》卷六引汉扬雄《交州箴》曰:"交州荒裔,水与天际。越裳是南,荒国之外。""稍稍受羁,遂臻黄支。抗海三万,来牵其犀。"⑦ 所谓"交州荒裔","来牵其犀"的说法,反映了交州地方当时曾经是出产"犀"的重心地区之一的事实。而"抗海三万"语,对应"黄支"之说,则明确说经远海得以"来牵"。⑧ 这样的信息,与海上丝绸之路的作用相关。

贾捐之建议罢珠厓郡,有所谓"又非独珠厓有珠犀瑇瑁也,弃之不足惜,不击不损威"语⑨,强调"犀"是珠厓特产。《汉书》卷九六下《西域传下》赞语也有"睹犀布、瑇瑁则建珠崖七郡"的说法。⑩ 同样说到"珠崖"的"犀"。王念孙认为:"'犀布'连文,殊为不类。'布'当为'象'。'象''布'二字篆文下半相似,故'象'讹为'布'。'犀象瑇瑁'皆两粤所产,故曰'睹犀布、瑇瑁,则建珠崖七郡'也。下文云'明珠、文甲、通犀、翠羽之珍','钜象、师子、猛犬、大雀之群',正与此'犀象瑇瑁'相应,则当作'象'明矣。《御览·珍宝部六》引此已误作'犀布',《汉纪·孝武纪》《通典·边防八》引此并作'犀象'。"⑪《汉书》卷一七《景武昭宣元成功臣表》又有这样的记载:"(湘成侯监益昌)五凤四年,坐为九真太守盗使人出买犀、奴婢,臧百万以上,不道,诛。"⑫ 则应理解为反映

---

① 《汉书》卷95《南粤传》,中华书局1962年版,第3852页。

② 《史记》,第3268页。

③ 《汉书》,第1670页。

④ 王利器校注:《盐铁论校注》(定本),中华书局1992年版,第438页。

⑤ 王利器校注:《盐铁论校注》(定本),中华书局1992年版,第29页。

⑥ 谭其骧主编:《中国历史地图集》第2册,中国地图出版社1982年版,第11—12页;王子今:《论秦始皇南海置郡》,《陕西师范大学学报》(哲学社会科学版)2017年第1期。

⑦ (唐)欧阳询撰,汪绍楹校:《艺文类聚》,上海古籍出版社1965年版,第116页。

⑧ 王子今:《西汉南越的犀象——以广州南越王墓出土资料为中心》,《广东社会科学》2004年第5期;《南越国史迹研讨会论文选集》,文物出版社2005年版。

⑨ 《汉书》卷64下《贾捐之传》,第2834页。

⑩ 《汉书》,第3928页。

⑪ (清)王念孙撰:《读书杂志》四《汉书杂志》卷15《西域传》"犀布"条,江苏古籍出版社1985年版,第394页。王先谦《汉书补注》引用王念孙说。王先谦撰:《汉书补注》,中华书局据清光绪二十六年虚受堂刊本,1983年9月影印版,第1643页。

⑫ 《汉书》,第656页。

"九真"可以"出买犀"的资料。由此可以说明，"犀"是进入国际市场的商品。

《续汉书·礼仪志上》有关于"饮酎、上陵"之礼的内容，刘昭注补引《汉律·金布令》曰："大鸿胪食邑九真、交阯、日南者，用犀角长九寸以上若瑇瑁甲一。"① 《后汉书》卷三《章帝纪》李贤注："武帝时因八月尝酎，令诸侯出金助祭，所谓酎金也。丁孚《汉仪式》曰：'九真、交阯、日南者用犀角二，长九寸，若瑇瑁甲一；郁林用象牙一，长三尺已上，若翠羽各二十，准以当金。'"② 也说明"九真、交阯、日南"当时是"犀"的主要产出方向。

通过南洋航路输入的"犀牛"，见于《汉书》卷一二《平帝纪》："（元始）二年春，黄支国献犀牛。"颜师古注："应劭曰：'黄支在日南之南，去京师三万里。'师古曰：'犀状如水牛，头似猪而四足类象，黑色，一角当额前，鼻上又有小角。'"③《汉书》卷二八下《地理志下》就此事又写道："平帝元始中，王莽辅政，欲耀威德，厚遗黄支王，令遣使献生犀牛。"④ 据《汉书》卷九九中《王莽传中》，王奇等人为王莽登基造作舆论，"班《符命》四十二篇于天下"，其中有"受瑞于黄支"语，颜师古注引孟康曰："献生犀。"是海上远国黄支"生犀牛"入献，被看作"帝王受命"时"德祥之符瑞"。⑤ 《后汉书》卷八六《南蛮传》："逮王莽辅政，元始二年，日南之南黄支国来献犀牛。"⑥ "生犀牛"由海路北上，是丝绸之路史研究的对象。⑦

以上资料所说"犀"的产地，可见较大空间指向"南夷""交州"，以及稍微具体一些的"桂林""珠厓""交阯""九真""日南""黄支"等地，都在秦代简文所谓"洞庭"以南。

《艺文类聚》卷八七引《谢承后汉书》："汝南唐羌，为临武长，县接交州。州旧贡荔支及生犀献之，羌上书谏，乃止。"⑧ 临武，其地在今湖南临武。而"州旧贡""生犀"则是说"交州"资源。这应当可以说明，今湖南地方在东汉时期已经并非"生犀"活动的地域了。

而岳麓书院藏秦简所见"洞庭犀牛"，则明确证实秦时洞庭郡存在可以捕杀以求利的"犀"这种野生动物资源。先后不过相差二百余年，生态环境形势的变化，形成了鲜明的对比。

① 《后汉书》，第3104页。
② 《后汉书》，第142页。据中华书局标点本《后汉书》校勘记，殿本《考证》谓"者"似当作"皆"。
③ 《汉书》，第352页。
④ 《汉书》，第1671页。
⑤ 《汉书》，第4112页。
⑥ 《后汉书》，第2836页。
⑦ 王子今：《说犀角杯：一种东西文化交流的文物见证》，《四川文物》2008年第1期。
⑧ （唐）欧阳询撰，汪绍楹校：《艺文类聚》，上海古籍出版社1965年版，第1497页。《后汉书》卷4《和帝纪》："旧南海献龙眼、荔支，十里一置，五里一候，奔腾阻险，死者继路。时临武长汝南唐羌，县接南海，乃上书陈状。帝下诏曰：'远国珍羞，本以荐奉宗庙。苟有伤害，岂爱民之本。其敕太官勿复受献。'由是遂省焉。"李贤注引《谢承书》曰："唐羌字伯游，辟公府，补临武长。县接交州，旧献龙眼、荔支及生鲜，献之，驿马昼夜传送之，至有遭虎狼毒害，顿仆死亡不绝。道经临武，羌乃上书谏曰：'臣闻上不以滋味为德，下不以贡膳为功，故天子食太牢为尊，不以果实为珍。伏见交阯七郡献生龙眼等，鸟惊风发。南州土地，恶虫猛兽不绝于路，至于触犯死亡之害。死者不可复生，来者犹可救也。此二物升殿，未必延年益寿。'帝从之。"（第194页）都只说"滋味""贡膳"者，没有涉及"生犀"。

五　"盗取""犀牛"行为的惩处与秦政的全面理解

通过简文 "自今以来敢有盗取蜀、巴、洞庭犀牛者，黥为城旦舂" 可知，"盗取""犀牛"行为被视为犯罪行为而受到司法惩处。

既言 "盗"，说明猎杀 "犀牛" 是明确的违法行为。惩处 "盗取""犀牛" 行为的制度设定，可以视作上古时期生态环境保护法令研究的新证。对于汉代相关现象的考察研究①，因此可以追溯其历史先声。

秦人重视实用。② 对于社会经济物资之实用性的特殊重视，也是秦文化的特征之一。

《三国志》卷二四《魏书·高柔传》："是时，杀禁地鹿者身死，财产没官，有能觉告者厚加赏赐。" 高柔建议 "除其禁"，"使得捕鹿"。裴松之注引《魏名臣奏》载高柔上疏："臣深思陛下所以不早取此鹿者，诚欲使极蕃息，然后大取以为军国之用。" 高柔分析了 "禁地" 之中 "虎""狼""狐" 以及 "雕鹗所害" 对于 "鹿" 的杀害，指出："以此推之，终无从得多，不如早取之为便也。"③ 高柔的分析，体现出较早的关于生态平衡的认识，对于动物学史和生态学史研究都有重要价值。我们更为注意的，是 "鹿""大取以为军国之用" 的意义。"杀禁地鹿者身死，财产没官" 自然比 "敢有盗取蜀、巴、洞庭犀牛者，黥为城旦舂" 更为严酷。但是我们是可以发现二者之间的沿承关系的。

《周礼·天官冢宰·掌皮》写道："掌皮掌秋敛皮，冬敛革，春献之。" 郑玄注："皮革逾岁干久乃可用。献之，献其良者于王，以入司裘，给王用。"④ 这里所谓 "给王用" 的 "用"，较高柔所谓 "军国之用"，似乎更为宽泛，包括 "司裘" 管理的作为满足物质消费生活的一般皮毛用物。历史上政府征敛皮革之制度史资料，史籍有所记载。⑤ 《太平御览》卷

---

① 胡平生、张德芳：《泥墙题记西汉元始五年〈四时月令诏条〉》，胡平生、张德芳编撰：《敦煌悬泉汉简释粹》，上海古籍出版社 2001 年版；黄人二：《敦煌悬泉置〈四时月令诏条〉整理与研究》，武汉大学出版社 2010 年版；王子今：《汉代居延边塞生态保护纪律档案》，《历史档案》2005 年第 4 期；《北边 "群鹤" 与泰时 "光景"——汉武帝后元元年故事》，《江苏师范大学学报》（哲学社会科学版）2013 年第 5 期。

② 王子今：《秦文化的实用之风》，《光明日报》2013 年 7 月 15 日第 15 版 "国学"；《秦 "功用" 追求的极端性及其文化影响》，《陕西历史博物馆馆刊》第 20 辑，三秦出版社 2013 年版。

③ 《三国志》，中华书局 1959 年版，第 688、689 页。

④ （清）孙诒让撰，王文锦、陈玉霞点校：《周礼正义》，中华书局 1987 年版，第 510 页。

⑤ 例如，《新唐书》卷 48《百官志三·少府》："诸州市牛皮角以供用，牧畜角筋脑革悉输焉。" 中华书局 1975 年版，第 1266 页。《宋史》卷 176《食货志上四·常平义仓》："今天下田税已重，固非《周礼》什一之法，更有农具、牛皮、盐曲、鞵钱之类，凡十余目，谓之杂钱。" 中华书局 1977 年版，第 4284 页。《宋史》卷 197《兵志十一·器甲之制》："（熙宁七年）诏不以常制选官驰往州县根括牛皮角筋，能令数羡，次第加奖。"（元丰）六年二月，诏：熙河路守具有阙，给毡三千领、牛皮万张，运送之。" 第 4915、4916 页。《元史》卷 89《百官志五·储政院》："牛皮局，大使一员。至元十三年置。" 中华书局 1976 年版，第 2256 页。《明史》卷 153《周忱传》："三殿重建，诏征牛胶万觔，为彩绘用。忱适赴京，言库贮牛皮，岁久朽腐，请出煎胶，俟归市皮偿库。" 中华书局 1974 年版，第 4218 页。

三五七引蔡邕《月令章句》反映了汉世"皮革"作为战略物资的重要意义："审五库之量，金铁皮革。"注曰："去毛曰革。犀、兕、水牛之属，以为甲、楯、鼓、鞞。"① 可知"皮革"所谓"军国之用"之广泛。除了作为防护性战具之外，又可以制作用以发布军事信号的"鼓、鞞"。"皮革"用作战具，史籍中例证多不胜举。如《三国志》卷二九《魏书·方技传·杜夔》裴松之注："又患发石车，敌人之于楼边县湿牛皮，中之则堕，石不能连属而至。"② 又如《宋书》卷八七《殷琰传》："作大虾蟆车载土，牛皮蒙之，三百人推以塞堑。"③《陈书》卷九《侯瑱传》："以牛皮冒蒙冲小船，以触贼舰，并熔铁洒之。"④《南史》卷一《武帝纪》："张纲修攻具成，设飞楼县梯，木幔板屋，冠以牛皮，弓矢无所用之。"⑤《南史》卷六三《王僧辩传》："又造二舰，一曰青龙舰，一曰白虎舰，皆衣以牛皮，并高十五丈，选其中尤勇健者乘之。"⑥ 许多迹象表明，"皮革"的"军国之用"，是长期受到重视的。

《南齐书》卷二五《张敬儿传》载萧道成报沈攸之书，其中写道："荆州物产，雍、岷、交、梁之会，自足下为牧，荐献何品？良马劲卒，彼中不无，良皮美䍐，商贾所聚，前后贡奉，多少何如？"⑦ 可知荆州地方的"良皮"，长期以来都是重要的经济物资。"良皮"与"良马劲卒"并说，"军国之用"的意义也是明确的。

秦制对"盗取""犀牛"行为的惩处，体现视野生动物为国家资源的政治理念。出发点在于"军国之用"的保障，客观上亦有益于生态环境的保护。

六　犀甲作为重要军备的战争史记忆

犀甲的制作，是以"犀皮"为原料加工成防护装备，以满足战争中的自卫需求。考古发现所见年代较早的"甲"的出土，有宝鸡石鼓山 1 号西周早期墓出土的铜甲。均为"弧形薄片状，残甚"。M1：13—1 残长 23.5 厘米、残宽 19 厘米；M1：13—2 残长 40 厘米、残宽 21 厘米，M1：13—3"筒状，似腿部形状，疑为包裹腿部的护甲"。⑧ 这是用金属制作的"甲"。据研究者判定，包山二号楚墓为"公元前三、四世纪之际下葬的一座楚国贵族墓葬"。⑨ 其

---

① （宋）李昉等撰：《太平御览》，中华书局用上海涵芬楼影印宋本，1960 年 2 月复制重印版，第 1641 页。
② 《三国志》，第 808 页。
③ 《宋书》，中华书局 1974 年版，第 2209 页。
④ 《陈书》，中华书局 1972 年版，第 156 页。
⑤ 《南史》，中华书局 1975 年版，第 10 页。
⑥ 《南史》，第 1540 页。
⑦ 《南齐书》，中华书局 1972 年版，第 471 页。
⑧ 石鼓山考古队：《陕西宝鸡石鼓山西周墓葬发掘简报》，《文物》2013 年第 2 期。
⑨ 彭浩、刘彬徽、胡雅丽、刘祖信：《包山楚简文字的几个特点》，湖北省荆沙铁路考古队：《包山楚墓》上册，文物出版社 1991 年版，附录二六第 580 页。

中出土物包括 "马甲"。据发掘报告，"马甲，2 件。皮革胎已腐烂，残剩漆膜。部分漆膜内残留有稀疏的毛孔。两面共髹漆二层，内髹黑漆，外髹红漆。所有甲片均有宽 0.7 厘米的压边，并有供编联用的孔眼，孔径 0.6 厘米。整甲由马胄、胸颈甲、身甲三部分组成"。有学者指出，"包山二号墓的下葬年代为公元前 316 年，是目前已经发现的少数纪年楚墓之一。其它墓葬的年代关系也很清楚，特别是四、五号墓的下葬年代约为公元前 290 年左右，已近公元前 278 秦将白起拔郢之年"①。因年代相近，这一发现或许可以为研究岳麓书院藏秦简《数》所见 "马甲" 提供若干可参照信息。② 所发现 "马甲" 的 "皮革胎" 以及 "部分漆膜内残留有稀疏的毛孔" 等现象，都说明用以作为防护的 "甲" 的原料，可能是强韧度达到可以抗御兵刃箭矢强击的皮革。

杨泓曾经指出："人和马都披上了铠甲，增强了保护自己的能力，提高了战斗力。尤其是对付那些没有铠甲的步兵，就可以比较容易地取得胜利。"③ 我们讨论的《岳麓书院藏秦简》（柒）对 "盗取" "犀牛" 者予以刑罚惩处的简文，与包山二号墓的皮甲实物发现，时间与空间位置都比较临近。

《史记》卷二三《礼书》："楚人鲛革犀兕，所以为甲，坚如金石。"④ 指出 "犀兕" 皮革 "为甲"，可以 "坚如金石"。而制作者正是 "楚人"。《史记》卷二《夏本纪》张守节《正义》："《周礼·考工记》云：'犀甲七属，兕甲六属。'"⑤《岳麓书院藏秦简》（柒）中所见涉及保护 "蜀、巴、洞庭犀牛" 的简文，应当与东周以来战争之激烈所导致 "犀" 的资源逐渐匮乏的生态环境条件有一定关系。

我们曾经注意到年代稍后的简牍资料中反映征收其他动物皮革以制作军人防护用 "甲" 的情形。以品类来说，"皮" 以鹿皮、麂皮为主，也有羊皮、牛皮。⑥ 这样的情形，是在 "犀" 的生存条件受到人类活动严重破坏的条件下发生的。而秦时 "自今以来敢有盗取蜀、巴、洞庭犀牛者，黥为城旦舂" 制度，或许可以看作这一历史性变化开始发生的标志。

从这一视角考察，《岳麓书院藏秦简》（柒）所见简文 "·自今以来敢有盗取蜀、巴、洞庭犀牛者，黥为城旦舂。· 六" 具有重要的生态环境史料的价值，应当受到研究者的充分重视。

（本文写作，得到西南大学张以静、湘潭大学周海锋、

中国人民大学国学院王泽的帮助，谨此致谢）

① 湖北省荆沙铁路考古队：《包山楚墓》上册，文物出版社 1991 年版，第 345 页。
② 王子今：《岳麓书院秦简〈数〉"马甲" 与战骑装具史的新认识》，《考古与文物》2015 年第 4 期。
③ 杨泓：《中国古兵与美术考古论集》，文物出版社 2007 年版，第 146 页。
④《史记》，第 1164 页。
⑤《史记》，第 58 页。
⑥ 王子今：《走马楼简的 "入皮" 记录》，《吴简研究》第 1 辑，崇文书局 2004 年版。

端木赐字子贡，还是字子赣

——以出土文献为材料的讨论

朱彦民[*]

（南开大学中国社会史研究中心，历史学院，天津，300350）

摘　要：端木赐为孔门著名弟子。在传世文献中，或称其字为"子贡"，或称其字为"子赣"，多混用无别。"贡""赣"二者究竟孰为本字，古代学者分别从音韵训诂方面进行了诸多辨析，莫衷一是，未有定论。通过梳理出土文献，发现战国简牍中称端木赐皆作"子赣"，西汉简帛材料中虽大多数作"子赣"，但个别汉简"子赣""子贑""子贡"并见，且前者有渐趋少见之势。这很可能是为便于在形状狭窄的竹简上书写，逐渐将左右结构之"赣"省形简写作"贡"。此外，早在西周金文中，"赣"字即有上对下的赏赐之义，名赐字赣，名字同义，这从古人命名起字习俗角度也为"子赣"是其本字提供了佐证。

关键词：端木赐；子贡；子赣；出土文献

　　子贡是孔门著名弟子，与颜回、子路二人鼎足而三，齐名当时。子贡也是孔子一个极为特殊的学生，他以其聪慧的商业头脑、高超的外交辞令、真诚的尊师行动，受到了孔子的倚重和世人的赞扬，在当时就有很大影响，而且因为他以其雄厚的财力支持孔子周游列国，在经商之余也顺便传播儒家学说，故他在儒家学派的发展史上也有重要的地位。

　　不过，子贡的名字存在一些问题，即在传世文献中有不同的写法，除了其姓名"端木赐"（《孔子家语·七十二弟子解》作"端木赐"）也作"端沐赐"（《史记·仲尼弟子列传》作"端沐赐"）外，主要是其字的不同，既有作"子贡"者，也有做"子赣"者，以至于有学者将"子贡""子赣"视作两人看待①。

---

　　* 朱彦民，1964 年生，男，河南浚县人，南开大学历史学院教授，博士生导师，先秦史研究室主任，中国社会史研究中心研究员。

　　① 比如靳鹤亭《项橐新考》（《文史杂志》2010 年第 3 期）云："孔子从鲁 56 岁出游，随从弟子有颜子、子路、子贡、子赣、冉求等多人。"将"子贡"与"子赣"并列而论，明显是误看作两个人了。

在集中反映孔子及其弟子问答讨论的儒家经典《论语》中，子贡出现次数较多，达 38 次之多（仅次于子路，居第二位）。在传世今本《论语》中均统一书作"子贡"。但在其他版本的《论语》中，比如汉石经本《论语》，则皆作"子赣"。

在反映子贡生活的那个时代的编年史著作《左传》中，则是既有作"子贡"者，也有作"子赣"者。《左传》在定公十五年、哀公七年、哀公十二年，作"子贡"，而在哀公十五年、十六年、二十六年、二十七年，作"子赣"。

在一些传世文献中，说到子贡同一事件时，也往往此作"子贡"，彼作"子赣"。比如《礼记·乐记》："子赣见师乙而问焉。"《史记·乐书》则作"子贡"，等等①。

再如同是《史记》，《仲尼弟子列传》全篇皆作"子贡"。《货殖列传》则前面称"子赣"，后面称"子贡"。《孔子世家》也是除了多处称"子贡"外，还有两处作"子赣"：一处为孔子师徒到了陈国，鲁国执政季康子邀请冉有回国做家宰，"子赣知孔子思归，送冉求，因诫曰：'即用，以孔子为招'云。"另一处是孔子死后，弟子服三年心丧而归，"唯子赣庐于冢上，凡六年"。同一处用法，在不同版本中写法不一。

同样，《礼记》之《乐记》《祭仪》《汉书》等传世文献，也是"子贡""子赣"皆有。可见"子贡""子赣"已经混用，并无分别，为一人无疑。

对于"子贡""子赣"两者混用的现象，古代学者多是从音韵学角度来理解，认为"贡""赣"两字古代读音相近，可以通假使用。因为"贡"字，上古音属于见母东部；"赣"字，上古音也属于见母东部。声母相同，韵部相同，这在音韵学上称为双声叠韵，读音全同，因此二字可以同音通假。故刘宝楠《论语正义》云："释文：'贡，本亦作赣，音同。'《隶释》载汉石经《论语》碑，凡'子贡'皆作'子赣'。《说文》：'贡，献功也。''赣，赐也。'子贡名赐，字当作'赣'，凡作'贡'，皆是省借。""子赣"也作"子贡"，完全可能是因为读音相同的缘故。

但也有学者不认可这样的说法，因为"贡"和"赣"虽然上古音读音相同，但毕竟是完全不同的两个字。而且《说文》既有"贡"，也有"赣（贛）"，且对二字所标古音所训古意均有所不同。《说文·贝部》："贡，献功也。从贝工声。""赣，赐也。从贛省声。籀文贛。""贡"字训贡献，"赣"字训赏赐，可见"贡""赣（贛）"两字的意思相反。"贡"字读工声，"赣"字读贛省声，而"贛"字，见于《说文·夂部》："贛，䫲也，舞也。乐有

---

①　除了端木赐名字中的贡、赣通用之外，传世文献中"贡""赣"其他义项用法也有混用通用的例子。比如《尚书·顾命》："尔无以钊冒贡于非几。"《释文》："贡，马、郑、王作赣。"《尚书·禹贡》："任土作贡。"《释文》："贡字或作赣。"对此，《尔雅·释诂上》有"赍、贡、锡、畀、予、贶，赐也"的训解，似乎能够对上面的通用混用字例做出说明。不过"贡"之训"赐"，在先秦典籍中找不到实际例证。"贡"字只是贡纳、进献的意思，比如《汉书·地理志》："厥贡漆丝。"《古诗十九首》："此物何足贡。"卢谌《赠刘琨诗二十首一》："谨贡诗一篇。"王褒《四子讲德论》："各悉精锐以贡忠诚。"故郝懿行《尔雅义疏》也不同意原释，从音韵学角度指出："贡者，赣之假音也。"即认为《尔雅》作者误把"赣"字写作音近通假的"贡"字了。

章，从章，从夅，从冬。《诗》云：'韽韽鼓我。'"可见两字读音义训在汉代时都有所不同。故段玉裁《说文解字注》云："贛之古义、古音，皆与贡不同。"

公说公有理、婆说婆有理，如何解决这一问题，似乎陷入死结。看来，单靠两字的古音和古义，很难解决这一问题。

那么，对于子贡的"贡"与"贛"，何者为本字，何者是后来的写法呢？古代学者在这一问题上也没有一个固定的说法。比如《左传》定公十五年"子贡观焉"，清李富孙《左传异文释》："《汉五行志》引作子贛。"《左传》哀公十二年"子贡曰"，《左传异文释》："《汉五行志》引作子贛。"清王引之《经义述闻》《春秋名字解诂》："卫端木赐字子贡。贡，亦作贛。"似乎是说既可写作"子贡"，也可写作"子贛"。而《左传》哀公十五年"子贛为介"，《左传异文释》："《鲁世家》作子贡。"王筠《说文句读》："汉石经《论语》子贛，今本作贡。"阮元《经籍籑诂·送韵》："《礼记·乐记》：'子贛见师乙而问焉'，《仪礼·燕礼》注引作子贡。"似乎是说"子贡"是本来的写法，后来也可写作"子贛"。

然而《论语·学而》"子禽问于子贡曰"，唐陆德明《经典释文》："本亦作贛。"《礼记·檀弓下》："使子贡埋之"，陆德明《经典释文》："本亦作贛。"《周礼·春官·大师》："以六律为之音"，郑玄注："子贡见师乙而问曰"，孙诒让《周礼正义》："贛，正字；贡，假借字。"则似乎是在说明，"贛"为本字，"贡"为后来的假借字。正所谓诸说搅扰，令人莫衷一是。

因为传世文献流传时间较长，且过程复杂，没法准确判断其具体形成时间。所以单靠传世文献也是没法解决"子贡""子贛"何者为先何者为后的问题。

所幸的是，地不爱宝，山川献灵，近现代以来神州大地多处发现了战国时期楚国和秦汉时期的简牍帛书材料，这些出土文献中有不少就是儒家文献，可以和传世文献对读，于是为解决像"子贡""子贛"何以混用、谁本谁末这样的问题，提供了机会与可能。

就目前所见的出土文献中，战国时期的简牍帛书中，子贡都是作"子贛"的。比如上海博物馆藏战国楚简中，多次出现子贡，都作"子贛（贛）"。如：

> 鲁邦大旱，哀公胃（谓）孔子……出，遇子贛，曰："赐，而昏（闻）巷路之言，毋乃胃（谓）丘之答非与（欤）？"子贛曰："……"（上博简《鲁邦大旱》）
>
> ……孔子退，告子贛曰："吾见于君，不问有邦之道，而问相邦之道，不亦惌乎？"子贛曰："吾子之答也何如？"孔子曰："如讯。"（上博简《相邦之道》）
>
> ……行人子羽问于子贛曰："仲尼与吾子产孰贤？"子贛曰："夫子治十室之邑亦乐，治万室之邦亦乐，然则［贤于］［子产］！""与禹孰贤？"子贛曰：……（上博简《君子为礼》）
>
> ……子贛……子曰："吾闻父母之丧，食肉如饭土，饮酒如啜水，信乎？"子贛曰："莫亲乎父母，死不顾，生可言乎？其信也。"（上博简《弟子问》）

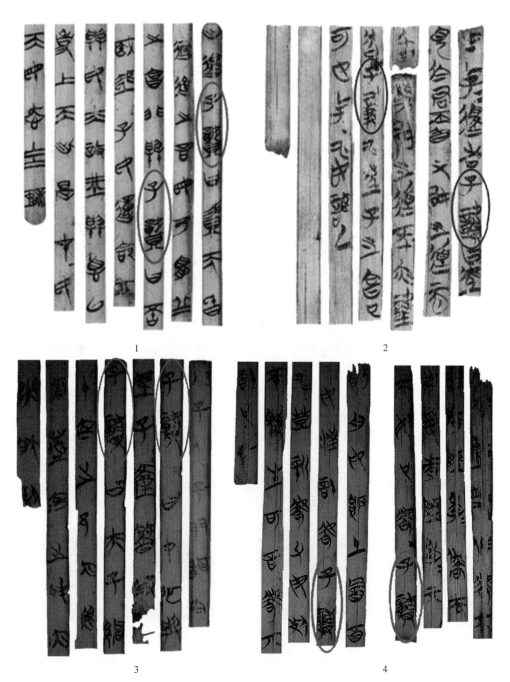

图一　上博简《鲁邦大旱》①《相邦之道》②《君子为礼》③《弟子问》④

①　马承源主编：《上海博物馆藏战国楚竹书（二）》，上海古籍出版社 2002 年版，第 53 页。

②　马承源主编：《上海博物馆藏战国楚竹书（四）》，上海古籍出版社 2004 年版，第 88 页。

③　马承源主编：《上海博物馆藏战国楚竹书（五）》，上海古籍出版社 2005 年版，第 91 页。

④　马承源主编：《上海博物馆藏战国楚竹书（五）》，上海古籍出版社 2005 年版，第 99、106 页。

到了西汉时期的简帛材料，儒家经典中大多数的子贡也是作"子赣"。

　　夫子老而好易，居则在席，行则在囊。子赣曰：……子赣曰：……（马王堆帛书
《易传·要》篇）

　　〔吴〕人会诸侯，卫君〔后〕，吴人止之。子赣见大（太）宁〈宰〉喜（盨），语
及卫故。大（太）宁〈宰〉喜（盨）曰："其来后，是以止之。"子赣曰：……（马王
堆帛书《春秋事语·吴人会诸侯章》）

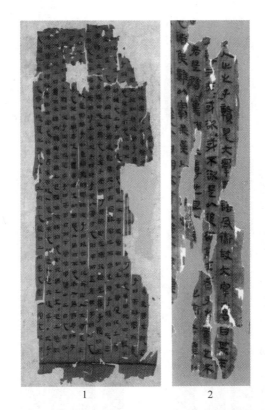

1　　　　2

图二　马王堆帛书《易传·要》《春秋事语·吴人会诸侯章》（局部）①

　　孔子弟子，曰端木赐，卫人也，字子赣，少孔子卅一岁，子赣为人……右子赣（海
昏侯墓《孔子衣镜》子赣画像简介）

　　子赣曰："白（伯）（夷）、（叔）齐，奚人也？"孔子曰："古之圣人也。"（安徽大
学藏战国竹简"诸子类"）

　　子赣曰：九变复贯，知言之纂。居而侔合，忧心操＝，念国之虐。子曰：念国者操＝

---

①　裘锡圭主编：《长沙马王堆汉墓简帛集成》，中华书局 2014 年版，第 39、76 页。

呼，衡门之下。（肩水金关汉简《齐论语》失传章句73EJC：607）

……何以复见乎？子赣为之请。子曰：是……（肩水金关汉简《齐论语》失传章句73EJT24：104）

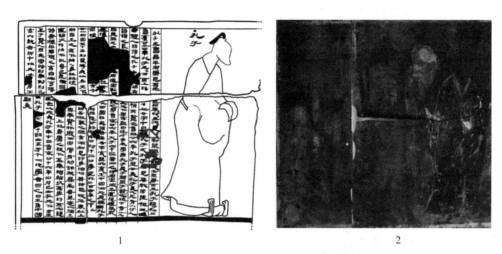

1　　　　　　　　　　　　　　　　2

图三　海昏侯墓"孔子衣镜"孔子画像简介①与子赣画像简介②

表一　　　　　　　　　　　肩水金关汉简《齐论语》失传章句③

原编号	73EJT22：6	73EJT31：139	73EJC：607	73EJT14：7	73EJC：180	73EJT9：58	73EJT24：104	73EJH1：58
探方号	T22	T31	C（采集）	T14	C（采集）	T9	T24	H1（灰坑1）
图版、释文	·孔子知道之易也易：云者三日子曰此道之美也	·子曰自爱仁之至也自敬知之至也	子曰八佾复其知音易知音之易自诚西愎合者心……名诵之诵子曰名诵者谁……呼衡门之	·子曰必富小人也必贫小人也必贵小人也必贱小人	·小人也富与贫	·子曰君子不偎人君子乐富	何以复见乎子赣为之请子曰是	·之方也思理自外可以知
字数	20	14	35	21	6	11	13	10
序号	简一	简二	简三	简四	简五	简六	简七	简八

①　杨军等：《海昏侯墓衣镜画传"野居而生孔子"考》，《江西师范大学》（哲学社会科学版）2018年第1期。

②　王意乐等：《海昏侯刘贺墓出土孔子衣镜》，《南方文物》2016年第3期。

③　王楚宁等：《肩水金关汉简〈齐论语〉研究》，《文化遗产与公众考古》第4辑，2017年，第67页。

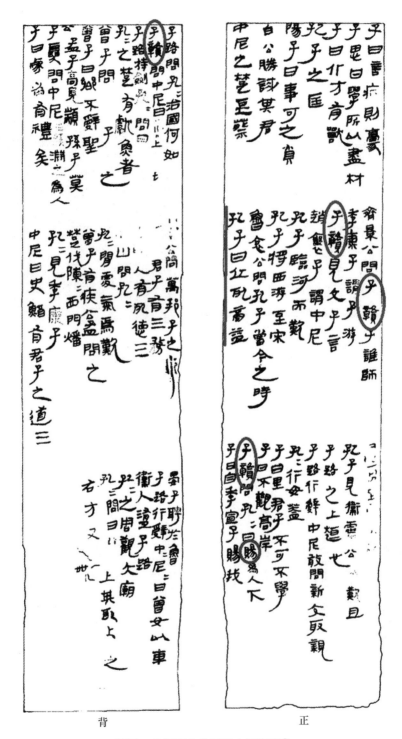

图四　阜阳双古堆汉墓木牍章题①

①　韩自强：《阜阳汉简〈周易〉研究：附〈儒家者言〉章题、〈春秋事语〉章题及相关竹简》，上海古籍出版社 2004 年版，第 152 页。

齐景公问子赣［曰］："子谁师?"（阜阳双古堆木牍章题第八条）

子赣见文子言。（阜阳双古堆木牍章题第十条）

子赣问孔子曰："赐为人下?"（阜阳双古堆木牍章题第二十三条）

子赣问中尼曰："死□知毋□?"（阜阳双古堆木牍章题背面第二条）

只有极个别的汉简才有"子贡"与"子赣"并存的情况出现。比如河北定州八角廊西汉墓简本《论语》，既有"子赣"（总计 2 例），又有"子貢"（总计 9 例），还有"子贡"（总计 10 例），三者并存共享，比较少见。除简本《论语》以外，尚有简本《儒家者言》，也是三者写法并存，盖一个时代的风尚也。

冉子、子赣，［衍衍如也］。（《先进》）（第 274 简）

子貢曰："《诗》云:'如切如磋，如琢如磨。'"（《学而》）（第 1 简）

子貢去［羊］。（《八佾》）（第 53 简）

［子貢曰:"若博施于民能济众］，可谓仁乎?"（《雍也》）（第 135 简）

子贡问曰："有壹言而可终身［行者乎?"子曰:"其恕乎!]（《卫灵公》）（第 437 简）

陈子禽谓子贡:"子［为恭也]，……"（《子张》）（第 593 简）

子赣问孔子曰:"赐为人下，如不知为……"（《儒家者言》第二章"子贡问孔子为人下章"）（第 910 简）

齐景公问子赣曰:"子谁师?"（《儒家者言》第九章"齐景公问子贡谁师章"）（第 970、634、632 简）

乎子貢（《儒家者言》第九章"齐景公问子贡谁师章"）（第 1080 简）

仅就此定州简本《论语》而言，子贡作"子赣"已经少见，只有两例，减省作"子貢"者多起来了，有 9 例，而作"子贡"者最多，已达 10 例。这说明此时人们已经习惯于将子贡写作"子貢"和"子贡"，只是偶尔还保留"子赣"的写法而已。

或许，这时就是"子赣"被逐渐简写成"子贡"的一个时期。从文字学字形角度而言，"赣""貢""贡"三字依次由繁趋简，合乎简化字的规律，似乎子贡名字的"赣"为本字，先省掉"章"作"貢"，再减取"攵"而作"贡"。

有些汉字的繁体字简化的规律，或者可能就是受到书写材料的限制而引起的。这个由"赣"而"貢"到"贡"的简化，可能就是与在竹简上写字的情况有关。也就是说，端木赐的字，原本是"子赣"，"赣"字为左右结构，字形宽博，不大容易在窄瘦的竹简上书写，而减省写成了上下结构、字形较窄的"貢"和"贡"字，书写就会容易得多。

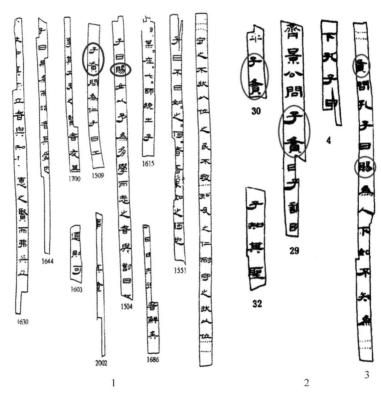

图五　定州汉简《论语》①　与《儒家者言》②

　　说端木赐的字原为"子赣"，还可以从春秋时期人们的名字习俗来佐证。当时人出生后先取名，到了成人举行冠礼再取字，"字以敬名也"，所以名和字往往内容相关，或意义相同，或意思接近。比如子贡的老师孔子，名丘，字仲尼，丘、尼皆山名；颜回，字子渊，渊者水势回环也；仲由，字子路；颜回之父颜由，字季路，路者人之所经由也；宰予，字子我，予和我都是第一人称代词；卜商，字子夏，夏、商前后衔接的朝代名；冉耕，字伯牛；名司马耕，字子牛，当时耕地已用牛耕；等等，都是这样的名与字意思相同相近相关例子。那么，端木赐，字子赣，就说得通了。因为《说文》明确训"赣，赐也"，这属于名与字相同相近。徐锴《说文解字系传》曰："故端木赐，字子赣也。""赣"之训"赐"，在文献中比比皆是，所在多有，比如《淮南子·精神》："今赣人敖仓。"高诱注云："赣，赐也。"《淮南子·要略》："一朝用三千锺赣。"高诱注："赣，赐也。一朝赐群臣之费三万斛也。"《淮南子·道应》："桓公赣之衣冠"，《吕氏春秋·举难》"赣"作"赐"。《急就篇》"庞赏

————————————

　　① 河北省文物研究所定州汉墓竹简整理小组：《定州西汉中山怀王墓竹简〈论语〉释文选》，《文物》1997年第5期。

　　② 河北省文物研究所：《河北定县40号汉墓发掘简报》，《文物》1981年第8期。

赣"，颜师古注："赣，赐也。"

　　但是如果说端木赐字子贡，在字义方面就有冲突矛盾，就说不通了。因为"赐"为上级或老者赏赐下级或晚辈物品，方向为自上而下，而"贡"则是下级或晚辈向上级或老者贡献物品，方向为自下而上，"赐"与"贡"意思相反，这样的意思相反的名字几乎不见。虽然古代也有一些名字，名与字意思相反，取相反相成之意。比如曾点，字子皙；伯虔（黔），字子析（皙），都是黑（点、黔）白（皙）相反，但这是极少数人的例子，更多的习惯是名与字意思相近或者相同。王充《论衡·诘术》："其立字也，展名取同义，名赐字子贡。"他就是以子贡的名字关系来说明"字名同义"的取字原则的。但是他误把"贡""赣"当作一字了，其实这里的"名赐字子贡"，应该改作"名赐字子赣"为宜。

　　有些清代学者，虽然没有见到更多的出土文献，但他们注重小学功夫，对端木赐的名字，从文字学角度而论，也能得到与我们相同的结论。比如段玉裁《说文解字注》曰："端木赐，字子赣，凡作子贡者，亦皆后人所改。"虽然段氏未能说明是何时何人所改，但他能将"赣"当作子贡的本字，而"贡"是"赣"字之减省，则是睿智的正确判断。这是值得我们钦佩的地方。

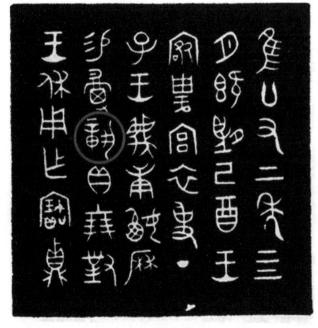

1.庚嬴鼎铭文拓片　　　　2.鲜簋铭文拓片

图六　西周金文庚嬴鼎①与鲜簋铭文拓片②

①　马承源主编：《商周青铜器铭文选（三）》，文物出版社1988年版，第60页。
②　中国社会科学院考古研究所编：《殷周金文集成（修订增补本）》，中华书局2007年版，第5469页。

我们同意端木赐字子赣，是子贡的原字，还有一个有力的证据。那就是"赣"字在其更早的时代就有了赏赐的意思。据陈剑先生的研究，西周金文中有"贛（赣）"字，字形作
（貢），见之于庚嬴鼎和鲜簋两器铭文：

> 佳廿又二年三（四）月既望乙酉，王客□宫。卒事，丁巳，王蔑庚嬴历，易（赐）
> 瓒，貢（赣）贝十朋。对王休，用乍（作）宝贞（鼎）。（庚嬴鼎）
>
> 佳王卅又三（四）祀，唯五月既望戊午，王才（在）莽京，啻（禘）于珷（昭）
> 王。鲜穄（蔑）厤，祼，王貢（赣）祼玉三品、贝廿朋。对王休，用乍（作），子孙其
> 永宝。（鲜簋）

在铭文中，"易（赐）瓒"与"貢（赣）贝"并列，都是赏赐贝玉宝物的意思。[①] 那么
《说文》对"赣，赐也"的解释，正合"赣"字古意。这也可证明后来春秋时端木赐字子
赣，就是古人名字意义相关的最佳例证了。

表二　　　　　　　　　　　　　　"赣"字字形演变列表

	西周金文	战国竹书	汉代帛书	汉代简牍		
字形	貢	贛	贛	贛	贛	貢
出处	鲜簋	上博简	马王堆帛书	阜阳木牍	肩水金关汉简	定州简

---

① 陈剑：《释西周金文中的"贛（赣）"字》，《甲骨金文考释论集》，线装书局 2007 年版，第 8—19 页。

汉晋文献

董仲舒《对胶西王》与《粤有三仁对》异同考*

秦进才**

（河北师范大学历史文化学院，河北 石家庄，050024）

摘　要：正谊明道，是董仲舒思想的重要组成部分，而作为记述正谊明道思想的原始性文献——《春秋繁露·对胶西王越大夫不得为仁》与《汉书·董仲舒传》的《粤有三仁对》存在着诸多异同。相异者，有提问者，一作江都王，一为胶西王，当以江都王为是；又有记述详略、人员数量、三仁姓名、核心语言、记述字词、结句词语等相异之处。相同者，有所记事件、时间模糊、文章结构、仁人不谋其利、伐国不问仁人、贵信贱诈、五尺羞称五霸等相同之处。造成两篇文献异同的原因，既有时代不同、体裁相异等因素，又有源于相同的文章等因素。两篇记述的异同因素，形成了不同的学术思想和社会影响。

关键词：董仲舒；《对胶西王》《粤有三仁对》异同；考察

董仲舒在出任诸侯王相期间有次重要的对话，在传世文献《春秋繁露·对胶西王越大夫不得为仁》和《汉书·董仲舒传》中均有记述，所言："正其谊不谋其利，明其道不计其功。"备受宋人的推崇，奉为圭臬，给予了崇高的评价。程颢曰："董子有言：'仁人正其谊不谋其利，明其道不计其功。'度越诸子远矣。"① 程颐亦言："董仲舒曰：'正其谊，不谋其利；明其道，不计其功。'此董子所以度越诸子。"② 二程充分肯定了正谊明道的价值与地位。朱熹指出："'正其谊不谋其利，明其道不计其功'。《春秋》大法正是如此。"③ 又言：

---

　*　本文为国家社科基金重大项目"董仲舒传世文献考辨与历代注疏研究"（批准号：19&ZDA027）阶段性成果。

　**　秦进才，男，1953年生，历史学博士，河北师范大学历史文化学院教授、博士生导师，研究方向为秦汉史与历史文献。

　① （宋）程颢、程颐：《二程集·河南程氏粹言》卷2《圣贤篇》（中华书局2004年版，第1238页）。赞扬正谊明道之语，未标明二程何人所言。（宋）吕本中撰，韩酉山辑校《吕本中全集》三《童蒙训》卷上载：大程先生名颢，"先生尝以董仲舒'正其义不谋其利，明其道不计其功'为合于圣人，仲舒之学，度越诸子者以此。"（中华书局2019年版，第967页）据此为程颢所言。

　② 《二程集·河南程氏遗书》卷25《伊川先生语十一·畅潜道录》，中华书局2004年版，第324页。

　③ （宋）黎靖德编：《朱子语类》卷83《春秋·经传附》，中华书局1986年版，第2174页。

"只有一个'正其谊不谋其利，明其道不计其功'，其他费心费力，用智用数，牢笼计较，都不济事，都是枉了。"① 把正谊明道视为春秋大法、是为官处世应当遵循的道理。楼钥曰："惟仁人之对曰：'仁人者，正其谊不谋其利，明其道不计其功。'……真得吾夫子之心法，盖深于春秋者也。"② 把正谊明道视为董仲舒得孔子心法、研究《春秋》的心得结晶。黄震认为："愚按今书（《春秋繁露》）惟《对胶西王越大夫之问》，辞约义精，而具在本传，余多烦猥，甚至于理不驯者有之。"③ 特别推崇《对胶西王越大夫之问》即《对胶西王越大夫不得为仁》篇，当是因为其中有"仁人者，正其道不谋其利，修其理不急其功"的记述，班固据此改为《汉书·董仲舒传》中《粤有三仁对》的"夫仁人者，正其谊不谋其利，明其道不计其功"，为宋人所欣赏、阐释、传播，赋予新义。《黄氏日抄》的《读诸子二·春秋繁露》就抄了《汉书·董仲舒传》中《粤有三仁对》的"正其谊，不谋其利；明其道；不计其功"④。虽不符合原书原文，但可见黄震喜欢此言语。后人根据《汉书·董仲舒传》的记述概括为正谊明道、明道正谊、谋利计功、正谊不谋利等，誉之为"正谊明道，为世准程"⑤，成为董仲舒思想的重要组成部分、中国古代义利观的经典名言。

事情是同一件，记述是两部书中的两篇文章、两种体裁，一是《春秋繁露》中对话体的问答，有明确的篇名——《对胶西王越大夫不得为仁》，简化者作：《对胶西》《对胶西王》等；一是《汉书·董仲舒传》中的《粤有三仁对》，命名了相似而不相同的题目，⑥ 字数多少不同，记述大同小异。笔者注意两篇记述的相异情况，曾略述管窥蠡测之见，⑦ 因作为论文的一部分，限于篇幅，仍有未尽之意，不揣浅陋，再次收集资料，对记述董仲舒正谊明道的原始性文献——《春秋繁露·对胶西王越大夫不得为仁》（以下简称《对胶西王》，或

---

① 《朱子语类》卷72《易八·咸》，第1819页。

② （宋）楼钥撰：《攻媿集》卷77《跋春秋繁露》（《景印文渊阁四库全书》，台北：台湾商务印书馆1986年版，第1153册第241页）。（宋）王应麟《困学纪闻》卷7《公羊》载："'正谊不谋利，明道不计功'，二言得夫子心法。"（上海古籍出版社2008年版，第894页）两书说法相近，可以相互佐证。

③ （宋）黄震撰：《黄氏日抄》卷56《读诸子二·春秋繁露》，《全宋笔记》第十编，大象出版社2018年版，第10册第180页。

④ （宋）黄震撰：《黄氏日抄》卷56《读诸子二·春秋繁露》，《全宋笔记》第十编，大象出版社2018年版，第10册第176页。

⑤ 万历《河间府志》卷15下《河间府志闲谈下·汉董仲舒遗像，故城马伟赞》，明万历刻本，第13页。

⑥ 《汉书》属于纪传体断代史，董仲舒属于专传无疑，董仲舒与江都易王刘非的对话，有些编纂汉代文章者亦作为对问体，有作"三仁对"者，如（明）李管辑《两汉书疏》卷2（明万历九年刻本，第20页）；有称为"粤有三仁对"者，如（明）梅鼎祚编《西汉文纪》卷八（《景印文渊阁四库全书》，第1396册第378页。还有一篇题目作"同前"的文章，内容是《春秋繁露》的《对胶西王越大夫不得为仁》），（清）严可均撰《全上古三代秦汉三国六朝文·全汉文》卷24（中华书局1958年版，第257页）；有作"董仲舒三仁对"者，如（明）冯琦、冯瑗撰《经济类编》卷89《人事类一·仁》（《景印文渊阁四库全书》，第963册第264页）；亦有作"对江都王论三仁"者，如（宋）真德秀编《文章正宗》卷12《议论八》（《景印文渊阁四库全书》，第1355册第348页）。从上述篇名看，都用"对"字标明体裁，以"三仁"注明关键词。

⑦ 初稿《董仲舒"正其谊不谋其利，明其道不计其功"管窥》（《董仲舒研究文库》第一辑，巴蜀书社2013年版）；修改稿《董仲舒"正其谊不谋其利，明其道不计其功"管窥》（《衡水学院学报》2014年第3期，中国人民大学《复印报刊资料·中国哲学》2014年第7期全文转载）；增订稿《"正其谊不谋其利，正其道不计其功"探析》（《反思中的思想世界——刘泽华先生八秩华诞纪念文集》，天津人民出版社2014年版），后者都比前者有所扩展。

《对胶西王越大夫不得为仁》）与《汉书·董仲舒传》中的《粤有三仁对》（以下简称《粤有三仁对》）的异同再作考察，以请教于大家。

一 两篇相异之处

《对胶西王》与《粤有三仁对》，虽说一般看来前者是后者的史源，后者对于前者做了删削、升华。同时，两篇不仅有著述体裁的不同，而且在具体记述上，也多有相异之处。

（一）提问者不同

《对胶西王》，篇名显示董仲舒所应对者为胶西王，《汉书·董仲舒传》记载向董仲舒提问者是江都王，两篇记载的提问者不同。对于此事，前贤今哲有着不同的看法。

杨树达认为："《繁露》以为胶西王问，与《汉书》以为江都王者又不同，疑《繁露》得其实也。"① 提出了看法，未阐述其理由。英国学者鲁惟一认为："如果非要说这段轶事的主人公是胶西王，或许倒是有一点可以拿来作为证据：董仲舒举了鲁公欲攻打齐国而被劝阻的例子，而胶西正像鲁国一样，是山东半岛的小国。虽然文中没有说明胶西王想攻打哪一个国家，但这样推断来看，它很可能是像春秋时期的齐国一样的大国。"② 似乎可认为是为杨树达的说法提供证据。其实并没有具体的史料可以证实其说法，只是属于一种推测。鲁惟一又说："总的来看，这段轶事中的诸侯王更有可能是江都王而非胶西王。《春秋繁露》的作者可能觉得把这件事安在刘端身上更有吸引力，毕竟刘端比刘非残暴得多。"③ "《春秋繁露》的作者" 当是编者，由此看，鲁惟一倾向于提问者是江都王刘非。

周桂钿从任职时间、思想转变方面着眼，认为 "《春秋繁露》的《对胶西王越大夫不得为仁》是可信的，董仲舒对的确是胶西王"④。对话的时间是董仲舒任胶西相期间，大致是汉武帝元朔六年（前 123）到元狩元年（前 122）之间。周先生所言的董仲舒思想转变的确有道理，但应当具体问题具体分析，要看所回答的是什么问题，与天命阴阳灾异相联系的问题，董仲舒思想转变以前肯定会联系，思想转变以后也有可能不再联系，这样的问题可以用思想转变来说明。而诸侯王要董仲舒回答越国三仁问题，是历史人物评价问题，如果在思想转变前用天命阴阳灾异来回答，是答非所问，离题太远。同时，对话是两个人的事情，除了关注回答者思

---

① 杨树达：《汉书窥管》卷 6《董仲舒传》，商务印书馆 2017 年版，第 385 页。

② ［英］鲁惟一：《董仲舒："儒家" 遗产与〈春秋繁露〉》，戚轩铭、王珏、陈灏哲译，中华书局（香港）有限公司 2017 年版，第 278 页。

③ ［英］鲁惟一：《董仲舒："儒家" 遗产与〈春秋繁露〉》，戚轩铭、王珏、陈灏哲译，中华书局（香港）有限公司 2017 年版，第 279 页。

④ 周桂钿：《董学探微》，北京师范大学出版社 1989 年版，第 23 页。

想外，也应当看看提问者的思想倾向。从提问者语气来看，带有欣赏兵家权谋的意味，尤其是对擅长兵谋权诈的越王勾践君臣的钦佩，认为可与殷三仁媲美，并有以齐桓公自视的气度等，这些似乎与江都王刘非的性格、身份相吻合，而与胶西王刘端无关。再则，"胶西王素闻董仲舒有行，亦善待之"①。当不会提这种使董仲舒难堪的问题，让董仲舒为难。现在周先生的看法已经有所变化②，以上所言是过去的看法，作为一家之言列举出来。

王永祥亦认为是胶西王与董仲舒的对话，"原因有三：第一，《史记》对此没有记载；第二，这两种对话基本一致，究竟谁抄谁，没有证明，据推测，《汉书》应原出于原著，原著为对胶西王；第三，董仲舒之所以辞掉相位，已到'致仕悬车'之年固是原因之一，另一原因如《史记》和《汉书》都说，因'恐久获罪'，我推测，此因就可能与这段谈话有关，即可能就是由于这段谈话'恐久获罪'，托病辞官回家了"③。王先生有些话说得很实在，如"《史记》对此没有记载"等，确实如此，但更多是"据推测""我推测""即可能"等言。说出了自己的看法，而没有进行翔实的论证。

王葆玹从董仲舒对策在元朔五年（前124）的前提出发，认为《汉书·董仲舒传》记载的董仲舒与江都易王的对话，"此事亦载于《春秋繁露·对胶西王越大夫不得为仁》篇，则《董仲舒传》中的江都易王当为胶西于王之误。江都易王死于元朔元年，不可能在仲舒对策之后与他共事"。注言："仲舒下吏及对策之前，曾为江都易王之相，这可能是班固误以胶西于王为江都易王的原因。"④ 董仲舒贤良对策的时间，笔者粗略统计有八种之多⑤，主流看法在元光元年（前134），有《汉书·武帝纪》的记载，有《汉纪》的旁证，与《春秋繁露·止雨》的江都王二十一年相吻合等。据元朔五年说固然可排列出"董仲舒出任江都相不止一次"的表格⑥，但有几个问题不好解释。一是元朔五年说依据《汉书·循吏传》的"仲舒数谢病去"，说"董仲舒出任江都相不止一次"。实际上，"数谢病去"这句话，并没明确讲是董仲舒"数谢病去"江都相任，还应包括任胶西相时"恐久获罪，病免"⑦ 在其内。元朔五年说也不能解释《汉书·叙传》所说的"抑抑仲舒，再相诸侯"。再，汉代指两

---

① （汉）司马迁：《史记》卷121《儒林列传·董仲舒》，中华书局2013年版，第3773页。

② 周桂钿译注：《春秋繁露·对胶西王越大夫不得为仁》题解言："本文对的是胶西王，而《汉书·董仲舒传》对的是江都王。"注释①作："相，这里指代董仲舒，因他当时任胶西相。"译文作："江都王问董仲舒说"（中华书局2012年版，第127、128、130页）胶西与江都并存。张世亮、钟肇鹏、周桂钿译注《春秋繁露》与周桂钿译本同（中华书局2016年版，第336—338页）。周桂钿解读《春秋繁露·对胶西王越大夫不得为仁》注释［1］与［点评］与上述说法基本相同（国家图书馆出版社2019年版，第240、244页）现在周先生说法已经有所改变？原因为何？待有机会当面请教。

③ 王永祥：《董仲舒评传》，南京大学出版社1995年版，第80页。

④ 王葆玹：《今古文经学新论》，中国社会科学出版社1997年版，第223页。

⑤ 秦进才：《〈春秋繁露·止雨〉"二十一年"管窥》，《扬州大学学报》（人文社会科学版）2008年第5期。

⑥ 参见王葆玹《天人三策与西汉中叶的官方学术——再论"罢黜百家，独尊儒术"的时间问题》，《哲学研究》1990年第6期。

⑦ （汉）班固：《汉书》卷56《董仲舒传》，中华书局1962年版，第2525页。

次、第二次①。"再相诸侯"，即先后相江都、胶西两王，也即是《汉书·董仲舒传》的"凡相两国，辄事骄王"，而不是"董仲舒出任江都相不止一次"。二是汉代诸侯相，不仅已是二千石高官，参加贤良对策不合情理，而且举荐贤良方正者中就有诸侯相，如"建元元年冬十月，诏丞相、御史、列侯、中二千石、二千石、诸侯相举贤良方正直言极谏之士"②。又如建初元年（76）三月己巳，汉章帝"其令太傅、三公、中二千石、二千石、郡国守相举贤良方正、能直言极谏之士各一人"③。还有永初五年（111）闰月戊戌，汉安帝下诏，"其令三公、特进、侯、中二千石、二千石、郡守、诸侯相，举贤良方正，有道术、达于政化、能直言极谏之士，各一人，及至孝与众卓异者，并遣诣公车，朕将亲览焉。"④ 笔者目前尚未看到诸侯相下吏后被举荐为贤良方正的资料。由上述来看，可知元朔五年董仲舒对策说不可信，根据元朔五年对策说推断董仲舒所对为胶西王说也不可信。

李金松经过分析论证，认为"就性格、实力与其他社会条件等诸方面而言，向董仲舒提出'越有三仁'这一问题的人不可能是胶西王刘端，而只能是江都王刘非。换言之，董仲舒所对的是江都王刘非，而不是胶西王刘端"。并推测，"此篇原来的篇目已佚或佚去前面数字，抄刻者无可取证。而《春秋繁露》自《隋书·经籍志》以来，作者一向署以'汉胶西相董仲舒'，抄刻者不检《汉书》本传，极有可能根据'胶西相'演绎出董仲舒是篇所对为胶西王刘端。后人不加考辨，沿袭其误，以致流传至今"⑤。所言有理有据平实可信，推测的地方需要用史料去证明。

何丽野认为：《汉书》和《春秋繁露》记载的话，"虽然都是董仲舒所言，但说话对象却不是同一个人。《汉书》里记载的话，是董仲舒对汉'江都王'说的；《春秋繁露》里的话，却是他后来对汉'胶西王'说的。前者是在武帝元年至二年间（公元前140年左右），后者是在元狩［三（元）年］（公元前122年）。时间上前后相差18年，且估计《春秋繁露》是在董仲舒退出政界以后写的，所以《春秋繁露》上的这段话，其记载的时间可能还要晚一些"⑥。作者认为原因是："纵观《春秋繁露》全书各篇，都是文字结构严谨，表述清

　① 如《汉书》卷6《武帝纪》载："古者，诸侯贡士，壹适谓之好德，再适谓之贤贤，三适谓之有功，乃加九锡；不贡士，壹则黜爵，再则黜地，三而黜爵地毕矣。"（第167页）《汉书》卷81《孔光传》："光凡为御史大夫、丞相各再，壹为大司徒、太傅、太师，历三世，居公辅位前后十七年。"（第3364页）（宋）范晔撰《后汉书》卷44《胡广列传》载："凡一履司空，再作司徒，三登太尉，又为太傅。"（中华书局1965年版，第1510页）（宋）洪适撰《隶释》卷10《太尉陈球碑》跋言："三剖郡符，五入卿寺，再为三公。"（中华书局1986年版，第111页）上述资料均证明，汉代"再"字，一般指两次、第二次。至于"再"字泛指多次，那是汉朝以后的事情了。
　② 《汉书》卷6《武帝纪》，第155—156页。
　③ 《后汉书》卷3《肃宗孝章帝纪》，第133页。
　④ 《后汉书》卷5《孝安帝纪》，第217页。
　⑤ 李金松：《〈春秋繁露·对胶西王越大夫不得为仁〉篇题辨正》，《古籍研究》2005年卷下，安徽大学出版社2005年版，第127、128页。
　⑥ 何丽野：《从语境看董仲舒义利观的一段学案——兼论中国思想史研究中的"语境意识"》，《哲学研究》2011年第2期。

楚，其中的对话篇也不少，但都把事情的来龙去脉、对话的人物交代得很清楚。只有这篇，不但篇幅特别短，而且整个事情也没有交代清楚，与其它篇章很不相应。所以笔者认为可能有些内容漏掉了。由于董仲舒的著作一直没有受到重视，文篇散佚，直到清代才有人去抄写整理（参见同上'点校说明'），此篇开头可能漏掉了这样一段：胶西王问起董仲舒以前跟江都王的事情，董仲舒就对他重复了一遍以前自己对江都王的回答。"① 这样的说法，不能消除读者的疑虑。首先，现存最早的版本是宋嘉定四年（1211）江右计台刻本，至今八百多年过去了，怎么会是"直到清代才有人去抄写整理"。其次，史学研究特别注重证据，即使想象、联想最终也需要有证据证明。想象对于文学创作至关重要，奇妙的想象，可撰写成美文令人耳目一新，荒诞的联想，可以杜撰成文引人入胜。史学也需要想象、联想，无论是想象，还是联想，都需要确凿无误的证据来支持，来证实，没有证据的想象、联想，对于史学研究没有什么价值。"此篇开头可能漏掉了这样一段"的说法，实际上，也是一种想象、猜测，也需要证据来证明。《春秋繁露》与《汉书》所记载的资料，来自两个不同的时间和空间，董仲舒面对两个不同的诸侯王——江都王、胶西王。从表面上看，思虑周全，看法新颖，似乎有些道理。但不仅要问，《汉书·董仲舒传》的史料从何而来？为何东汉人班固所撰写《汉书》记载的董仲舒所言，要早于西汉董仲舒的《春秋繁露》？反之，为何早在西汉已经去世的董仲舒所撰《对胶西王》记载的时间反而要晚于东汉时成书的《汉书》？董仲舒对胶西王重复叙述的证据何在？诸如此类的问题，需要有确实的证据来证实，其说法才会有说服力。

朱永嘉、王知常认为："篇名《对胶西王越大夫不得为仁》，胶西王实乃江都王之误。本篇记述江都王与董仲舒的对答，进一步论述义利之辨。"② 明确是篇名之误。叙述了江都与胶西两王的生平履历和作为，指出："篇题作胶西王，《汉书·董仲舒传》则作江都王。董仲舒曾先后被任命为江都王与胶西王之相。""董仲舒本传称'易王，帝兄，素骄，好勇'，从所问问题的内容看，它符合易王所处的地位、身分和性格。""胶西王胸无大志，只要求国相能隐瞒与包庇他的胡作非为的罪行就行了，否则他就千方百计置国相于死地。从本篇文中所提问题的内容来看，与胶西王的性格和作为并不相符。"③ 又从董仲舒的角度分析，胶西王素闻董仲舒之名，待他比较友好，董仲舒也称病辞官，回家养老去了。④ "所以，文中记载的这段对话，不可能发生在胶西王与董仲舒之间，而只能如《汉书》本传所载，是江都王与董仲舒

---

① 何丽野：《从语境看董仲舒义利观的一段学案——兼论中国思想史研究中的"语境意识"》，《哲学研究》2011年第2期。

② 朱永嘉、王知常译注：《新译春秋繁露》卷9《对胶西王越大夫不得为仁》，台北：三民书局2007年版，第721页。

③ 朱永嘉、王知常译注：《新译春秋繁露》卷9《对胶西王越大夫不得为仁》，台北：三民书局2007年版，第724、725页。

④ 其实，董仲舒作为经学大师，不仅胶西王待他比较友好，而且江都王也敬重董仲舒。《汉书》卷56《董仲舒传》载："易王，帝兄，素骄，好勇。仲舒以礼谊匡正，王敬重焉。"（第2523页）在两位诸侯王看来，提出越国有三仁问题，并非故意与董仲舒为难，而在董仲舒看来这是一个比较难以回答的问题。

之间的对话。"① 朱永嘉、王知常不仅有自己的看法——"胶西王实乃江都王之误",态度明确,而且从江都王、胶西王的地位、身份、性格和董仲舒的经历等方面做了分析,用文献资料去证实自己的看法。

上述诸位前贤今哲从不同的角度,对于《对胶西王》与《粤有三仁对》不同的提问者阐述了自己的看法,形成了三种不同的观点——一是主张提问者是胶西王,《对胶西王》篇名就是这样写的。二是认为提问者是江都王,《汉书·董仲舒传》有记载,《对胶西王》记述有误。三是认为《汉书》里的提问者是江都王,《春秋繁露》里的提问者是胶西王。笔者读后深受教益、启迪,认为前贤今哲的论述似乎还有深入探讨的空间,有细致探索的必要性,试在前贤今哲研究成果的基础上,略述管窥蠡测之见。

江都王刘非,胶西王刘端,都是汉景帝程姬所生,是一母同胞兄弟,都是汉武帝的同父异母兄弟,都为诸侯王,都曾以董仲舒为相,都有向董仲舒提问的权利和可能性。但两篇记述所提问事情相同,怎么会相隔十八年两人提问同一件事情?即使董仲舒向胶西王复述回答江都王的提问,十八年过去了,董仲舒也不可能所言如此雷同。判断提问者为何人,笔者认为还是从江都、胶西两诸侯王的性格、经历、追求入手,再结合着董仲舒的人生经历,综合起来分析为好。

江都王刘非(前168—前128)②,汉景帝前元二年(前155),受封为汝南王(都今河南平舆县北古城)。吴楚七国之乱爆发,上书请缨,奉命率军出征,疆场勇猛拼杀,立有军功。平定吴楚七国之乱后,汉景帝前元三年(前154)六月③,徙封吴国故地为江都王(都今江苏扬州市市区),并赐予天子旌旗。汉武帝元光年间(前134—前129),匈奴侵扰汉朝北方边境,主动上书请求出击匈奴,汉武帝未允许其请。不仅自己建功立业,而且为儿子起名为建④、

---

① 朱永嘉、王知常注译:《新译春秋繁露》卷9《对胶西王越大夫不得为仁》,台北:三民书局2007年版,第725页。

② 林甘泉主编《中国历史大辞典·秦汉史》载:"刘非(?—前128)"(上海辞书出版社1990年版,第193页)。《史记》卷59《五宗世家·江都易王非》载:"吴楚反时,非年十五"(第2536页)。又见《汉书》卷53《景十三王传·江都易王非》记载(第2414页)。吴楚之乱爆发在汉景帝前元三年(前154),由此向上推十五年,是汉文帝前元十二年(前168),据此可知,江都易王刘非生于前168年。

③ 《史记》卷17《汉兴以来诸侯王年表》载:汉景帝四年,"初置江都。六月乙亥,汝南王非为江都王元年。是为易王。"(第1002—1003页)。(清)梁玉绳撰《史记志疑》卷10《汉诸侯王年表》载:"此文有缺误。当云'初置江都国。六月乙亥,汝南王非徙江都元年'。但据《景纪》是三年事,六月乙亥,正与封鲁王、菑川王月日同,则此置四年非也。以后皆当移前一格。"(中华书局1981年版,第490—491页)《史记》卷11《孝景本纪》载:三年"六月乙亥,赦亡军及楚元王子蓺等与谋反者。封大将军窦婴为魏其侯。立楚元王子平陆侯礼为楚王。立皇子端为胶西王,子胜为中山王。徙济北王志为菑川王,淮阳王馀为鲁王,汝南王非为江都王"(第555页)。由此可见,汉景帝前三年六月乙亥,封一侯,新立三王,徙封三王,涉及七人。其他史料亦可证梁玉绳所言可信。江都王刘非,应在汉景帝前三年六月乙亥徙王。

④ 《史记》卷59《五宗世家·江都易王非》载:"立二十六年卒,子建立为王。"(第2536页)(汉)许慎撰、(宋)徐铉校定《说文解字》卷2下聿部载:"建,立朝律也。从聿从廴。"徐铉曰:"廴,律省也。"(中华书局1963年版,第44页)建本义为立朝律,有建立、树立、建造等多种含义,有建树、建业、建策、建功立业等多组词语。可见江都易王刘非不仅自己要疆场鏖战立下军功,而且期望儿子建功立业。

敢①、定国②等具有建功立业意义的名字，还有胥行③等具有才智之义、效仿前贤的名字，可见江都王刘非亦有期望儿子们能建功立业、安邦定国、有勇气有胆量干事情的积极心态。徙封于丰饶的吴国故地，拥有雄厚的财力、物力，喜欢建造宫馆，招集四方豪杰。不仅日常生活讲究奢侈豪华，而且死后随葬品也精美丰盛④，尤其是"大云山汉墓考古发掘出土的大量的域外文物，如鎏金铜犀牛及训犀俑、鎏金铜象及训象俑、错银编磬铜虡兽座、动物纹金带板、银盒等，提示我们需要重新认识秦汉时代'海上丝绸之路'的活动历史"⑤。班固称为"江都劭轻"。颜师古注曰"劭，谓轻狡也"⑥。由上述可见，江都王刘非是一个崇尚武力、追求建功立业的骄王。

胶西王刘端（？—前108），汉景帝三年（前154），受封为胶西王。在讨论如何惩治淮南王、衡山王时，认为"《春秋》曰'臣毋将，将而诛'。安罪重于将，谋反形已定。臣端所见，其书印图及它逆亡道事验明白，当伏法"⑦。主张与汉朝朝廷一致。但为人骄纵贼鳌，陷害相二千石，奉汉法以治国者，辄求其罪上告朝廷进行惩罚，无罪者则诈药杀之。相二千石从王治者，则汉朝又绳之以法。汉朝公卿数次请诛杀胶西王，汉武帝以手足之情不允许，而刘端行为肆无忌惮。因此削减其封国太半。刘端心中恼怒又无后代⑧，遂为无訾省（不计算、查核财物），府库坏漏，尽腐财物以巨万计，也不加修理。令吏毋得收租赋。后去宿卫，封宫门，从一门出入。数变名姓，以布衣身份到其他诸侯国去。由上述可见，胶西王政治上与朝廷一致，固然有迫害相二千石的行为，对于朝廷是消极反抗，又是强足以距谏、知足以

① 《史记》卷21《建元已来王子侯者年表》载：江都易王子丹杨哀侯敢（第1272页）。《汉书》卷15上《王子侯表上》载：江都易王子丹阳哀侯敢（第437页）。两表有丹阳与丹杨封号之异，都是谥号哀侯、名敢，无疑是同一人。敢，含有果敢、有勇气、有胆量等意。
② 《汉书》卷53《景十三王传·江都易王非》载："建异母弟定国为淮阳侯，易王最小子也。"（第2414页）《史记》卷21《建元已来王子侯者年表》载：睢陵侯刘定国（第1273页）。《汉书》卷15上《王子侯表上》作："淮陵侯定国。江都易王子。"（第438页）虽有淮阳、淮陵、睢陵封侯名称的不同，姓名为刘定国则是一致的。定国，也与安邦定国等相联系。
③ 《史记》卷21《建元已来王子侯者年表》载：江都易王子湖孰顷侯刘胥（第1272页）。《汉书》卷15上《王子侯表上》作："胡孰顷侯胥行。江都易王子。"（第437页）两表有湖孰、胡孰封号不同，名字有胥、胥行相异，但谥号均为顷侯、江都易王子，可知为一人。胥，含有才智的人之意，有伍子胥著名人物，有效仿伍子胥之意。
④ 李则斌、陈刚、余伟《揭开江都王陵 盱眙大云山汉墓发掘纪实》载：南京博物院抢救性发掘江苏盱眙县大云山江都王易王刘非墓，出土石棺、金缕玉衣等在内的漆器、铜器、金银器、玉器等文物一万余件，鎏金铜犀牛等均是首次发现，铁剑、铁刀、铁戟、弩机等武器数量众多，车辆装饰华贵（《中国文化遗产》2012年第1期）。南京博物院、盱眙县文广新局《江苏盱眙大云山汉墓》载：江都王刘非陵园内，出土了精美的镶玉漆棺，精致的雁形金带钩、兔形金带钩等（《考古》2012年第7期）。规模庞大，武器种类甚多，物品豪华精美，可见《汉书·景十三王传》所说江都王易王刘非好气力、骄奢真实不虚。
⑤ 刘庆柱：《关于江苏盱眙大云山汉墓考古研究的几个问题》，《东南文化》2013年第1期。
⑥ 《汉书》卷100下《叙传下》及颜师古注，4253、4254页。
⑦ 《汉书》卷44《淮南王刘安传》，第2152页。
⑧ 《史记》卷59《五宗世家·胶西于王端》载："立四十七年，卒。竟无男代后，国除，地入于汉，为胶西郡。"（第2538页）《汉书》卷53《景十三王传·胶西于王端》载："立四十七年薨，无子，国除。地入于汉，为胶西郡。"（第2419页）《汉书》卷14《诸侯王表》、卷100下《叙传下》，亦可为证，两篇多处记述虽有不同，但胶西王刘端无子是共同的，也是可信的。

饰非的骄王，但自己并无建功立业的追求。

从董仲舒的经历来看，为江都王相，"以《春秋》灾异之变推阴阳所以错行，故求雨闭诸阳，纵诸阴，其止雨反是。行之一国，未尝不得所欲"①。江都"易王，帝兄，素骄，好勇。仲舒以礼谊匡正，王敬重焉"②。出任胶西王相，"胶西王闻仲舒大儒，善待之。仲舒恐久获罪，病免。凡相两国，辄事骄王，正身以率下，数上疏谏争，教令国中，所居而治"③。从上述记载来看，在任江都王相时，"仲舒以礼谊匡正"，在说两相骄王时，"数上疏谏争"，当即是《汉书》所记载的对江都王问越国三仁等类似的问题。"胶西王闻仲舒大儒，善待之"，当不会提出越国三仁之类的问题来为难董仲舒。董仲舒自己"恐久获罪"，以疾病而免职了④。由此来看，提问者当以江都易王刘非为是。

据上述江都王刘非和胶西王刘端的性格、追求、行为来看对话内容，结合董仲舒两相骄王的经历，提问者，当以《汉书·董仲舒传》记载的江都易王刘非为是，荀悦的《汉纪》、王益之的《西汉年纪》，亦记述为江都王。而且在众多《春秋繁露》版本中也有所体现，有些版本在《对胶西王》的"胶西王"旁用小字注明"合作江都"，或"合作江都王"⑤，即"胶西王"应作"江都王"为是；有些版本标明"本传作江都王"⑥，提醒读者注意《春秋繁露》与《汉书·董仲舒传》记载的不同。还有，提问者的口吻——"桓公决疑于管仲，

①　《史记》卷 121《儒林列传·董仲舒》，第 3772 页。又见《汉书》卷 56《董仲舒传》，第 2524 页。

②　《汉书》卷 56《董仲舒传》，第 2523 页。此言不见于《史记》卷 121《儒林列传·董仲舒》。

③　《汉书》卷 56《董仲舒传》，第 2525 页。

④　《汉书》卷 36《楚元王传·刘向》载：董仲舒"复为太中大夫，胶西相，以老病免归。"（第 1930 页）可与《史记》卷 121《儒林列传·董仲舒》的"疾免居家"（第 3773 页）、《汉书》卷 56《董仲舒传》作"病免"（第 2525 页），可相互证明其记载的可靠性。

⑤　虽然《春秋繁露》篇名为《对胶西王越大夫不得为仁》，但在诸多版本中，有些编校者还是用注释说明应当作"江都王"，有两种形式，一是"合作江都"；二是"合作江都王"。如宋嘉定四年（1211）江右计台本，目录作："对胶西合作江都弟三十二"，在内文题目"胶西王"下注明"据本传合作江都王"（《中华再造善本·唐宋编》，国家图书馆出版社 2003 年版，第 1 册第 3 页 a，第 4 册第 2 页 b）。钟肇鹏主编《春秋繁露校释（校补本）》卷 9《对胶西王越大夫不得为仁》载，在"胶西王"下注明"据本传合作江都王"者，有无锡华氏兰雪堂活字本、周沩阳（采）刊本（河北人民出版社 2005 年版，第 599 页）等。现代，不仅有些《春秋繁露》影印本保存"合作江都王"的文字，而且有些点校本也保留"合作江都"的说法，如张祖伟点校《春秋繁露》目录与正文均作："对胶西合作江都第三十二"（山东人民出版社 2018 年版，第 3、85 页）。

⑥　有些《春秋繁露》的编校者说明与《汉书·董仲舒传》的异同，标明"本传作江都王"。如《景印摛藻堂四库全书》本《春秋繁露》（世界书局 1988 年影印本，第 246 册第 376 页），卢文弨校定本《春秋繁露》（陈东辉主编《卢校丛编》的《春秋繁露》，浙江大学出版社 2021 年版，第 198 页），凌曙撰《春秋繁露注》（凤凰出版社 2022 年版，第 163 页），苏舆撰《春秋繁露义证》（中华书局 1992 年版，第 266 页），王心湛《春秋繁露集解》（广益书局 1936 年版，第 82 页）等在题目"第三十二"下注明"本传作江都王"，或"卢云本传作江都王"，注明了《春秋繁露》与《汉书》本传的异同。现代，不仅有些《春秋繁露》影印本保存"本传作江都王"的看法，而且有些点校本、今注今译本也保留"本传作江都王"的说法，如袁长江等校注《董仲舒集·春秋繁露》注释曰："《汉书》本传胶西王作江都王。"（学苑出版社 2003 年版，第 212 页）又如赖炎元《春秋繁露今注今译》卷 9【今注】曰："胶西王，《汉书·董仲舒传》作'江都王'。"【今译】曰："（江都王）问相董仲舒说。"（台湾商务印书馆 1984 年版，第 243、244 页）诸如此类的做法，均可视为认同"胶西王"应当是"江都王"。

寡人决疑于君"①。不仅自比齐桓公，而且将董仲舒视为管仲。所问的问题——"孔子曰：殷有三仁。今以越王之贤与蠡、种之能，此三人者，寡人亦以为越有三仁"②。认为越国有三仁。所涉及的人物——越王、大夫蠡、大夫种、大夫庸、大夫睪、大夫车成。欣赏越王勾践等人的行为——"越王与此五大夫谋伐吴，遂灭之，雪会稽之耻，卒为霸主。范蠡去之，种死之。寡人以此二大夫者为皆贤。"③ 推崇越王勾践卧薪尝胆、发愤称霸的谋略举措。这当与江都国地处吴越故地有关，与当地流传有越王勾践卧薪尝胆、范蠡出谋划策等故事有关，这些故事与江都王刘非产生共鸣，也与其崇尚武力、追求建功立业的目标相吻合。相比之下，胶西王刘端没有疆场浴血奋战的经历，没有建功立业的追求，也没有越王勾践式权变多端的谋略，更没有齐桓公式的霸主气势，只是玩弄些迫害二千石官员的伎俩，干一些自己变更姓名去其他诸侯国游玩的勾当，还有胶西与吴、越国距离较远，身份、环境难以与越王勾践君臣卧薪尝胆、复国灭吴产生共鸣等，因此，《春秋繁露》所载董仲舒对胶西王似乎有误，当以《汉书·董仲舒传》记载的江都王刘非为是。

向董仲舒提问者，是江都王刘非，还是胶西王刘端，是一个客观的实证问题，而不是一个主观的认识问题，最终只会有一个答案，但《对胶西王》与《汉书·董仲舒传》有两个不同的记载——一是江都王刘非，一是胶西王刘端，其中当有一个是错误的，但错误是如何产生的，由于年代的久远，史料的缺乏，还无法定谳，因而是一个有争议的问题，虽然李金松、鲁惟一、朱永嘉、王知常等提出了不同的看法，不无道理，但因为缺乏确凿的证据，现在仍然不能定谳。笔者认为，以《对胶西王》为篇名，除上述所言诸种理由之外，还当与古代习惯以最后的官职作为士大夫的代称有关。董仲舒的仕宦生涯是以胶西相病免作为结束的标志，因此，被人称为胶西相④、故胶西相⑤、汉胶西相⑥、董胶西⑦、汉胶西相董仲舒⑧、

---

① 苏舆撰：《春秋繁露义证》卷9《对胶西王越大夫不得为仁》，中华书局1992年版，第267页。
② 苏舆撰：《春秋繁露义证》卷9《对胶西王越大夫不得为仁》，中华书局1992年版，第267页。
③ 苏舆撰：《春秋繁露义证》卷9《对胶西王越大夫不得为仁》，中华书局1992年版，第267页。
④ 《汉书》卷56《董仲舒传》载："胶西王亦上兄也，尤纵恣，数害吏二千石。〔公孙〕弘乃言于上曰：'独董仲舒可使相胶西王。'"（第2525页）因此，董仲舒为胶西相。《汉书》卷36《楚元王传·刘向》载：董仲舒，"复为太中大夫，胶西相，以老病免归。"（第1930页）上述均言董仲舒官至胶西相。
⑤ 苏舆撰：《春秋繁露义证》卷15《郊事对》载："臣汤承制，以郊事问故胶西相仲舒。"（第414页）《后汉书》卷48《应奉列传·应劭》载："故胶（东）〔西〕相董仲舒老病致仕，朝廷每有政议，数遣廷尉张汤亲至陋巷，问其得失。"（第1612页）这是指董仲舒致仕回家后，人称故胶西相。
⑥ （明）凌迪知撰《万姓统谱》卷49《下平声·七阳·章·章樵》载："补注汉胶西相《春秋繁露》十八卷。"《景印文渊阁四库全书》，第956册第762页。这里汉胶西相指董仲舒。
⑦ （宋）李彭撰《日涉园集》卷9《西塔》言："欲记曾游三峡处，诗成赖有董胶西。"（《景印文渊阁四库全书》，第1122册第696页）（宋）契嵩撰《镡津文集》卷7《品论》言："董胶西之对策，美哉！"（上海古籍出版社2016年版，第121页）董胶西，即胶西相董仲舒。
⑧ （唐）魏徵等撰《隋书》卷32《经籍志一》载："《春秋繁露》十七卷。汉胶西相董仲舒撰。"（中华书局2019年版，第1052页）。（宋）王尧臣等撰《崇文总目》卷2《春秋类》载："《春秋繁露》十七卷。汉胶西相董仲舒撰。"（《景印文渊阁四库全书》，第674册第17页）（宋）陈骙等编，（清）赵士炜辑考《中兴馆阁书目辑考》卷1《春秋类》："《春秋繁露》十卷，汉胶西相董仲舒撰。"（《宋元明清书目题跋丛刊》，中华书局2006年版，第1册第374页）上述三例，均称"汉胶西相董仲舒"。

汉胶西相广川董仲舒①等，从西汉到宋朝接连不断，而相比之下，称江都相董仲舒②者则比较少。其文集后来亦有时被命名为《董胶西集》③，大家习惯了以胶西相、董胶西等称谓来代表董仲舒。因此，在传钞或雕刻印制《春秋繁露》此篇出现残缺时，编辑者不加考察就将"胶西王"加在了篇名中，当也为时人所认同。现存最早的宋嘉定四年（1211）江右计台本《春秋繁露》，编者发现了此篇篇名有问题，不仅为时已晚，而且古代文献整理遵循"述而不作"的精神，古人注释讲究"注不驳经，疏不破注"的规矩，更何况雕版刻书呢？不能随意改变文章的题目，何况也无人敢于随便改动。因此，宋嘉定四年江右计台本《春秋繁露》编者，按照惯例只能在目录"西"字下加小字注明"合作江都"，在正文题目"王"字下加小字注明"据本传合作江都王"④，即应当作江都王，仅仅给读者提醒而已，而《对胶西王》的篇名则以讹传讹至少传了八百多年，一直传到了现代，造成了《春秋繁露》与《汉书》提问者的不同。元代以后，称董江都⑤者逐渐增多，而《对胶西王》的篇名，早已传播数百年甚至上千年，成为不能随便变动的篇名。前贤今哲形成了三种不同的说法，其中当有两种是错误的，学术是天下的公器，任何学术问题都可以讨论、商榷，各抒己见，重要的是立说要有确凿无疑的证据。在各家公认的证据发现之前，只要各自持之有故言之成理、自洽其说即可，不妨各随自便、多说并存，在相互商榷中逐步走向认识的统一。

（二）记载详略不同

《对胶西王》为三百六十五字，《粤有三仁对》为二百一十五字，不足《对胶西王》字数的百分之六十。总体来看，《对胶西王》叙述详细，《粤有三仁对》记述简略。从两篇文字看，有字数多少的不同，有详细与简略的区别，但两篇记述的内容相同，基本精神一致。当是《对胶西王》撰写在前，其时应是以对江都王为名，不会是以对胶西王为名，如果以胶

---

① （宋）陈振孙撰：《直斋书录解题》卷16《别集类上》载："《董仲舒集》一卷，汉胶西相广川董仲舒撰。"（上海古籍出版社1987年版，第460—461页）官职加上籍贯为董仲舒的称谓。

② （宋）章樵注：《宋刊古文苑》卷5《诣丞相公孙弘记室书》载："江都相董仲舒叩头死罪再拜上言：……"（中国书店2021年版，第169页）《汉书》卷89《循吏传》载：汉武帝"时少能以化治称者，唯江都相董仲舒、内史公孙弘、兒宽，居官可纪。"（第3623页）这两处"江都相董仲舒"的记载，成为后来转引的源头所在。

③ 《隋书》卷35《经籍志四》载："汉胶西相《董仲舒集》一卷。"（第1200页）明清时代，亦有人将董仲舒文章，编为《董仲舒集》《董子文集》《董胶西集》等，不仅有单行本的《董胶西集》雕刻传世，而且有总集《七十二家集》《汉魏六朝百三名家集》收录、刊刻的《董胶西集》，还有丛书《增订汉魏六朝别解九十三种·集部》收录、印行的《董胶西集》，使得《董胶西集》广泛传播。

④ 宋嘉定四年（1211）江右计台本《春秋繁露》，《中华再造善本·唐宋编》，目录第1册第3页a；卷九第4册第2页b。

⑤ 检索《中国基本古籍库》，输入董江都，检索到从元代王逢撰《梧溪集》到民国杨锺羲撰《雪桥诗话》246条记录，可见人们逐渐多称董仲舒为董江都，称董胶西者转少，但这时《春秋繁露》早已传钞、刊刻传世数百年，《对胶西王越大夫不得为仁》的篇名已经为人所习知，很多人知道写错了，但刊刻书讲究要保持书的本来面貌，不能轻易改动，只能稍加注释提醒而已。

西王为篇名，《汉书》也就不会记为江都王了。当是《粤有三仁对》根据《对江都王》篇删削而成，不会是《对胶西王》是从《汉书·董仲舒传》中抄来的①。

《粤有三仁对》之所以简略，一是班固删削去一些具有西汉时代特色的语言，如说仁人者"致无为而习俗大化"，固然，"无为"不是道家的专用语言，儒家等也用，董仲舒用此语还是带有受到黄老思想影响的痕迹，班固为塑造董仲舒纯儒形象，删去了此语。二是删去一些班固与董仲舒看法不一致的语言，如说仁人者"可谓仁圣矣，三王是也"，三王在《汉书·古今人表》中不是仁人而是排在圣人的行列，如果照抄为"仁圣"，亦属相互矛盾，因此删去为好。再则，三王不但是仁人，而且是仁圣的仁人，但把仁人局限于三王，会使得有些人觉得仁人高不可攀，删去"可谓仁圣矣，三王是也"，扩展了仁人的范围，为后来的无限解释奠定了基础。三是对于一些话做概括节略，如《对胶西王》载"命令相曰：'大夫蠡、大夫种、大夫庸、大夫睾、大夫车成，越王与此五大夫谋伐吴，遂灭之，雪会稽之耻，卒为霸主，范蠡去之，种死之。寡人以此二大夫者为皆贤。孔子曰：殷有三仁。今以越王之贤，与蠡、种之能，此三人者，寡人亦以为越有三仁，其于君何如？桓公决疑于管仲，寡人决疑于君。'"简化为《粤有三仁对》的"王问仲舒曰：'粤王句践与大夫泄庸、种、蠡谋伐吴，遂灭之。孔子称殷有三仁，寡人亦以为粤有三仁。桓公决疑于管仲，寡人决疑于君。'"由一百零九个字减为五十个字。不仅删去了一些文字，而且体现出对话体的精髓在于对话，纪传体讲究记述得简明有神，体现出两种体裁的不同追求，反映出董仲舒与班固历史背景和思想上的异同之处。

从总体上看，《粤有三仁对》做了删削，篇幅缩小，字数减少，但有的地方，也增加了一些文字。如《对胶西王》载："为其诈以成功，苟为而已也"十一个字。《粤有三仁对》作："为其先诈力而后仁谊也，苟为诈而已"十五个字。增加了四个字。其中删去了"以成功、也"四个字，增加了"先、力而后仁谊也、诈"八个字。使表述更完整，形象更鲜明。

（三）人员数量不同

《对胶西王》作："大夫蠡、大夫种、大夫庸、大夫睾、大夫车成，越王与此五大夫谋伐吴。"越王勾践与五大夫，共计六人。

《粤有三仁对》作："粤王句践与大夫泄庸、种、蠡谋伐吴。"越王勾践与三大夫，共计四人。

---

① 张岱年著《中国哲学大纲·人生论》言："疑《春秋繁露》所载，乃董子原语，而《汉书》所记，乃经班固修润者。"（《张岱年全集》第二卷，河北人民出版社 1996 年版，第 422 页）其说可信。何丽野《从语境看董仲舒义利观的一段学案——兼论中国思想史研究中的"语境意识"》认为："后世校注者大都以为《春秋繁露》里的记载是从《汉书》中抄来的。"（《哲学研究》2011 年第 2 期）此言不知有何种根据？具体是哪几个校注者认为"《春秋繁露》里的记载是从《汉书》中抄来的"，没有明确标注其姓名与著述名称，不便具体考察其说法，以判断其是非。

《对胶西王》所记五大夫，《粤有三仁对》所说为三人，删去了大夫睪、大夫车成两人，两篇所记述的越大夫人数不同。

（四）三仁姓名不同

《对胶西王》作："今以越王之贤，与蠡、种之能，此三人者，寡人亦以为越有三仁。"认为越国三仁为越王勾践、范蠡、文种。

《粤有三仁对》本身没有明确越三仁为何人，颜师古据"粤王句践与大夫泄庸、种、蠡谋伐吴"而注曰："泄庸一也，大夫种二也，范蠡三也。"①

苏舆曰："卢云：'本传以泄庸与种、蠡同为三仁。'舆案：此以一去一死，与越王雪耻为三仁。本传虽引泄庸、种、蠡三人，未必即以三仁属之。当据此订正颜注之失，否则睪与车成皆五大夫，何独遗耶？"②苏舆认为越国三仁为文种、范蠡与越王勾践，当以《对胶西王越大夫不得为仁》纠正《汉书·董仲舒传》颜师古注的失误。

刘师培言："卢校云：'本传以泄庸与种、蠡同为三仁。'窃以此文有讹当从本传订正。考《繁露》此篇以'越大夫不得为仁'标目，则无越王甚明。又下云：'而况与为诈以伐吴'，谓与越王为诈也，明所指仅及越臣。疑本文当作：'今越王有庸之贤与蠡种之能'，嗣挠'庸'字，又乙'越王有'为'有越王'。《汉书》所据之文与今本殊，故去（睪）〔睪〕及车（臣）〔成〕之名，以泄庸种蠡伐吴之文与下越有三仁相续也。"并注明："殷有三仁均殷臣，越有三仁不得有越君。"③刘师培认为越三仁不应包括越王勾践。其看法被有些学者所认同。④

苏舆、刘师培是依据卢文弨的校勘成果，做出了不同的判断。苏舆按《春秋繁露》的记述，言之有据。刘师培结合《春秋繁露》的篇名，运用理校方法，持之有故。两人所言均为假说，结论还得等待发现确切的史料依据，才能定夺。

（五）核心语言不同

《对胶西王》作："仁人者，正其道不谋其利，修其理不急其功，致无为而习俗大化，可谓仁圣矣。三王是也。"《粤有三仁对》作："夫仁人者，正其谊不谋其利，明其道不计其

---

① 《汉书》卷56《董仲舒传》颜师古注，第2524页。
② 苏舆撰：《春秋繁露义证》卷9《对胶西王越大夫不得为仁》（第267页）。"卢校"，即《春秋繁露》卢文弨校定本，其言见《卢校丛编·春秋繁露》卷9，第198页。
③ 刘师培：《春秋繁露斠补》卷中《对胶西王越大夫不得为仁》，《仪征刘申叔遗书》，广陵书社2014年版，第3149—3150页。
④ 赖炎元注译《春秋繁露今注今译》认为："当从刘师培校作'今以越王有庸之贤与蠡种之能'。下文越有三仁，即指泄庸、文种和范蠡。"（第243页）认同刘师培的根据篇题校证内文。钟肇鹏主编《春秋繁露校释（校补本）》卷9《对胶西王越大夫不得为仁》认为："苏、刘二说正相对立，细审之，刘说为长。"（第601—602页）

功。"两篇除了"仁人者""不谋其利"七字相同外，其他的表述都不同。

《粤有三仁对》把"正其道不谋其利"改为"正其谊不谋其利"，将"道"改为"谊（义）"字，就是把道理相对改为了谊道相对。把"修其理不急其功"改为"明其道不计其功"，将"修其理"改为"明其道"，意思更易懂。把董仲舒的对于"功"的"不急"改为"不计"。不急是不着急，不以为先、不以为重之义，含有不要操之过急、不要急功近利之意，但并不是不要功利。不计是不用计较、不用考虑之意，与董仲舒的表述有所区别。删去了"致无为而习俗大化，可谓仁圣矣。三王是也"。仁人的标准，由三项变为两项。

"仁人者，正其道不谋其利，修其理不急其功，致无为而习俗大化，可谓仁圣矣。三王是也"与"夫仁人者，正其谊不谋其利，明其道不计其功"相比，两者没有根本性的差异。前者更符合董仲舒的本义——树立起仁人的标准，以便于对照、衡量，去否定所谓越国的三仁。后者文字简略，论述清晰，倾向性更强，传播得更广泛，更引人注目，影响更加深远，宋代以降，成为正统儒家义利观的经典名言。

（六）记述字词不同

《对胶西王》与《粤有三仁对》记述的字词也不相同。

1. 有些字形不同字义相通

如《对胶西王》的"退而有忧色"，《粤有三仁对》作："归而有忧色。"一是"退"，一作"归"，两字字形相异，在"返回、返归、回到原处"的字义上有相通之处，因此，可以互相代替。

又如《对胶西王》的："但见问而尚羞之，而况乃与为诈以伐吴乎？"《粤有三仁对》作："徒见问耳，且犹羞之，况设诈以伐吴虏？"一是一作"但见问"，一作"徒见问"，两者字形不同，颜师古注曰："徒，但也。"[1]两字可互训，在"仅、只"含义上两字有相通之处。二是一言"为诈"，一说"设诈"，"为诈"与"设诈"，两者词义相同。

又如《对胶西王》的"越王与此五大夫谋伐吴"，"越有三仁"等。《粤有三仁对》作："粤王句践与大夫泄庸、种、蠡谋伐吴"，"寡人亦以为粤有三仁"。一作"越"，一作"粤"，"越"与"粤"，两字读音相同，字义有相通之处，在古代国名、地名、民族名等方面相通用，而在相通用中又有区别，浙江或浙东简称越、也代指绍兴一带，而广东、广西合称两粤，广东简称粤。

2. 有些文字不同字义也有差别

如《对胶西王》载："命令相曰"，具有居高临下的气势，王与相的身份体现得很清楚。

---

① 《汉书》卷56《董仲舒传》颜师古注，第2524页。

卢文弨曰："'命令'疑是'令问'。"① 用理校的方法做出推测。《粤有三仁对》作："王问仲舒曰。"两人的身份没有变化，但语气变了，体现的对话氛围也就有所改变。

又如《对胶西王》载："仲舒智褊而学浅，不足以决之。"是董仲舒自谦语，言自己见识褊狭而学问浅薄，不足以决断江都王的疑难问题。《粤有三仁对》作："臣愚不足以奉大对。"用"臣愚"替代了"仲舒智褊而学浅"，用"不足以奉大对"替换了"不足以决之"，用"大对"抬高了江都王提问的水平。字数多少不同，字义也不完全相对应，意思有相通之处——自谦与尊重对方并存。

3. 字词有抽象与具体之别

如《对胶西王》载："五伯者，比于他诸侯为贤者，比于仁贤，何贤之有？"这里说五伯相比于其他诸侯为贤，而与仁贤相比并非贤者。《粤有三仁对》作："五伯比于他诸侯为贤，其比三王，犹武夫之与美玉也。"这里不仅删去了两个"者"字，而且用具体的"三王"取代了抽象的"仁贤"，还删去了"何贤之有"四个字，句子更精练。

详细举例，还会有一些，暂且列举上述几例，以窥见《对胶西王》与《粤有三仁对》所用字词的异同而已。

（七）结句词语不同

《对胶西王》以"臣仲舒伏地再拜以闻"结句，《粤有三仁对》以"王曰'善'"结束。

《春秋繁露》中除《对胶西王》篇外，《郊事对》结句为"臣仲舒昧死以闻"②。《五行对》结句为"王曰：'善哉！'"《春秋繁露》中还有《楚庄王》《精华》等篇亦用对问体裁，一问一答或问答多次。其结句，并不完全一致，体现了或因事造文，或因文生义的对问体裁和汉代文献的特点。《粤有三仁对》结句，增加"王曰：'善'"。表示赞同其说。当是汲取了《史记》书中的"王曰'善'"的结句格式，如《史记》中的"惠王曰：'善。'""齐王曰：'善。'""秦王曰：'善。'"③ 胶西"王曰：'善。'"④，等等。《汉书》中除《董仲舒传》外，亦有"汉王曰：'善。'"⑤"王曰：'善。'"⑥ 等结句形式，为当时所习

---

① （西汉）董仲舒撰：《春秋繁露》卷9《对胶西王越大夫不得为仁》，《卢校丛编》，第198页。

② 苏舆撰：《春秋繁露义证》卷15《郊事对》（第418页）《宋刊古文苑》卷5《对·郊祀对》作："臣仲舒冒死以闻。"（第189页）篇名、文字与《春秋繁露》稍有不同。（汉）蔡邕撰《独断》卷上："汉承秦法，群臣上书，皆言昧死。王莽盗位，慕古法，去昧死曰稽首。光武因而不改，朝臣曰稽首顿首，非朝臣曰稽首再拜。"（上海古籍出版社1990年版，第4页）由上述可知，"昧死以闻"或"冒死以闻"，是具有西汉时代特色上书、对问等体裁的结句语言。

③ 《史记》卷70《张仪列传》，第2762、2779、2783页。

④ 《史记》卷106《吴王濞列传》，第3401页。

⑤ 《汉书》卷39《萧何传》，第2007页。

⑥ 《汉书》卷35《吴王濞传》，第1907页。

见，符合史书记述体裁，有事件起因，有发展脉络，有最终结局。结句相异，体现了两篇不同的著述体裁。

综上所述，《对胶西王》与《粤有三仁对》相异之处，笔者梳理为提问者、记述详略、人员数量、三仁姓名、核心语言、记述语言、结语词语等七个方面的不同，这些不同，既有《对胶西王》篇名记述的讹误，将江都王变为胶西王，亦有因为诸侯王与诸侯王相对话体与纪传体体裁的不同所致，还有因为董仲舒与班固历史背景不同、思想不同、文笔风格相异等所致，从而体现出西汉董仲舒与东汉班固不同的思想倾向。

二 两篇相同之处

《对胶西王》与《粤有三仁对》的记述，虽然有上述七个方面的相异之处，亦有相同之处，主要体现在以下各方面。

（一）所记载的事件相同

《对胶西王》与《粤有三仁对》，记述董仲舒在出任诸侯王相期间发生的一个事件，人物两个，董仲舒与诸侯王，诸侯王向董仲舒咨询越国三仁问题，董仲舒以讲故事，明确仁人标准等方式，否定越国三仁，为诸侯王所认同。从文字、内容看，两篇所记述的是同一件事情。

（二）记载时间模糊相同

《对胶西王》，顾名思义应当发生在董仲舒出任胶西王相期间，但没有准确具体的时间。

《汉书·董仲舒传》记述为"对既毕，天子以仲舒为江都相，事易王。易王，帝兄素骄好勇，仲舒以礼谊匡正，王敬重焉。久之，王问仲舒曰：……"董仲舒担任江都王相有具体时间，当在元光元年（前134），所言"久之"，江都王刘非咨询越三仁事，时间模糊，没有具体的日期。

《汉纪》系于元光元年董仲舒对策之后，言："仲舒对策，擢为江都相。时，易王甚骄而好勇，问仲舒曰：……"① 似乎距离为江都王相时间近些，也无具体的年、月、日。

历史研究，是实证性研究，讲究原始资料，重视当时人、当事人的记述，因为史实记载"远不如近，闻不如见"②。"地近则易核，时近则迹真。"③ 距离越遥远讹误会越来越多，年

---

① （东汉）荀悦撰：《汉纪》卷11孝武皇帝纪二元光元年，《两汉纪》，中华书局2017年版，上册第176页。
② 黄晖撰：《论衡校释》卷29《案书篇》，中华书局1990年版，第1163页。
③ （清）章学诚著，叶镆校注：《文史通义校注》卷8《修志十议》，中华书局1985年版，第843页。

代越久记忆会越来越模糊，事过境迁，物是人非。所以"选择证据，以古为尚"①。事件发生时的当事人、当时人的记叙，这类史料的价值最高，也就是所谓第一手材料，又称为直接史料、原始资料。原始性的资料，才会保存比较多的真实因素。历史考证讲究无征不信、孤证不立，后人在没有新资料发现的情况下，很难补充、修订前人的记载。汉代人都说不清的问题，后人只能人云亦云了，这是无可奈何而又确实存在的问题。

刊刻于宋宁宗嘉定十四年（1221）的王益之撰《西汉年纪》，系《粤有三仁对》于元光元年（前134）五月董仲舒对策、"初令郡国举孝廉各一人"后，曰："以仲舒为江都相，仲舒相易王。王问仲舒曰：……"资料来源亦是《汉书·董仲舒传》。《考异》言："今仲舒对策，从《汉书》本纪、荀氏《汉纪》载于此年。又依《武帝故事》以举孝廉事附焉，至于相江都、论三仁、著《灾异记》以次列焉。"②把相关事件依次附记在董仲舒对策之后，并没有具体的年代。

有些学者将《粤有三仁对》系于董仲舒对策之后③，这是没有发现相关的新资料，只能采取与古人相类似的办法，将年代不清晰的相关事件，放在一起记述。有些学者将此事系于董仲舒在江都相任上④，亦属于模糊性的时间记载。

由上述可知，董仲舒《粤有三仁对》的系年，多是笼统附记于董仲舒对策、出任江都王相之后，尚未有准确清晰的年代可言。虽然如此，我们还可以将董仲舒对策之年——元光元年作为上限，把元朔元年（前128）"十二月，江都王非薨"⑤作为下限，董仲舒《粤有三仁对》当就发生在这七年范围之内，这仍然是一个模糊性的时间。

（三）文章结构大致相同

《对胶西王》与《粤有三仁对》，两篇文章结构大致相同，均是先由诸侯王提出越国三

①　梁启超：《梁启超史学论著四种·清代学术概论·十三》，岳麓书社1985年版，第54页。

②　（宋）王益之撰：《西汉年纪》卷11武帝元光元年五月，中华书局2018年版，第205页。

③　如宋清秀、包礼祥、曾礼军撰《中国学术编年·两汉卷》系于武帝元光元年五月董仲舒对策后，作："董仲舒为江都相，与易王论仁人。"（华东师范大学出版社2013年版，第141页）属于附录性，并非准确记载年月。郑杰文、李梅著《中国学术思想编年·秦汉卷》系于武帝元光元年五月董仲舒对策后，附录了董仲舒论仁人（陕西师范大学出版社2005年版，第123页），而非此事就发生于此年此月。李梅、郑杰文等著《秦汉经学学术编年》与《中国学术思想编年·秦汉卷》记述相同（凤凰出版社2015年版，第133页）。据上述诸书所言，将董仲舒《粤有三仁对》，系于董仲舒对策后，均属于时间模糊的大致时段。

④　刘汝霖《汉晋学术编年》卷2根据《汉书·董仲舒传》《春秋繁露》系于元光二年"董仲舒治江都"条下，言："王尝问仲舒曰"（华东师范大学出版社2010年版，第82页），也未精确注明其年代。刘跃进著《秦汉文学编年史》中编汉武帝刘彻元光元年（前134）丁未载："七月，京师雹，鲍敞问仲舒'雹何物'，仲舒作《雨雹对》。其时仍为江都相，作《粤有三仁对》。"（商务印书馆2006年版，第144—145页）看似精确到了元光元年七月，时间很具体，其实说董仲舒"其时仍为江都相"的范围之内可信。说"故知本年末、下年初以为江都相也"（第145页）亦可信。系《雨雹对》于元光元年七月，有《西京杂记》卷五的根据也当可信。但把"其时"具体为元光元年七月，董仲舒作《粤有三仁对》，则缺乏证据和论证了，不太可信了。因为《汉书·董仲舒传》说"久之"，《汉纪》附录于董仲舒对策后，都没有具体年月日时间，此书也未有新资料、新证据，就系于元光元年七月似乎不可信。

⑤　《汉书》卷6《武帝纪》，第168页。

仁问题，董仲舒奉命回答，引用柳下惠伐国不问仁人的故事，阐释仁人的标准，否定越国三仁的存在，进而说明五霸与三王相比也不是仁人，诸侯王认同其回答。其文章谋篇布局大致相同。

（四）仁人不谋其利相同

《对胶西王》载："仁人者，正其道不谋其利，修其理不急其功，致无为而习俗大化，可谓仁圣矣。"《粤有三仁对》作："夫仁人者，正其谊不谋其利，明其道不计其功。"两篇虽然有"正其道"与"正其谊"等不同，但都有"仁人""不谋其利"相同的记述。

（五）伐国不问仁人相同

《对胶西王》载："昔者鲁君问于柳下惠曰：'我欲攻齐，何如？'柳下惠对曰：'不可。'退而有忧色，曰：'吾闻之也，谋伐国者，不问于仁人也。此何为至于我？'但见问而尚羞之，而况乃与为诈以伐吴乎？"《粤有三仁对》亦载："闻昔者鲁君问柳下惠：'吾欲伐齐，何如？'柳下惠曰：'不可。'归而有忧色，曰：'吾闻伐国不问仁人，此言何为至于我哉！'徒见问耳，且犹羞之，况设诈以伐吴虏？"两篇引用柳下惠伐国不问仁人的故事主要情节相同，而在叙述时，所用语言文字，多有相异。这是董仲舒借用"圣之和者""百世之师"[1]柳下惠的伐国不问仁人的故事、言论，借事明义，借题发挥，以否定越国三仁。

（六）贵信贱诈思想相同

《对胶西王》载："《春秋》之义，贵信而贱诈。诈人而胜之，虽有功，君子弗为也。"把贵信而贱诈提高到《春秋》之义的高度。《粤有三仁对》作："仲尼之门，五尺之童羞称五伯，为其先诈力而后仁谊也。苟为诈而已，故不足称于大君子之门也。"虽然删去了几句话，增加了几个字，但贵信贱诈的思想还是很明确的。

（七）五尺羞称五霸相同

《对胶西王》载："是以仲尼之门，五尺童子，言羞称五伯。为其诈以成功，苟为而已也。故不足称于大君子之门。"《粤有三仁对》作："是以仲尼之门，五尺之童羞称五伯。"两篇所载基本相同，所言的"仲尼之门五尺之童羞称五伯"，是沿袭了孟子、荀子的说法。孟子曰："仲尼之徒无道桓文之事者，是以后世无传焉。臣未之闻也。"[2] 荀子曰："仲尼之

---

① （清）焦循撰《孟子正义》卷20《万章下》载："伯夷，圣之清者也；伊尹，圣之任者也；柳下惠，圣之和者也；孔子，圣之时者也。孔子之谓集大成。"（中华书局1987年版，第672页）卷28《尽心下》又载："圣人百世之师也，伯夷、柳下惠是也。"（第976页）柳下惠是圣人，名高天下，所言说服力强。

② 《孟子正义》卷3《梁惠王上》，第77页。

门人，五尺之竖子言羞称乎五伯"①。"仲尼之徒""仲尼之门"含义相近。王"念孙案：'仲尼之门人''人'字后人所加也"②。王念孙旁征博引，所言是，"人"字衍当删。刘向曰："孟子、孙卿、董先生，皆小五伯，以为仲尼之门，五尺童子皆羞称五伯"③。桓谭言："传曰：'孔氏门人，五尺童子，不言五霸事者，恶其违仁义而尚权诈也。'"④ 孟、荀所言为董仲舒等人所认同。

　　实际上，且不说仲尼之门、五尺童子是否真羞称五霸，就是孔子在有些场合也是谈论五霸和肯定辅佐五霸的管仲等人的。如孔子曰："晋文公谲而不正，齐桓公正而不谲。"⑤ 对于春秋五霸中的晋文公、齐桓公有肯定有批评。子路问管仲"未仁乎？"孔子曰："桓公九合诸侯，不以兵车，管仲之力也。如其仁！如其仁！"孔注曰："谁如管仲之仁！"⑥ 程颐认为孔子所言"如其仁"，是"阐幽之道也。子路以管仲不死于子纠为未仁，其言仲者小矣，是以圣人推其有仁之功。或抑或扬，各有攸当，圣人之言类如此，学者自得可也。"⑦ 陈亮指出："伊川所谓：'如其仁'者，称其有仁之功用也。仁人明其道不计其功，夫子亦记人之功乎？"⑧ 肯定管仲的贡献，比较董仲舒所言与孔子之言的不同。子贡言："管仲非仁者与？"孔子曰："管仲相桓公，霸诸侯，一匡天下，民到于今受其赐。微管仲，吾其被发左衽矣。"⑨ 孔子赞赏管仲的功劳，肯定管仲的功绩。《上海博物馆藏战国楚竹书》中记述孔子回答季康子问政时，引用辅佐齐桓公和晋文公成就霸业的管仲、孟子馀（孟者吴、赵衰）的言论，赞扬其辅霸策略。⑩ 班固撰《汉书·古今人表》把管仲排于仁人之列，把齐桓公放在中中的位置上；把赵衰排于智人行列，把晋文公放在中上的位置。把传世文献与出土文献结合起来看，荀子、董仲舒、桓谭等人所谓的"仲尼之门、五尺童子言羞称五伯"的说法，是战国两汉儒者的看法，而非春秋时代孔子的说法。从历史的角度看，是思想家的说法，并非历史的真实，所言仲尼之门说法并不准确。董仲舒、刘向、桓谭、班固都认同这种不准确的说法，反映了两汉时代思潮的特点，反映了两汉人对于历史人物的评价，也反映了思想家借事明义的特点，并非历史的真相就是如此。

① （清）王先谦撰：《荀子集解》卷3《仲尼篇》，中华书局1988年版，第105页。
② （清）王念孙撰：《读书杂志·荀子杂志》第2《仲尼·门人》，江苏古籍出版社1985年版，第659页。
③ 《荀子集解》卷20《荀卿新书三十二篇》，第559页。
④ （汉）桓谭撰，朱谦之校辑《新辑本桓谭新论》卷2《王霸篇》，中华书局2009年版，第4页。
⑤ 《论语正义》卷17《宪问》，第570页。
⑥ 《论语正义》卷17《宪问》，第572—573页。
⑦ 《二程集·河南程氏粹言》卷2《圣贤篇》，第1240页。
⑧ （宋）陈亮：《陈亮集（增订本）》卷28《又乙巳春书之二》，中华书局1987年版，第349页。
⑨ 《论语正义》卷17《宪问》，第577—578页。
⑩ 马承源主编《上海博物馆藏战国楚竹书》第五册《季庚子问于孔子》，整理者梳理楚竹书记述情况，对孔子引用管仲、孟子馀语作评介（上海古籍出版社2005年版，第195—199页），释文并作注释，如孔子曰："且管仲有言曰：'君子恭则遂，骄则侮，备言多难。'""丘闻之孟子馀曰：'夫书者以著君子之德也。'"（第206、211页）可见孔子是正面引用管仲、孟子馀之言，不是羞称五霸，亦非是批判性引用。

综上所述，《对胶西王》与《粤有三仁对》的相同之处，主要体现在所记述的为同一件事情，都没有具体的年代，文章的结构相同，引用的典故相同，仁人不谋其利的思想相同，都有贵仁义而贱权谋欺诈的思想，均有仲尼之门、五尺童子羞称五霸等，都是以柳下惠和三王作为正面立论的典范，以五霸作为反面衬托的例证，以此对比说明越国无三仁，五霸与其他诸侯相比为贤，与三王相比也不属于仁者。全文围绕着回答越国三仁问题的中心而逐步深入的论述。

三　两篇异同的原因

笔者将《对胶西王》与《粤有三仁对》的相异之处和相同之处，梳理为十四条，已经列举于上，有些具体原因，已经在论述中提到，下面再稍做分析。

（一）不同的时代因素

两汉刘家天下，血脉相通、辈分相连，制度相沿，但也有一些不同之处。

西汉开国，汉承秦制，亦有变革。分封制度，是汉效法周制，巩固天下的措施，又是中央与诸侯王矛盾的来源之一。郡国制度，是西汉的创造。统治思想，汉初寻觅到"因阴阳之大顺，采儒墨之善，撮名法之要，与时迁移，应物变化，立俗施事，无所不宜"①，清静无为的黄老之学，轻徭薄赋，与民休息，取得了社会安定、经济恢复、文化发展的成就，但亦有匈奴侵扰、诸侯王坐大等问题。汉武帝即位，行建元新政，由黄老之学主导逐渐转化为"罢黜百家、表章六经"②。对内，改革制度，制礼作乐。对外，四面出兵，开疆拓土。董仲舒生活在汉景帝、汉武帝时代，虽然有下帷读书三年不窥园的说法，有神游诸子乘马三年不辨牝牡的传说，但并未与社会隔绝，社会变革，不仅影响着董仲舒思想的形成与发展，其思想亦是汉武帝时代社会存在的反映与升华，而且董仲舒思想也影响着社会③，发挥着作用。汉

---

① 《史记》卷130《太史公自序》，第3966页。

② 《汉书》卷6《武帝纪》，第212页。

③ 汉武帝不仅促成了天人三策的形成，而且董仲舒致仕之后，还派廷尉张汤就有些朝政大事听取董仲舒意见，留下了《郊事对》等文献。董仲舒关注社会世事，提出的限民名田建议，不仅影响了西汉哀帝时的限田限奴议、王莽改制时的王田制，而且对于北朝隋唐的均田制等亦有影响。《汉书》卷66《杨敞传附杨恽》载："董生不云乎？'明明求仁义，常恐不能化民者，卿大夫意也；明明求财利，常恐困乏者，庶人之事也。'"（第2896页）这是引天人三策中言语。《汉书》卷75《眭弘传》载："先师董仲舒有言，虽有继体守文之君，不害圣人之受命。"（第3154页）上书请汉家皇帝禅位。王利器校注《盐铁论校注（定本）》卷9《论菑》载："始江都相董生推言阴阳，四时相继，父生之，子养之，母成之，子藏之。"（中华书局1992年版，第556页）引用董仲舒的言论，作为立论的依据。《汉书》卷74《魏相传》载："数条汉兴已来国家便宜行事，及贤臣贾谊、晁错、董仲舒等所言，奏请施行之"（第3137页）等。由上述可见，董仲舒思想主张，不仅在世时对社会有影响，去世之后也产生了更大的影响。

武帝时代，取得重大成就的同时，也付出了沉重的代价，形成了严重的社会危机。汉武帝晚年幡然醒悟，颁布轮台诏，转变治国方针，再加上顾托得人，逐渐化解了危机。历经昭宣中兴，元成哀衰落，平帝傀儡，王莽禅让代汉，托古改制，把古代经典中的主张搬到社会现实当中，理论很神圣，理想很丰满，但古时的灵丹妙药，治不了现实的顽症痼疾，不合时宜的举措，激化了社会矛盾和民族矛盾，被官逼民反的绿林军等推翻。

汉光武帝刘秀河北崛起，鄗南即位开国。平定群雄割据，重建一统天下。沿袭西汉晚期制度，针对社会弊病推出改进措施，强化中央集权，精兵简政，减轻百姓的负担。尊崇经学，设立五经十四博士，"宣布图谶于天下"①。经学的尊崇地位更加巩固。汉明帝、汉章帝继续汉光武帝的政策，大力提倡经学，开创了明章之治的时代。在汉明章时代董仲舒更受尊崇，如"群儒首""儒者宗"② "为世儒宗"③ "为世纯儒"④ 等赞誉性称谓，出自建初年间（76—83 年）编撰成的《汉书》。又如"文王之文在孔子，孔子之文在仲舒"⑤ "孔子生周，始其本；仲舒在汉，终其末""孔子终论，定于仲舒之言"⑥ 等评价性语言，出自成书章和年间（87—88 年）的《论衡》。董仲舒，不仅由《史记·儒林列传》类传中的人物记述，变成了《汉书·董仲舒传》专传的记载，增加了天人三策、《粤有三仁对》等文献，而且在《汉书》的《食货志》中收录了董仲舒说汉武帝使关中民益种宿麦、限民名田的建议，在《五行志》中收录了《灾异之记》⑦ 等，在《礼乐志》中摘录了天人三策，在《杨敞传·杨晖》中引用了天人三策中的语言，在《匈奴传》中引用了《论御匈奴》的主张等，收录、保存了董仲舒文献，不仅是后世认识西汉社会历史的重要文献资料，而且为研究董仲舒思想、生平等奠定了深厚的文献史料基础。这是东汉时代提出的需求，是按照东汉社会思潮来

---

① 《后汉书》卷 1 下《光武帝纪下》，第 84 页。

② 《汉书》卷 56《董仲舒传》赞引刘歆曰："仲舒遭汉承秦灭学之后，《六经》离析，下帷发愤，潜心大业，令后学者有所统壹，为群儒首。"（第 2526 页）《汉书》卷 27 上《五行志上》称："汉兴，承秦灭学之后，景、武之世，董仲舒治《公羊春秋》，始推阴阳，为儒者宗"（第 1317 页）。两者叙述了董仲舒所处的历史背景，肯定了董仲舒的学术贡献与历史地位。

③ 《汉书》卷 36《楚元王传·刘向》载：董"仲舒为世儒宗，定议有益天下"。第 1930 页。

④ 《汉书》卷 100 下《叙传下》载：董仲舒"下帷覃思，论道属书，谠言访对，为世纯儒"。第 4255 页。

⑤ 《论衡校释》卷 13《超奇篇》，第 614 页。

⑥ 《论衡校释》卷 29《案书篇》，第 1171 页。

⑦ 《史记》卷 121《儒林列传》载：董仲舒"中废为中大夫，居舍，著《灾异之记》。是时辽东高庙灾，主父偃疾之，取其书奏之天子。"（第 3772—3773 页）《汉书》卷 56《董仲舒传》载："先是，辽东高庙、长陵高园殿灾，仲舒居家推说其意，中藁未上，主父偃候仲舒，私见，嫉之，窃其书而奏焉。"（第 2524 页）与《史记》记述相近。《汉书》卷 27 上《五行志上》载："武帝建元六年六月丁酉，辽东高庙灾。四月壬子，高园便殿火。董仲舒对曰：……"（第 1331 页）与《史记》《汉书》本传记载不同。后世根据《汉书·五行志上》收录董仲舒文章，多以"对"言。如（宋）真德秀编《文章正宗》卷 8《董仲舒火灾对》（《景印文渊阁四库全书》，第 1355 册第 211 页）；（明）贺复徵编《文章辨体汇选》卷 145《庙殿火灾对》（《景印文渊阁四库全书》，第 1403 册第 614—615 页）；（清）严可均校辑《全上古三代秦汉三国六朝文·全汉文》卷 24 亦作《庙殿火灾对》（第 256 页）。（明）梅鼎祚编《西汉文纪》卷 8《高庙园灾对》（《景印文渊阁四库全书》，第 1396 册第 374 页）；（明）张溥辑《汉魏六朝百三名家集》卷 3《董仲舒集》亦作《高庙园灾对》（《景印文渊阁四库全书》，第 1412 册第 56 页）。以上六种著述著录的名称，除《史记》作《灾异之记》外，其他五种均以"对"字名其文，反映了具有不同的史料来源。

塑造董仲舒形象的具体行动，也要按照东汉的需要来修改、升华董仲舒的文章。因此，《对胶西王》与《粤有三仁对》出现异同亦是情理当中的事情。

而在其中班固扮演了重要角色。这既与汉明帝、汉章帝时代的社会思潮有关系，也与班固的人生际遇、思想倾向相联系。班固，"博贯载籍，九流百家之言，无不穷究。所学无常师，不为章句，举大义而已"①。以史才为汉明帝所欣赏，以文才被汉章帝所宠幸。在其父班彪撰写《史记后传》的基础上，变革体例，怀宣扬汉德、润色鸿业之志②，潜精研思二十余年，"探篡前记，缀辑所闻，以述《汉书》，起元高祖，终于孝平王莽之诛，十有二世，二百三十年，综其行事，旁贯《五经》，上下洽通，为《春秋》考，纪、表、志、传，凡百篇"③。撰成"究西都之首末，穷刘氏之废兴，包举一代"④的《汉书》一百卷。变纪传体通史为断代史⑤，完善纪传，改书为志，八表提要纪传，表志相互结合，纪表志传前后照应，注意保存重要的历史文献等。尤其是改司马迁"论术学，则崇黄老而薄《五经》"为"依《五经》之法言，同圣人之是非"⑥，宗法五经。认为"六艺者，王教之典籍，先圣所以明天道，正人伦，致至治之成法也"⑦。视六艺为王教典籍、至治成法，体现着尊崇经学的思想。而自言："旁贯《五经》，上下洽通"，"纬《六经》，缀道纲"⑧，既带着班固的自信，也体现了《汉书》的撰修宗旨，又证明《汉书》的确是"宗经矩圣之典"⑨。如此看来，为经学

---

① 《后汉书》卷40《班彪列传·班固》，第1330页。

② 《论衡校释》卷20《须颂篇》称："汉，今天下之家也；先帝、今上，民臣之翁也。夫晓主德而颂其美，识国奇而恢其功，孰与疑暗不能也？"（第850页）主张宣扬汉朝美德。（梁）萧统编、（唐）李善注《文选》卷1班孟坚《两都赋·两都赋序》曰："大汉初定，日不暇给。至于武、宣之世，乃崇礼官，考文章。内设金马、石渠之署，外兴乐府、协律之事，以兴废继绝，润色鸿业。"李善注："言能发起遗文，以光赞大业也。"（中华书局1977年版，第21页）因此，班固撰《汉书》也可以称为润色鸿业。

③ 《汉书》卷100下《叙传下》（第4235页）。上述引文又被《后汉纪》卷13孝和皇帝纪上（《两汉纪》，下册第261—262页）和《后汉书》卷40《班彪列传》（第1334页）所转引，内容相同，文字有删减，表述稍有差异。"二百三十年"，指从刘邦汉元年（前206），到王莽地皇四年（23）。《汉书》内容并不局限于二百三十年，如《古今人表》上起太昊帝宓羲，下到陈胜、吴广。又如《律历志》《刑法志》《食货志》等，亦是追根溯源从远古写起，详细记述汉朝。在纪传体断代史《汉书》中，包含着通贯古今的内容，体现了通古今的编纂思想。

④ （唐）刘知幾撰，（清）浦起龙释：《史通通释》卷1《六家》，上海古籍出版社1978年版，第22页。

⑤ 改纪传体通史为断代史，一是为了改变《史记》将汉朝，"编于百王之末，厕于秦、项之列"（《汉书》卷100下《叙传下》，第4235页）的格局，以适应东汉统治者的政治需要。二是班固突破了前人续写《史记》的局限，开创了纪传体断代史体裁，为以后历代正史编纂者所效法。三是因为通史规模宏大，包罗万象，融汇古今，编纂非易。断代史便于收集资料，便于效仿其体例，也便于后人学习和研究，因此，形成国史以纪传体为准，纪传以断代为宗的格局。

⑥ 《后汉书》卷40上《班彪列传上》（第1325页）。《汉书》卷62《司马迁传》赞曰："又其是非颇缪于圣人，论大道则先黄老而后六经"（第2737—2738页）。《后汉书》所记为班彪之语，《汉书》所赞为班固之言，可见父子看法基本相同。《汉书》卷87下《扬雄传下》亦载："及太史公记六国，历楚汉，讫麟止，不与圣人同，是非颇谬于经。"（第3580页）是班彪父子的精神知音。

⑦ 《汉书》卷88《儒林传序》，第3589页。

⑧ 《汉书》卷100下《叙传下》曰：《汉书》，"纬《六经》，缀道纲，总百氏，赞篇章"。张晏注："《艺文志》也。"颜师古注曰："赞，明也。"（第4271页）"纬《六经》"，包含着张晏注的含义，又不仅是说《艺文志》，是对全书而言。

⑨ （梁）刘勰著，范文澜注《文心雕龙注》卷4《史传》，人民文学出版社1958年版，第284页。

大师董仲舒立专传，收录其文献资料，删改、升华《粤有三仁对》，也是在情理之中的事情。

《对胶西王》与《粤有三仁对》的异同，既受不同时代因素的影响，又因董仲舒、班固的思想、眼光的异同使然。

（二）不同的体裁因素

《对胶西王》属对问体裁①，又称对、对命、对答、对策等，既是中国古代文章体裁之一，又是战国秦汉时代君臣交流的一种形式②。既有书面的回答，如晁错、严助、董仲舒、公孙弘等贤良对，又如东方朔、主父偃、终军、严安等上书，亦有面君奏对，如丞相、九卿等大臣以面君奏对提出自己的意见，形式多样，语境多有不同。以有问有答的形式，问自有问的用意，答自要申明其看法，以论说为主，道理说清了也就可以结束了。因此，《对胶西王》用诸侯王提问、董仲舒答对的形式，进行了记载、阐述，最后以"臣仲舒伏地再拜以闻"结束，诸侯王反应如何，没有再说。

《汉书·董仲舒传》属于纪传体中的列传体裁，以记述人物生平事迹为主，塑造人物的形象，既要交代事件的来龙去脉，又要简洁精练，还要注意人物的塑造。《汉书·董仲舒传》的《粤有三仁对》，按照纪传体列传的撰写规范，精简文字，升华思想，增加"王曰'善'"，表明对话的结束。从史源来说，《对胶西王》，没有"王曰'善'"的记载。班固增加"王曰'善'"，当是受《史记》记载战国秦汉君臣对话格式的影响，又是根据汉朝君臣对话的一般情况而言。

体裁不同导致的记述异同，不仅体现在《对胶西王》和《粤有三仁对》中，而且记述董仲舒与诸侯王对话的编年体史书、年表等著述中，与上述两篇相比也是大同小异自有特色。

（三）相同的文章渊源

正谊明道的原始性文献记述，在《对胶西王》与《粤有三仁对》中有同有异，根本原

---

① 在《春秋繁露》的版本中，有将《对胶西王越大夫不得为仁》简称者，一是简称为"对胶西"，如宋嘉定四年江右计台本《春秋繁露》目录（《中华再造善本·唐宋编》，第1册第3页a。又见《北京图书馆古籍珍本丛刊·春秋繁露》目录，书目文献出版社1988年版，第2册第508页）等。二是简称为"对胶西王"，如明程荣纂辑《汉魏丛书·春秋繁露》目录（明万历新安程氏刊本，第5页a）；清乾隆武英殿聚珍版《春秋繁露》目录（《四部丛刊》，上海商务印书馆1919年、1929年、1936年影印武英殿聚珍版，第50册第3页a）《景印文渊阁四库全书》本《春秋繁露》目录（第181册第698页）。又见《景印摛藻堂四库全书》本《春秋繁露》目录，第246册第318页）。卢文弨抱经堂校定本《春秋繁露》目录《卢校丛编》，第9页），赵曦明重校本目录（《诸子百家丛书》，第5页）；王心湛校勘《春秋繁露集解》目次（第9页）等。将目录、目次简称为"对胶西"，或"对胶西王"，更加清楚地显示出文章的体裁是对问体。

② 陈松长主编《岳麓书院藏秦简（伍）》简1679+1673、1667载："·令曰：制书下及受制有问议者，皆为薄（簿），署初到初受所及上年月日、官曹留日数、传留状，与对皆（偕）上。不从令，赀一甲。·卒令乙五"（上海辞书出版社2017年版，第101页）。秦代有君有问议，臣有对。两汉更普遍，不一一列举。

因，在于是同一篇文章。《对胶西王》所载是原作，是《粤有三仁对》史料的来源。《粤有三仁对》是修改版，有着原作的因素，又受着班固思想、眼光、水平与《汉书》体裁的影响，按照班固的思路进行了删繁就简、升华思想的改造，因此，两篇呈现出异同并存、同大于异的现象。

综上所述，两篇的异同，既有不同时代的思潮影响，又有不同体裁的影响，其中有着其合理的因素，既有精简的删略，亦有合理的想象增加，诸如此类，导致了两篇记述异同现象的存在。

四 两篇异同的影响

现在看来，《对胶西王》，是原作，蕴含着董仲舒的思想，代表着董仲舒的主张。《粤有三仁对》，是班固在原作基础上，加工、删改而成，既有董仲舒思想的因素，也有班固思想的倾向。研究董仲舒的正谊明道思想，应当看《对胶西王越》，考察正谊明道思想的影响，应当看《粤有三仁对》。

（一）核心语言不同后来居上

两篇核心语言的异同，形成了后世不同的社会影响。

笔者检索《文渊阁四库全书电子版》，正文引用"正其谊不谋其利，明其道不计其功"者，涉及一百一十二种书一百三十六卷一百四十六个匹配，注释中引用二十六种书三十卷三十三个匹配。检索《中国基本古籍库》，引用"正其谊不谋其利"者三百零五次。检索爱如生数据库，引用"正其谊不谋其利，明其道不计其功"者，《中国方志库初集》涉及一百零三种书一百二十条记录，《中国方志库二集》涉及七十七种书八十七条记录，《中国类书库》涉及二十二种书三十九条记录，《中国金石库》涉及两种方志书三条记录，已见于《中国方志库初集》。2024 年 1 月 19 日检索超星读秀搜索引擎，涉及引用"正其谊不谋其利，明其道不计其功"的相关条目三千二百二十七条。

笔者检索《文渊阁四库全书电子版》，正文引用"正其道不谋其利，修其理不急其功"，涉及两种书两次，一是《春秋繁露》，二是《西汉文纪》；注释中一次引用也没有。检索《中国基本古籍库》，引用"正其道不谋其利"者六次。检索爱如生数据库，引用"正其道不谋其利，修其理不急其功"者，《中国方志库初集》《中国方志库二集》为零，《中国类书库》仅有一条记录，《中国金石库》为零。2024 年 1 月 19 日检索超星读秀搜索引擎，涉及引用"正其道不谋其利，修其理不急其功"的相关条目五百一十条。

虽然笔者所检索的数据库资料有限，但由上述检索对比可知，核心词语相异，后来居上，后人引用、阐述、解释者，以班固删改、润饰的《粤有三仁对》为多，以"正其谊不谋其利，明其道不计其功"为主，远远超过了对《对胶西王》"正其道不谋其利，修其理不急其功"的引用，数量相差悬殊，成为正谊明道思想的主要载体，正谊明道成为中国古代义利观的经典名言，并被赋予多种多样的含义。作用与反作用相等，后学赞扬、弘扬正谊明道者，以《粤有三仁对》为根据，后人质疑、批判正谊明道，也是以《粤有三仁对》为对象。

（二）伐国不问仁人内涵丰富

不仅两篇记载相异的正谊明道成为著名的经典，而且记载相同的伐国不问仁人，历经与时俱进的词义扩展，成为后世文人的自觉意识。

柳下惠（前720—前621），春秋鲁国（都今山东曲阜鲁国故城遗址）人，展氏，名获，字禽，食邑于柳下，私谥惠，人称柳下惠，又称柳下季。鲁桓公时，入仕参末议。鲁庄公、鲁僖公时，任士师，正直为国，信诚为人，三仕三黜，蒙耻救民，人称和圣。董仲舒所讲柳下惠"伐国不问仁人"的故事，不见于《左传》《国语》《论语》《孟子》《荀子》等书的记载，笔者目前所见"伐国不问仁人"记述，以董仲舒所言为最早，影响深远。

在董仲舒以后，"伐国不问仁人"，逐渐成为文士的自觉意识。如王莽时，曾任郡文学、以明经征诣公车的崔篆，太保甄丰举为步兵校尉，崔篆辞曰："吾闻伐国不问仁人，战陈不访儒士。此举奚为至哉？"遂投劾而归。① 又如东汉末年，袁术以何夔是陈郡人，欲胁令说服蕲阳。何夔谓谋臣李业曰："昔柳下惠闻伐国之谋而有忧色，曰：'吾闻伐国不问仁人，斯言何为至于我哉！'"遂遁匿潜山。② 上述崔篆、何夔的实践与所言"伐国不问仁人"与"战陈不访儒士"相通，体现了自觉的儒士角色意识。

宋代有人问："伐国不问仁人，然则古之人不伐国，其伐者皆非仁人乎？"程子曰："展禽之时，诸侯以土地之故，暴民逞欲，不义之伐多矣。仁人所不忍见也，况忍言之乎？昔武王伐纣，则无非仁人也。"③ 从不同角度提出了问题，程子做了新的解释。元代李治言："伐国不问仁人，仁人不可以伐国乎？伐人之国，虽曰能之，要非仁者之心也。"④ 上述程颐、李治所言"伐国不问仁人"，区分了伐国既有不仁，亦有仁者，伐国者应持仁人之心。

东晋时，有些人以王导帝师名位隆重，百僚宜为降礼。太常冯怀问于颜含，颜含答复，"王公虽重，理无偏敬。降礼之言，或是诸君事宜。鄙人老矣，不识时务"。既而告人曰：

---

① 《后汉书》卷52《崔骃列传·崔篆》，第1703页。
② （晋）陈寿撰：《三国志》卷12《魏书·何夔传》，中华书局1982年版，第378页。
③ 《二程集·河南程氏粹言》卷2《圣贤篇》（第1230页）。《二程集·河南程氏遗书》卷18《伊川先生语四》载：问："'伐国不问仁人'，如何？"曰："不知怎生地伐国？如武王伐纣，都是仁人，如柳下惠之时则不可。当时诸侯，以土地之故，糜烂其民，皆不义之伐，宜仁人不忍言。"（第217页）两者含义大致相似，而语序则先后不同，当是记录不同而然。
④ （元）李治撰：《敬斋古今黈》卷7，中华书局1995年版，第92页。

"吾闻伐国不问仁人。向冯祖思问佞于我，我有邪德乎?"① 颜含以伐国不问仁人，自觉反思自己的行为、做派。明代，邹"观光，既成进士，里人以百金丐居间，艴然不悦，曰：'伐国不问仁人，吾宁有不足所耶，而以污我。'其人局蹐而退"②。不满里人用百金乞求为其居间人的行为，而反思自己的行为。清代有人问："昔人有言：'附东林者亦有小人，攻东林者必无君子。此言是乎，非乎?'愿因先生定之。"唐子附掌而笑曰："古语云：'伐国不问仁人。'子奈何以此事问我哉！吾与子论党者，伤人国之沦亡，恶人心之中戾气，故明中和之道，以立治辨学，以为后世取法。吾乌知其何为附东林，何为攻东林；吾乌知其为东林、西林、南林、北林也!"③ 上述颜含、邹观光、唐甄所言"伐国不问仁人"与"邪恶不近明智"的含义相通，均由他人询问而考虑自己的行为举止。

明李化龙言："再照'伐国不问仁人，游士不求贞女'，古之操行有闻者，雄藩寝其邪谋，大吏减其驺从，盖至暮夜而有故人。"④ 李化龙将"伐国不问仁人"与"游士不求贞女"，相互对照解释，又赋予了新的含义。

由上述可知，董仲舒所言柳下惠"伐国不问仁人"的说法，为后人认同，既有付诸实践者，又有反思自己的为人处世者，还有拓展其内涵者，赋予更多的含义，传播日益广泛，内容越来越丰富。

综上所述，两篇核心语言相异，《粤有三仁对》记述的正谊明道后来居上，固然有仁、谊（义）、道、功、利等字词，是中国传统文化的核心概念，具有无限解释、发挥的可能性。有纪传体史书涉及领域广泛，社会需要量大，版本众多，个人著述根本不能望其项背等原因有关，也与《汉书》记述简明、升华核心语言、简约易知等因素有关，亦与董仲舒正谊明道思想契合了宋代二程、朱熹等创新儒学思想的需要有关，还与正谊明道适应了宋代理学思想发展潮流的需求有关，更与宋代以降众多学者、官员、皇帝等由下而上和由上而下的传播、弘扬相形益彰有关。两篇相同的伐国不问仁人，也与时俱进，内涵日益丰富，成为中国传统文化中的名言警句，形成后来居上的经典名言现象，值得研究。

作为董仲舒正谊明道思想的原始性文献记述——《对胶西王》与《粤有三仁对》，一是西汉董仲舒原作，一是东汉班固修改之作。两篇相互比较，相异之处主要体现在提问者、记载详略、人员人数、三仁姓名、核心语言、记述字词不同等方面。相同之点主要存在于所记事件、时间模糊、文章结构、仁人不谋其利、伐国不问仁人、贵信贱诈、五尺羞称五霸等方

① （唐）房玄龄等撰：《晋书》卷88《孝友传·颜含》，中华书局1974年版，第2287页。
② （明）李维桢撰：《大泌山房集》卷70《邹次公家传》，《明别集丛刊》第四辑，黄山书社2015年版，第10册第90页。
③ （清）唐甄：《潜书》下篇下《除党》，中华书局1963年版，第164页。
④ （明）李化龙：《平播全书》卷6《纠参黔帅疏》，《续黔南丛书》第一辑上，贵州人民出版社2012年版，第359页。

面。这些异同，不仅是由于两篇著述体裁不同所致，也是朝代不同、思潮变化的体现，而且还可以证明《对胶西王》董仲舒原作成篇较早，《粤有三仁对》的问对是在《对胶西王》董仲舒原作基础上删减、润色而成。宋代以来，董仲舒正谊明道思想传播日益扩大，成为董仲舒思想的重要组成部分，成为中国古代义利观的经典名言，产生了广泛的思想影响、深刻的社会影响、各具特点的时代影响等，既有原作《对胶西王》提供的基础，也有班固撰《汉书·董仲舒传》的《粤有三仁对》润色修饰、精炼升华的功劳，还有宋代以来众多思想家、学者、皇帝、官员等阐释、弘扬、传播的成效凝聚在其中。

贾谊《新书》所见其"礼法"思想旨趣*

史家瑞**

（暨南大学法学院，广东广州，510632）

摘　要：贾谊的"礼法"思想，似有汉代"法律儒家化"权舆之义。作为荀子的再传弟子，贾谊间接继承了荀子"隆礼重法"治国思想，在总结秦政兴亡与汉初国情的基础上，再次沟通"礼"与"法"的关系，从时间与对象两方面注重发挥两者效用且显扬"德礼"，可将其概括为"礼主法辅，礼法并用"的思想体系。在其"礼法"思想体系中，"疑罪从去"作为一种"仁义"之"礼法"，更加侧重对人的教化，要求统治者应具有相对人道主义的司法理念；"疑功从予"作为一种"诚信"之"礼法"，更为注重取信于民，营造社会良好风尚，维护统治阶级公信力。此外，贾谊秉持"先礼后法"的态度，以儒家"尊亲""德礼"思想"干预"士大夫以上阶层的犯罪问题，从定罪、量刑及执行三方面作出了不同于庶民犯罪的等级司法审判，强调主动请罪自首以保留颜面，而其中勉励官吏自重自爱，培养其廉耻气节的政治内涵似乎仍具有一定的现实意义。贾谊的"礼法"思想，不但具有深厚的历史底蕴和时代价值，而且为如今"德法共治"治理模式提供了一定的理论根源与观念保障。

关键词：贾谊；《新书》；"礼法"；思想价值

一　引言

贾谊（前200—前168），洛阳人，是西汉初期的政治家、思想家。河南郡守吴公"闻其

---

  * 本文系暨南大学法学院/知识产权学院2023年博士研究生拔尖创新人才培养项目"'西汉鸿文'：贾谊《新书》中的法律思想及其实践价值"（项目编号：FXBC2023009）的阶段性成果。

  ** 史家瑞，1996年生，安徽凤阳人，暨南大学法学院法学理论专业博士研究生，研究方向为中国法律思想史。

秀材，召置门下，甚幸爱"①。吴公曾学事于李斯，李斯又是荀卿的学生，在这个意义上贾谊可谓是荀卿的"再传弟子"。②汉文帝初立，吴公在治理地方上政绩突出，便被封为廷尉。之后在吴公的推荐之下，贾谊又被汉文帝召为博士，至于贾谊是否师从过荀子的学生张苍，唐代经学家陆德明《经典释文·序录》曰："况传武威张苍。苍传洛阳贾谊。谊传至其孙嘉。嘉传赵人贯公。"③若据此而言，贾谊在长安居留期间，两人是有可能存在某种师徒关系的。然而，陈苏镇教授认为："此说未必可信，因为《史记》《汉书》之贾谊、张苍本传都没有明确记载荀子、张苍、贾谊之间有师承关系。"④但贾谊学说思想深受荀子影响，已是学界公认的事实，诚如侯外庐先生所言："贾谊必深得荀子一派儒学的教养。"⑤又如冯友兰先生所言："贾谊对于'礼'的理论……同荀况是一致的……是接着荀况讲的。"⑥因此，贾谊的"礼法"思想不但接受了儒家思想的洗礼，而且深受法家思想的熏陶。司马迁也因此将其归为法家学派。⑦"是时，谊年二十余，最为少。"⑧作为当时最年轻也是最具才华的博士，贾谊年轻奋发，锐意改革，常为汉文帝出谋划策，致力于巩固以"尊君"为中心的君主专制中央集权统治，形成了一套统合儒家与法家特色的"礼法"思想体系。

方红姣教授在《贾谊论礼与法的关系》一文中，提出贾谊以秦史为鉴，反思汉初现实法律之不足，详细阐释礼和法的关系，主张以儒家之礼为核心，礼法并用。⑨闫利春教授在《贾谊道论研究》一文中，提出贾谊"礼法"思想是继承了先秦儒家礼主刑辅的思想。⑩台湾地区学者张守甫在《论贾谊〈新书〉中之阶级观念》一文中认为，"礼""法"并辔，调和两者而分其职能的体国之道，实为贾谊治道之特色所在。⑪台湾地区林聪舜教授在《儒学与汉帝国意识形态》一书中，提出贾谊虽较重视"礼"的效用，但并不否认"法"的现实功能，将"礼"渗入法家精神。⑫朱绍侯先生在《贾谊是提出"疑罪从无"的第一人》一文中，称贾谊为提出"疑罪从无"的第一人，认为贾谊从积极方面论刑政，所提出的"疑罪从去（无）"之观点是中国法制史上乃至世界法制史上的一件大事。⑬丁四新教授在《"礼不

---

① （汉）班固：《汉书》卷48《贾谊传》，中华书局2007年版，第485页。
② 张振龙、胡上泉：《贾谊生平交游考论》，《学术交流》2022年第1期。
③ （唐）陆德明：《经典释文序录疏证》，中华书局2008年版，第108页。
④ 陈苏镇：《春秋与"汉道"：两汉政治与政治文化研究》，中华书局2023年版，第160页。
⑤ 侯外庐：《中国思想通史》（第二卷），人民出版社1975年版，第66页。
⑥ 冯友兰：《中国哲学史新编》，人民出版社1985年版，第26页。
⑦ "自曹参荐盖公言黄老，而贾生、晁错明申商，公孙弘以儒显。"（汉）司马迁：《史记·太史公自序》，中华书局2006年版，第769页。
⑧ （汉）班固：《汉书》卷48《贾谊传》，中华书局2007年版，第485页。
⑨ 方红姣：《贾谊论礼与法的关系》，《人文杂志》2015年第8期。
⑩ 闫利春：《贾谊道论研究》，中国社会科学出版社2017年版，第159页。
⑪ 张守甫：《论贾谊〈新书〉中之阶级观念》，《辅大中研所学刊》2010年第24期。
⑫ 林聪舜：《儒学与汉帝国意识形态》，上海人民出版社2016年版，第130页。
⑬ 朱绍侯：《贾谊是提出"疑罪从无"的第一人》，《史学月刊》2018年第12期。

下庶人，刑不上大夫"问题检讨与新论》一文中，提出贾谊主张用礼义来节制群臣，所以他是批评刑辱举措的。① 对此我们能够发现，不少学者尤为推崇贾谊的"礼法"思想，并从不同方面对其思想作出比较深刻的理论探讨，具有宝贵的学术价值。而现如今，我们该如何深入理解贾谊"礼法"思想以启发"德法共治"的国家治理模式？如何从贾谊的"疑罪从去，疑功从予"理念中发掘汉代刑、民事法律文化之要义？又如何批判性反思"刑不及大夫"理念中的价值内涵？这些问题值得我们在前辈学者研究贾谊"礼法"思想的基础上，接续诠释、重新勘探，力图为传承中华优秀传统法律文化，提供一定的理论根源与观念保障。

二 礼主法辅，礼法并用

李泽厚先生认为："'礼'作为先秦社会的文化遗产，是周初确定的一套典章、制度、规矩仪节。"② 王凤云教授认为："春秋时期，儒家孔子把'礼'做了最大程度的修正，将其由外在规范仪式转而与内在道德相关联。"③ 张岱年先生认为："战国末期，儒家荀子在'礼'的基础上提出一套'隆礼重法'之说，成为'礼法结合'论的创立者。"④ 而贾谊正是继承了荀子"隆礼重法"的思想，在总结秦政因"专任法治"而兴亡的经验上，结合汉初内忧外患的国情，提出了可概括为"礼主法辅，礼法并用"的思想体系作为治国方略。这一思想体系不仅体现了他对荀子思想的继承和发展，也体现了他对中国古代国家治理的独特思考和深刻见解。

在《新书·过秦上》一篇中，贾谊将秦朝之衰亡最终归结为"仁义不施，而攻守之势异也"⑤。可知，贾谊对秦之批评并非专攻商鞅、李斯或秦始皇的目标与政策，并未否认法家之"法"，而是揭露他们所贯彻原则之缺点，即抛弃了与孔子有关的伦理理想，也就是儒家之"礼"。⑥ 贾谊肯定秦王朝得益于法家之"法"而"取天下"，但也批判秦没有"变化因时"，一味施行法家之"法"，"遗礼义，弃仁恩"，而未能"守天下"。贾谊此言，旨在告诫汉文帝要重视儒家之"礼"，施仁义、行礼治，避免重蹈秦之覆辙。他认识到一个国家的长治久安，不仅仅依靠法律的严密和制度的完善，更需要道德的引领和文化的支撑，儒家所倡导的"礼"正是这样一种道德和文化的力量，它强调人与人之间的和谐相处，倡导以仁爱之心对待他人，这

---

① 丁四新：《"礼不下庶人，刑不上大夫"问题检讨与新论》，《江汉学术》2020 年第 4 期。

② 李泽厚：《中国古代思想史论》，天津社会科学院出版社 2003 年版，第 2 页。

③ 王凤云：《贾谊以礼为本、儒法并用思想初探》，《国际关系学院学报》2005 年第 3 期。

④ 张岱年：《中华思想大辞典》，吉林人民出版社 1991 年版，第 1086 页。

⑤ （汉）贾谊撰，阎振益、钟夏校注：《新书校注》卷 1《过秦上》，中华书局 2000 年版，第 3 页。

⑥ ［英］崔瑞德、［美］费正清：《剑桥中国秦汉史》，杨品泉等译，中国社会科学出版社 1992 年版，第 164页。

对于维护社会稳定，促进国家发展具有重要的作用。同时，贾谊也意识到，法家之 "法" 并非一无是处，在某些方面，它确能够有效地维护社会秩序和保障国家利益。不言而喻，这也同样启示如今的我们，顺应时势国情之变化，相应地调整国家政策制度，对国家的长治久安来说尤为重要。然而贾谊对儒家 "礼" 之所需是基于何种考量？又是如何沟通法家之 "法"？

贾谊对 "礼" 之重视，源于他对现实问题的深刻洞察。《新书·等齐》曰："诸侯王所在之宫，卫织履蹑夷，皇帝在所宫论文郎中谒者，受谒取告，以皇帝之法予之。事诸侯王或不廉洁平端，以事皇帝之法罪之。"① 在当时的社会中，最重要的便是为解决现实问题角度所考虑。现实中，诸侯王所居住的宫室、接见仪式及使用设施，都 "以皇帝在所宫法论之"②，还有接见中令、谒者的形式，对不廉洁或不恭敬的臣民的惩处方式，都 "以皇帝之法" 对待。此外，百姓卖其婢妾，会给她们穿上刺绣衣服和绣花鞋，而这是 "古者天子后之服"③，也就是古代帝王、皇后才可以穿的服装。而且，"白毂之表，薄纨之里，緁以偏诸，美者黼绣，是古者天子之服"④，富商大贾却把帝王所用的白毂、薄纨绣上花纹来覆盖墙壁，其妻妾、优倡及庶子都能穿着古代皇后的服饰。可知，从百姓到富商豪强，再到诸侯王，并未能恪守自身尊卑等级范围，普遍存在着逾越 "礼" 的行为。而且，这些逾 "礼" 行为更是在社会中兴起 "以出伦逾等相骄，以富过其事相竞"⑤ 的奢侈之风。久之，"上无制度"，臣民 "弃礼义，损廉丑"⑥，忽视尊卑贵贱等级，势必会威胁到君权至上的专制统治。因此，贾谊强调需要通过 "定经制" 的方法，使君臣上下各自都有等级次序，父子亲属间都遵循礼制办事，奸佞之人不再做坏事，百姓信服朝廷而无怀疑。⑦

《新书·礼》篇写道："礼者，所以固国家，定社稷，使君无失其民者也。"⑧ 可知，贾谊认为 "礼" 的范围极广，没有不关涉到的事情。"礼"，不仅用来巩固国家社稷，使君主恤民养民，不失民心拥戴⑨，还用来维护君臣尊卑等级，保持君主权威德政⑩，甚至用来要求君主狩猎应 "取之有时，用之有节"⑪，尊重自然规律，维护生态文明。可见，贾谊将

① （汉）贾谊撰，阎振益、钟夏校注：《新书校注》卷1《等齐》，中华书局2000年版，第46页。
② （汉）贾谊撰，阎振益、钟夏校注：《新书校注》卷1《等齐》，中华书局2000年版，第46页。
③ （汉）贾谊撰，阎振益、钟夏校注：《新书校注》卷3《孽产子》，中华书局2000年版，第107页。
④ （汉）贾谊撰，阎振益、钟夏校注：《新书校注》卷3《孽产子》，中华书局2000年版，第107页。
⑤ （汉）贾谊撰，阎振益、钟夏校注：《新书校注》卷3《时变》，中华书局2000年版，第97页。
⑥ （汉）贾谊撰，阎振益、钟夏校注：《新书校注》卷3《俗激》，中华书局2000年版，第91页。
⑦ "令主主臣臣，上下有差，父子六亲，各得其宜，奸人无所冀幸，群众信上而不疑惑。"（汉）贾谊撰：《新书校注·俗激》，阎振益、钟夏校注，中华书局2000年版，第92页。
⑧ （汉）贾谊撰，阎振益、钟夏校注：《新书校注》卷6《礼》，中华书局2000年版，第214页。
⑨ "礼者，所以节义而没不脊……故礼者，所以恤下也"，"故礼者，自行之义，养民之道也"。（汉）贾谊撰，阎振益、钟夏校注：《新书校注》卷6《礼》，中华书局2000年版，第215—216页。
⑩ "主主臣臣，礼之正也；威德在君，礼之分也；尊卑、大小、强弱有位，礼之数也"，"礼者，臣下所以承其上也"。（汉）贾谊撰，阎振益、钟夏校注：《新书校注》卷6《礼》，中华书局2000年版，第214页。
⑪ "礼，圣王之于禽兽也……取之有时，用之有节，则物蕃多。"（汉）贾谊撰，阎振益、钟夏校注：《新书校注》卷6《礼》，中华书局2000年版，第216页。

"礼"视为一种制度，并多次强调作为制度之"礼"对政权安定的重要性。

如此，若是违反"礼"，该当如何？由《新书·服疑》篇可知，贾谊认为"贵贱有级，服位有等"①，人们应当"各处其检，人循其度"②，遵循"礼"所设立的尊卑贵贱等级，谨守伦常法纪。若是擅自减损或者逾越"礼"，则会受到惩罚。③ 可见，在制度层面上，贾谊主张将"礼"的精神渗入法律规范之中，使其具有"法"的强制性规范之义，以维护尊卑贵贱的社会秩序。而这种强制性体现在，依"礼"行事便是遵守"法"，背"礼"行事便是违反"法"，则会受到惩罚。这种"出礼入刑"的思想内涵，实际上沟通了"礼"与"法"之间的关系，以"礼"为主，将"法"作为"礼"之保障，保障"礼"在社会生活中得以强有力地推行。此举不仅将"礼"法律化，还扩大了"法"的范围。可见，在贾谊看来，"礼"与"法"并非截然分离的两个概念，而是相辅相成、相互渗透的有机整体。贾谊似乎通过一种纳"礼"入"律"之法，试图构建一个更加完善、更加严密的社会治理体系，以确保国家的长治久安和社会的和谐稳定。

此外，我们能够发现，贾谊所主张的"礼主法辅，礼法并用"思想，亦是从"礼"与"法"之间的关系出发，注重发挥两者效用的角度进行考虑。而该效用主要体现在时间与对象两方面。

首先，在时间方面上。贾谊认为"礼"与"法"发挥效用的时间是不同的。"礼者禁于将然之前"④，"礼"侧重于犯罪之前的教化；"法者禁于已然之后"⑤，"法"侧重于犯罪之后的惩罚。⑥ 正是由于两者侧重之处不同，决定了"礼之所为生难知也"⑦，"礼"具有潜移默化的长期性，使人为善，防患于未然，而"法之所用易见"⑧，"法"具有立竿见影的即时性，使人畏惧，惩戒于事后。虽然"法"不需要长期教育，通过即时性的惩罚，便可解决诸多现实问题，但仅凭"法"之效用并不能使国家长治久安，秦王朝"专任法治"，"遗礼义，弃仁恩"，失民心以致二世而亡，便是前车之鉴。

但是，贾谊在另外语境所言之"法立而不犯，令行而不逆"⑨，不正是承认"法"能"禁于将然之前"吗？对于这种矛盾之言，笔者认为可能包括且不限于的解释：一种可能是

---

① （汉）贾谊撰，阎振益、钟夏校注：《新书校注》卷1《服疑》，中华书局2000年版，第53页。

② （汉）贾谊撰，阎振益、钟夏校注：《新书校注》卷1《服疑》，中华书局2000年版，第53页。

③ "擅退则让，上僭则诛。建法以习之，设官以牧之……下不凌等，则上位尊，臣不逾级，则主位安。谨守伦纪，则乱无由生。"（汉）贾谊撰，阎振益、钟夏校注：《新书校注》卷1《服疑》，中华书局2000年版，第53—54页。

④ （汉）班固：《汉书》卷48《贾谊传》，中华书局2007年版，第492页。

⑤ （汉）班固：《汉书》卷48《贾谊传》，中华书局2007年版，第492页。

⑥ 唐雄山：《贾谊礼治思想研究》，中山大学出版社2005年版，第247页。

⑦ （汉）班固：《汉书》卷48《贾谊传》，中华书局2007年版，第492页。

⑧ （汉）班固：《汉书》卷48《贾谊传》，中华书局2007年版，第492页。

⑨ （汉）班固：《汉书》卷48《贾谊传》，中华书局2007年版，第489页。

因为"凡人之智，能见已然，不能见将然"①。由于"法立而不犯，令行而不逆"是出于"割地定制"之语境，其所指向的对象是诸侯王，而这类群体对于法的认知显然会不同于"凡人"，所以此处"凡人"可能意指普通民众。而这又可能暗含了贾谊对于"无为而治"政策下国家并未重视推及"文化（普法）教育"，普通民众的法律意识淡薄，对法的认知可能更多发生于"禁于已然之后"的一种客观认识。另一种可能是贾谊主观上故意为之。贾谊认为"以礼义治之者，积礼义；以刑罚治之者，积刑罚。刑罚积而民怨背，礼义积而民和亲"②。此言明显承接了儒家孔子的观点③："导之以德，齐之以礼，有耻且格；导之以政，齐之以刑，民免而无耻。"④ 贾谊刻意强调在规范民众行为的长期预防效果上"礼义积而民和亲"胜于"刑罚积而民怨背"，即"礼"优于"法"，似有"托古改制"以达到显扬儒家"德礼"，局敛法家"刑法"之意。

然后，在对象方面上，《新书·制不定》篇写道："仁义恩厚者，此人主之芒刃也；权势法制，此人主之斤斧也。"⑤ 文中贾谊所强调的"仁义"，刘永艳教授认为"正是儒家之'礼'的实质和核心"⑥。贾谊认为"礼"之仁义恩惠是皇帝的刀刃，"法"之权势法制是皇帝的斧斤。如此，刀刃之"礼"与斧斤之"法"又作用于何人身上？立足汉朝国情现状，贾谊认为当君王的势力稳固，有了足够的权力后，就应该对臣民施以刀刃之"礼"，广施仁义恩惠，这样才能让他们对君王感恩戴德。⑦ 然而，自汉文帝即位以来，"济北一反，淮南为逆，今吴又见告"⑧，诸侯王依恃自身强大力量而反叛。文帝削减诸侯王的强大势力上如同在切割一块块大骨头，若是采取刀刃之"礼"对其进行切割，不仅达不到切割效果，反而会使刀刃出现缺口，损害了"礼制"。⑨ 所以，在对待诸侯王问题上，贾谊主张采取斧斤之"法"，通过使用更为强硬的权势法制之力量，以达到切割诸侯王强大势力之效果，从而稳固中央政权之根柢。

据此而言，在贾谊看来，"礼"与"法"的关系，并不处于完全同等的地位，而是一种"礼为主导，礼法相辅相成，互为补充"⑩ 的关系，但这并不意味着"法"不重要。正如贾谊所言"夫庆赏以劝善，刑罚以惩恶，先王执此之政，坚如金石，行此之令，信如四时，据

---

① （汉）贾谊撰，阎振益、钟夏校注：《新书校注·附录一·礼察》，中华书局 2000 年版，第 413 页。

② （汉）班固：《汉书》卷 48《贾谊传》，中华书局 2007 年版，第 492 页。

③ 方红姣：《贾谊论礼与法的关系》，《人文杂志》2015 年第 8 期。

④ （汉）班固：《汉书》卷 23《刑法志》，中华书局 1962 年版，第 1094 页。

⑤ （汉）贾谊撰，阎振益、钟夏校注：《新书校注》卷 2《制不定》，中华书局 2000 年版，第 71 页。

⑥ 刘永艳：《论贾谊崇仁尚礼的治国方略》，《贵州社会科学》2007 年第 9 期。

⑦ "势已定，权已足矣，乃以仁义恩厚因而泽之，故德不天下有慕志。"（汉）贾谊撰，阎振益、钟夏校注：《新书校注》卷 2《制不定》，中华书局 2000 年版，第 71 页。

⑧ （汉）贾谊撰，阎振益、钟夏校注：《新书校注》卷 2《制不定》，中华书局 2000 年版，第 71 页。

⑨ "今诸侯王皆众髋髀也，释斤斧之制，而欲婴以芒刃，臣以为刃不折则缺耳。"（汉）贾谊撰，阎振益、钟夏校注：《新书校注》卷 2《制不定》，中华书局 2000 年版，第 71 页。

⑩ 马小红：《"软法"定义从传统的"礼法合治"中寻求法的共识》，《政法论坛》2017 年第 1 期。

此之公，无私如天地耳，岂顾不用哉？"① 可知，"法"对于统治者的专制统治来说，亦是不可或缺的。所以贾谊认为，"礼"与"法"都具有合理性，不能放弃任何一方，而是要"礼法并用"。是谓，贾谊"礼法并用"思想中所蕴含的优秀传统法律文化，对如今"依法治国"和"以德治国"的有机结合提供丰富的借鉴。② 其中优秀的"礼法"精神，不仅考虑到民众行为规范之普遍性，还照顾到国家政治情势之特殊性；既强调法律内在本质中的道德追求，又不排除法律的外在强制性。

三 "疑罪从去"，"疑功从予"

《尚书·虞书·大禹谟》记载："罪疑惟轻，功疑惟重。与其杀不辜，宁失不经。"③《礼记·王制》云："疑狱，氾与众共之，众疑，赦之。"④《左传·襄公二十六年》记载："善为国者，赏不僭而刑不滥，赏僭则惧及淫人；刑滥，则惧及善人。若不幸而过，宁僭无滥。与其失善，宁其利淫。"⑤《新书·大政上》写道："诛赏之慎焉，故与其杀不辜也，宁失于有罪也。故夫罪也者，疑则附之去已。夫功也者，疑则附之与已……疑罪从去，仁也；疑功从予，信也。"⑥ 可见，儒家典籍中关于"疑罪""疑功"的裁决理念亦是引起了贾谊对法律存疑案件的重视与思考，毕竟这直接关系到"上有仁誉而下有治名"⑦。贾谊曾申言国家政治应以民为本、以民为命、以民为功、以民为力之理⑧，所以认为对其惩罚与奖赏都应当慎重施行，宁愿放掉有罪之人，也不要杀掉无辜者。因此，在判定某人有罪的时候，如果案情的事实真相存疑，则应以其无罪而免予惩罚；在奖励作出贡献的人时，即使这一贡献之举存在疑惑，也应该给予奖励。如此，不贤之人有机会得以改正，统治者便有了仁义之名，愚民也能因奖赏受到鼓励，统治者也便有了诚信之誉。⑨ 贾谊将"疑罪从去"视为一种仁义之举，把"疑功从予"视为一种诚信之为，而"仁"与"信"又是儒家核心思想"德礼"的重要特质。后世刘向言之"狱疑则从去，赏疑则从与"⑩，以及

① （汉）班固：《汉书》卷48《贾谊传》，中华书局2007年版，第492页。
② 李志强、王晓宁：《中国传统"礼法合治"思想及其当代价值》，《湖北社会科学》2021年第11期。
③ 王世舜、王翠叶译注：《尚书·虞书·大禹谟》，中华书局2012年版，第359页。
④ 王梦鸥注译：《论语·王制》，天津古籍出版社1987年版，第187页。《孔子家语·刑政》亦云："疑狱，则泛与众共之，疑者赦之。"（三国·魏）王肃，廖名春、邹新明校点：《孔子家语》，辽宁教育出版社1997年版，第81页。
⑤ 杨伯峻：《春秋左传注·襄公》，中华书局2016年版，第1236页。
⑥ （汉）贾谊撰，阎振益、钟夏校注：《新书校注》卷9《大政上》，中华书局2000年版，第339页。
⑦ （汉）贾谊撰，阎振益、钟夏校注：《新书校注》卷9《大政上》，中华书局2000年版，第339页。
⑧ （汉）贾谊撰，阎振益、钟夏校注：《新书校注》卷9《大政上》，中华书局2000年版，第338页。
⑨ "是以一罪疑则弗遂诛也，故不肖得改也，故一功疑则必弗倍也，故愚民可劝也，是以上有仁誉而下有治名。"（汉）贾谊撰，阎振益、钟夏校注：《新书校注》卷9《大政上》，中华书局2000年版，第339页。
⑩ （汉）刘向，卢元骏注译：《新序·杂事第四》，天津古籍出版社1987年版，第130页。

冯野王、苏轼等虽以引用《左传》之名申明 "赏疑从与，所以广恩也；罚疑从去，所以慎刑也"① 之理，但其行文逻辑与政治内涵等方面相似且迎合贾谊 "疑罪从去" "疑功从予" 制度理念，所以不排除受其思想影响之可能。

是谓 "故夫罪也者，疑则附之去已"，"疑罪从去，仁也"。"疑罪从去" 作为一种仁义之礼法，更加侧重于对人的教化，要求统治者应具有相对人道主义的司法理念。在给人定罪时，若案件存疑，应做出有利于其的价值选择②，做到慎刑慎杀，避免枉杀错杀。所以贾谊主张统治者对过错者要 "矜而恕之，道而赦之，柔而假之"③，通过德礼教化使之重回正道。亦正是在贾谊 "疑罪从去" 慎刑理念的影响之下，汉文帝任命张释之为廷尉，掌管司法，颁行 "罪疑者予民"④ 之法，将案情有疑点而难以定罪之人从轻处断，以至于收获 "刑罚大省，至于断狱四百，有刑错之风"⑤ 的效果。汉文帝命令御史起草文书⑥，对罪过之人，其中包括疑罪之人，从轻从去处断，废除肉刑而用其他刑罚予以改替，甚至对犯罪行为量刑而设定徒刑刑期，罪犯在被刑满释放后，可以享受与普通人一样的待遇。⑦ 此举不仅对罪犯的人权有了一定的尊重，给予犯人改过自新的机会，亦是揭橥汉文帝以民为本、省刑恤民的 "礼法" 思想。在现代语境中，"疑罪从无" 的意思是，在刑事诉讼过程中，办案机关如果不能确定被追诉人是否实施了犯罪，或者不能排除被追诉人是否实施了犯罪，那么就应当认为被追诉人是无辜的情形⑧，其中所蕴含的避免冤假错案及存疑有利于被告人等宽容慎刑思想，与贾谊所主张的 "疑罪从去" 慎刑理念上，仍具有一定的通约性。但将贾谊的 "疑罪从去" 完全等同于现代的 "疑罪从无"，视其为提出 "疑罪从无" 第一人⑨之说法似乎有待商榷，毕竟二者虽有历史脉络联系，但其内生逻辑、政治意义与时代内涵等方面不尽相同。例如，《新书·大政上》又云："是以一罪疑，则弗

---

① 西汉冯野王引 "《传》曰：'赏疑从予，所以广恩劝功也；罚疑从去，所以慎刑，阙难知也。'"（汉）班固：《汉书》卷48《贾谊传》，中华书局2007年版，第792—793页。北宋苏轼《刑赏忠厚之至论》引 "《传》曰：'赏疑从与，所以广恩也；罚疑从去，所以慎刑也。'"（宋）苏轼撰，汪超导读、注译：《苏轼集》，岳麓书社2019年版，第167页。

② 冀洋：《"存疑有利于被告人" 的刑法解释规则之提倡》，《法制与社会发展》2018年第4期。

③ （汉）贾谊撰，阎振益、钟夏校注：《新书校注》卷9《大政上》，中华书局2000年版，第339页。

④ 赵增祥、徐世虹注释：《〈汉书·刑法志〉注释》，法律出版社1983年版，第43、49页。注释者认为，罪疑者予民：犯罪与否，难以确定时，应当交付百姓共同议决。按罪疑，即疑狱。《礼记·王制》："疑狱，泛与众共之。众疑，赦之。"孔颖达疏："己若疑彼罪而不能断决，当广与众庶共论决之。""若众人疑惑，则当放赦之。"而颜师古认为罪疑者予民，曰 "从轻断"。两种解释，另文探究，本文采用颜师古注解。

⑤ （汉）班固：《汉书》卷23《刑法志三》，中华书局1962年版，第1097页。

⑥ ［日］冨谷至：《秦汉刑罚制度研究》，柴生芳、朱恒晔译，广西师范大学出版社2006年版，第90页。

⑦ "其除肉刑，有以易之；及令罪人各以轻重，不亡逃，有年而免。具为令。"（汉）班固：《汉书》卷23《刑法志三》，中华书局1962年版，第1097页。

⑧ 胡云腾：《疑罪从无原则的立法嬗变与司法适用研究》，《湘湖法学评论》2021年第1期。

⑨ "按 '疑罪从去' 的 '去' 字，即除去的意思，即除去疑者的罪名，这与现在的 '疑罪从无' 的意义完全一致……所以称贾谊为提出 '疑罪从无' 的第一人。"朱绍侯：《贾谊是提出 "疑罪从无" 的第一人》，《史学月刊》2018年第12期。

遂诛也，故不肖得改也。""下为非则矜而恕之，道而赦之，柔而假之。故虽有不肖民，化而则之。"① 实际上是将"疑罪"之人视为"不肖"之人。如果将贾谊"疑罪从去"等同于"疑罪从无"来理解的话，那么"罪疑"之人便是视为"无罪"，既然没有犯罪又何来"不肖"之说？又何必"恕之""赦之""假之"？所以，贾谊"疑罪从去"中的"疑罪"实际上可能是一种"疑罪之罪"，即疑罪本身就是一种罪，现有证据下既无法证明疑罪者确实有罪，又无法确定其无罪，疑罪者深陷案件嫌疑之中就是一种"不肖"之罪。因此，贾谊所言之"疑罪从去"可能更贴近于"疑罪从赦"之意。对此问题，笔者将会另文深入探讨。

是谓"夫功也者，疑则附之与已"，"疑功从予，信也"。"疑功从予"作为一种诚信之礼法，更为注重取信于民，营造社会良好风尚，维护统治阶级公信力。该理念要求统治者在给有功者奖赏时，即使其所做功劳存在一定疑问，也要予以奖赏，避免失信于民，以尊重民力。所以，"疑功从予"是统治者对民众做出功劳之事的及时肯定，不仅会使民众深受鼓励继续奉献，君王官吏也会因此收获仁义善治之信誉，举国上下也会以作出贡献为荣，形成良好风尚。所以，设想民众积极主动为国家、社会及他人作出贡献，依法应当予以奖赏时，却因为其所采取的方法过失造成瑕疵之损害，统治阶级便因此埋没民众功劳，不予奖赏。此举不仅损害统治阶级之信誉，降低其公信力，久之，可能会逐渐形成民众不愿为国为民主动分忧、挺身奉献的不良社会风气。所以，贾谊"疑功从予"礼法思想中所蕴含的合理之处，对当今社会仍有启发之意。例如，见义勇为者因过失造成侵权人或受助人损害而是否担责的问题。如果见义勇为者在实施救助行为时，给侵权人或受助人造成损害，但该损害不存在故意或重大过失，并且损害没有超过必要限度②，公权力机关不但不确认其行为属于见义勇为而予以褒奖，反而还要求其承担法律责任。此举，又何尝不会伤害民众主动救助他人的见义勇为之心，又何尝不会降低民众对公权力机关公平正义为民之公信力，又何尝不会危害社会互助互爱的良好风尚？但贾谊又言之"故一功疑则必弗倍也，故愚民可劝也。③ 对此我们可以发现，贾谊"疑功从予"的重点鼓励对象是"愚民"，而不是"民"。贾谊不以"民"涵盖"疑功"群体，而是将"愚民"单列而出，似意有别于"智民"，这或许从侧面反映出贾谊所主张的"疑功从予"并非具有普适性，他似乎已经意识到，现实中可能会存在"智民"利用其中的制度漏洞进行投机，从而不当得利之风险。

① （汉）贾谊撰，阎振益、钟夏校注：《新书校注》卷9《大政上》，中华书局2000年版，第339页。
② 张晨原、宋宗宇：《见义勇为行政确认的判断标准》，《广东社会科学》2020年第2期。
③ （汉）贾谊撰，阎振益、钟夏校注：《新书校注》卷9《大政上》，中华书局2000年版，第339页。

四　"刑不及大夫"，"礼"干预审判

　　囿于所处时代之因，贾谊"礼法"并非皆为如今所需之"精华"，以其"糟粕"为镜鉴，亦使其历史形象更为丰满。诸如，贾谊始终以巩固君主专制统治为导向，主张基于身份属性之高低施以差别性司法处置之理念，构建起不平等的法律秩序，对此我们需要在批判性分析中去芜存菁。《新书·阶级》篇写道："人主之尊辟如堂，群臣如陛，众庶如地。故陛九级之上，廉远地，则堂高；陛亡级，则堂卑。"① 贾谊将君主比作殿堂，将群臣比作堂下台阶，将百姓比作台阶之下的土地，以此比喻三者之间尊卑等级之差别。为彰显殿堂之高大，君主地位之尊贵，即君权至上性，贾谊认为，必须设置多层台阶，以拉开殿堂与土地之间的距离。他认为，这也解释了"古者圣王"为何会制定"内有公、卿、大夫、士，外有公、侯、伯、子、男，然后有官师小吏，施及庶人"② 多层等级之缘故。可见，作为荀子再传弟子的贾谊，其尊卑等级理念亦深受儒家"亲亲尊尊"礼制等级思想的影响。张晋藩、刘海年两位先生认为，"'亲亲尊尊'正是儒家'礼'之基石"③。张仁善教授认为，"'亲亲尊尊'主要功能正是思'别贵贱，序尊卑'"④。此外，儒家荀子曾云："故赏贤使能，等贵贱，分亲疏，序长幼，此先王之道也。"⑤ 所以，在儒家礼制等级思想的影响之下，为进一步拉拢士大夫以上阶层服务君主、维护君权之现实需要，贾谊将这种思想融入刑事司法领域，提出"刑不及士大夫"的法律思想。而这一思想是贾谊"礼主法辅，礼法并用"思想的重要体现，不仅是对秦朝以来法家"法不阿贵""刑过不避大臣"⑥ 这些刑无等级思想的一种反动，还为统治者拥有法律特权开辟了道路。

　　《新书·阶级》篇又写道："廉丑礼节以治君子，故有赐死而无戮辱，是以系、缚、榜、笞、髡、刖、黥、劓之罪，不及士大夫，以其离主上不远也。"⑦ 可知，贾谊向统治者建言，对于犯罪的士大夫，应以廉耻礼节对待，给予他们体面的死亡，而不是用捆绑、鞭笞、剃发、砍脚、墨刑及割鼻等刑法处罚，这是因为士大夫以上阶层距离君主很近，如同殿堂与台阶之距离关系。所以，若是直接对其处以刑罚，则会有伤君主权势地位。对此，贾谊用"投

---

① （汉）贾谊撰，阎振益、钟夏校注：《新书校注》卷2《阶级》，中华书局2000年版，第79—80页。
② "故古者圣王制为列等，内有公、卿、大夫、士，外有公、侯、伯、子、男，然后有官师小吏，延及庶人，等级分明，而天子加焉，故其尊不可及也。"（汉）贾谊撰，阎振益、钟夏校注：《新书校注》卷2《阶级》，中华书局2000年版，第80页。
③ 张晋藩、刘海年：《"礼不下庶人，刑不上大夫"小议》，《学习与探索》1980年第5期。
④ 张仁善：《礼·法·社会——清代法律转型与社会变迁》，商务印书馆2013年版，第33页。
⑤ 焦子栋：《荀子通译》卷24《君子》，齐鲁书社2016年版，第350页。
⑥ 张觉等撰：《韩非子译注》卷6《有度》，上海古籍出版社2012年版，第36页。
⑦ （汉）贾谊撰，阎振益、钟夏校注：《新书校注》卷2《阶级》，中华书局2000年版，第80页。

鼠忌器"① 作为比喻，将刑罚比作投掷之物，将犯罪的士大夫比作老鼠，将君主的权势比作器具，旨在向统治者说明其中利害关系。此外，更是用秦二世被杀的"望夷之事"②，作为统治者"投鼠不忌器"的前车之鉴，以劝告统治者应保护其权势地位，而勿施刑于士大夫。因此"君之宠臣虽或有过，刑戮不加其身，尊君之势也"③。所以，贾谊所主张的"刑不及士大夫"亦是出于对君主统治地位的尊重与维护，其意除了拉拢士大夫以上阶层巩固君权之外，还旨在将统治者的下位面形成一层防护，以防刑罚之威在对士大夫以上阶层的冲击中，波及君主专制统治的权势地位。

在贾谊看来，若是"刑及士大夫"，则会损害社会的尊卑等级秩序。《汉书·张陈王周传》记载了曾任职丞相并身为绛侯的周勃，在被诬陷谋反入狱后，就连狱吏都敢对其"稍侵辱之"④，并且狱吏只有在收到周勃所送千金之后，才愿意帮其脱困。⑤ 对此，周勃在脱困出狱后不禁感慨："吾尝将百万军，安知狱吏之贵也！"⑥ 亦正是见证了周勃下狱被"吏稍侵辱之"一事，贾谊认识到，曾经身处高位，受到君主礼遇与下官百姓俯首敬畏之人，在犯有罪过之后，遭受地位低下的司寇、牢正、徒长、小吏的辱骂与鞭打，甚至该遭遇为百姓所看到。⑦ 这会让这些地位低下之人意识到，即使是身处高位之人，一旦获罪，哪怕自身地位低下，也能突破尊卑等级之界限，对其施刑。对此，贾谊认为这种情况"非所以习天下也，非尊尊贵贵之化也"⑧，显然不利于统治者教化百姓遵守礼义、尊崇高贵之人及遵守封建社会的尊卑等级秩序。

贾谊主张"刑不上士大夫"，还因为"廉丑礼节以治君子"，"体貌群臣而厉其节也"。⑨贾谊倾向于使用一种儒家"廉耻礼节"之法，来激励士大夫以上阶层保持气节，以此增加士大夫的羞耻感，促使其自觉遵守礼法、忠于朝廷⑩，从而预防其违法犯罪行为。由《新书·阶级》篇可知，贾谊将天子礼遇的尊贵之人在犯罪后，却处以与平民百姓一样的刑罚之情

---

① "鄙谚曰：'欲投鼠而忌器。'此善喻也。鼠近于器，尚惮而弗投，恐伤器也，况乎贵大臣之近于主上乎？"（汉）贾谊撰，阎振益、钟夏校注：《新书校注》卷2《阶级》，中华书局2000年版，第80页。

② （汉）贾谊撰，阎振益、钟夏校注：《新书校注》卷2《阶级》，中华书局2000年版，第80页。

③ （汉）贾谊撰，阎振益、钟夏校注：《新书校注》卷2《阶级》，中华书局2000年版，第80页。

④ （汉）班固：《汉书》卷40《张陈王周传》，中华书局1962年版，第2056页。

⑤ 《汉书·张陈王周传》记载："其后人有上书告勃欲反，下廷尉，逮捕勃治之。勃恐，不知置辞。吏稍侵辱之。勃以千金与狱吏，狱吏乃书牍背示之，曰：'以公主为证。'"（汉）班固：《汉书》卷40《张陈王周传》，中华书局1962年版，第2056页。

⑥ （汉）班固：《汉书·张陈王周传》，中华书局2007年版，第435页。

⑦ 《汉书·贾谊传》记载："是时，丞相绛侯周勃免就国，人有告勃谋反，逮系长安狱治，卒亡事，复爵邑，故贾谊以此讥上。"（汉）班固：《汉书》卷48《贾谊传》，中华书局2007年版，第494页。

⑧ （汉）贾谊撰，阎振益、钟夏校注：《新书校注》卷2《阶级》，中华书局2000年版，第81页。

⑨ （汉）贾谊撰，阎振益、钟夏校注：《新书校注》卷2《阶级》，中华书局2000年版，第80页。

⑩ 丁四新：《"礼不下庶人，刑不上大夫"问题检讨与新论》，《江汉学术》2020年第4期。

况，称之为"堂下亡陛"①。可见，贾谊批评对违法犯罪的士大夫采取与庶民一样的刑辱举措。在他的观念中，士大夫以上阶层即使违法犯罪，但其身份地位仍是高贵的，所以处理士大夫以上阶层犯罪的刑罚方式应不同于庶民的方式，如此才能体现出两者之间尊卑等级之差别。

首先，在定罪方面。贾谊认为，因为大臣地位显赫，所以即使确有犯罪，也不要直斥其名点破罪过，而是用委婉的措辞为其避讳。② 对此，贾谊胪列古时大臣因不廉洁而被罢免、因男女淫乱而被定罪、因没有能力而不胜任工作，为了保留其颜面，便不能称为"不廉、污秽、罢软"③，而是用一套饱含象征性的且独具政治内涵的"簠簋不饰""帷薄不修""下官不职"④ 等委婉措辞所代替，以保留士大夫以上阶层于定罪之时的节操颜面，亦是维持士大夫以上阶层在世人眼中的尊贵形象。

其次，在量刑方面。贾谊认为，身处高位的尊贵之人若是违法犯罪，君主可以下令"废之可也，退之可也，赐之死可也"⑤，免去其官职，或者革除其职务，甚至对其赐死，但不是将其"令与众庶，徒隶同黥、劓、髡、刖、笞、傌、弃市之法"⑥，判处与庶民一样的刑罚，采取与庶民一样的刑辱举措。

最后，在执行方面。由《新书·阶级》篇可知，贾谊不仅将地位显赫之人违法犯罪之罪行分为"大谴大诃之域者""中罪者""大罪者"⑦ 三个等级，即轻等、中等、重大，予以相应惩处，还尤为强调这些人在"闻谴""闻命""闻令"⑧，即听到君主谴责与命令之时，就应该积极主动地向君主自缚请罪，或是叩拜自杀，而不是等着君主派人将其抓捕押解后，施以刑罚处置。

对此，贾谊为什么强调地位显赫的罪臣要主动请罪，而不是被动押解受罚？这同样亦是出于礼制上尊卑等级的考虑。相比较地位显赫的罪臣而言，君主所派出的逮捕押解罪臣之人的身份地位是低下的。然而，身份地位低下的司寇、牢正、徒长、小吏等人，却能以此突破尊卑等级限制，对入狱的地位显赫之罪臣辱骂、鞭打，还能对其执行与庶民一样的墨刑、劓

---

① 《新书·阶级》篇写道："今自王、侯、三公之贵，皆天子之改容而礼也。古天子之所谓伯父、伯舅也，今与众庶，徒隶同黥、劓、髡、刖、笞、傌、弃市之法，然则堂下不亡陛乎？被戮辱者不太迫乎？"

② 《新书·阶级》篇写道："古者大臣，有坐不廉而废者，不谓曰不廉，曰簠簋不饰；坐污秽男女无别者，不谓污秽，曰帷薄不修；坐罢软不胜任者，不谓罢软，曰下官不职。故贵大臣定有其罪矣，犹未斥然正以呼之也，尚迁就而为之讳也。"（汉）贾谊撰，阎振益、钟夏校注：《新书校注》卷 2《阶级》，中华书局 2000 年版，第 81 页。

③ （汉）贾谊撰，阎振益、钟夏校注：《新书校注》卷 2《阶级》，中华书局 2000 年版，第 81 页。

④ （汉）贾谊撰，阎振益、钟夏校注：《新书校注》卷 2《阶级》，中华书局 2000 年版，第 81 页。

⑤ （汉）贾谊撰，阎振益、钟夏校注：《新书校注》卷 2《阶级》，中华书局 2000 年版，第 80 页。

⑥ （汉）贾谊撰，阎振益、钟夏校注：《新书校注》卷 2《阶级》，中华书局 2000 年版，第 80 页。

⑦ "故其在大谴大诃之域者，闻谴则白冠氂缨，盘水加剑，造清室而请其罪尔。上弗使执缚系引而行也。其中罪者，闻命而自弛，上不使人颈戾而加也。其有大罪者，闻命则北面再拜，跪而自裁，上不使人捽抑而刑也。"（汉）贾谊撰，阎振益、钟夏校注：《新书校注》卷 2《阶级》，中华书局 2000 年版，第 81—82 页。

⑧ （汉）贾谊撰，阎振益、钟夏校注：《新书校注》卷 2《阶级》，中华书局 2000 年版，第 80 页。

刑等刑罚。此举不正是贾谊所担心的"非所以习天下也，非尊尊贵贵之化也"①之情形吗？因此，贾谊主张君主对待群臣要"遇之有礼""厉以廉耻"②，使群臣自重自爱，感恩戴德为君主服务。可见，统治者用廉耻礼义教化士大夫以上阶层，培养其气节观念，③不但在个人层面上使士大夫以上阶层的主体性得以彰显，而且在社会层面上砥砺风气，引导人们遵循社会尊卑等级的"礼法"规范。

据此而言，虽然贾谊主张用礼义来节制群臣，批评对其采取刑辱举措④，但并不表示对其便完全不能适用刑罚。我们可以根据贾谊策论之原意，对"主动以礼请罪"与"被动直接刑罚"加以区分理解。贾谊建言君主在对士大夫定罪时，以委婉措辞保留其颜面；在对其量刑时，君主可以采用免官、革职甚至赐死的方式，以防其遭受身份低微之人的刑辱；在对其执行时，贾谊其实是在劝告士大夫以上阶层，在违法犯罪之后，应积极主动请罪自首，尽量避免肉刑，犯重罪时可以有尊严地自裁，而不是等着君主派人逮捕押解，施以刑罚。这便是所谓的"子大夫自有过耳，吾遇子有礼矣"⑤。君主对臣子以礼相待，使其感恩戴德服务君主、维护君权，巩固上层统治的向心力，臣子以自重自爱做到"为人臣者，主丑忘身，国丑忘家，公丑忘私，利不苟就，害不苟去，唯义所在"⑥。然而，如果臣子"不以节行而报其上者"⑦，那么可能不仅仅是贾谊嗤之以鼻"非人类也"⑧，如《白虎通义·五刑》所云："礼为有知制，刑为无知设"，所以届时不免要对其以刑相待了。所以，贾谊在处置士大夫以上阶层犯罪的问题上，秉持着"先德礼，后刑法"的态度。而这态度的背后，实质上亦是一次用儒家思想"干预"司法裁决的政治主张，或可成为汉代法律儒家化权舆之线索。据《汉书·贾谊传》记载，汉文帝接受了贾谊"刑不上士大夫"的礼法思想。⑨虽然该思想存在着为封建统治者服务的法律不平等之局限性，但也为构建封建礼法等级制度，稳定汉初社会秩序作出了贡献。而且，这种勉励官员自重自爱，培养其廉耻气节，规劝其涉案犯罪之后主动自首，刑事司法予以相应"体面"的处置方式上，于今或许仍有着一定的价值意义。

---

① （汉）贾谊撰，阎振益、钟夏校注：《新书校注》卷2《阶级》，中华书局2000年版，第81页。
② （汉）贾谊撰，阎振益、钟夏校注：《新书校注》卷2《阶级》，中华书局2000年版，第82页。
③ 陈刚：《论气节——中华气节观的意蕴、内涵与作用》，《学海》2009年第1期。
④ 丁四新：《"礼不下庶人，刑不上大夫"问题检讨与新论》，《江汉学术》2020年第4期。
⑤ （汉）贾谊撰，阎振益、钟夏校注：《新书校注》卷2《阶级》，中华书局2000年版，第82页。
⑥ （汉）贾谊撰，阎振益、钟夏校注：《新书校注》卷2《阶级》，中华书局2000年版，第82页。
⑦ （汉）贾谊撰，阎振益、钟夏校注：《新书校注》卷2《阶级》，中华书局2000年版，第82页。
⑧ （汉）贾谊撰，阎振益、钟夏校注：《新书校注》卷2《阶级》，中华书局2000年版，第82页。
⑨ "上深纳其言，养臣下有节。是后大臣有罪，皆自杀，不受刑。"（汉）班固：《汉书》卷48《贾谊传》，中华书局2007年版，第494页。

五 结语

贾谊作为一位卓越的思想家和政治家,在其对汉初社会的深刻洞察中,不仅强调了儒家"德礼"的重要性,也没有忽视"法"的作用。他清楚地认识到,为了改变当时社会风俗的败坏,维护封建专制统治的秩序,仅仅依靠"仁义恩厚"的"礼"是不够的,还需要有"权势法制"的"法"来辅助,"礼"与"法"都是治理国家不可或缺的工具,它们各自具有其独特的合理性和价值。贾谊深刻揭示了"礼"与"法"在治国理政中的不同功用,"礼"具有预防性的道德教化作用,即调节社会关系,教化民众心灵方面的功能,能够在人们行为尚未发生之前进行引导和规范;虽然"法"也具有预防效果,但为进一步显扬儒家"德礼",贾谊则侧重于阐发"法"惩戒性的强制规范作用,即维护社会秩序,规范民众行为方面的功能,能够对已发生的违法行为进行制裁和纠正。这种分工明确、协同发力的治理模式,对于维护社会秩序,促进国家发展具有重要意义。因而,贾谊在"礼法"思想指导下提出了"疑罪从去"与"疑功从予"之主张,体现了其对于法律适用中谨慎和宽容的态度。其中的思想内涵与如今刑事法律中的"慎刑"理念以及民事法律中的诚实信用和公序良俗原则有着异曲同工之妙。所以,贾谊的"礼法"思想不仅具有深厚的历史底蕴和时代价值,还为如今"德法共治"的治理模式提供了理论根源和观念保障。

唐宋文献

宋人著述杂考

顾宏义[*]

（华东师范大学古籍研究所，上海，201100）

摘　要：本文乃据笔者阅读所及，就《宋史》及宋人文献中所涉及之若干著述情况，如著者、成书经过及史源等述说未详或有疑问处，予以揭示辨析之。

关键词：宋代；著述；考证

宋代文化昌盛，著述繁多，但有不少著述因时代久远而或已失传，或虽存相关资料而面目不清，颇影响今日之阅读与利用。本文乃据阅读所及，就《宋史》及宋人文献中所涉及之若干著述情况，如著者、成书经过及史源等述说未详或有疑问处予以揭示、辨析之，并以求正于方家。

一　《赵普别传》

《宋史》卷二〇三《艺文志二·传记类》著录李焘《赵普别传》一卷。① 按，《赵普别传》今佚。周必大《敷文阁学士李文简公焘神道碑》云李焘撰有《赵普别传》一卷。② 元袁桷《修辽金宋史搜访遗书条列事状》云及"杜太后金縢之事，赵普因退居洛阳，太宗嫉之，后以此事密奏，太宗大喜。秦王廷美、吴王德昭、齐王德芳皆縢普以死。今《宋史·普列传》无一语及之。李焘作《通鉴长编》亦不敢载，私家作《普别传》，始言普将死，见廷美

---

　* 顾宏义，1959年生，男，上海人，博士，华东师范大学古籍研究所研究员、博士生导师，主要研究方向：宋史、古典文献学。

　① （元）脱脱等：《宋史》卷203《艺文志二》，中华书局1985年版，第5125页。
　② （宋）周必大撰，王瑞来校证：《周必大集校证》卷66《敷文阁学士李文简公焘神道碑》，上海古籍出版社2020年版，第979页。

坐于床侧，与普忿争。其集号《巽岩集》，所宜搜访"①。元苏天爵《三史质疑》尝言："翰林袁公桷尝言秦王廷美、吴王德昭、秦王德芳皆缘赵普以死，今《宋史·普列传》无一语及之。李焘私作《普别传》，姑略言之，果可信欤？"②

《玉壶清话》卷六云赵普"年七十一，病久无生意，解所宝双鱼犀带，遣亲吏甄潜者诣上清太平宫醮星，露恳以谢往咎。上清道录姜道元为公叩幽都，乞神语，神曰：'赵某开国忠臣也，奈何冤累不可逃。'道元又叩乞所冤者，神以淡墨一巨牌示之，浓烟罩其上，但牌底见'大'字尔。潜归，公力疾冠带出寝，涕泣受神语，闻牌底'大'字，公曰：'我知之矣，此必秦王廷美也。然当时事曲不在我，渠自与卢多逊遣堂吏赵白交通，其事暴露，自速其害，岂当咎予？但愿早逝，得面辩于幽狱，曲直自正。'是夕，普卒"③。其所谓"底见'大'字"者，乃指"美"字。按，"美"字下半部"大"字，亦有作"火"而成"羮"字者。又《枫窗小牍》卷上载："赵韩王疾，夜梦甚恶，使道流上章禳谢。道流请章旨，赵难言之，从枕跃起，索笔自草曰：'情关母子，弟及自出于人谋；计协臣民，子贤难违乎天意。乃凭幽祟，逞此强阳，瞰臣气血之衰，肆彼魔呵之厉。倘合帝心，诛既不诬管蔡；幸原臣死，事堪永谢朱均'云云。密封令勿发，向空焚之。火正蓺函，而此章为大风所掣，吹堕朱雀门，为人所得，传诵于时。竟不起。"④ 一纸因风"吹堕朱雀门"，自属小说家言，如姚士粦《枫窗小牍叙》所言："惟《名园记》谓普归洛，月余便卒。洛去汴四百五十里，醮章乘风吹堕太远。"⑤ 又李焘尝于《续资治通鉴长编》卷二二注文中斥责题名王禹偁所撰之《建隆遗事》"言多鄙近"而"不可遽信"，⑥ 然李焘自撰之《赵普别传》却称"普将死，见廷美坐于床侧，与普忿争"，实亦属"鄙近"之言。然由此可知北宋中期以后，世人传言赵普乃因廷美索命而死，只是具体细节则人言人殊。

又，据袁桷云李焘集"号《巽岩集》，所宜搜访"，似《赵普别传》收录于其集中。按《巽岩集》久佚，《宋史·艺文志·别集类》著录《李焘文集》一百二十卷。

二 《五代会要》补记周恭帝崩

《宋史》卷二四九《王溥传》云"溥好学，手不释卷。尝集苏冕《会要》及崔铉《续会

---

① （元）袁桷：《清容居士集》卷41《修辽金宋史搜访遗书条列事状》，上海商务印书馆《四部丛刊》本，1936年版，第1193—1194页。
② （元）苏天爵：《滋溪文稿》卷25《三史质疑》，中华书局1997年版，第426页。
③ （宋）文莹：《玉壶清话》卷6，中华书局1984年版，第58—59页。
④ （宋）袁裒：《枫窗小牍》卷上，大象出版社2008年版，《全宋笔记》（第四编），第215—216页。
⑤ 《枫窗小牍》卷末附姚士粦《叙》，第247页。
⑥ （宋）李焘：《续资治通鉴长编》卷22，太平兴国六年九月辛亥条注，第502页。按，以下省称《长编》。

要》，补其阙漏，为百卷，曰《唐会要》。又采朱梁至周为三十卷，曰《五代会要》。"①

按，据《长编》卷四，监修国史王溥"上新修梁、后唐、晋、汉、周《五代会要》三十卷"于乾德元年七月甲寅。② 然检《五代会要》卷一《帝号》，却载后周恭帝"宋开宝六年春，崩于房陵。其年十月，追谥恭帝，葬顺陵。（原注：在世宗庆陵之侧。）"③ 此当为开宝六年以后追书者，唯未详是否出之王溥。

又《旧五代史·周恭帝纪》云："皇朝开宝六年春崩于房陵……以其年十月归葬于世宗庆陵之侧。诏有司定谥曰恭皇帝，陵曰顺陵。"④ 此为《旧五代史》记事年月最后者，疑补《五代会要》者乃取于此。

《四库全书总目》卷八一《五代会要》云此书于"建隆二年与《唐会要》并进，诏藏史馆"⑤。此说误，乃源自晁公武《郡斋读书志》"建隆初上之"之语。《五代会要》实上于乾德元年，建隆二年所上进者仅为《唐会要》。

三　后周日历

《宋史》卷二〇三《艺文志·编年类》著录扈蒙、董淳、贾黄中撰《显德日历》一卷。⑥ 按，《玉海》卷四七《开宝日历》引《书目》云"有周《显德日历》一卷，六年夏扈蒙，秋董淳，冬贾黄中"⑦。此"六年"当指显德六年，乃后周恭帝继位后之《日历》，故仅书夏、秋、冬三季，而其成编当在宋初。又，欧阳修《新五代史·四夷附传》云及"予读周《日历》，见世宗取瀛、莫，定三关，兵不血刃"⑧。当指世宗在位时之《日历》，而非此《显德日历》。

《旧五代史》卷一一四《周世宗纪一》载显德元年十月，"监修国史李谷等上言曰：'窃以自古王者，咸建史官，君臣献替之谋，皆须备载；家国安危之道，得以直书。历代已来，其名不一。人君言动，则起居注创于累朝；辅相经纶，则时政记兴于前代。然后采其事实，编作史书。盖缘闻见之间，须有来处；记录之际，得以审详。今之左右起居郎，即古之左右史也，唐文宗朝，命其官执笔，立于殿阶螭头之下，以纪政事。后则明宗朝，命端明殿及枢

① 《宋史》卷249《王溥传》，第8801页。
② 《长编》卷4，乾德元年七月甲寅条，第97页。
③ （宋）王溥：《五代会要》卷1《帝号》，中华书局1998年版，第6页。
④ （宋）薛居正：《旧五代史》卷120《周恭帝纪》，中华书局1976年版，第1597页。
⑤ （清）永瑢等：《四库全书总目》卷81《五代会要》，中华书局1965年版，第694页。
⑥ 《宋史》卷203《艺文志二》，第5091页。
⑦ （宋）王应麟：《玉海》卷47《开宝日历》，江苏古籍出版社、上海书店1988年版，第895页。
⑧ （宋）欧阳修：《新五代史》卷73《四夷附传二》，中华书局1974年版，第904页。

密直学士，皆轮修日历，旋送史官，以备纂修。及近朝，此事皆废，史官惟凭百司报状，馆司但取两省制书，此外虽有访闻，例非端的。伏自先皇帝创开昌运，及皇帝陛下缵嗣丕基，其圣德武功，神谋睿略，而皆万几宥密，丹禁深严，非外臣之所知，岂庶僚之可访。此后欲望以咨询之事，裁制之规，别命近臣，旋具抄录，每当修撰日历，即令封付史臣，庶国事无漏略之文，职业免疏遗之咎。'从之。因命枢密直学士，起今后于枢密使处，逐月抄录事件，送付史馆"。① 此所修者，当即周《日历》。

据《新五代史》卷五〇《王峻传》云"峻已被黜，太祖以峻监修国史，意其所书不实，因召史官取《日历》读之。史官以禁中事非外所知，惧以漏落得罪。峻贬后，李谷监修，因请命近臣录禁中书付史馆。乃命枢密直学士就枢密院录送史馆，自此始"。② 由此可知周太祖时亦尝修《日历》，故《新五代史》卷五七《贾纬传》称广顺中，"宰相王峻监修国史，纬书《日历》，多言当时大臣过失，峻见之怒曰"云云。③ 然其所依据者"史官惟凭百司报状，馆司但取两省制书"，颇有不足，故世宗初，李谷"因请命近臣录禁中书付史馆"，"庶国事无漏略之文"。然诸书目皆未著录世宗《日历》，故其卷帙等皆未详。

四　五代史三百六十卷

王禹偁《五代史阙文·序》称"臣读五代史总三百六十卷，记五十三年行事"④。《四库全书总目》卷五一以为薛居正《旧五代史》凡一百五十卷，则王禹偁所云"似非指居正等所修也"⑤。

按，《郡斋读书志》卷六云范质《五代通录》六十五卷，因"五代实录共三百六十卷，质删其烦文，撮其要言，以成是书"⑥。又，《玉海》卷四八《建隆五代通录》引《书目》曰："《通录》六十五卷，建隆间，昭文馆大学士范质撰。以五代实录共三百六十卷为繁，遂总为一部，命曰《通录》，肇自梁开平，迄于周显德，凡五十三年。"⑦ 可证此所谓"五代史"者，乃指"五代实录"而言，非指薛《史》。

---

① 《旧五代史》卷114《周世宗纪一》，第1521—1522页。

② 《新五代史》卷50《王峻传》，第565—566页。

③ 《新五代史》卷57《贾纬传》，第658页。

④ （宋）王禹偁：《五代史阙文·序》，杭州出版社2004年版，《五代史书汇编》本，第2447页。

⑤ 《四库全书总目》卷51《五代阙文史》，第464页。

⑥ （宋）晁公武撰、（宋）赵希弁撰，孙猛校证：《郡斋读书志校证》卷6，上海古籍出版社1990年版，第204页。

⑦ 《玉海》卷48《建隆五代通录》，第908页。

五　《三圣实录》

《长编》卷一建隆元年"岁末"条注曰："《三圣实录》载内侍行首王继恩请其故。按继恩开宝中始赐姓名，累迁内侍行首，国初未也。今于此年附见此事，故止称'左右'，而削其姓名，《本纪》亦不著其姓名。"①

按，此《三圣实录》，当指太祖、太宗、真宗《三朝实录》。检宋祁《论乞别撰郊庙歌曲明述祖宗积累之业》亦述及太祖、太宗、真宗勋绩，续云"故臣愿陛下万几之余，取《三圣实录》，撷其武功文德在民耳目尤祥极瑞、非人力所至者，铺釆发扬，作为歌诗"②云云，可证。

又，唐人亦有称曰"三圣实录"者，唐裴庭裕《东观奏记·序》有云"圣文睿德光武弘孝皇帝自寿邸即位二年，监修国史丞相晋国公杜让能以宣宗、懿宗三朝实录未修，岁月渐远，虑圣绩湮坠，乃奏上选中朝鸿儒硕学之士十五人，分修三圣《实录》"③云云。刘禹锡《刘宾客文集》卷二八有《送分司陈郎衹召直史馆重修三圣实录》即是。

六　《明道实录》

周紫芝《读明道实录于关子东》有云："太学正关子东见和《苦笋诗》，携以相过，且相戒非老人所当嗜，因论张右史《明道实录》中载内侍张茂则常与王晳龙图、刘几秘监诸人皆食少，强健无疾，各年八十余卒。"④

按，未见他书有云及《明道实录》者，然张右史当谓张耒，张耒尝撰《明道杂志》，检宋张杲《医说》卷七《勿过食》引《张太史明道杂记》正云："内侍张茂则每食不过粗饭一盏许，浓腻之物绝不向口，老而安宁，年八十余卒。……王晳龙图造食物必至精细，食不尽一器，食包子不过一二枚耳，年八十卒。……刘几秘监食物尤薄，仅饱即止，亦年八十而卒。"⑤则所

① 《长编》卷1，建隆元年"岁末"条注，第30页。
② （宋）宋祁：《景文集》卷27《论乞别撰郊庙歌曲明述祖宗积累之业》，台北：台湾商务印书馆影印《文渊阁四库全书》本，第1088册，第232页。
③ （唐）裴庭裕：《东观奏记·序》，台北：台湾商务印书馆影印《文渊阁四库全书》本，第407册，第609—610页。
④ （宋）周紫芝：《太仓稊米集》卷49《读明道实录于关子东》，台北：台湾商务印书馆影印《文渊阁四库全书》本，第1141册，第349页。
⑤ （宋）张杲：《医说》卷7《勿过食》，台北：台湾商务印书馆影印《文渊阁四库全书》本，第742册，第166页。按，陶宗仪《说郛》卷43下张耒《续明道杂志》亦载此段文字。

谓《明道实录》者，即《明道杂志》之别称。

七　张耒代文彦博辞免明堂陪位表

《说郛》卷四三下张耒《续明道杂志》云："元祐中祫享，诏南京张安道陪祠。安道因苏子由托某撰《辞免》及《谢得请表》，余撰去。后见张公表到，悉用余文，不改一字。独表内有一句云'邪正昭明'，改之云'民物阜安'，意不欲斥人为邪也。张公高简自居而慎如此。"

按，检《张耒集》卷三四，有《代张文定辞免明堂陪位表》，然表文内并无"民物阜安"或"邪正昭明"句，而同卷又有《代文潞公辞免明堂陪位表》《谢得请表》，其《代文潞公辞免明堂陪位表》中却有"邪正昭明"四字。① 据《长编》卷三九一载元祐元年（1086）十一月戊辰，太师文彦博有"明堂大礼以在病假，不获陪祠宿卫"云云。② 则明堂陪位时在元祐元年，张耒尝为文彦博、张方平二人代撰《辞免明堂陪位表》，而在晚年撰《续明道杂志》时，却误将二表文句错混。

八　《太清楼特晏记》

明叶盛《水东日记》卷二五载："偶阅旧碑，得徽宗亲书《太清楼特宴记》不完本三幅。此石多在今开封府学墙壁周遭，当时草草打得此，不知尚存他石可完否。按《宋史》，特宴在政和壬辰，去京之死财十五年，亦万世之大戒也。噫！"其《太清楼特宴记》曰：

"为君难，为臣不易"，尚矣。历选前世，有其君，无其臣，或有其臣，而其君不足以有为，故君臣难偶，常以千载而一遇。盖因尧、舜、皋、夔、禹、契都俞赓载，莫得而伦。至成汤之于伊尹，高宗之于傅说，文王之于散宜生，后无继者。若管仲之于齐，萧、曹之于汉，苏绰之于周，房、杜之于唐，其事功或足以霸，或足以善一时，或起刀笔之吏，寥寥数十世然后有一焉。其功烈之卑，无足取法。道之不行，人之不足与明，久矣。朕嗣承先构，永惟烈考，追述三代，相王安石，创业垂统，方大有为，大勋（右一）逾远。道之难明，世莫能知，莫能行。朕欲取信流俗，故三黜三已之法度亦再更

① （宋）张耒：《张耒集》卷34《代文潞公辞免明堂陪位表》，中华书局1998年版，第569页。
② 《长编》卷391，元祐元年十一月戊辰条，第9513页。

之，乃用害京者继其位，使别其贤否，而中外纷然，民怨士怼，财匮力屈，朕亦焦心劳思矣。京复位未几，巧发奇中，未泯也。故日遣介使，往谕旨意，赐予问劳相属。至如治第建阁，以资燕适，供帐帘幕，以饰其居。若禁御果蔬芳葩，远方底贡新奇，莫不首以颁赉，络绎于道。偶闻小恙，必亲遣国医，面授治状，往颁良剂。或因美膳，手自调羹分饷。如是之类，月无虚日，日无虚时。又许其子偁，尚朕女孙行衍，联姻后家，使情义相通，契分结密，不可得而疏，（右二）奋于百世之下，断而行之，迄用有成。凡厥万事，其视于兹，因笔以诏天下后世。

政和甲午六月朔日记。

翰林书艺局镌字艺学	臣严奇
睿思殿御前文字外库镌字艺学	臣徐珣
	臣张士亨
待诏	臣朱章
	臣邢肃
	臣张仲文书
待诏	臣王公琬
待诏赐绯	臣倪士宣
	臣封士宁
从义郎	臣张士永模刊
睿思殿御前文字外库祗应武翼郎	臣俞迈题写
通侍大夫	臣梁师成
通侍大夫保康军节度观察留后	臣贾管勾上石（右三）①

按，所谓"右一""右二""右三"，乃指打本三幅。"特宴在政和壬辰"者，检《宋史》卷二一《徽宗纪三》，政和二年（1112）"二月戊子朔，蔡京复太师致仕，赐第京师"。四月"甲午，宴蔡京等于太清楼"。五月"己巳，蔡京落致仕，三日一至都堂议事"。十一月"辛巳，蔡京进封鲁国公"。三年正月"癸酉，追封王安石为舒王，子雱为临川伯，配飨文宣王庙"。② 又《宋史·艺文志二·传记类》著录徽宗《太清楼特宴记》一卷。《全宋文》未收录此文。

王明清《挥麈录余话》卷一载："祐陵癸巳岁，蔡元长自钱塘趣召再相，诏特锡燕于太

---

① （明）叶盛撰：《水东日记》卷25《太清楼特宴记三幅》，中华书局1980年版，第243—244页。按，"特宴"亦写作"特晏"。

② 《宋史》卷21《徽宗纪三》，第389—390页。

清楼，极承平一时之盛。元长作记以进"云云。① 庄绰《鸡肋编》卷中亦载蔡京此记而稍简略，题《太清楼侍宴记》，然四库本《鸡肋编》题作"特宴"，当是。

九 《皇朝名臣经济奏议》

《宋史》卷三九二《赵汝愚传》云其撰有《宋朝诸臣奏议》三百卷。按，赵希弁《读书附志》卷下著录《皇朝名臣经济奏议》一百五十卷，云："右淳熙中赵忠定帅蜀时所进也。一君道，二帝系，三天道，四百官，五儒学，六礼乐，七赏刑，八财赋，九兵政，十方域，十一边防，十二总议。自建隆迄靖康，推寻岁月，概见本末。忠定自序于前。绍熙之末，忠定有定策功，为侂胄诬贬。久而论定，赐谥追王，配食宁庙。游侣志其神道之碑，御篆额曰'宗老元勋'云。"② 则赵汝愚《皇宋诸臣奏议》又名《皇朝名臣经济奏议》，因分卷不同，故有"三百卷""一百五十卷"之异。

《玉海》卷二〇三《辞学指南》有云"代经筵讲读官进《资治通鉴纲目》并《九朝名臣经济奏议》、《中兴诸臣奏议》（癸未）"③。此《九朝名臣经济奏议》，疑亦是《皇宋诸臣奏议》之又名。而《延祐四明志》卷十三载元时四明路学典藏《经济奏议》三十二册。当也即此书。

此书亦省称曰《经济录》，如元初陈仁子《文选补遗》卷五《条国家便宜奏》注有"赵汝愚《进经济录奏札》"云云。④ 明叶盛《水东日记》卷十九《宋文鉴编书始末》亦称"《经济录》，赵公丞相以《文鉴》所取太略，故复编是书"⑤。明李贤《古穰集》卷九《读宋朝经济录》有云："自太祖而下九主，率能开通言路，其间名臣无虑二百余人，于天道、君道、礼乐、刑赏、财赋、兵戎诸类，知无不言，言无不切，凡人之邪正、事之利害，无不上闻。"⑥ 可证。

又《玉海》卷六一《国朝中兴诸臣奏议》云李壁编《国朝中兴诸臣奏议》，序曰："丞相忠定赵公汝愚，肇自艺祖，以至钦宗，凡诸臣所论，类而辑之。建炎中兴，无异创业，人物之盛，不减嘉祐、治平，一时所言，国赖以济。寻访历年，十仅得其五六，裒缀虽未为

---

① （宋）王明清：《挥麈录余话》卷1，大象出版社2013年版，《全宋笔记》（第六编）本，第13页。

② 《郡斋读书志校证·读书附志》卷下，第1217页。

③ 《玉海》卷203《辞学指南》，第3714页。

④ （元）陈仁子：《文选补遗》卷5《条国家便宜奏》注，台北：台湾商务印书馆影印《文渊阁四库全书》本，第1360册，第89页。

⑤ 《水东日记》卷19《宋文鉴编书始末》，第194页。

⑥ （明）李贤：《古穰集》卷9《读宋朝经济录》，台北：台湾商务印书馆影印《文渊阁四库全书》本，第1244册，第578页。

尽，而名公巨人建明之伟者，大较具此矣。略仿赵公凡例，总为十八门，别而汇之，又二百门，通为四百五十卷。"① 乃是续赵汝愚此书而作。

十 《建隆以来系年要录》

李心传《建炎以来系年要录》卷一云陶悦，"节夫子"，并注曰："节夫，宣和间为龙图阁学士。应姓名已见《建隆以来系年要录》者，此不别出，止注其爵里于下，以便稽考。"上古本校勘记曰："'隆'，《丛书》本作'炎'。按：陶节夫既仕宣和间，其姓名事迹并不见本书，故《四库》本作'隆'为是。按：所谓《建隆以来系年要录》者，此殆李心传计划中拟作之书，其中必涉及节夫之事，故先于此处书之。"②

按，此校记所云谬甚。司马光编纂《资治通鉴》，于某人初次记载时，需注记其爵里。李焘著《长编》，亦循此撰例。此李心传所称"此不别出，止注其爵里于下"者，其义亦同。又陶节夫，《宋史》卷三四八有传，云其于宣和年间官龙图阁学士。《长编纪事本末》亦记载有其事迹。则此所谓《建隆以来系年要录》，似当为李焘《长编》之别称。

十一 《通鉴纲目提要》

《宋史·艺文志·编年类》著录朱熹《通鉴纲目》五十九卷，又《提要》五十九卷。③

按，《直斋书录解题》卷四著录《通鉴纲目》五十九卷，云："此书尝刻于温陵，别其纲谓之《提要》，今板在监中。庐陵所刊，则纲、目并列，不复别也。"④ 赵希弁《读书附志》卷上著录《资治通鉴纲目》五十九卷，《序例》一卷，云："真德秀刻于泉南，陈孔硕、李方子叙其后。希弁所藏夔本，为板四千二百有奇。吉本二千八百，而且无陈、李二公之序。希弁又尝参以泉本，校其去取之不同，并考温公、文公之书法，为《资治通鉴纲目考异》。淳祐丙午，秘省尝下本州借本书写云。"又著录《资治通鉴纲目提要》五十九卷，云："希弁所藏乃赵希栞刻于庐陵者。"⑤《天禄琳琅书目》卷二《宋版史部》著录《资治通鉴纲

① 《玉海》卷61《国朝中兴诸臣奏议》，第1170页。
② （宋）李心传撰：《建炎以来系年要录》卷1，建炎元年正月辛卯朔，上海古籍出版社2018年版，第4页；卷一校勘记，第34页。
③ 《宋史》卷203《艺文志二》，第5092页。
④ 《直斋书录解题》卷4，第118页。
⑤ 《郡斋读书志校证·读书附志》卷上，第1110页。

目》，六函六十册，云"是书大书细注，字画分明，即当时庐陵刊本"①。直斋云温陵所刊者"别其纲谓之《提要》"，而"庐陵所刊，则纲、目并列，不复别也"。然赵希弁则云其所藏"乃赵希桨刻于庐陵"之《纲目提要》五十九卷。二人所言正相反。因陈、赵皆据其所藏之刊本立言，疑庐陵亦尝刻《纲目提要》，然直斋未收藏，故其只言其本"纲、目并列，不复别也"，而未及《提要》。

李方子《纲目后序》云及知泉州真德秀刊《纲目》于温陵郡斋，"阅岁书成，而侯（真德秀）易帅江右。元戎将启行矣，于是亟以告诸朝廷，请上其板于成均，以给四方之求，且庶几乎转以上闻"。检《宋史·理宗纪二》载嘉熙元年二月"癸卯，诏以朱熹《通鉴纲目》下国子监，并进经筵"②。《宋史全文》卷三二载端平二年正月"丁巳，诏经筵所进读《通鉴纲目》"；又卷三三载嘉熙元年二月"癸卯，诏以朱熹所著《通鉴纲目》送国子监刊进"③。《宋季三朝政要》卷一载嘉熙元年"诏国子监刊文公《通鉴纲目》"④。此当即直斋所言"板在监中"之温陵刊本。

十二　孝宗光宗《两朝系年要录》

《宋史》卷二〇三《艺文志二》著录李心传《孝宗要略初草》二十三卷。⑤

按，陈振孙《直斋书录解题》卷四著录《建炎以来系年要录》二百卷，云："工部侍郎陵阳李心传微之撰。盖与李巽岩《长编》相续。亦尝自隆兴后相继为之，会蜀乱散失，不可复得。"⑥ 方回《古今考》卷十五《南渡后郊丘考》云及李心传《高孝系年要录》。清王士禛《居易录》卷八载："《建炎以来朝野杂记》甲集二十卷、乙集二十卷，蜀井研李心传伯微撰。编首有国史院札子，行下隆州宣取《高宗系年要录》指挥、《孝宗》《光宗两朝系年要录》指挥公牒三通，心传自序二通。此书于宋南渡后朝章国故，大纲细目，粲然悉备，史家巨擘也。"⑦ 据《玉海》卷四七《嘉定建炎以来系年要录》云"李心传撰，一百卷。嘉定五年五月付国史院"⑧。检《宋史·理宗纪一》，宝庆二年正月"癸酉，召布衣李心传赴阙"。

① （清）于敏中等：《天禄琳琅书目》卷2《宋版史部》，《中国历代书目题跋丛书（第二辑）》，上海古籍出版社2007年版，第30页。

② 《宋史》卷42《理宗纪二》，第813页。

③ （元）佚名：《宋史全文》卷32、卷33，台北：台湾商务印书馆影印《文渊阁四库全书》本，第331册，第432、444页。

④ （元）佚名撰，王瑞来笺证：《宋季三朝政要笺证》卷1，中华书局2010年版，第98页。

⑤ 《宋史》卷203《艺文志二》，第5093页。

⑥ 《直斋书录解题》卷4，第120页。

⑦ （清）王士禛：《居易录》卷8，齐鲁书社2007年版，《王士禛全集》本，第3827页。

⑧ 《玉海》卷47《嘉定建炎以来系年要录》，第902页。

绍定四年正月戊子，"赐李心传同进士出身"。① 又《李心传传》云其"庆元元年荐于乡，既下第，绝意不复应举，闭户著书。晚因崔与之、许奕、魏了翁等合前后二十三人之荐，自制置司敦遣至阙下，为史馆校勘，赐进士出身，专修中兴四朝帝纪。甫成其三，因言者罢，添差通判成都府，寻迁著作佐郎兼四川制置司参议官。诏无入议幕，许辟官置局，踵修十三朝会要。端平三年成书，召赴阙为工部侍郎。"② 此后未再入川。则知李心传于《建炎以来系年要录》外，尚撰作《孝宗系年要录》《光宗系年要录》二书。当其赴阙，稿留蜀中，因蒙军入蜀而大乱，遂失其稿。《孝宗要略初草》，当属幸存之残草而已。

十三　实录圣德篇

所谓"圣德篇"，乃指宋各朝"实录"卷末叙述该皇帝之嘉言嘉行之文字。如《长编》卷二九五元丰元年十二月乙巳条注曰："此据墨本所记《圣德》，朱本签贴云'移入《契丹传》'。"又本卷"是岁"条注曰："据《食货志》，以诗更库名实元丰元年，今附年末，仍取墨本元丰八年史臣叙《圣德篇》稍增饰之。"卷三〇〇元丰二年十月戊申条注曰："墨本于《实录》末卷纪圣德处载废顺州事。"卷三五三元丰八年三月戊戌条注曰："绍圣史官签贴云：'前史官所记圣德为未尽，臣等掇其大者具于卷末。所不次者，候修正史随事而录。'"卷五二〇元符三年正月己卯条注曰："《新录》辨云：此论止是盛誉绍圣权臣能力排元祐，未尝发明哲宗圣德，与祖宗实录末卷体制不同，其间托为徽宗训辞，尤非恭顺，事皆诬诋。"其所谓"与祖宗实录末卷体制不同"者，乃指徽宗时修撰《哲宗实录》时，未尝于卷末编录发明哲宗圣德之文字。

十四　前后续别新

《四库全书总目》卷一四一《清波杂志》云："考宋人著书，率以前、后、别、续、新分为五集。"③

按，宋人著述实多用前、后、续、别、新分集。赵希弁《读书附志》卷上著录《浯溪集》前、后、续、别四集，云："右自元结《中兴颂》之后，凡刻之浯水之崖者皆在焉。"④

① 《宋史》卷41《理宗纪一》，第788、794页。
② 《宋史》卷438《儒林传八·李心传》，第12984页。
③ 《四库全书总目》卷141《清波杂志》，第1199页。
④ 《郡斋读书志校证·读书附志》卷上，第1130页。

因仅有四集，故未及新集。《千顷堂书目》卷十五著录宋人祝穆《事文类聚》前、后、续、别四集一百七十卷，"前集六十卷，后集五十卷，续集二十八卷，别集三十二卷"；又元人富大用《事文类聚》新、外二集五十一卷，"新集三十六卷，外集十五卷"。又著录严毅《合璧事类》前、后、续、别、外五集三百六十六卷；章俊卿《山堂群书考索》二百一十二卷，"前、后、续、别四集"①。其祝穆、富大用《事文类聚》诸集，《四库全书总目》卷一三五著录"元代麻沙板"，云"前集六十卷，后集五十卷，续集二十八卷，别集三十二卷，新集三十六卷，外集十五卷，遗集十五卷"②。则五集以上，乃以外、遗为别。

宋人亦有前、后、续、新区分四集者，如《两宋名贤小集》卷三一一《南岳诗稿》云刘克庄"所著后村居士前、后、续、新四集行于世"③。

此外，《明儒言行录》卷六云明人邵宝著有《容春堂集》前、后、别、续四集。疑清馆臣由此误以为宋人亦以之为序。

十五　以支名书

明李诩《戒庵老人漫笔》卷六《以支为书》云："《杂俎》谓数相从曰支，《夷坚志》甲乙等以'支'名者取此。"④ 按，洪迈《夷坚志·支甲序》云："初，予欲从稚儿请，用十二辰续未来篇帙。又以段柯古《杂俎》谓其类相从四支，如支诺皋、支动、支植，体尤崛奇。于是名此志甲支甲，是于前志附庸，故降杀为十卷。"⑤ 其《支诺皋》《支动》《支植》乃《酉阳杂俎》之篇名。明胡应麟《二酉缀遗上》云："按前吴曾《漫录》解诺皋之义最为明了，惟支诺皋不知何义。考《酉阳杂俎》诸目，止有《诺皋记》上下二卷，所载事极诡诞，殊无所谓支诺皋者。续考陶九成《说郛》所采《酉阳续俎》，乃有《支诺皋》之目，又有《支动》、《支植》二目，因悟支者，干支之支。盖《杂俎·诺皋记》之外，更出此条，犹今类书者多甲乙丙丁、乾兑离巽等分配，此则借干支之支，以别于前目之《诺皋》耳。《支动》、《支植》者，《杂俎》有《广动植》四卷。此则为《支动》及《支植》，触类伸之，《支诺皋》之义益明矣。"⑥ 即此"支"，乃有"续"义。

① （清）黄虞稷：《千顷堂书目》卷15，上海古籍出版社2001年版，第421页。

② 《四库全书总目》卷135《事文类聚》，第1148页。

③ （宋）陈思：《两宋名贤小集》卷311《南岳诗稿》，台北：台湾商务印书馆影印《文渊阁四库全书》本，第1364册，第466页。

④ （明）李诩：《戒庵老人漫笔》卷6《以支为书》，中华书局1982年版，第246页。

⑤ （宋）洪迈：《夷坚志·支甲序》，中华书局1981年版，第711页。

⑥ （明）胡应麟：《少室山房笔丛》卷35《二酉缀遗上》，中华书局1958年版，第462页。

十六　神宗评《新五代史》

《长编》卷二六三熙宁八年闰四月丁未条尝记载神宗论《新五代史》之语，云："上因问：'修所为《五代史》如何？'王安石曰：'臣方读数册，其文辞多不合义理。'上曰：'责以义，则修止于如此；每卷后论说皆称"呜呼"，是事事皆可嗟叹也。'"①

按，《宋史》卷十五《神宗纪二》：熙宁五年"八月甲申，太子少师致仕欧阳修薨。……丁亥，诏求欧阳修所撰《五代史》"②。欧阳修家上进《新五代史》，神宗即阅读之，未久尝与王安石评论《新五代史》，见载《长编》卷二六三熙宁八年闰四月丁未条。《宋史全文》卷十二上亦引录此段文字，然"责以义"下有"理"字，于义为长，《长编》似脱一"理"字。

此段君臣对话颇著名，如《履斋示儿编》卷十《呜呼》有云："欧阳公伤五季之离乱，故作《五代史》也，序论则尽以'呜呼'冠其篇首。"③ 据《长编》知李焘所见史料，言"事事皆可嗟叹"者乃神宗，然后世几经传抄，遂将此段对话之问答者互换。如《说郛》卷四七上载赵葵《行营杂录》却云："神考尝问荆公云：'卿曾看欧阳修《五代史》不？'对曰：'臣不曾仔细看，但见每篇首必曰"呜呼"，是岂五代时事事可叹者乎？'"又卷四〇下孙宗鉴《东皋杂录》亦引录上述《行营杂录》文字，且评论曰："余谓公（王安石）真不曾子细看也，若使曾子细看，必以'呜呼'为是。五代之事，岂非事事可叹者乎！"然将神宗语改换作王安石言，其举大约南宋初已萌芽。前述《长编》卷二六三熙宁八年闰四月丁未条注曰："新本自'上因问修'以下并削去。"④ 其所谓"新本"，即重修于绍兴年间之《神宗实录》。据邵伯温《邵氏闻见录》卷一五云"今欧阳公《五代史》颁之学官，盛行于世"⑤。世人尊欧阳修《新五代史》，遂特削去神宗之批评，此后索性将批评者改作王安石。至今仍颇有人因此讥评王安石，真可嗟叹以"呜呼"矣。

十七　《史记》宣和本

《能改斋漫录》卷十三《诏史记升老子传为列传首》云："政和八年，诏《史记·老子

---

① 《长编》卷263，熙宁八年闰四月丁未条，第6441—6442页。
② 《宋史》卷15《神宗纪二》，第282页。
③ （宋）孙奕：《履斋示儿编》卷10《呜呼》，大象出版社2016年版，《全宋笔记》（第七编）本，第109页。
④ 《长编》卷263，熙宁八年闰四月丁未条注，第6442页。
⑤ （宋）邵伯温：《邵氏闻见录》卷15，中华书局1983年版，第167页。

传》升于列传之首，自为一帙，《前汉·古今表叙》列于上圣，其旧本并行改正。"①

　　按，元释圆至《牧潜集》卷六《书宣和史记后》亦云："余居临安，有持大板《史记》，而列传老子为首，心甚怪之，莫知其本所出，则问诸博书者，亦莫知也。因阅《国朝会要》，见宣和某年有旨升老子于列传首，乃悟所见盖宣和本，今不行矣。"②

　　检唐张守节《史记正义》卷六一"老子伯夷列传第一"云："其人形迹可序列，故云列传。老子、庄子，开元二十三年奉敕升为列传首，处夷、齐上。然汉武帝之时，佛教未兴，道教已说道则禁恶，咸致正理，制御邪人，未有佛教可导，故列老、庄于申、韩之上。今既佛道齐妙兴，聃法乖流，理居列传之首也。"又宋人李刘《四六标准》卷十七《贺太府余大卿铸除中书舍人仍兼右司除户部侍郎兼知临安》云"韩非、老子又尝共传"，明人孙云翼释曰："《史记·太史公自序》：'李耳无为自化，清净自正，韩非揣事循循势理，作《老子韩非列传》第三。'按今本《史记》，老子、伯夷为列传第一，乃唐开元二十三年奉敕升为列传首，申韩列第三。"③故清王士祯《池北偶谈》卷二二《老子》有云："唐追尊老子为玄元皇帝，至宋政和中崇奉道教，又诏升老子于列传之首，别为一帙，尊《道德》为大经，御制批注，令学者与《易》《书》等经分习之，禁以'耳''聃''伯阳'命名。其为两代尊奉如此。"④然其称徽宗为崇奉道教而诏升老子传于《史记》列传之首，则不确。据《史记正义》《四六标准》注，知唐玄宗开元间已将老子传升于《史记》列传之首，与伯夷合传。只是徽宗将老子传抽出单独成卷，置于伯夷传之前，愈显崇奉。

　　又，赵希弁《读书附志》卷上著录《御解老子》二卷，云："徽宗皇帝之御制也。尝仿唐制，命大臣分章句书写刻石，又诏《史记·老子传》升于列传之首，自为一帙，《前汉·古今人表》列于上圣。今观此解，所谓'道者人之所共由，德者人之所自得，道者亘万世而无弊，德者充一性而常存。老子当周之末，道降而德衰，故著书九九篇以明道德之常，而谓之经。其辞简，其旨远，学者当默识而深造之'。其说大概与政和之诏同。"⑤故王士祯所谓"御制批注"者，即指此《御解老子》。

　　①（宋）吴曾：《能改斋漫录》卷13《诏史记升老子传为列传首》，上海古籍出版社1979年版，第385页。
　　②（元）释圆至：《牧潜集》卷6《书宣和史记后》，台北：台湾商务印书馆影印《文渊阁四库全书》本，第1198册，第145页。
　　③（宋）李刘：《四六标准》卷17《贺太府余大卿铸除中书舍人仍兼右司除户部侍郎兼知临安》，台北：台湾商务印书馆影印《文渊阁四库全书》本，第1177册，第405—406页。
　　④（清）王士祯：《池北偶谈》卷22《老子》，中华书局1982年版，第535页。
　　⑤《郡斋读书志校证·读书附志》卷上，第1139页。

《群书治要》已知版本汇考评述

丁新宇*

（聊城大学文学院，山东聊城，262000）

摘　要：《群书治要》极具文献价值，在校勘等方面有不可替代的作用，可惜至今未有公认的校勘整理善本，而其产生的前提是梳理其版本源流、判别优劣。经过版本梳理可知，《群书治要》现存的各种刊本和整理本或多或少存在一些问题，虽然当前最流行的版本是日本尾张藩刊本，但最善版本却是金泽文库旧藏本。因此，整理《群书治要》应当以此两种版本为主，以其他重要版本作为补充。

关键词：《群书治要》；版本；流传；评价

　　《群书治要》（以下简称《治要》）是一部颇为重要的典籍，在文献学上有广泛的校勘作用和不凡的版本价值。此书因版本流传相对复杂，故而至今没出现一个让学界满意的整理定本。这使得学者在利用此书进行校勘时无所适从。因此，梳理《治要》的版本及流传变化，判别版本的优劣，就能为形成合适的定本打好基础，也能为研究者进行校勘提供依据。

　　关于《治要》版本的研究，学界成果不多。最早对《治要》版本做梳理的大概是岛田翰的《古文旧书考》。他根据金泽文库本的跋语梳理出其成书和补钞的过程，十分有价值。①金光一《〈群书治要〉研究》一文，就是岛田翰基础上的延伸，研究了金泽本的流传以及其在目录学和辑佚方面的价值。②在版本研究方面集大成的是尾崎康。其《〈群书治要〉及其存世本》（《群书治要とその现存本》）一文，对《治要》各版本做了详细考证，对日本现存的各种版本作了梳理和评价。金光一的《〈群书治要〉研究》虽晚出二十年，但版本研究方面仍未能超过尾崎康。③不过，此文对金泽本和九条本在日本形成和流传概况的论述颇为

---

　* 丁新宇，1991 年生，男，山东潍坊人，博士，聊城大学文学院讲师，主要研究方向：先秦与隋唐文献。
　① ［日］岛田翰撰：《古文旧书考》，上海古籍出版社 2014 年版，第 79—80 页。
　② 金光一：《〈群书治要〉研究》，博士学位论文，复旦大学，2010 年。
　③ ［日］尾崎康：《群书治要とその现存本》，《斯道文库论集》1990 年第 25 集，第 121—210 页。

翔实。刘余莉、聂菲璘《〈群书治要〉东传日本及其历史影响》一文，就是在前人基础上对《治要》日本版本的概况和分类作了较好的总结，但有时也不加辨别地采用了尾崎康、金光一等人有问题的叙述，继承并延续了前人的优缺点。① 这或许是他们未仔细对照原版本所致，因此本文汲取教训力求依据原本进行论述。潘铭基《略论日本所藏诸本〈群书治要〉的特色》一文，以举例论证的方式，选取九条本、金泽本、元和本、天明本做了详细介绍，摘取文句进行校勘，提出了不少新观点，特别是九条本的论述值得借鉴。② 潘氏以为九条本最佳，专门对其进行的点校整理，是学界最新成果。③ 聂菲璘《〈群书治要〉的流传与版本递嬗研究》一书，汇总了尾崎康、潘铭基等人的成果，对日本现存《治要》版本的流传过程作了梳理，特别是金泽本和九条本，但也存在过度拔高九条本、对金泽本底本上限时间估计过晚等不足，本文将据此展开分析并作修正补充。④

　　况且，这些研究都因中国的《治要》版本是尾张本的翻印或翻刻，版本价值有限，而对其论述较少，从而也忽略了国人对其进行的少量修订，这显然不利于我们全面研究《治要》。

　　因此，本文对《治要》的流传版本做进一步梳理，所论各版本均依据原本进行考述，不机械搬运他人见解，还在前人基础上增加了历来研究者都忽视的中国传本《治要》的研究，不仅包括全本，也涵盖节选本、整理本，以期为《治要》的版本做一个全面的总结，为学者全面整理《治要》提供参考和借鉴。

一　时代最早的古抄残本

　　在《治要》现存版本中，以敦煌本和九条本为早。其中，现存最早的《治要》版本是敦煌本，而抄自遣唐使所得唐抄本的九条家旧藏古抄本则是日本现存最早的《治要》版本。

（一）敦煌残卷（S.133 等）

　　敦煌本（S.133 等）是《治要》现存的最早版本，出土于敦煌，为斯坦因所攫取，现存英国伦敦大英博物馆。四川人民出版社《英藏敦煌文献（汉文佛经以外部分）》、黄永武《敦煌古籍叙录新编》等均收录图版。⑤

---

① 刘余莉、聂菲璘：《〈群书治要〉东传日本及其历史影响》，《汉学研究》2022 年第 33 集（2022 年秋冬卷），第 383—397 页。

② 潘铭基：《略论日本所藏诸本〈群书治要〉的特色》，《北京大学中国古文献研究中心集刊》2022 年第 1 期。

③ 潘铭基校理：《九条家本群书治要》，上海古籍出版社 2023 年版。

④ 聂菲璘：《〈群书治要〉的流传与版本递嬗研究》，中华书局 2024 年版。

⑤ 中国社会科学院历史研究所等合编：《英藏敦煌文献（汉文佛经以外部分）》第 1 卷，四川人民出版社 1990 年版，第 53—56 页；黄永武：《敦煌古籍叙录新编》第 3 册，台北：新文丰出版公司 1986 年版，第 254—258 页。

此本存二百余行，首尾无书题，分"襄公四年""襄公九年""襄公十一年""襄公十三年""襄公十四年""襄公十五年""襄公二十一年""襄公二十三年""襄公二十五年"九段，全部见于《治要》卷五，属于《治要》所节录三卷《左传》的中卷。

此卷性质曾有疑问。王重民判断其为唐人补写六朝本。[1] 李索则据卷中"民"字缺笔，将其定为唐初抄本。王雨非还发现卷中多用"人"字代替"民"字。[2] 这种对"民"字的避讳是典型的唐代特征，且卷中文字字体首尾一致，无补写痕迹，这证明王重民的判断未必正确。王雨非在陈铁凡、许建平、李索的基础上，[3] 详加考证，进一步确认其为《治要》残卷，主要依据就是金泽文库藏古抄本《治要》与残卷高度一致。此前学者因使用了遭后人改动的天明刊本（尾张本）而做出了错误判断："金泽本的书写习惯、文本内容与写卷 S. 133 更为接近……陈铁凡所言 S. 133 与尾张本《治要》间的多数异文和用字差异，在金泽本中都是不存在的。我们推测 S133 与金泽本《治要》拥有共同的文献上源，可以证明 S. 133 的文字毫无疑问就是《群书治要》中的《左传》部分。"[4] 现在，王雨非的观点已经被学界所接受。

笔者以金泽本对勘 S. 133 图版，其文句起止、注释裁剪均符合《治要》的特征，诚如王雨非所言，此本是《治要》残卷无疑。至于其中存在的异文，则是两本经过不同传抄所致，并非两种书籍。此外，笔者还发现，S. 133 的格式为每行 17 字左右，而金泽本《治要》的格式也在 17 字左右，可以算是又一证据。

此外，敦煌遗书中的"S. 1443""P. 3634+3635""P. 2767+S. 3354"三种残卷与 S. 133 极为类似。陈铁凡以为均是《治要·左传》的残卷。[5] 因"P. 2767+S. 3354"中与《治要》不能完全对应，金光一认为"此卷应该是与《群书治要》无关的另一种节本"[6]。聂菲璘也赞同此说。[7] 不过，与"S. 1443""P. 3634+3635"对应的《治要》卷四已经失传，所以这两种残卷无从判断归属。金氏、聂氏的论证更多是依据的现存《治要》文本，仅仅是推测。但从其格式与行款看，它们确实存在是《治要》失传卷四的可能。鉴于证据不足，这些抄本的

---

① 黄永武：《敦煌古籍叙录新编》第 3 册，台北：新文丰出版公司 1986 年版，第 253 页。

② 王雨非：《敦煌写卷 S. 133 补考》，《文教资料》2019 年第 36 期。

③ 按：关于此卷性质与所属书籍，王重民、黄永武、向达、郝春文等较为谨慎，仅采用了"春秋左传抄"的保守称呼。陈铁凡、徐建平、王雨非则直接说明了此本就是《治要》残卷。张涌泉、许建平等《敦煌经部文献合集》收录并注明此卷为"群书治要·左传"。（张涌泉主编：《敦煌经部文献合集》，中华书局 2008 年版，第 1271 页）陈铁凡的依据是"除少数文字的异同以外，其余体例、行款、以及传注的起讫和删节的字数，两者完全一样。"（陈铁凡：《〈左传〉节本考——从英法所藏敦煌两残卷之缀合论〈左传〉节本与〈群书治要〉之渊源》，《大陆杂志》第 41 卷，1970 年第 7 期）李索也证明："本卷所节选部分与《群书治要》卷第五《春秋左氏传（中）》所载基本相同，其中，两部分相接处文字之变更及行文款式亦与《群书治要》相一致，可知陈说是也。"（李索：《敦煌写卷春秋经传集解校证》，中国社会科学出版社 2005 年版，第 229 页）

④ 王雨非：《敦煌写卷 S. 133 补考》，《文教资料》2019 年第 36 期。

⑤ 陈铁凡：《〈左传〉简本考——从英法所藏敦煌两卷之缀合论〈左传〉节本与〈群书治要〉之溯源》，《大陆杂志》第 41 卷，1970 年第 7 期。

⑥ 金光一：《〈群书治要〉研究》，博士学位论文，复旦大学，2010 年。

⑦ 聂菲璘：《〈群书治要〉的流传与版本递嬗研究》，中华书局 2024 年版，第 46—47 页。

归属只能存疑。

　　此本是现存产生时间最早《治要》版本，最接近《治要》的原貌，可以校勘今本《治要》和《左传》的错误。不过，其所涵盖内容不足《治要》的一卷，只能作为参考，完全不适合作为整理底本，更多的是文物价值。李小龙不无可惜地说："现藏英国的斯一三三号，其正文为节抄《春秋左传集解》，历来学者对此无法定性，后来，台湾学者陈铁凡指出，此实为《群书治要》中文字，这已为学界所接受（张涌泉主编《敦煌经部文献合集》即从之），可见确曾有孑遗，只是一来数量太少，二来也早已远渡重洋了。"①

（二）九条家旧藏古抄本

　　此本为旧藏于东京九条公爵府的平安时代抄本残卷，仅存十三卷。②"九条家本《群书治要》所用料纸高 27.1 厘米，纸长 54.7 厘米，每行宽度 2.2 厘米。"③ 此书由蓝色、紫色、茶色等染色纸连接成卷，与传为张旭书法的五色麻笺本《古诗四帖》相似。此本于 1952 年被列入"日本国宝"，今归东京博物馆。其因平安时代抄写而得名平安本，因九条公爵家旧藏而得名九条本，因现藏东京博物馆而得名东博本。经专家修补，此本已有七卷公开。潘铭基据此整理出《九条家本群书治要》，为相关研究提供了方便。④

　　这一版本时代较早，文中避"民"字讳，应该由唐朝版本传写而来，所以很有版本价值。然而，聂菲璘认为其直接出自唐初的版本则不确。⑤聂氏考证说：

　　　　卷廿二"民"字凡二十四见，缺末笔十三见，其中含"民"字右书"人"字两例。表 2.1 中例 10（第 16 纸 20 行）值得注意。金泽本《群书治要》此处作"人常以牛祭神"，其中"人"为旁补字，此后《群书治要》各本均作"人"。《后汉书》通行本此处作"民"。或许是金泽本校合时所用的底本此处因为传抄之故已由"民"作"人"，而平安本此处保留了原貌作"民"。由此推测九条家本《群书治要》比金泽本传抄的祖本古老，更接近原本。笔者还发现"民"字的最后一笔并未写全的例子（"末笔不全"）

---

　　① 李小龙：《书舶录：日本访书诗纪》，生活·读书·新知三联书店 2019 年版，第 229 页。
　　② 按，此本现存的十三卷分别为：二二、二六、三一、三三、三五、三六、三七、四二、四三、四五、四七、四八、四九。其中已公开的七卷为：二二（《后汉·列传》）、二六（《魏志下》）、三一（《六韬》《阴谋》《鬻子》）、三二（《晏子》《司马法》《孙子兵法》）、三五（《文子》《曾子》）、三六（《吴子》《商子》《尸子》）、三七（《孟子》《慎子》《尹文子》《庄子》《尉缭子》）潘铭基说："九条家本《群书治要》仅余十三卷，其中七卷（卷二二、卷二六、卷三一、卷三三、卷三五、卷三六、卷三七）可通过日本'e-Museum'网站浏览。至于未公布的六卷，东京国立博物馆表示，乃因保存状态较差，有待修复，不供外界浏览。"（潘铭基：《略论日本所藏诸本〈群书治要〉的特色》，《北京大学中国古文献研究中心集刊》2022 年第 1 期。）
　　③ 潘铭基：《日藏平安时代九条家本〈群书治要〉研究》，《中国文化研究所学报》2018 年第 67 期。
　　④ 潘铭基校理：《九条家本群书治要》，上海古籍出版社 2023 年版。
　　⑤ 聂菲璘：《〈群书治要〉的流传与版本递嬗研究》，中华书局 2024 年版，第 85 页。

凡七见，这与"民"字通行的写法明显不同（卷廿六可见），"末笔不全"者好似抄手已经下笔但忽然意识到忘记缺末笔，故中间停止。此外，还有"民"字加点凡四例。综合以上信息，九条家本《群书治要》传抄的祖本比金泽本为早，或为初唐写本。①

此说疑窦甚多。其中最核心的问题是，初唐时《治要》还没有传到日本。唐太宗仅抄写几十本分赐太子诸王，日本人应该不在颁赐之列。聂菲璘也不得不承认："史料中没有明确记载太宗朝对《群书治要》进行了大规模抄写。"② 其次，金光一已经考得，唐玄宗之前的遣唐使往往负有其他任务，并非专门求书，带走《治要》这种罕见典籍的可能性不大，只有天宝以后的遣唐使才专就文化而来求购典籍。③ 故而，聂菲璘又自相矛盾地提出："唐玄宗朝天宝遣唐使最有可能将《群书治要》携回日本。"④ 再有，《治要》在初唐社会流传较窄，产生很快就流传日本的可能性自然较小。天宝十三载（754）前后，唐玄宗始看到《治要》，此后才览之称善。⑤ 此前连唐玄宗都对《治要》不熟悉。试想，在初唐连贵为皇孙的李隆基都无缘读到的《治要》，何以落入日本人之手。况且，此时朝廷也不至于把宫中旧藏赠与日本。遣唐使所得版本应该是天宝年间的新抄本。因此，九条本的祖本必然是唐玄宗天宝年间以后的产物。其中的避讳字固然有初唐的特征，"民"字部分避讳，"'虎'字作俗字形式，不缺末笔；'治'不避讳"，⑥ 却无法作为认定此本是初唐版本的证据。毕竟，九条本中"民"字也有部分不避讳的情况。⑦ 据聂氏所作表格，其 24 例中有 4 处"民"字不避讳。这只能说明九条本抄写时并未严格遵循底本，或其底本已然改动讳字，则此本定然不是直接抄自初唐的版本。聂菲璘还曾以此本无武周新字，而金泽本有武周新字，就说金泽本晚于九条本。⑧ 现在，我们可以说，九条本祖本也产生于武周之后。其文本中没有武周新字，可能是后来抄写的改易，并非原貌。进而，我们可以推断，九条本应该不是从遣唐使带入日本的唐抄本直接产生的。其经过的传抄应该不止一次。其祖本不早于金泽本祖本。当然，作为日本现存最早的《治要》版本，其文物价值首屈一指。

此本因长期被束之高阁，几乎不为外界所知，故而研究极少，影响不大。再者，此本一

---

① 聂菲璘：《〈群书治要〉的流传与版本递嬗研究》，中华书局 2024 年版，第 85 页。
② 聂菲璘：《〈群书治要〉的流传与版本递嬗研究》，中华书局 2024 年版，第 20 页。
③ 金光一：《〈群书治要〉研究》，博士学位论文，复旦大学，2010 年。"第一期是从舒明天皇时代（629—641）到齐明天皇时代（655—661）约三十年间的四次遣唐使。这个阶段的遣唐使是为了和代隋兴起的唐朝通好而派遣使节的，可以说是遣隋使的延长；第二期是天智天皇朝（662—671）的二次遣唐使，这是因为在百济问题上同唐朝的政治关系而派遣的，因此必须和其他遣唐使区别开来。"
④ 聂菲璘：《〈群书治要〉的流传与版本递嬗研究》，中华书局 2024 年版，第 69 页。
⑤ 武秀成：《玉海艺文校证》卷 20，凤凰出版社 2013 年版，第 960—961 页。
⑥ 聂菲璘：《〈群书治要〉的流传与版本递嬗研究》，中华书局 2024 年版，第 84 页。
⑦ 聂菲璘：《〈群书治要〉的流传与版本递嬗研究》，中华书局 2024 年版，第 84 页。
⑧ 聂菲璘：《〈群书治要〉的流传与版本递嬗研究》，中华书局 2024 年版，第 132 页。

直被作为礼品拆送，① 未受到应有的重视，学术研究不足。目前只有潘铭基等人的少量研究成果。② 更可惜的是，此本严重损毁，仅存的十三卷可能也无法完全恢复原貌。"九条家本《群书治要》原藏东京赤板之九条公爵府内，在 1945 年之空袭中，九条家遇袭，部分变为灰烬。"③ 2018 年 10 月，潘铭基在"论《群书治要》之文献价值"讲座中透露：因损毁过于严重，东京博物馆已经决定，将九条本其他部分无限期推迟公开。言下之意，这些部分已经无法修复。因而，此本事实上仅存七卷。

金光一说："《群书治要》尾张本以骏河版为底本，借出当时江户枫山文库所藏的金泽本，以及九条家传来的平安时期的古写本，再相校合。"这显然是臆测。尾张本的前后序言虽然明确提到使用了金泽本，但均无借用九条本之事。据目前已知资料，九条本虽产生较早，但出现甚晚，长期秘而不宣、深藏东京九条公爵府内。尾张藩学者校勘元和本《治要》之时，此本并未被注意。潘铭基考证出，其更多的作用是被截取一段作为礼品送给权贵。④ 故东京博物馆所藏九条本《治要》并不完备。据孙猛考证，当前至少还有《晋书·刘毅传》残卷、卷三五残卷以及《孟子·告子》残卷等三种残片流落在外。⑤ 其中，九条本《治要》无卷三〇，刘毅《疏》残卷恰补其缺，抑或出自其中；又九条本《治要》恰无《孟子·告子》，则平安抄本《孟子·告子》残卷当为其残片。又，据尾崎康所言，酒井氏所藏残片《文子》亦出九条本。⑥ 除此之外，九条本恐怕还有不为人知的其他片段。

此本与金泽文库本有较为相似的训点。小林芳规说："卷廿二的训点与金泽本几乎一致。"⑦ 其时间先后则难以确定。尽管尾崎康、小林芳规、潘铭基等以为金泽本训点袭自此本，但金泽本依据当时宫廷抄本缮写，又经校勘，未必全出九条本，尤其是在九条本文本质量远逊于曾用诸本校勘过的金泽本的情况下，无法排除二者同源。我们以卷三十六引《尸子》为例，与金泽本对勘可知：

此本《劝学》首章脱"奚以知其然也？司城子罕遇乘封人而下，其仆曰乘封人也，奚为下之"数句；"聽之弗闻"，"聽"误"德"，脱"闻"；《明堂》"视聽不深则善言不往"，脱"深"，"聽"误"德"；《分》脱篇题及"言寡而令行。事少而功多，守要也；身逸而国治"

---

① 潘铭基：《日藏平安时代九条家本〈群书治要〉研究》，《中国文化研究所学报》2018 年第 67 期。"九条家将此珍贵笔迹比作礼物，赠予他人，致使今所见九条家本《群书治要》多有缺佚。"又见潘铭基《〈群书治要〉所载〈孟子〉研究》，《域外汉籍研究集刊》第十六辑，中华书局 2018 年版，第 300 页。

② 按：九条本的主要研究成果有潘铭基《日藏平安时代九条家本〈群书治要〉研究》、聂菲璘《〈群书治要〉的流传与版本递嬗研究》的第二章第三节以及潘铭基点校《九条家本群书治要》等。

③ 潘铭基：《日藏平安时代九条家本〈群书治要〉研究》，《中国文化研究所学报》2018 年第 67 期。

④ 潘铭基：《日藏平安时代九条家本〈群书治要〉研究》，《中国文化研究所学报》2018 年第 67 期。又见其《〈群书治要〉所载〈孟子〉研究》，《域外汉籍研究集刊》第十六辑，中华书局 2018 年版，第 299—300 页。

⑤ 孙猛：《日本国见在书目录详考》，上海古籍出版社 2015 年版，第 1166—1167 页。

⑥ ［日］尾崎康：《群书治要とその现存本》，《斯道文库论集》1990 年第 25 集，第 138 页。

⑦ 小林芳规：《金澤文库本〈群书治要〉の训點》，《群书治要·附录》第 7 册（影印金泽本），东京：汲古书院 1989 年版，第 481 页。

数句；《发蒙》"明王之所以与臣下交"脱"臣"，"若夫临官治事"脱"官"，"是非不得尽见"脱"尽"，"由是观之"脱"是"。"受"误"爱"，"爱"误"废"，"力"误"为"，"聽"误"德"，"焚"误"楚"等，皆为形近字错误。诸如此类，不一而足。再有，此本脱漏篇名颇多，《治要》所引《尸子》残存之七篇名仅存"劝学""贵言""明堂""发蒙""恕"五处，而"恕"又误"怒"。此卷如此，其他可知矣。这些都说明九条本抄写较为草率，抄手汉字知识不足。所以，不能仅仅因为抄写时间早就定此本为金泽本源头，金泽本因循此本的可能性有限。

可以说，九条本错讹颇多，先天不足，未经校理，而后天又遭逢灾难，仅数卷遗存，虽然可以为后人整理《治要》提供参考，但其价值更多在于文物价值，而非文献价值。因此，九条本虽然古老，却只能作为参校版本，不适合作为校勘底本使用。

二　内容最善的金泽本

金泽文库旧藏镰仓时代抄本是目前排在敦煌本、九条本后，第三古老的版本，是最早的全本和最善本，也是今本《治要》的祖本。庆长抄本、元和活字本、尾张本、弘化活字本、昭和排印本皆由此本派生。

（一）金泽文库旧藏古抄本

此本因旧藏金泽文库而得名金泽本，因现存日本宫内厅而得名宫内厅本，因抄于镰仓时代而得名镰仓本、旧抄卷子本。金光一说："现在日本宫内厅书陵部所藏的《群书治要》金泽本，残缺卷三、卷十三、卷二十，共存四十七卷。卷轴抄本，各卷高大约 29 厘米，长 1193 厘米（卷二十九）至 2048 厘米（卷十一）。蓝色封皮纸是江户时代初期后补的，有题签'群书治要（卷第）几'。有乌丝栏，界高 21.1 厘米，幅 2.4 至 2.5 厘米。各行十四字至十七字，小注双行。《群书治要》金泽本各卷末基本附有识语（卷末奥书），是建长五年（1253）至延庆元年（1308）之同由清原教隆、北条实时、北条贞显题写的，借以可知各卷抄写、施以训点、文本校勘的具体时间，以及该书在十三世纪日本的流传情况。"[1] 据卷四十引《三略·上略》等处，多有抄写重复之十四字又被标记删除的情况，可知其底本格式当为行十四字者，因抄写后格式改变，致使原本同一行的文字分属前后行。

关于此本的产生，天明本细井德民《考例》指出："正和年中，北条实时好居书籍，得请诸中秘，写以藏其金泽文库。"[2] 这与金泽本卷末奥书一致，可以直接证明此本由北条实时

---

① 金光一：《〈群书治要〉研究》，博士学位论文，复旦大学，2010 年。
② 按：其底本并非中秘，而是博士家抄本。"请得中秘"，是借得莲华王院宝藏御本用作校勘。

命人抄写。但近年流传异说，谓是日本僧人所抄。其说由来已久，以严绍璗为早。① 林溢欣、吴宇飞、李发等人也均以为："据严绍璗考证，则此本当为日本中世时代五山僧侣所钞。"② 然而，此说实为乃道听途说之谣传，并无证据。我们不当人云亦云。

此本不仅来源早，而且文本经过仔细校勘，文献价值极高。从抄本中避"民"字讳与不避"民"字讳并存的情况看，其应出自唐抄本，只不过是其再传抄版本，故而讳字有改动。尾崎康据"民"字缺笔和卷三末尾"治要"作"政要"，断定金泽本祖本抄写于唐高宗到唐玄宗时期。聂菲璘则根据金泽本"婚"作"婚"、"棄"作"弃"等现象，结合"唐显庆二年，高宗下令'昬''葉'二字需避太宗名讳"，认定"避讳可将金泽本祖本的抄写推测至高宗显庆二年之后"；③ 又根据卷一引《周易》"国"作"圀"乃武周新字，从而判断"其祖本传抄在武周以后"④。此论无误。李清志《古书版本鉴定研究》曰："若使用武周新字者，根据统计，或书写于武则天统治时期；或系后代（约至五代止）依样抄写，沿袭未改，应综合诸法鉴定之。"⑤ 因此，我们结合尾崎康、聂菲璘的说法，可以确认，金泽本祖本是武周新字颁布以后的抄本。再结合金光一等人推测的《治要》在唐玄宗时代进入日本，我们可以确定，金泽本的祖本应该就是遣唐使带到日本的版本。

金泽本各卷末尾附有奥书，是校点此本的清原教隆等人所作的题跋，有助于我们了解金泽本的形成和校勘。此本的奥书（题跋）主要记录三种内容：一是清原等人校勘《治要》的时间和依据版本；二是转录此前版本，主要是莲华王院宝藏御本所附的校勘题跋；三是北条实时等人补抄《治要》的记录。

由奥书可知，在相当于南宋晚期的日本文永、嘉元、文应年间，清原教隆等人曾用莲华王院宝藏御本校勘此本，并做了大量点注。大约在"文应改元之历（1260）"前后，此书校勘完成。⑥ 澁江全善、森立之《经籍访古志》据此说："每卷末有建长、康元、正喜、正光、文应、建治、嘉元、德治、延庆、文永年间清原教隆、隆重、赖业及藤原经雄、俊国、敦周、敦纲、敦经等点校记。又有文永中越后守显时书写校点记、嘉元中越后守贞显书写重校记，俱系亲笔题署。每卷首尾有'金泽文库'印记。"⑦ 这是据金泽本各卷末尾所附奥书得出的结论。然而，这些年号和人物间隔长达百余年，显然不是同一时代的产物，更不是清原

---

① 严绍璗：《汉籍在日本的流布研究》，江苏古籍出版社 1992 年版，第 114 页。

② 林溢欣等：《〈群书治要〉引书考》，硕士学位论文，香港中文大学，2011 年。

③ 聂菲璘：《〈群书治要〉的流传与版本递嬗研究》，中华书局 2024 年版，第 131 页。

④ 聂菲璘：《〈群书治要〉的流传与版本递嬗研究》，中华书局 2024 年版，第 132 页。

⑤ 李清志：《古书版本鉴定研究》，台北：文史哲出版社 1986 年版，第 260 页。

⑥ 金泽本书末题记曰：文应改元之历，应钟上旬之候，清家末儒白地上洛。盖是及六旬之后，加五儒之末。虽无面目，不得默止，为进上革命勘文，慭所催长途旅行也。此便宜，依越州使君教命。此书，申出莲华王院宝藏御本，终校点之功者也。此御本之外，诸儒家更无此书点本云云，尤可秘者欤！直讲清原。（见宫内厅网站：https：//db2. sido. keio. ac. jp/kanseki/T_ bib_ line_ 1. php）

⑦ ［日］澁江全善，森立之撰：《经籍访古志》，上海古籍出版社 2014 年版，第 139—140 页。

等人一时之间可以完成的。事实上，这是后人对金泽本各卷末尾所附奥书的错误解读。清原教隆等人在校勘金泽本时，不仅撰写了奥书，而且把校勘底本上的奥书也抄录其中。后人没有分辨这些层累的题跋，从而造成了一些错误理解。

金光一就误读清原等人的卷末奥书，进而认为："从卷末识语来考察，当时多部《群书治要》抄本在京都皇室文库以及博士家流通。"① 又说："十三世纪当时京都有不少《群书治要》抄本流通，包括仙洞御所、莲华王院宝藏等皇室文库所藏本，以及藤原光经本、藤原经雄本等贵族私藏本。"② 聂菲璘也附和此说。③ 然而，这种说法明显与清原等人的奥书矛盾。奥书毫无疑问表明："仙洞御所""等皇室文库所藏本，以及藤原光经本、藤原经雄本等贵族私藏本"并非都还在流通中，它们只不过都是先前点校莲华王院宝藏御本时留存的识语提到的失传版本。金泽本正文所夹校勘记也没有提及这些版本的文字异同，更没有直接使用这些版本。可以确认，这些版本在清原教隆生活的时代早已亡佚，清原等人无法直接使用它们。当时清原等人能够获得的只有金泽本与莲华王院宝藏御本，没有其他版本。故而金泽本的具体校勘只有"御本"和"本书"两种直接依据。④

此外，奥书还记录清原教隆等人校点完金泽本十年以后，此本在北条实时府中遭遇火灾，北条实时用金泽本的副本康有之本抄补了损坏的部分。⑤ 金光一因误读奥书，所以将清原等人的校点工作与北条家的补抄工作当作一事同时叙述，更加深了他人对奥书的误读。

金泽本保存异文很多，大多数出自莲华王院宝藏御本，⑥ 岛田翰对此颇有考证，见其

---

① 金光一：《〈群书治要〉研究》，博士学位论文，复旦大学，2010 年。

② 金光一：《〈群书治要〉研究》，博士学位论文，复旦大学，2010 年。

③ 聂菲璘：《〈群书治要〉的流传与版本递嬗研究》，中华书局 2024 年版，第 113 页。"当时京都皇室及博士家藏有众多抄本。"

④ 按：清原在校点完金泽本全书后，于卷五十末写道："此书申出莲华王院宝藏御本，终校点之功者也。此御本之外，诸儒家更无此书点本。"换言之，据他所知，当时《治要》只有金泽本和莲华王院宝藏御本，其他学者家里都没有这部书。

⑤ 金泽本卷末奥书曰："建治二年（1276）五月廿一日，以康有之本令书写了。当卷纷失之故也。抑康有本者，以予之本先年所书写也。北条实时花押。"（卷十一末）"此书一部，先年于京都书写了，而当卷桃右京兆茂范加点了。爰去文永七年（1270）十一月，当卷以下少少烧失了，然间以康有之本重书写点校了。康有之本，以予之本所书写也。于时建治二年（1276）八月廿五日。越州刺史。北条实时花押。"（卷十五末）按：见日本宫内厅网站：https：//db2.sido.keio.ac.jp/kanseki/T_bib_line_1.php

⑥ 按：金泽本不仅是现存最早的全本《治要》，而且还包含了另一种比它更早的莲华王院宝藏御本，为尾崎康所未论。清原教隆等人以此为基础所作的金泽本《治要》校勘记，是了解此本概况的唯一资料。夹在金泽本校勘记，除了依据现存的原书（校语为"某，本书作"）之外，其他校勘皆依据莲华王院宝藏御本（校语为"某，御本"）而来，并转录其校记（校语为"某，本作"）。这为我们提供了远比金泽本抄写时间更早的研究资料。清原等人的卷末奥书不仅有他们自己的意见，而且还转录了校本的奥书。关于御本的产生年代，清原教隆等人也无意中作了记录。如卷三十六奥书曰："点本奥云'长宽二年（1164）五月十五日，正五位下行大内记藤原朝臣、敦周点进'。"又，卷三十九奥书："莲华王院宝藏御本本奥书云'长宽二年（1164）清凉八月，伏奉纶命，谨以点进'。"显而易见，这些远在清原百年之前、带有年号记录的跋语不是清原等人所作，而是长宽二年（1164）前后，大臣藤原朝臣、敦周等人整理莲华王院宝藏御本所作的题跋，被清原抄录在了卷末。这也表明，莲华王院宝藏御本的校勘完成于长宽二年（1164）左右，抄写更在此前。

《古文旧书考》。① 单据目录即可知，御本与金泽本分卷篇次不同，二者可能属不同系统传本。尾崎康《〈群书治要〉及其存世本》（《群书治要とその现存本》）误把目录校勘记中的御本异文当作改定的正文，还专门对比书中篇名证明目录错误。② 潘铭基也说："第一轴包括了魏徵《群书治要·序》、全书目录，以及卷一《周易》。目录所载卷四二为《新序》《说苑》，卷四三为《盐铁论》《桓子新论》，卷四四为《潜夫论》。然而，考诸内文，卷四二为《盐铁论》《新序》，卷四三为《说苑》，卷四四为《桓子新论》《潜夫论》，显然与目录所载有异。目录之误，及后在骏河版、尾张本里皆予以改正。"③ 这显然是沿袭尾崎康之误，未认识到此非校勘改错，而是单纯标记御本目录的情况。莲华王院宝藏御本的原貌亦由此得以保存。

潘铭基说："金泽文库本与九条家本《群书治要》关系密切。尾崎康以卷二二为例，以为金泽文库本《群书治要》与九条家本之训点几乎一致，而且金泽文库本之校勘结果亦与九条家本极为接近。因此，尾崎康推断二本属同一系统，关系密切。除卷二二外，其他各卷亦可见九条家本与金泽文库本关系密切。如卷三一引《鬻子》原句当作'是以禹朝廷间可以罗雀者'，九条家本卷三一第二十四纸分作三行，第一行为前文及'是以禹朝廷间可以'，第二行为'罗省'，第三行'者'字连后文。金泽文库本卷三一第二十九纸便分列于 480、481、482 三行。如此分行，正可见九条家本与金泽文库本属同一系统，抄写者在书写金泽文库本时，必曾参考九条家本或与此本系统相同之本子。"④ 此言得之。笔者以此本卷三十六引《尸子》对勘九条本，可知二本颇有同误之处：

《劝学》"今非比意志也而比容貌"，二者皆脱"而"；"天地以正，万物以偏"，二本"偏"皆作"伦"；《贵言》"大夫皆在"，二本"在"皆误"存"；"圣人治于神，愚人争于明"，二本"明"皆误"神"。《发蒙》"其貌莊，其心虚"，二本"莊"皆作"壮"。此外如卷三十六引《商君书》首篇，篇题当为"更法"，而二本皆误作"六法"，致使严可均、蒋礼鸿、高亨等皆延其误。

由此可知，潘说有理，但这仅针对未经校改的底本而言。经过清原教隆等人的校点，金泽本已经胜过九条本则无可置疑。所以，鉴于正确率高于九条本的金泽本，应该不是抄自九条本，二者应该出自一个共同祖本。可以说，金泽本是各刊本《治要》的来源，是今本《治要》事实上的祖本，也是现存各版本中的最善本。整理《治要》必须以此为基础。

---

① ［日］岛田翰撰，杜泽逊、王晓娟点校：《古文旧书考》，上海古籍出版社 2014 年版，第 77—80 页。
② ［日］尾崎康：《群书治要とその现存本》，《斯道文库论集》1991 年第 25 辑，第 131 页。
③ 潘铭基：《略论日本所藏诸本〈群书治要〉的特色》，《北京大学中国古文献研究中心集刊》2022 年第 1 期。
④ 潘铭基：《略论日本所藏诸本〈群书治要〉的特色》，《北京大学中国古文献研究中心集刊》2022 年第 1 期。

（二）庆长抄本

江户时期，庆长本《治要》产生。此本又称骏府御本文库本，现存一部，线装，半页九行十八字左右，注文双行十八字左右，共四十七卷，分二十五册，藏于日本内阁文库。每册首页有"日本政府图书"和"浅草文库"朱印。第一册末页有题签曰："骏府御本文库，群书治要，四十七册。"金光一考得："《群书治要》金泽本流入到家康之手，但已缺卷四、卷十三、卷二十。庆长十五年（1610）下令重新抄写二部。"① 因此，此本内容与金泽本大致相同，甚至连其日文音训都予以抄录。

当代学者如严绍璗等均以为金泽本出自僧人所抄，实为道听途说。不过，空穴来风未必无因。五山僧侣确实抄写过《治要》，只是并非金泽本，而是庆长本。潘永锋根据福井保及尾崎康的考证已经证实："德川家康曾命五山僧侣重新（腾）［誊］金泽文库本《治要》，而此（腾）［誊］抄本，即骏府御文库本《治要》，后为骏河版《治要》所依据的底本。"②

此本对金泽本作了部分修正，改换了部分异体字，又增添了一些音训符号。③ 然而，此本的抄写也增加了一些错误，而且这些错误与元和本高度重合。因此，庆长本应该就是元和本的直接底本。《治要》抄本和刊本之间的巨大差异亦主要由此本造成：金泽本所引各书，如《荀子》《新序》《政论》《中论》等书，原本皆有篇题，而此抄本大多脱去，后来的元和本、尾张本遂均无篇题。又如，金泽本卷四十八引有《时务论》一书，此本总目录虽有其名，而卷四十八本册目录则失去，至元和本目录便完全脱去。依时代排序，其间承袭关系较为明显。

德川家康下令抄写此本，大概就是为了刊刻方便。故而，此本对于考察元和本的形成及错误原因颇有帮助，但在金泽本犹存的情况下，文本价值略低，仅能作为金泽本的不忠实复制品。

（三）元和活字本

元和本半页八行十七字，注文双行十七字，共四十七卷，分二十五册。卷首依次为魏徵《群书治要序》以及目录。此本因刊印于骏河府，后世又称骏河本、骏河版。

开创江户时代的德川家康出于政治目的，为限制天皇权力而下令刊印《治要》供皇室阅

---

① 金光一：《〈群书治要〉研究》，博士学位论文，复旦大学，2010 年。
② 潘永锋：《〈群书治要〉引〈荀子〉研究——兼论金泽文库本、骏府御文库本及骏河版的关系》，《第三届〈群书治要〉国际学术研讨会（2021.09.24—25）会议论文集》，第 270 页。
③ ［日］尾崎康：《群书治要とその现存本》，《斯道文库论集》1991 年第 25 辑，第 156 页。在庆长本中，金泽文库本的异体字被改成通行体，同本虽没有换行，但在换行的地方画出示意。其朱笔的句号、旋风点、墨笔的返点、振送假名、音训符、声点、反切等相当忠实地照金泽文库本写入，但也有略作省略的地方，音训符号似乎有所增加。

读，形成了《治要》的第一个刊本元和本（日本元和二年，1616）。从此，《治要》摆脱了亡佚的命运，开启了广泛流传的道路。据李小龙考证，此本印刷有近百套，故而至今颇有传本。①

一般认为此本底本就是金泽本。董康《书舶庸谭》曰："古写卷子本。缺第四、第十三、第廿三，庆长纪州活字本即从此出。"② 此说不确。其底本应该是出自金泽本的庆长本，并非金泽本。

由于刊行《治要》是德川家康去世当年的决定，工匠们为了赶工期造成不少次生错误。金光一指出："以十万多个铜活字不能当四十七卷的巨帙一时组版，因此不得不反复拆卸、重新组版，自然不能避免许多讹脱及舛误，而一些错误在《群书治要》文献校勘中引起了比较严重的后果。"③ 孙猛也明言："元和本印数极少，又有误讹。"④ 故而，此本存在不少问题。

另外，此本系统的日本内阁文库藏本较为特殊。其上有后人以红笔重校金泽本文字，增添脱文，修改误字，甚至照抄了金泽本的卷末奥书。其校语多为天明本校语所继承，疑为当时参考版本之一。

（四）弘化活字本

弘化本半页八行十七字，注文双行十七字，共四十七卷，分二十五册。卷首依次为弘化丙午（1846）山本元恒《活字铜版群书治要序》、魏徵《群书治要序》以及目录。

此本是纪伊藩以元和本为基础，于日本弘化三年（1846）定本印刷。其所用活字据传为元和本的遗物，与元和本高度近似，故往往被忽视，甚至被误认作元和本。

事实上，此本做了不少修订工作，在质量上优于元和本。山本元恒在序中说："故今所活版依原本（元和本）。且魏氏所引之本书全备而原本省约有其义难通者，此全脱误则就本书而补正之。如其异同无害于义，则存旧不敢妄改。本书今不存者，虽有义之难通，亦沿旧而不臆考焉。"⑤ 尾崎康已经证明山本所言非虚。其《群书治要とその现存本》以卷五、卷六为例作有介绍。⑥ "不过，此本印行极少，目前所知，日本也仅国会与京都大学人文研究所

① 李小龙：《书舶录：日本访书诗纪》，生活·读书·新知三联书店2019年版，第228页。
② 董康：《书舶庸谭》，中华书局2013年版，第187页。
③ 金光一：《〈群书治要〉研究》，博士学位论文，复旦大学，2010年。
④ 孙猛：《日本国见在书目录详考》，上海古籍出版社2015年版，第1167页。
⑤ 见弘化刊本5a页。
⑥ ［日］尾崎康：《群书治要とその现存本》，《斯道文库论集》1991年第25辑，第161页。其大意为：卷五在第三四叶表四行的"有仪而可象所谓之仪，其臣畏而爱之"两句之间，弘化本加上"君有君之威仪"六字，依次推后到卷末。这不仅是元和本没有的，金泽文库本也没有，但在《左传》襄公三十一年的条目中存在。山本元恒等人注意到了金泽文库本以下脱字的情况，作了补充。……卷六第四叶表第三行注的"无德则减亡"的"则"，第五叶表第二行注的"钓台陂"的"陂"，金泽文库本以来脱字都是根据《左传》昭公四年增补的，元和本延续这个传统，弘化本却在段落中换行。这样的情况有三四个，另外也有一行容纳十八字的例子。

有藏而已，故影响亦小。元和本国内无藏，日本目前所知有九家图资机构收藏十二种。"① 可以说，弘化本改正了元和本的错误，确实比元和本要优胜。但此本确实与元和本差异不大，而外观又极为近似，故声名不显。

（五）昭和排印本

昭和十六年（1941），日本宫内省授权大塚稔排印了金泽文库本。可惜当时正处于二战的白热化阶段，几乎没人注意到东京的大塚巧艺社出版了一本汉籍。长期以来，学界使用的版本只是天明本及其衍生本，其他版本很少使用。

此本完全以金泽本为底本，依据书中清原教隆等人的批注，对文本做了较系统的整理，算是清原等人校勘工作的誊清稿。此本对金泽本的一些错误做了修正，皆有标注，十分醒目。如卷四十四引《桓子新论》，首篇无题，此本补入"防备"。但其修补工作不完善，如卷四十二引《新序》，均未加篇题，而金泽本实有篇题。故此本尚有疏漏，其流传不广也宜。因此，我们在使用此本时，最好与金泽本对照，不能将其完全等同于金泽本。

三　流传最广的尾张本

尾张本尽管属于金泽本系统，但它是当前《治要》的通行本，影响极为广泛。在此基础上，又产生了中国流传版本。故而此本系统需要单独论述。

尾张本半页九行十八字，注文双行十八字，共四十七卷，分十六册，因主持者及刊刻均在尾张藩得名。卷首依次为天明七年（1787）林信敬《校正群书治要序》、天明五年（1785）细井德民《刊群书治要考例》、魏徵《群书治要序》以及目录。潘铭基说："尾张本《群书治要》于天明七年由风月堂初刊后，多次重印，其中宽政三年（1791），乾隆五十六年印本有不少修订，印量亦多，故尾张本有天明刊本与宽政刊本两大系统。"② 所以，此本实包含天明刊本与宽政刊本两种子版本，二者虽属于同版却内容有异。两者底版原为同一版片，天明年间刻成印刷后，宽政年间又做了大量修改，故通称天明本。

（一）天明刊本

此系统版本在《治要》诸本中流传最广，久负盛名。由各序可知：日本天明五年，尾张藩大名鉴于《治要》流传不广，因而重刊此本，完成于天明七年之后。许多藏书机构只看到

---

① 李小龙：《书舶录：日本访书诗纪》，生活·读书·新知三联书店 2019 年版，第 229 页。
② 潘铭基：《略论日本所藏诸本〈群书治要〉的特色》，《北京大学中国古文献研究中心集刊》2022 年第 1 期。

细井德民《考例》题记的时间在天明五年（1785），就将此本记为天明五年刊本，如北京大学图书馆网站即如此。洪观智更以为："桃园天皇天明元年（1781）尾张家大纳言宗睦，据骏河版与金泽文库本相对校刊，再版梓行，历五年而成书。"① "郭怡君《〈群书治要〉探折》列出《治要》有日本天明五年（1785）及天明七年（1787）两个版本。"② 诸如此类，皆有时间错误。相关情况当以《治要》书前林信敬《校正群书治要序》、细井德民《刊群书治要考例》以及福井保《天明版群书治要校勘始末记》为根据，此本完成时间可确定在天明七年之后。

关于天明本的底本，一直以来有两种说法：一种是洪观智提到的元和本；一种则略有不同，认为是金泽本和九条本。后一种说法流传很广。直到2023年，吴宇飞、李发还认为："天明本《群书治要》由金泽本及九条家传的平安本合校而成，于嘉庆元年传回中国。"③ 可惜此说有误。天明本《治要》卷首所载细井德民《刊群书治要考例》曰："北条实时好居书籍，得请诸中秘，写以藏其金泽文库。及神祖统一之日，见之，喜其免兵燹，乃命范金至台庙献之皇朝，其余颁宗戚亲臣，是今之活字铜版也。……金泽之旧藏亦缺三本，近世话本亦难得，如其缮本，随写随误。"④ 由此可知，天明本以元和本为底本，并引入金泽本做校勘。书中眉批之"某作某"者，大致与金泽本合，而往往有与九条本不合者，这与细井德民所述一致。除此之外，天明本之校勘还利用了相关书籍原书。天明本主持者为尾张藩三位世子，参与诸人皆为尾张藩大臣。⑤ 修订《治要》乃尾张藩内部事务，由其世子引领诸臣为之。九条家不在尾张藩治下，亦未参与其事，其间并无九条本之相关记述。当时众人只知九条家常常以古书抄本残篇赠送，并不知其家原有整部《治要》。因此，所谓九条本参与天明本校勘之事实乃谣传。

天明本校勘颇为严谨，以元和本为校勘底本，除据金泽本参校外，还往往翻检原书，甚至借助类书。

如卷三十引《晏子·谏上》"景公饮酒数日去冠被裳"校勘记曰："今《晏子》'去

---

① 洪观智：《〈群书治要〉史部研究——从贞观史学的致用精神谈起》，硕士学位论文，台湾大学，2015年。

② 林溢欣：《〈群书治要〉引书考》，硕士学位论文，香港中文大学，2011年。

③ 吴宇飞、李发：《金泽本〈群书治要〉所引〈荀子〉与刻本、今本〈荀子〉校订丛札》，《绵阳师范学院学报》2023年第1期。

④ 萧祥剑等点校：《群书治要（校订本）》，团结出版社2016年版，第2页。按点校本讹"实"为"即"，今据尾张本改。

⑤ 萧祥剑等点校：《群书治要（校订本）》，团结出版社2016年版，第2页。细井德民说："我孝昭二世子好学，及读此书，有志校刊，幸魏氏所引原书，今存者十七八。乃博募异本于四方，日与侍臣照对是正，业未成，不幸皆早逝。今世子深悼之，请继其志，勖诸臣，相与卒其业。于是我公上自内库之藏，旁至公卿大夫之家，请以比之，借以对之。乃命臣人见紊、臣深田正纯、臣大塚长干、臣宇野久恒、臣角田明、臣野村昌武、臣冈田挺之、臣关嘉、臣中西卫、臣小河鼎、臣南宫龄、臣德民等，考异同，定疑似。"

冠被裳'作'释衣冠'三字。"又如，卷三十四引《老子·道经》"富贵而娇，还自遗咎。功成、名遂、身退，天之道也"校勘记曰："今《老子》作'自遗其咎''功遂身退'。"此即翻检原书，以作核对。

如卷十七引《汉书·韩安国传》，"意者他缪巧以禽之"。校勘记曰："刘向《新序》'缪巧'作'诡妙'。"又如，卷二十九引《晋书·百官志》，"所以远踪三代也"校勘记曰："《艺文类聚》'远'作'追'。""然令仆出为郡守，便入为三公"校勘记曰："《艺文类聚》'郡守'下有'钟离意、黄香、胡广是也郡守'十一字，无'便'字。"此皆借助类书之文，以校《治要》。

凡此种种，虽有明证知有脱漏、错误，犹不敢增入正文。细井德民《考例》说："是非不疑者就正之，两可者共存。又与所引错综大异者，疑魏氏所见其亦有异本欤。又有彼全备而此甚省者，盖魏氏之志唯主治要、不事修辞，亦足以观魏氏经国之器规模宏大取舍之意，大非后世诸儒所及也。今逐次补之则失魏氏之意，故不为也。不得原书者则敢附臆考，以待后贤。"① 其慎重可见一斑。李小龙对此本也赞誉有加。②

不过，天明本并非将所有有疑问的文字均如此处理。潘铭基说："尾张藩诸大臣校勘态度颇为认真，拿捏得宜。然而，此本《治要》除了对比诸本《治要》以作校勘外，更会就《治要》所引原书细加勘正，往往以当时所见典籍校改《治要》，失却《治要》存旧之真。"③ 清代伍崇曜《粤雅堂丛书》，民国张元济《四部丛刊》所据天明本，均是早印本。国家图书馆藏王念孙旧抄本、杨守敬旧藏本等亦属这一系统。④

（二）宽政刊本

此系统版本格式与天明刊本一致，也被人称为天明本。事实上，此所谓天明本乃后印版本，因形成于宽政三年（1791）、书中又有修订者作于宽政三年的跋语，故被称为宽政本。由于前印本时间更早且更有名，书商往往会割去宽政标志，后印本遂与前印本混淆。李小龙赴日访书就遇到过："二十五册之封面也几乎都是原签，版权页保存完好（早稻田大学藏此书二种，其中岛田三郎旧藏本实当为宽政本，然因佚去了版权页，被当作天明本著录了），

---

① 萧祥剑等点校：《群书治要（校订本）》，团结出版社 2016 年版，第 2—3 页。
② 李小龙：《书舶录：日本访书诗纪》，生活·读书·新知三联书店 2019 年版，第 231 页。"关于此书的校勘价值，可稍举几例以见其一斑……如《荀子·劝学》中'日参省乎己'一句，究竟源自《论语》所云'日三省吾身'的三省还是参验反省，历来众说纷纭。其实，《群书治要》本即作'三省'，已无可置疑。可惜犹有人疑此为'传抄之误'（王天海《荀子校释》第 4 页）。"
③ 潘铭基：《略论日本所藏诸本〈群书治要〉的特色》，《北京大学中国古文献研究中心集刊》2022 年第 1 期。
④ 杨守敬旧藏本二十五册，现藏国家图书馆（善本书号 A02816），为狩谷望之求古楼旧藏，杨守敬日本访书所得。全书书眉有手书校勘记，记录古本（金泽本）、活字本（元和本）与此本异同，卷末抄录金泽本奥书题跋。此本尽管未完成校勘，但已成部分极为精细，可以作为今后校勘天明本的参考。

上题'宽政三年辛亥冬'，下题'卖弘所：江户书肆须原屋茂兵卫；制本所：尾张书肆风月堂孙助'。"① 因差异极其细微，在更多情况下，后印本与前印本相同，被当作天明本。不过，这也无大误，毕竟印刷使用的是同一版片。鉴于后印本已经对前印本作了修订，笔者以为仍称天明本虽无不可，只是为作区别，最好称宽政本作为区分。"此本存世极少，日本仅东北大学、静嘉堂、大阪府立三家有藏，而国内亦只南京大学图书馆及四川省图书馆有藏。"② 阮元《宛委别藏》、杨尚文《连筠簃丛书》所据天明本，实为后印的宽政本。两种尾张本区别如下。

一是正文略有差异。如卷三十引《晋书·冯统传》，前印本"会自谓策无遗策"，后印本据前印本校勘记"策作算"改为"会自谓算无遗策"。二者相较，后印本较胜。

二是断句稍作调整。如卷三十六引《尸子·广［泽］》，前印本"中国闻而非之。怒则以亲戚殉一。言夫智在公，则爱吴越之臣妾"，后印本改为"中国闻而非之。怒则以亲戚殉一言。夫智在公，则爱吴越之臣妾"。二者相较，后印本较胜。

三是后印本在删减部分校勘记的同时，又增加部分校勘记。如卷四十三引《说苑·法戒》"易曰有一道"，后印本增校记"无曰字"，前印本无；《反质》"生曰今陛下"，后印本增校记"生上有侯字"，前印本无。

当然，后印本依然不少错误未被改正。如卷二引《尚书·君陈》"无弗若于汝，政弗化于汝"，"无"当作"有"。故而粤雅堂本校勘记曰："继李案，'无'乃'有'之误。"后印本未改正。

后印本删除部分校勘记亦有不当者。如卷三十六引《三略》"与士卒同流而饮"，前印本有校勘记"同，旧作逆，改之"，后印本删除校勘记，改正文为"与士卒逆流而饮"。两次校勘均据金泽本，而金泽本原本异文两存未作判断。后印所改，有失原貌。

张元济评价天明本时说："宽政三年（乾隆五十六年）又有修改本，则不及天明本之善。"③ 在未见金泽本且先入为主的情况下，张元济等人对前印本称赞有加。事实上，后印本删除了部分校记，修正了不少错误，保存原貌更多。不过，在划分篇章方面，天明前后本一致，都比元和本更远离金泽本。如卷三十九引《吕氏春秋》，元和本带有篇题，而天明本一概删除。吕效祖等人甚至因此误认为，删除原书篇题是魏徵等人所为。④

尽管前后印本有所不同，但尾张本文物收藏价值高是有目共睹的。此本一向以刊刻精美见称，非常受收藏家的青睐："在日本印行的数种版本中，天明本是刊印最为精美的，其版式与字体都非常悦目，开本阔大，行款疏朗，字体方正，很有明刻风味，由于未加日语训读

---

① 李小龙：《书舶录：日本访书诗纪》，生活·读书·新知三联书店 2019 年版，第 232 页。
② 李小龙：《书舶录：日本访书诗纪》，生活·读书·新知三联书店 2019 年版，第 229 页。
③ 张元济：《四部丛刊书录》，商务印书馆 1936 年版，第 22a 页。
④ 吕效祖：《新编魏徵集·群书治要》，三秦出版社 1994 年版，第 888 页。

符号，页面干净整洁，即置于明刻之中亦为上品。"① 在重视收藏的当代，此本是少有的颇具文物与文化价值的古籍。

（三）《宛委别藏》本

此本半页九行十八字，注文双行十八字，共四十七卷，分二十五册。卷首依次为阮元《群书治要五十卷提要》、魏徵《群书治要序》以及目录。

此本并非手抄本，乃是宽政印本，被阮元直接收入《宛委别藏》。《宛委别藏》长居深宫，仅存一部。随故宫文物迁台后，《宛委别藏》得以影印出版，因广陵书社翻印，而传遍国内，成为学术研究常见典籍。由于先入为主，学者们更常用《四部丛刊》或《丛书集成初编》本，而二本实不及此本精善。

一些学者据此校勘古籍，取得一些成果。如王震校勘《六韬》作《六韬集解》，即以此及金泽本为校本，而未用《丛刊》本。② 王震说："笔者曾目验日本宫内厅书陵部所藏镰仓抄本，并以其所收《六韬》与《宛委别藏》本校勘，发现抄本早出，字迹总体尚清晰，有版本价值，如抄本《龙韬》有'煞一人而千万人恐者煞之'，《宛委别藏》本则脱此十一字；然亦有不少涂改不清，或明显讹误之处，如《文韬》有'怠胜敬者王'下涉'武王'而衍'武'字，《武韬》'无取于国者取国者也'脱'取国者'三字，等等。"③ 由此可知，此本虽不及金泽本优越，却也可勘正金泽本的文字。因此，此本成为流行版本并非偶然，不可忽视其价值。

（四）《连筠簃丛书》本④

此本扉页有"道光廿七年夏，灵石杨氏刊本，道州何绍基题"牌记。此本半页九行二十一字，注文双行二十一字，版心上雕"群书治要"，中标卷数，下记"连筠簃丛书，灵石杨氏刊"，共四十七卷，分十二册。卷首依次为阮元《群书治要五十卷提要》、魏徵《群书治要序》、天明七年（1787）林信敬《校正群书治要序》、目录、天明五年（1785）细井德民《刊群书治要考例》。每卷末行均记一校勘负责人，有张穆、何秋涛、赵振祚、刘翰清、冯志沂、苗夔等，张穆出现较多。此书卷五十后附有"道光二十六年（1846）八月初一开校，二十七年（1847）三月二十八日校毕"题记一行。道光年号止三十年，此书刊行当在道光末至咸丰初。本文论述以天津图书馆藏本为基础。

经笔者取《宛委别藏》《四部丛刊》对比，此本底本当出《别藏》本，总体校勘优且多

---

① 李小龙：《书舶录：日本访书诗纪》，生活·读书·新知三联书店 2019 年版，第 231 页。

② 王震集解：《六韬集解》，中华书局 2022 年版，第 620—652 页。

③ 王震集解：《〈六韬〉成书及其版本汇考》，《文史哲》2022 年第 2 期。

④ 按：本文论述以天津图书馆藏本《连筠簃丛书》为基础，第 17—28 册为子部。见于中华古籍资源库 http：// read. nlc. cn/allSearch/searchDetail？searchType＝1002&showType＝1&indexName＝data_ 892&fid＝GBZX0301015433。

于《丛刊》本。王云五见其中偶有溢出《丛刊》本范围之校勘记，遂以为此本经杨氏精校。事实上，此本不仅无校改，而且有脱漏。如卷四十引《新语》"或见可利而丧万机"，此本校勘记"下'可'作'一'"，脱"下"字。其上文亦有"可"字，若不言"下'可'"，则无从确认误字位置。诸如此类，尚有多处。然其校勘在《丛刊》本之上则无疑。

又有冒充《连筠簃丛书》本者。北京大学"爱如生基本古籍库"所收"连筠簃本"，图版模糊，文字亦与天津图书馆所藏连筠簃原印本不同，或为冒充。今以其卷四十三引《说苑》为例，可知其校勘情况（附带对比沈锡麟点校本）。

《君道》"当尧之时"章"乘成功以王天下"，丛刊本有"本书乘成功作厥成功"校勘记，爱如生本、别藏本、连筠簃本无。沈锡麟据丛刊本校改。

《臣术》"人臣之行"章"有六正"，丛刊本校勘记作"有作行"，爱如生本、别藏本、连筠簃本作"本书有作行"；又"豫禁乎未然前"，爱如生本、丛刊本校勘记"前上有之字"，别藏本、连筠簃本作"未作不前上有之字"；又，"如此者大臣也"，丛刊本有校勘记"大作良"，爱如生本、别藏本、连筠簃本无；又，"所为不谏"，爱如生本、别藏本、连筠簃本有校勘记"谏作道"，丛刊本无。沈锡麟据丛刊本校改。

《法诫》"成王封伯禽"章"易曰有一道"，爱如生本、别藏本、连筠簃本有校勘记"无曰字"，丛刊本无。沈锡麟据丛刊本校。

《尊贤》"田忌去齐"章"何先生知之早耶"，丛刊本有"何字在下知上"校勘记，爱如生本、别藏本、连筠簃本无。沈锡麟据丛刊本校改。

《反质》"秦始皇"章"生曰今陛下"，别藏本校勘记作"生曰之生上有侯字"，连筠簃本、爱如生本作"生上有侯字"；又，"侯生曰刑已成"，别藏本、连筠簃本、爱如生本有校勘记"刑作形"，丛刊本等均无。沈锡麟据别藏本等校改。

诸如此类，此本（爱如生本）既有与丛刊本同者，亦有与连筠簃本同者。取其他篇卷相校，亦大致如此。由此可知，此本实据《宛委别藏》《四部丛刊》二本混合而来，与自称之底本连筠簃本不符。此外，据此可知，2014 年北京中华书局所印行之沈锡麟整理版《群书治要》，虽曰以《丛书集成初编》本为底本，但在实际整理过程中经常混入丛刊本文字，与所言不完全相符。

（五）《粤雅堂丛书》本①

此本《治要》见于《粤雅堂丛书》三编第二十六集。此本半页九行二十一字，注文双

---

　　① 按：本文论述以天津图书馆藏本《粤雅堂丛书》为基础，第 321—335 册为子部。见于中华古籍资源库 http：//read．nlc．cn/allSearch/searchDetail？searchType＝1002&showType＝1&indexName＝data_ 892&fid＝GBZX0301011445。

行二十一字，版心雕"群书治要卷某"，下标"粤雅堂丛书"，共四十七卷，分十五册。卷首依次为魏徵《群书治要序》、天明七年（1787）林信敬《校正群书治要序》、天明五年（1785）细井德民《刊群书治要考例》、目录。正文各卷末有"谭莹玉生覆校"字样。书末有伍崇曜《群书治要跋》一篇，指正阮元《提要》之误，褒扬《治要》存旧之功。书眉有校勘记，皆加框。张元济曰："伍氏粤雅堂翻刻者，据天明本而皆删其句点及眉上校语。"[①]所言不实。此本校勘记俱在，并无删节，但天明本所有之句点均被删除则属实。谭莹等人校勘此书，偶尔增添校勘记，大多以"继李案"发语，容易辨别。故此本质量较高。

一般认为，《粤雅堂丛书》于清南海伍氏咸丰三年（1853）刊行。事实不然，此丛书各编刻成有先后，印刷亦不同。《治要》书末伍崇曜跋文落款为"咸丰丁巳"，即咸丰七年（1857），而书中避清讳已至"淳"字（如卷四十三第十一叶 b 六行等），则此书实刊于同治年间。

此本出处，学界有争议。张元济以为出自天明本。严绍璗却说："《连筠簃丛书》《粤雅堂丛书（三编）》等皆从《宛委别藏》中辑入了《群书治要》，此为清人的校刊典籍，起了不小的作用。"[②] 笔者曾取《宛委别藏》《四部丛刊》二本比对，此本与《四部丛刊》本一致，并非据《宛委别藏》本而来。

如卷二十一引《后汉书·明帝纪》"有非其人则民受其殃"，前一"有"上《别藏》本有校勘记"有作苟"；又引《后汉书·邓皇后纪》"而后独省素"，《别藏》本有校勘记"省作著"等，此本同《丛刊》本，皆无校勘记。

又如卷四十三引《说苑·臣术》"所为不谀"，《别藏》本有校勘记"谀作道"；又引《说苑·反质》"生曰今陛下"，《别藏》本有校勘记"生上有侯字"等，此本同《丛刊》本，皆无校勘记。

据此可知，其出自天明前印本无疑，与后印的宽政本不同。严绍璗的说法有误。

（六）《四部丛刊》本

此本收入《四部丛刊初编·子部》，书前有"上海涵芬楼影印日本天明七年刊本"牌记，与天明本原刻无异，共四十七卷，分为十六册。张元济对此本评价颇高："宽政三年（乾隆五十六年）又有修改本，则不及天明本之善。"[③] 此本之前，唯《宛委别藏》所收为原本，其余丛书皆为翻刻。改易行款，删减句读，有损原貌。《四部丛刊》影印此本，减少了翻刻造成的失误。如卷三引《毛诗·周颂》"朝率诸侯，率以祀文王焉"注"天德清明，文王象也"，《宛委别藏》《连筠簃丛书》《粤雅堂丛书》诸本皆无校勘记，唯此本有

① 张元济：《四部丛刊书录》，商务印书馆 1936 年版，第 22a 页。
② 严绍璗：《日藏汉籍善本书录》，中华书局 2007 年版，第 1114 页。
③ 张元济：《四部丛刊书录》，商务印书馆 1936 年版，第 22a 页。

校勘记"象也作象焉"。金泽本即作"象焉"。《宛委别藏》《连筠簃丛书》所收为天明后印本，已删除此条，自然无可厚非；而《粤雅堂丛书》本出自天明前印本而无此条，实属脱漏。幸赖《四部丛刊》证实。故此本文献价值有在《粤雅堂丛书》本之外者，当合而观之。

当然，此本非最善本。叶德辉《书林清话》引神田喜一郎曰："《群书治要》不用日本元和二年刊本，而用有显然臆改形迹之天明七年尾州藩刊本，注意似犹未周。"① 张帆也指出："国内使用的《群书治要》多来源于天明本（又称天明尾张本），是天明时期经过改动的本子。此本经过校改，虽更接近被引的原书，但失去了《群书治要》辑录文字原有的风貌。"② 这里指的主要也是丛刊本。

（七）《丛书集成初编》本、《国学基本丛书》本

此本书首有牌记曰："本馆《丛书集成初编》所选《连筠簃丛书》及《粤雅堂丛书》皆收有此书。连筠簃本校刊最精，故据以排印，并附粤雅堂本伍崇曜跋于后。"然而，此本实际文本的处理与所言不同，亦有参用其他版本之处：如卷四十三引《说苑·反质》"秦始皇"章"生曰今陛下"，别藏本校勘记作"生曰之生上有侯字"，连筠簃本、爱如生本作"生上有侯字"，此本即从别藏本。可见其并非完全依据一本。

刘余莉等人曾认为："民国年间，商务印书馆曾经在日本天明本的基础上校勘重排出版《群书治要》。"③ 这是对书眉所附校勘记的误解。商务印书馆并未增加校勘，相关校记主要出自宽政本。又，连筠簃本并未作校勘，其校勘记皆出自宽政本。

四　其他

（一）衍生本

《治要》卷帙浩大，传抄不便，于是出现了摘取其中一种或多种引书的单行本。除《慎子》《傅子》出自中土传本《治要》外，其余数种《治要》子书节选或单行本均出自日本传本。

1. 节选本

（1）《群书治要子书钞》

此本见于清光绪湘乡蒋德钧所编《求实斋丛书》中，二卷，半页十行二十四字。上卷有

---

① 叶德辉：《书林清话》，上海古籍出版社 2008 年版，第 249 页。
② 张帆：《日本古钞本〈群书治要〉所收〈六韬〉的校勘价值》，《中国典籍与文化》2023 年第 2 期。
③ 刘余莉主编：《群书治要译注》第 1 册，中国书店 2012 年版，第 32 页。

《管子》《老子》，下卷为《荀子》《韩子》。卷末有"湘乡蒋氏刻梓龙安郡署"篆文牌记。其中，《荀子》无篇题，与天明本《治要》一致，当从其中所出。

湖南图书馆、首都图书馆、郑州图书馆、华东师范大学图书馆、中山大学图书馆、河南大学图书馆、湖南省社会科学院图书馆等处均有收藏。台湾新文丰公司《丛书集成初编》亦有收入。

（2）《治要节钞》

此本正文五卷，附录一卷，半页十一行二十三字，收入《守约篇》丙集第三十、三十一册，见于民国二年至六年（1913—1917）乌程张钧衡所编《适园丛书》。此书正文收录《尸子》《申子》《政论》《昌言》《典论》《刘子别传》《世要论》《体论》《典语》《万机论》《袁子正书》等十一种子书；附录则辑佚相关佚文。此本不仅收录有关正文，而且收录注文乃至天明本眉批。书末跋语考究相关书目及流传，如论陆景《典语》即《典训》、《袁子正书》即《袁子正论》，皆言之有据，足资考证。

（3）《诸子治要》

此本收入杨家洛所编《增订中国学术名著第一辑·增补中国思想名著第一集》之第二十六册，1967年台北世界书局出版，共二十卷。因只收录《治要》子部，故题为《诸子治要》。然此本并非新造排版，实乃截取《丛书集成初编》排印本之卷三十一至卷五十，剜改题名。其题名虽改而原迹俱在，故易于察觉。

2. 单行本

（1）《慎子》一卷附逸文一卷

清金山钱熙祚《守山阁丛书》本，半页十一行二十三字，十五叶。此本据《治要》整理，附益群书征引佚文而成。另，《说郛》中又《慎子》五篇，即《崇文总目》《直斋书录解题》所著录本。因原出《治要》，故起止皆不出《治要》范围。明慎懋斋在《说郛》本基础上作伪《慎子》，《四部丛刊》即收录此类抄本。

（2）《尸子》二卷附存疑一卷

清嘉庆二十四年（1819）萧山陈氏《湖海楼丛书》本，半页十行二十字，六十三叶。此本为汪继培据《治要》所辑，上卷皆为《治要》原文，下卷汇集群书所引。孙星衍亦据《治要》辑佚一本，与此类似，收入《平津馆丛书》中。

（3）《傅子》一卷

清《四库全书》本，半页八行二十一字，三十叶，又被收入《四库全书荟要》《武英殿聚珍版丛书》《守山阁丛书》等书。此本原载《永乐大典》，为四库馆臣辑出，即宋代所谓五卷本，全然不出《治要》范围，故叶德辉等均倾向于出自《治要》。

（二）整理本

上世纪以来，《治要》的整理受到了关注，市面上出现了相当一批整理本，有的还产生了一定影响。这对此书的推广有较多帮助。据刘海天统计，目前《治要》有超过 13 种的整理本在流传。① 本文认为，其中三种版本最具代表性：

就笔者所知，《治要》最早的校勘标点本为吕效祖所作，后被收入 1994 年三秦出版社出版的《新编魏徵集》中。此书以《四部丛刊》本为基础，首次对《治要》各卷及章节进行了题解，对每一种引书都做了校勘考订，还用相关原书作了对校。可以说，该书对《治要》的校注恰到好处，雅俗共赏，是兼具学术和普及的版本。后来刘余莉等人的《群书治要考译》，从中汲取较多。

2014 年中华书局出版的沈锡麟整理本《群书治要》也是当前通行的版本。此本以出自《连筠簃丛书》本的《丛书集成初编》本为底本，对于原有的校勘"择善而从"，不出校勘记。因沈氏以为《治要》与所引古籍的今本来源不同，容许有差异，为保存原貌，亦未引原书参校。此本是中华书局"名著普及文库"出品，所以一直比较畅销。但其整理过程中并未完全依据《丛书集成初编》，而是参考了《四部丛刊》等版本而未标明，存在参校本不明的缺陷。

2016 年团结出版社出版的萧祥剑整理本《群书治要（校订本）》是当前水平最高的整理本。此本以《四部丛刊》所收天明前印本为底本，几易其稿，最成定本。其最大的贡献是汇总了天明本和宽政本（书中称为早稻田大学天明本）的全部校勘记，并以金泽本评定其正误，又使用《四部丛刊》等丛书收录的相关古籍对校。张瑞麟说："校订本功在汇整'天明本'与'金泽文库本'的异同。大体处理上较特别之处，除经、子收录以《四部丛刊》为参校本，史部以《百衲本二十四史》为参校本外，又有，（1）原文之改动，如天明本有错讹、脱误之处，则依'金泽文库'本改正。其他有所改动，皆出校记。（2）补上章题。（3）补缺失之三卷。诸如此类，皆凸显出校订本崭新的一面。"② 因而，此本虽在总体上当得起当前最好整理本的称号，却又有相当的疏漏。书中尽管依据金泽本补充了《治要》所引各书的部分篇题，但校正偏少，遗漏颇多，使用相关古籍版本也非尽善。如天明本《治要》卷四十六引《典论·奸谗》"昔伊戾费忌，以无宠而作谗；江充焚丰，以负罪而造蛊"，吴金华指出："利用古写本《群书治要》所展示的俗字，马上就能断定'焚'是'樊'的俗字，'樊丰'是东汉时谗害皇太子的宦官，其事见《后汉书》。"③ 此整理本依然作"焚丰"，并引严可均曰"焚丰当考"。④ 由此可见，此本虽然标榜利用金泽本进行校勘，但事实上并没有做到完全覆校，所以遗留了相当数量的问题。不过，这已经算是当前最好的校勘版本了。

① 刘海天：《〈群书治要〉编纂人物考——兼论"贞观之治"的理论溯源》，《江海学刊》2023 年第 6 期。
② 张瑞麟：《立名存思：关于〈群书治要〉的编纂、传播与接受》，《东华汉学》2021 年第 33 期。
③ 吴金华：《略谈日本古写本〈群书治要〉的文献学价值》，《文献季刊》2003 年第 3 期。
④ 萧祥剑等点校：《群书治要（校订本）》，团结出版社 2016 年版，第 1205 页。

五　结语

据本文所考述，《治要》当前共有十三种版本，分别是敦煌残卷、九条家旧藏抄本、金泽文库旧藏古抄本、庆长抄本、元和活字本、尾张刊本（天明本、宽政本）、弘化活字本、《宛委别藏》收录本、《连筠簃丛书》刻本、《粤雅堂丛书》刻本、《四部丛刊》影印本、《丛书集成初编》排印本（《国学基本丛书》排印本）、昭和排印本。此外还有几种衍生版本和整理版本。

通过梳理相关史料，我们确定《治要》现存版本，除唐抄本残卷等少数几种外，均源自日本金泽文库旧藏古抄本，此本最为完善。而最通行的《治要》版本则是日本刊刻的尾张本（天明本、宽政本），当前学界研究也主要依据此本。

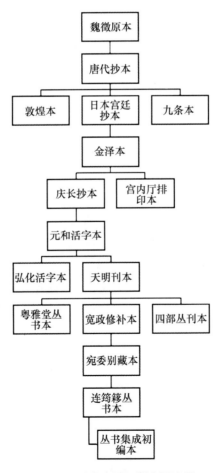

附图　《群书治要》版本源流图

　　此外，中国的《治要》传本也有重要作用：《宛委别藏》本、《四部丛刊》本均直接收录日本刻本，影印后流传在外，扩大了《治要》的影响；《粤雅堂丛书》本等，在日本刊本的基础上或多或少作了修正，对我们校勘《治要》有不少帮助；相关单行本是将《治要》中的罕见引书摘出单行，为相关古籍的辑佚和整理提供了资料，也扩大了其流传范围。总之，这些中国版本对《治要》的流传起到了很好的推动作用，使之参与到了清代到民国的校勘风潮中，值得我们重视。

　　当然，尽管金泽本中存在不少抄写错误，尾张本的校勘记需要甄别使用，但是我们整理《治要》，依然需要以此两种版本为主，参考九条本等古本，伍崇曜等人的校本，吕效祖等人的整理本，再结合相关古籍进行校勘。这样才能整理出一个令各方满意的定本，供学界使用。

《册府元龟》所见《李虎传》的文本生成与流传*

摘　要：不见于正史的西魏柱国将军李虎的传记，仅存于《册府元龟》所述唐代帝系和
《资治通鉴》部分引文。在西魏北周的史料积累上，牛弘《周史》完成了《李虎传》的初次
编纂。入唐后，李虎被尊为太祖，因其特殊身份，《李虎传》被贞观史臣剥离，经历润色后
转入唐代实录等文献，实现了《李虎传》的二次编纂。入宋后，尚能得见唐初实录的《册府
元龟》和《资治通鉴》分别对《李虎传》加以转抄和摘录，其间更有进行三次编纂的可能
性。作为典型个案，《李虎传》的文本生成与流传具有透视中古正史编纂与历史书写的独特
价值。

关键词：《册府元龟》；《资治通鉴》；李虎；唐实录；历史书写

　　宋真宗大中祥符六年（1013）成书的《册府元龟》（以下简称《册府》）[①]，以"所编
事迹，盖欲垂为典法，异端小说，咸所不取"[②] 为准则，洵为保存先宋官方史料之大端。近
年来，学界不仅限于利用其书考订史事，亦尝试据其所引文字还原残缺不全的历史文献，乃
至探查隐而不彰的历史书写问题。例如唐雯从《册府》中找到经许敬宗润色过的初唐实录中
的武士彟形象，据以考察武后对历史书写的政治操控[③]；又从《册府》辑出详本《顺宗实
录》的大量文字，从而重述《顺宗实录》的流传问题[④]；仇鹿鸣则以《册府》帝王部引文还

---

　* 中国人民大学 2024 年度拔尖创新人才培育资助计划成果。
　** 赵帅淇，1997 年生，男，黑龙江大庆人，中国人民大学历史学院博士研究生，主要研究方向：北朝隋唐史。
　① （宋）程俱撰，张富祥校证：《麟台故事校证》卷 2《修纂》："景德二年九月，命刑部侍郎资政殿学士王钦
若、右司谏知制诰杨亿修《历代君臣事迹》。……凡九年，至大中祥符六年成一千卷上之。……上览久之，赐名
《册府元龟》。"中华书局 2000 年版，第 54 页。
　② （宋）洪迈撰，孔凡礼点校：《容斋随笔·四笔》卷 11 "册府元龟"条，中华书局 2005 年版，第 762 页。
　③ 唐雯："信史"背后——以武后对历史书写的政治操控为中心》，《中华文史论丛》2017 年第 3 期。
　④ 唐雯：《〈顺宗实录〉详本再审视——兼论唐实录的辑佚》，《唐研究》第 25 卷，北京大学出版社 2020 年
版，第 189—216 页。

原唐高祖与太宗朝实录，并据此探讨《旧唐书》中开国纪事的隐没与改篡①。而《册府》首卷收录的一篇西魏柱国将军李虎的传记，再次为探讨中古时期官方文献的文本生成和历史书写提供了一份经典样本。本文尝试对这一文献在西魏、北周、隋、唐、北宋五朝间的文本变化和形态变迁进行考察，并略述其史料价值。

一　唐以前的初次编纂

以尊君为宗旨的《册府》，于全书首列帝王之部，并在帝系门中列叙除后梁外、自太昊氏直至后周的历朝历代君主世系。② 其中，唐代世系因时代相近而甚为详悉，开头一段从"其先出自颛顼"叙至"仕魏为幢主"的李天赐③，明显是李唐皇室给出的官方定本，即陈寅恪所谓"然如《册府元龟》及《两唐书》等唐皇室先世渊源之记载，固出自李唐皇室自撰之谱牒"④，兹不赘论。然而，《册府》在李天赐之下，突然接入一篇首尾俱存且有八百余字的李虎传记，显然非谱牒类文献所当载，为便于考察，迻录如下，并对重点段落进行标记：

> 公生太祖景皇帝虎，少倜傥有大志，好读书而不存章句，尤善射，轻财重义，雅尚名节，深为太保贺拔岳所重。元颢之入雒也，从岳击平之，以功封晋寿县开国子，食邑三百户，拜宁朔将军、屯骑校尉。复与岳破万俟丑奴，留镇陇西，累迁东雍州刺史，寻转卫将军。A 贺拔岳既镇陇右，以太祖为左相大都督，委以内外军事。岳寻为侯莫陈悦所害，太祖哭之甚恸，阴怀复仇之志。时岳兄胜在荆州，太祖星夜赴告，劝胜入关收岳之众，胜不能从。俄而周文帝起兵图悦，太祖闻之，自荆州还，至阌乡，为高欢将所获，送诣雒阳。魏武帝将收关右，见太祖甚喜，拜为卫将军，赐以金帛，镇关中。同与周文帝平侯莫陈悦，遇高欢入雒，太祖帅师迎魏武帝于潼关，以功拜骁骑将军，加仪同三司。B 遇灵州刺史曹泥拥兵作乱，太祖率兵击之。时有破野头贼屯聚塞下，太祖遣使谕之，皆来降服，遂征其众，并力攻泥，四旬而克，灵州平。会阿至罗部落别道断其归路，太祖亲率骁锐袭击，大破之，悉虏其众。进封长安县侯，食邑五百户。太祖不受，

---

① 仇鹿鸣：《隐没与改篡：〈旧唐书〉唐开国纪事表微》，《唐研究》第25卷，北京大学出版社2020年版，第147—172页。

② 《册府》于帝系中剔除后梁，源于北宋视其为伪梁的官方意识形态。参仇鹿鸣《"伪梁"与后唐：五代时期的正统之争》，《历史研究》2021年第5期。

③ 《册府元龟》卷1《帝王部·帝系》，影印明崇祯十五年刻本，中华书局1960年版，第13页。宋本《册府》卷1至卷5今不存，本文以中华书局影印本《册府》为据。

④ 陈寅恪：《唐代政治史述论稿》，上海古籍出版社1982年版，第1页。

让于兄子康生，周文帝许之。后从文帝破高欢于沙苑，斩级居多。有贼帅梁企定据河州作乱，太祖以本官兼尚书左仆射为陇右行台，总兵以击之。部将乌军长命潜与企定相连，阴图不轨，太祖斩之以令三军，贼闻而大惧，不敢战，遁走河北。太祖将济师于河，企定率众降，获男女数万口，以实三辅，进位开府仪同三司，余如故。南岐州兵杨盆生、马僧等聚众反，与梁汉中相影响，太祖以还师便道击之，军大散，遣人谕以祸福，盆生遣使伪降。太祖察知其怀诈，因令军曰："贼既降，可休士放马，以俟还期。"遣其使反，盆生大喜，遂不为备，放兵于外营求粮食。太祖因而趋之，天将晓，围城已合，外兵不得还，城中大扰。因令壮士排闼而入，无敢动者。军令严肃，秋毫不犯，于是安辑其众，留别人镇守，俘盆生以归。周文帝嘉叹之，遣使劳问，寻授岐州刺史。遇莫折后炽寇秦州，太祖又讨之，军临贼境，后炽惧而降归，收其精卒数千人。会丁母忧，哀毁过礼，及葬，特给辒辌车。太祖因庐于墓侧，负土成坟，优诏起令视事。尝与周文帝阅武于北山下，时有人为豹所噬，无敢救者，太祖不暇持杖，趋往捉豹杀之。周文帝大悦，曰："公之名虎，信不虚也。"后徙封赵郡公，历渭、秦二州刺史，复击叛胡，平之。徙封陇西公，进拜太尉，迁右军大都督、柱国大将军、少师。周受魏禅，录佐命功，居第一，追封唐国公。①

由于李虎尚未有墓志出土②，所以"窜入"帝系部分的这篇《李虎传》便成了世间仅存的李虎传记，或多或少引起了古今学者的注意，如清人谢启昆曾将其辑入《西魏书》③，当代学人如前岛佳孝、林一骅等也曾据其中内容考订史事④，但此篇文字的来龙去脉尚存讨论空间。

从体量来看，《李虎传》808字的篇幅，与《周书》中其余领兵的五柱国相比，少于三千余字的《于谨传》、近一千五百字的《独孤信传》、近九百字的《李弼传》，多于七百余字的《赵贵传》和六百余字的《侯莫陈崇传》，再结合寿命的因素，基本符合西魏柱国将军的传记篇幅。虽然在日后的流传过程中，这篇传记经历了种种增删润色，但基本的规模恐怕没有太大变动。

从所记内容来看，这篇《李虎传》也与《周书》所记西魏史事相吻合，平侯莫陈悦、

---

① 《册府元龟》卷1《帝王部·帝系》，影印明崇祯十五年刻本，中华书局1960年版，第13页下栏—14页下栏。标点及下划线为笔者所加。

② 1935年，甘肃省清水县曾出土了一方李虎墓志，但志主的世系、事迹、历官、爵位、卒年等均与史传中的西魏柱国李虎不合，两者并非一人。参见岳维宗《清水李虎墓非唐公李虎墓辨》，《文博》1999年第2期；[日]前岛佳孝《西魏·北周政权史的研究》，东京：汲古书院2013年版，第360—367页。

③ （清）谢启昆撰，唐燮军校注：《西魏书校注》卷18《李虎传》，商务印书馆2024年版，第410—411页。

④ [日]前岛佳孝：《西魏·北周政权史的研究》，东京：汲古书院2013年版，第113—149、368—386页；林一骅：《新出〈李宝艳墓志〉所见李唐皇室郡望、家世与婚媾集团考论》，《唐研究》第23卷，北京大学出版社2017年版，第179—192页。本文撰写过程中，曾与林一骅先生多次进行探讨，受益匪浅，特此致谢！

孝武帝入关、沙苑之战等都是西魏历史的重大关节。其中如 B 段所叙讨灵州曹泥事，便见于《周书·文帝纪》："（永熙三年）十一月，遣仪同李虎与李弼、赵贵等讨曹泥于灵州，虎引河灌之。明年，泥降，迁其豪帅于咸阳。"① 此外，《周书》中赵贵、尉迟纲、赫连达、赵善等人的传记也提及此事，而"招谕费也头""四旬而克"等细节，却独见于《李虎传》，可见史书详略互见之意。其中，李虎与费也头的关系值得注目，两代以后，李渊和出自匈奴费也头种纥豆陵氏的太穆皇后窦氏结婚，并在创业过程中得到了他们的支持，两个家族的联系便可以追溯到李虎对费也头的招谕，费也头在西魏北周历史上也曾有重要影响。② 整篇传记所提到的李虎历官，也与《周书》卷一六所附八柱国名单堆砌的李虎官衔"使持节、太尉、柱国大将军、大都督、尚书左仆射、陇右行台、少师、陇西郡开国公"③ 相吻合。此外，平定南岐州杨盆生、降服莫折后炽等事则仅见于《李虎传》，史料价值弥足珍贵。

由此可知，这篇《李虎传》和西魏北周其他主要人物的传记一样，早在《周书》之前就应该基本成型。史书记载，西魏北周时有柳虬等人修起居注和国史，入隋后，曾在北周修起居注的牛弘又撰有未完成的《周史》十八卷，从其位列《隋书·经籍志》史部正史类，而非编年体的古史类来看，应属纪传体。④ 唐修《周书》便是在牛弘《周史》等的基础上完成的。⑤ 而李虎作为宇文泰创业功臣，位列八柱国之一，理应在起居注、国史中多有记录。牛弘的纪传体《周史》虽未完成，但也已经有十八卷的规模，从其余柱国位列《周书》臣子列传之首的情况来看，《李虎传》也应是优先编纂的。可以认为，牛弘《周史》中已有《李虎传》的身影，⑥ 令狐德棻建议唐高祖修《周书》时说，"国家二祖功业，并在周时，如文史不存，何以贻鉴今古"⑦，可为明证。

那么，为何这篇《李虎传》最终没有收录在唐修《周书》之中呢？唐长孺曾提到《周书》多次避讳李虎之名、对李虎事迹有意不写的情况；⑧ 仇鹿鸣说"《周书》篇幅较小，且

---

① 《周书》卷 1《文帝纪上》，中华书局 2022 年版，第 14 页。

② ［日］石见清裕：《唐代北方问题与国际秩序》，胡鸿译，复旦大学出版社 2019 年版，第 13—46 页。

③ 《周书》卷 16"史臣曰"，中华书局 2022 年版，第 296 页。据《李虎传》可知，八柱国名单中的李虎官衔为历任所得之叠加，而非一时据有。

④ 《隋书》卷 32《经籍志二》，中华书局 2020 年版，第 1084 页。《史通·古今正史》概述西魏北周史书时说："宇文周史，大统年有秘书丞柳虬兼领著作，直辞正色，事有可称。至隋开皇中，秘书监牛弘追撰《周纪》十有八篇，略叙纪纲，仍皆抵忤。"［（唐）刘知幾著，浦起龙通释，王煦华整理：《史通通释》卷 12《古今正史》，上海古籍出版社 2009 年版，第 343 页］刘知幾称牛弘《周史》为《周纪》，恐非正式名称。

⑤ 有关西魏北周修史情况和《周书》史料来源，详参《点校本周书修订前言》，《周书》，中华书局 2022 年版，第 1—7 页。

⑥ 林一翀已经提及，"至于保存在《册府元龟·帝王部·帝系》中详尽的李虎史料是否由唐人据牛弘《周史》等多种史料伪造、润色或删改，尚未可知"。见林一翀《新出〈李宝艳墓志〉所见李唐皇室郡望、家世与婚姻集团考论》，《唐研究》第 23 卷，北京大学出版社 2017 年版，第 189 页。

⑦ 《旧唐书》卷 73《令狐德棻传》，中华书局 1975 年版，第 2597 页。

⑧ 唐长孺：《魏周府兵制度辨疑》，《魏晋南北朝史论丛》，中华书局 2011 年版，第 251 页。

有阙卷，甚至如李唐先祖、贵为八柱国家的李虎，在《周书》亦未获立传"①；前岛佳孝认为李虎不立列传，乃是《周书》修于唐代、而李虎被追尊为太祖景皇帝之故②；林一骅也说，"本朝开国之君不作为前朝臣子载入本朝修撰的前朝史乃是百世不易之通例，自纪传体断代史书出现后诸本皆然"③。

其中，《李虎传》之缺失几无可能为《周书》残缺所致，案此书虽在宋初已非完帙，但时人多据《北史》或《高氏小史》补缀，文字或有遗漏，但整篇整卷地脱去不补，概率较小。又《北史》基本承袭《周书》，流传至今的版本相比《周书》更加完整，其中亦无《李虎传》，可证《周书》成书时便已如此。④ 前岛佳孝和林一骅的看法较为得当，⑤ 即使李虎在西魏贵为八柱国之一，奠定了其氏族在关陇集团中的政治地位，但由于他在唐代被尊奉为太祖，便不能与其他柱国一样混迹于《周书》之中（尤其是李虎的功绩多为虚张声势，相关讨论见下节），所以贞观史臣最终还是将《李虎传》从牛弘《周史》中剥离，并未在《周书》中为他立传。不过，这篇《李虎传》却没有在此时迎来湮没不存的命运。

二　贞观史臣的二次编纂

从这篇《李虎传》中，不仅能读到一些珍贵的史实，还能发现无处不在的后世润色痕迹。这些痕迹可分为两类，一是在行文中夸大李虎的地位和功劳；二是通过改变称谓褪去李虎的臣子身份。

第一类，如《李虎传》叙魏孝武帝见到被高欢军捉来的李虎时，"甚喜，拜为卫将军，赐以金帛，镇关中"。此时宇文泰和侯莫陈悦尚在争夺关中的主导权，李虎仅是孝武帝派到宇文泰身边的将领，"镇关中"的说法是明显的夸大其词。又，《李虎传》B 段所叙讨灵州曹泥事，实际的主帅是赵贵而非李虎⑥，《李虎传》并未提及李虎所从之人，又以"太祖率兵击之"含糊其辞，试图塑造李虎的主帅形象。传末强调"周受魏禅，录佐命功，居第一，追

①　仇鹿鸣：《评〈西安碑林博物馆新藏墓志续编〉》，《唐研究》第 20 卷，北京大学出版社 2014 年版，第 556 页。

②　[日] 前岛佳孝：《西魏·北周政権史の研究》，东京：汲古书院 2013 年版，第 359 页。

③　林一骅：《新出〈李宝艳墓志〉所见李唐皇室郡望、家世与婚姻集团考论》，《唐研究》第 23 卷，北京大学出版社 2017 年版，第 188 页。

④　参见唐长孺《魏晋南北朝史籍举要》，《唐书兵志笺正（外二种）》，中华书局 2011 年版，第 60—65 页。

⑤　不过，林一骅视李虎为"本朝开国之君"的说法还需要进一步辨析，下文将会详叙。

⑥　《周书》卷 16《赵贵传》："时曹泥据灵州拒守，以贵为大都督，与李弼等率众讨之。"第 286 页。王仲荦认为，"此大都督犹言都督诸军也，其后都督诸州军事，改为总管诸州军事，而大都督、帅都督、都督，遂成为戎秩之等……盖在建德二年之际也"。见王仲荦《北周六典》，中华书局 1979 年版，第 580 页。前岛佳孝也对赵贵在这场战役中的军事指挥官身份有所讨论，见 [日] 前岛佳孝《西魏·北周政権史の研究》，东京：汲古书院 2013 年版，第 94 页。

封唐国公"，也与李虎的功业不符，从事迹和官爵来看，八柱国之中，李虎地位在李弼、独孤信、赵贵、于谨等人之下，仅排第七名。①

第二类，《李虎传》通篇称李虎为太祖，为与其他尊者相区别，便将元修称作魏武帝，将宇文泰称作周文帝。这一方法与《周书》的处理方式相类，《周书·文帝纪》中，也是将宇文泰称作太祖，将西魏皇帝称为魏帝。在牛弘《周史》中，本该对李虎直呼其名，而称宇文泰为太祖。

这些痕迹表明，《李虎传》虽未进入《周书》，但还是在收入《册府》前经历了唐人或宋人的润色，并转入其他史料，未被弃而不顾。其中，宋人润色的可能基本可以排除，因为牛弘《周史》不见于《旧唐书·经籍志》，早在开元年间就已经湮没不存了，宋人无法直接得见。从客观条件和主观意图来看，最有可能对《李虎传》进行文饰的还是唐人，因为牛弘《周史》中的李虎本是以西魏将军的形象存在，虽然位列八柱国，但并未达到今本《李虎传》所说的居功第一，也配不上在宇文泰以外的柱国名单中第一的位置。② 为了避免《周书》中的虚张声势被识破，唐人在编纂时将《李虎传》移出，不给后人提供与其他柱国进行比较的机会，但又不忍心让太祖事迹就此湮没无闻，只好对其内容进行润色后，移入本朝修撰的其他史书。而唐人的润色和转移工作，应当正是在《周书》修成的贞观年间完成的。

贞观三年（629），唐朝在中书省设秘书内省，撰修前朝五代史，同时又在门下省设史馆，编修本朝实录、国史，两项工作同时开展。③ 尽管机构不同，史官和工作却时有互通，如令狐德棻在修撰完成于贞观十年（636）的《周书》的同时，也曾在贞观六年（632）兼修国史。④ 贞观年间，唐王朝的国史、实录各有一部问世，即贞观初年姚思廉粗成的三十卷纪传，和贞观十七年（643）房玄龄献上的高祖、太宗实录。⑤ 这两种著作均以唐开国史为记录内容，都有在追溯君王世系时收入这篇《李虎传》的可能，类似《大唐创业起居注》对李虎事迹的回顾。⑥ 倘若如此，则《李虎传》在贞观年间完成了二次编纂和初次转移，在经历种种润色工作后从牛弘的《周史》来到了贞观年间的实录、国史当中。

不过，作为唐国史之集大成者，发端于韦述的《唐书》和增订《唐书》而成的刘昫

---

① ［日］前岛佳孝：《西魏·北周政権史の研究》，东京：汲古书院 2013 年版，第 131—134 页。

② 《周书》卷 16 "史臣曰"，中华书局 2022 年版，第 296 页。

③ 《唐会要》卷 63《史馆上·修前代史》，中华书局 1960 年版，第 1091 页；《旧唐书》卷 43《职官志二》，第 1852 页。

④ 《旧唐书》卷 73《令狐德棻传》，第 2598 页。

⑤ 李南晖：《唐修国史研究》，中山大学出版社 2022 年版，第 33—34 页。

⑥ 《大唐创业起居注》卷 2，大业十三年九月壬申条："初，周齐战争之始，周太祖数往同州，侍从达官，随便各给田宅。景皇帝与周太祖并家于州治。隋太祖宅在州城东南，西临大路；景皇帝宅居州城西北而面泝水。东西相望，二里之间，数十年中，两宅俱出受命之主，相继代兴，时人所见，开辟已来，未之有也。"（唐）温大雅、（唐）韩昱撰，仇鹿鸣笺证：《大唐创业起居注笺证（附壶关录）》，中华书局 2022 年版，第 133 页。

《旧唐书》①，却没有继续收录这篇传记，而是选择了谱牒中的简明世系，这是由纪传体史书的体例决定的。

此前成书于贞观年间的六部前朝史中，《梁书》《陈书》《隋书》本纪首列开国之君萧衍、陈霸先、杨坚，实至名归；《周书》《北齐书》《晋书》本纪则先叙宇文泰、高欢、司马懿，三人都非王朝的开创者，但共同点是在世时均已挟天子以令诸侯，奠定了王朝基业，只等后世子孙完成禅代，所以列于本纪也算名实相符。但是，被追封为太祖的李虎，虽然奠定了李氏家族的政治地位，却始终是宇文泰手下的一员战将，从无不臣之举，也无人君之实。所以唐朝历代庙议时，均明确表示虽然太祖景皇帝"受封于唐"，但他并非创业之主或开国之君，实际"创业受命"的还是高祖、太宗。② 如果将李虎列于本纪，便意味着高祖、太宗只是继承霸业甚至坐享其成，这与历史事实完全不符，也与极力宣扬太宗功绩的唐代历史观无法调和。所以，韦述《唐书》和刘昫《旧唐书》一仍诸史之例，仅在本纪首君之前略序先世，不详叙祖先事迹。收录《李虎传》入实录、国史的工作，自贞观年间完成后，恐怕没有被后来的史官所继承。

三　《册府》所见《李虎传》的史源与《通鉴》引文检证

那么，《册府》纂修官是从什么渠道收录了这篇《李虎传》呢？本文开篇处提到，《册府》的编纂以"所编事迹，盖欲垂为典法，异端小说，咸所不取"③ 为准则，这是宋真宗与大臣讨论编纂方式时的旨意，编修官自当遵守。《册府》的史源，就此框定在有官方背景的史部文献之中。在能够反映宋初官方藏书情况的《崇文总目》中，虽然有"《后周书》五十卷"④，但据学者考察，"《册府元龟》引用《周书》缺卷各条已是后人的补本"⑤。也就是说，《册府》编修官所能看到的《周书》和今人所能看到的《周书》大同小异，都是残缺后

---

① 关于韦述《唐书》和《旧唐书》的关系，清人赵翼在大量举证的基础上得出"《旧唐书》前半全用实录、国史旧本"［（清）赵翼撰，王树民校证：《廿二史札记校证》，中华书局 2013 年版，第 345 页］的结论；杜希德评价韦述《唐书》时说，"不过到了宋代，此书已无关紧要，因为它几乎整体地被吸收到编纂于 940 年代的《旧唐书》中去了。司马光似乎从未在《资治通鉴考异》中引用过它……对此唯一说得通的理由是，存世的《国史》与《旧唐书》中与之相对应的部分事实上是一致的"（［英］杜希德：《唐代官修史籍考》，黄宝华译，上海古籍出版社 2010 年版，第 165 页）；笔者判定《通鉴考异》所引《唐书》正是《旧唐书》《新唐书》的合称，而非韦述《唐书》，可证司马光尚能得见的韦述《唐书》与《旧唐书》前半段并无区别，没有考异价值，《旧唐书》可视作韦述《唐书》的增订本。见拙撰《〈通鉴考异〉引"唐书"性质考辨——与徐冲先生商榷》，《唐宋历史评论》第 8 辑，社会科学文献出版社 2021 年版，第 131—143 页。

② 《唐会要》卷 15《庙议上》，中华书局 1960 年版，第 333 页。

③ 《容斋随笔·四笔》卷 11 "册府元龟"条，第 762 页。

④ （宋）王尧臣撰，（清）钱东垣辑释：《崇文总目辑释》卷 2，粤雅堂丛书本，第 5 页 a。

⑤ 《点校本周书修订前言》，《周书》，中华书局 2022 年版，第 10 页。

据他书所补的版本，而非完好无损的唐修《周书》。既然今本《周书》无《李虎传》，《册府》中的《李虎传》自不可能来自《周书》（其实未残缺的原本《周书》也未载《李虎传》，见本文第一节的讨论）。

前文提到，以唐前期为记叙对象的实录、国史，都可能存有《李虎传》，在这些文献中，又有多少可以为宋人得见呢？经学人考察，《崇文总目》所见唐代国史、实录中，国史只有韦述《唐书》一种，实录则有唐武宗以前历代实录。① 韦述《唐书》和刘昫《旧唐书》无《李虎传》，前节已有讨论。这样一来，哪怕姚思廉所撰纪传体国史中含有《李虎传》，宋人也无缘得见了。唐武宗以前历代实录，是《册府》收录《李虎传》的唯一史源，历代实录中，自然以统摄开国事迹的《高祖实录》《太宗实录》可能性最大。可以认为，《李虎传》正是以某部唐实录为载体，进一步流传到了宋朝。而《册府》记录唐代历史的最大宗史源就是历代实录，发现此篇《李虎传》后将其移入帝系部分，顺理成章。

由于时代接近，成于神宗年间的《资治通鉴》（下文简称《通鉴》）与《册府》分享了共同的官方史料，又在此基础上增添了杂史、小说等私修文献作为史料来源。其中，唐实录在司马光等人眼中具有非比寻常的地位。在写给助手范祖禹的一封书信中，司马光提到了《通鉴》的编纂方法：

> 梦得今来所作《丛目》，方是将《实录》事目标出，其《实录》中事，应移在前后者，必已注于逐事下讫。自《旧唐书》以下俱未曾附注，如何遽可作《长编》也？请且将新旧《唐书》纪、志、传及《统纪》《补录》并诸家传记小说，以至诸人文集稍干时事者，皆须依年月，注所出篇卷于逐事之下。《实录》所无者，亦须依年月日添附。②

尽管对范祖禹忽略两《唐书》等的工作方法略有微词，但可以确认的是在司马光眼中，编年连贯且保存大量原始史料的唐实录是《通鉴·唐纪》最应该依托的基础文献，将其拆分后作为"事目"，《唐纪》的框架也就基本形成了。除此以外，"其《实录》中事，应移在前后者，必已注于逐事下讫"一句值得我们注意：凡是出自唐实录但不符合《唐纪》断代的内容，也应该移于前后，注于他卷之事下，作为重要的史源。《册府》所能见到这篇出自唐代实录的《李虎传》，所记虽为西魏之事，按照司马光的编纂原则，亦应为《通鉴》所用，这样的案例共有两处。《通鉴》卷一五六所记李虎初次登场，正与《册府》所见《李虎传》的A段相合：

① 李南晖：《唐修国史研究》，中山大学出版社 2022 年版，第 125—141 页。
② （宋）司马光撰，李之亮笺注：《司马温公集编年笺注》附录卷 3《佚文二·答范梦得》，巴蜀书社 2009 年版，第 160—161 页。

表一

《通鉴》①	《册府》A 段
初，岳以东雍州刺史李虎为左厢大都督，岳死，虎奔荆州，说贺拔胜使收岳众，胜不从。虎闻宇文泰代岳统众，乃自荆州还赴之，至阌乡，为丞相欢别将所获，送洛阳。魏主方谋取关中，得虎甚喜，拜卫将军，厚赐之，使就泰。虎，歆之玄孙也。	贺拔岳既镇陇右，以太祖为左相大都督，委以内外军事。岳寻为侯莫陈悦所害，太祖哭之甚恸，阴怀复仇之志。时岳兄胜在荆州，太祖星夜赴告，劝胜入关收岳之众，胜不能从。俄而周文帝起兵图悦，太祖闻之，自荆州还，至阌乡，为高欢将所害，送诣雒阳。魏武帝将收关右，见太祖甚喜，拜为卫将军，赐以金帛，镇关中。

我们知道，修撰《通鉴》所用的官私史料，是到了隋唐之际才逐渐丰富起来的，在此前的魏晋南北朝阶段，裁剪正史才是《通鉴》编纂的主要方式。表一中所引《通鉴》文字前后，均以宇文泰谋讨侯莫陈悦事为叙述对象，史源为《周书·文帝纪》。中间插入的这段内容却以李虎为主人公，除《李虎传》外绝不见于其他文献。在原本的《周书·文帝纪》叙述脉络中补入此段出自唐实录的李虎相关记载，非常符合"其《实录》中事，应移在前后者，必已注于逐事下讫"的摘录补充模式。只不过《通鉴》将原来的"镇关中"改成了"使就泰"，这无疑更加贴近史实，因为此时的李虎仅仅是孝武帝派遣到宇文泰身边以预备西迁的卫将军，说他前去"镇关中"明显是夸大其词，前文已经述及。

随后，《通鉴》在讲述李虎平定灵州曹泥之事时，又利用了《周书》和《李虎传》（B段）两种文献：

表二

《通鉴》	史料来源
（永熙三年）十二月，魏丞相泰遣仪同李虎、李弼、赵贵击曹泥于灵州。②	《周书·文帝纪》："（永熙三年）十一月，遣仪同李虎与李弼、赵贵等讨曹泥于灵州，虎引河灌之。明年，泥降，迁其豪帅于咸阳。"③
（大统元年正月）魏骁骑大将军、仪同三司李虎等招谕费也头之众，与之共攻灵州，凡四旬，曹泥请降。④	《册府》B段："遇灵州刺史曹泥拥兵作乱，太祖率兵击之。时有破野头贼屯聚塞下，太祖遣使谕之，皆来降服，遂征其众，并力攻泥，四旬而克，灵州平。"

平定曹泥之战，一头一尾分见于《通鉴》中大通六年（永熙三年，534）十二月和大同元年（大统元年，535）正月，由文字对比可知，第一条承自《周书》，第二条则承自《李虎传》，其中的两处文字差异值得注意。《周书·文帝纪》系出兵之时于永熙三年十一月，

---

① 《资治通鉴》卷 156，中大通六年二月条，中华书局 1956 年版，第 4840 页。
② 《资治通鉴》卷 156，中大通六年十二月条，中华书局 1956 年版，第 4857 页。
③ 《周书》卷 1《文帝纪上》，中华书局 2022 年版，第 14 页。
④ 《资治通鉴》卷 157，大同元年正月条，中华书局 1956 年版，第 4861 页。

《通鉴》则系之于十二月，又据《李虎传》中的"四旬而克"进行推算，将战胜时间系于大统元年正月，或可证明《通鉴》编纂时所见《周书》中"十一月"本写作"十二月"①。

第二条中李虎头衔为"魏骁骑大将军、仪同三司"，亦承自《李虎传》B 段前的一段文字："遇高欢入雒，太祖帅师迎魏武帝于潼关，以功拜骁骑将军，加仪同三司。"据《李虎传》所叙履历，李虎跟随贺拔岳时已为卫将军（第二品）②，后来受孝武帝之托入关，宇文泰仍拜其为卫将军，似不合迁转之常理。前岛佳孝推测，第一处卫将军当为左右卫将军（第三品）或武卫将军（从三品）之讹③。而李虎再度迁转的骁骑将军仅有第四品上，不升反降，前岛佳孝推测其本当作《通鉴》中的骁骑大将军，或位居二品但排名在卫将军前的骠骑将军④。若如此，则《通鉴》所录《李虎传》可能比《册府》更忠实于原文。

值得注意的是，《通鉴》中尚存李虎卒年："（大统十七年）五月，魏陇西襄公李虎卒。"⑤ 这为《册府》和其他史书所无。⑥ 书传主卒年为纪传体史书之常例，《周书》中屡见不鲜，但《册府》帝系一门以叙述帝王世系和事迹为宗旨，常书即位、死亡年龄和在位时间，而较少记载具体卒年。倘若《通鉴》中的李虎卒年信息也是出自《李虎传》，而非《三国典略》《后魏国典》等私修史书，⑦ 那么《册府》在从唐实录抄录《李虎传》时，还有再次调整文字的可能，根据体例刊落李虎卒年就是其中之一。

此外，《册府》所录《李虎传》多有文字舛乱，除前文提到的将军衔错误外，还有"左厢大都督"讹作"左相大都督"、"梁仚定"讹作"梁企定"等，很有可能是宋本和明本之间出现的讹误。

四　余论

综上，我们对《册府》所见《李虎传》的来龙去脉有了这样的认识：在西魏北周的史料积累上，牛弘《周史》完成了《李虎传》的初次编纂。入唐后，《李虎传》因传主的特殊

---

① 点校本、修订本《周书》此处均无校记，说明诸本皆同，而《文帝纪》中永熙三年十一月后紧跟闰十二月，若十一月为十二月之讹，亦不影响时间顺序。

② 《魏书》卷 113《官氏志》，中华书局 2017 年版，第 3254—3256 页。

③ ［日］前岛佳孝：《西魏·北周権力史の研究》，东京：汲古书院 2013 年版，第 371 页。

④ ［日］前岛佳孝：《西魏·北周権力史の研究》，东京：汲古书院 2013 年版，第 371 页。

⑤ 《资治通鉴》卷 164，大宝二年五月条，中华书局 1956 年版，第 5066 页。

⑥ 谢启昆《西魏书·李虎传》记李虎卒于恭帝元年五月，或承万斯同《西魏将相大臣年表》之讹，两人时代较为晚近，其记载不具备史料价值。陈寅恪已指出其错误，见陈寅恪《隋唐制度渊源略论稿》，上海古籍出版社 1982 年版，第 130 页。

⑦ 《三国典略》为丘悦所撰，《后魏国典》为元行冲所撰，两人都生活于唐前期，有条件对原始史料进行摘录和编纂，《通鉴考异》屡有征引，可见其史料价值（唐长孺：《魏晋南北朝史籍举要》，《唐书兵志笺正（外二种）》，中华书局 2011 年版，第 74 页）。不过，由于李虎身份较为特殊，私修史书可能不会特地摘录本朝太祖的卒年。

身份被贞观史臣剥离，经历润色后转入唐代实录、国史等文献，实现了《李虎传》的二次编纂。入宋后，尚能得见初唐实录的《册府》和《通鉴》分别对《李虎传》加以转抄和摘录，限于体例，《册府》又删去了李虎卒年等信息，有三次编纂的可能。带着这样的认识，我们还可以对《册府》帝系门中，李虎之子李昞的事迹稍加考察：

> 生世祖元皇帝昞。世祖性至孝，沉深有识量，少为周文帝所礼，在位十七年，封汝阳县伯，食邑五百户。寻拜抚军大将军、大都督、通直散骑尝侍，俄转车骑大将军，袭封陇西公，迁骠骑大将军、开府仪同三司、侍中。周受禅，袭封唐国公，拜御中正大夫，历郦州刺史、安州总管，为政简静，甚获当时之誉。寻迁柱国大将军，赠少保、同华等八州刺史。①

和《李虎传》一样，李昞的这些记载也不见于正史，从令狐德棻所云"国家二祖功业，并在周时，如文史不存，何以贻鉴今古"推测，当是作为《李虎传》的附传存在于牛弘《周史》之中，为唐代实录所吸收后，又被《册府》抄录。由于时代隔膜和版本流变，明本《册府》中的《李昞传》出现了"大统十七年"讹作"在位十七年"②、"通直散骑常侍"讹作"通直散骑尝侍"、"御正中大夫"讹作"御中正大夫"等情况，但从"骠骑大将军、开府仪同三司、侍中"这一正确的军号散官双授官衔来看③，仍然渊源有自，保存了不少重要的历官信息。

---

① 《册府元龟》卷1《帝王部·帝系》，影印明崇祯十五年刻本，中华书局1960年版，第14页下栏。

② 林一翀已经提到，《帝系》体例中追尊皇帝不言在位，疑讹大统十七年为"在位十七年"（林一翀：《新出〈李宝艳墓志〉所见李唐皇室郡望、家世与婚姻集团考论》，《唐研究》第23卷，北京大学出版社2017年版，第189页）。李昞于大统十七年"封汝阳县伯，食邑五百户"，应是因为其父李虎的去世。

③ 阎步克：《品位与职位：秦汉魏晋南北朝官阶制度研究》，中华书局2009年版，第498页。

明清文献

记载与书写：《明实录》俞大猷形塑分析

谢贵安*

（武汉大学历史学院，湖北武汉，430072）

摘　要：作为明代国史的《明实录》，是对俞大猷历史记载最为权威的官修史书。它详细记载了俞大猷抗倭、平乱的事迹和成败，特别是其不平凡的人生经历：因诬下狱，所有官位归零后，从头再来的曲折过程。《明实录》对俞大猷"长于水战"和"才宜于南"而不宜于北的作战特点作了彰显，对于前者的描述无疑是精准的，但对后者的认知则并不准确。《明实录》还记载了俞大猷与另一位抗倭名将戚继光的共同战斗经历和此起彼落的历史命运，突出了时人将二人相提并论、视为武将楷模的观念。《明实录》虽然未给俞大猷以"书卒"的形式插入附传，但仍在赐祭时插入其附传，并给予了很高的评价，反映出明代国史对那些为国家御外定乱的功臣，仍持有正确的认知立场。

关键词：俞大猷；抗倭；《明实录》；书写

俞大猷是明代中后期的著名将领，在抗倭、平乱等一系列作战中，取得辉煌的成果。然而，他的历史形象并非一蹴而就，而是不同时期史学塑造的结果。明朝当代史书《明实录》应是俞大猷形象最初的塑造者。实录对俞大猷的事迹有详细的记载，对他的成败也作了据实直书。然而，实录并未在俞大猷去世时给他立一个标准的附传。《明实录》是明代的国史，"本朝无国史，以列帝《实录》为（国）史"①。它的体裁属于实录体的正体——编年附传体，即在皇帝编年中，以"书卒"（去世之日为切入口）的形式，插入高级官员的附传，叙述其一生的经历。然而，俞大猷却并未获得"书卒"的待遇，而是在其去世一年后，皇帝赐祭时，给了他一个简短的小传。《明实录》对俞大猷的记载和形塑，是比较复杂的，有必要

---

* 谢贵安，武汉大学历史学院教授，主要研究方向为中国史学史和明清史。
① 沈德符撰：《万历野获编》卷2《列朝·实录难据》，中华书局1959年版，第61页。

作一个专门研究。①

俞大猷出现在明代四部实录之中，即《明世宗实录》《明穆宗实录》《明神宗实录》和《明熹宗实录》中。世、穆二朝实录是张居正主持修纂，神录是由叶向高主纂，熹录则是温体仁主持修纂。熹录只记载一条关于俞大猷的史料，就是叶向高赞美已故左都督戚继光时，顺带提到了俞大猷。在四部实录中，记载俞大猷事迹最为密集和详细的，是《明世宗实录》和《明穆宗实录》。

一　对俞大猷从军经历的描述

俞大猷（1503—1579）出生于明孝宗弘治十六年，卒于神宗万历七年。早年学习《易经》，世袭百户。嘉靖十四年（1535），曾考中武举，授千户、金门守御，开始了他的军旅生涯。然而，作为国史的《明实录》却并不关心俞大猷的生平，对他的记载，只是从他参与国家治安时开始。当时，他已是守备。至于此前他的出生及成长，并不在国史考虑范围之内。但是，自从嘉靖二十七年（1548）他出现在《明实录》之中后，国史便再难绕开他的工作经历。

对于俞大猷的经历，《明实录》描述了四个发展阶段。下面逐一梳理。

1. 担任守备、参将阶段（嘉靖二十八年四月—三十三年十二月）

俞大猷最早出现在明代国史中，是嘉靖二十七年（1548）八月二十九日。据《明世宗实录》记载，那天，南赣巡抚龚辉和福建巡按金城在联名奏疏中，讨论防范同安山贼措施时，提到福建"武平、永定等处乃守备俞大猷信地"，由于被调往漳州，导致防守信地贼盗突起，要求"无轻调遣，俾守土者各尽其职"②。这是俞大猷第一次被《明实录》提及。嘉靖二十八年（1549）四月二十三日，俞大猷第二次出现在《明实录》中。当时两广提督都御史欧阳必进等奏言："原任广东都司金书近改福建备倭都指挥俞大猷谙习水军"，要求他继续留在广东，驻防钦、廉二州。③ 从这里可以看出，俞大猷原来担任广东都司金书，近改福建备倭都

---

① 对于俞大猷研究成果较多，代表作有范中义的《俞大猷传》（线装书局 2015 年版）、曾纪鑫的《大明雄风：俞大猷传》（九州出版社 2015 年版）等专著；董惠民的《略谈俞大猷在平海卫之役中的作用》[《西华师范大学学报》（哲学社会科学版）1987 年第 1 期]、张桂林的《明代爱国名将俞大猷》（《福建师范大学学报》1987 年第 3 期）、张家瑜的《爱国名将俞大猷在兴化抗倭中的作用》（《泉州师专学报》1994 年第 1 期）、林炳祥和周玉英的《试论俞大猷的军事战略思想》（《福建师范大学学报》1994 年第 1 期）、张吉昌的《俞大猷抗倭的策略思想》（《历史教学问题》1994 年第 2 期）、葛业文的《试论俞大猷的练兵治军思想》（《孙子研究》2016 年第 2 期）、周孝雷的《俞大猷的海防地理思想与海防实践研究》（硕士学位论文，暨南大学，2015 年）等论文，但尚未见有学者对《明实录》中的俞大猷的记载与书写进行研究，本文试作初探。

② 《明世宗实录》卷 339，嘉靖二十七年八月辛未，台北："中央研究院"历史语言研究所 1962 年版，第 6185 页。下皆同。

③ 《明世宗实录》卷 347，嘉靖二十八年四月壬戌，第 6297 页。

指挥使，还守备武平、永定等处。

　　嘉靖二十九年（1550）三月九日，俞大猷从守备升任参将，但驻守偏远之地崖州。① 当时广东琼州府"五指诸山黎贼那燕等剽劫崖州、陵感、万昌诸处，伪置总兵等官"，攻围城邑。三月中，俞大猷听从总兵官平江伯陈圭、提督侍郎欧阳必进等指挥，进剿那燕等人，获得胜利，七月十日，朝廷下令将"参将武鸾、俞大猷、署都指挥张国威，各升一级"。②

　　嘉靖三十一年（1552）七月二十二日，俞大猷改任浙江驻守温台宁绍等处参将，听浙江巡抚王忬节制。③ 三十二年（1553）四月二十五日，当浙江倭寇攻破临山卫，从海上逃走时，参将俞大猷率领舟师拦截，斩首六十九级。④ 但是，到了八月二十六日，却遭到巡按御史赵炳然的弹奏，称诸臣对倭寇之祸负有罪责，不过又称"参将汤克宽、俞大猷、海道副使李文进，俱有斩寇功，可赎"，世宗下诏，将"大猷夺俸""戴罪剿贼"。⑤ 到了十月七日，巡抚王忬则奏上俞大猷等人的战功，要求"复参将俞大猷"诸人"所停俸"，获得皇帝批准。⑥ 三十三年（1554）三月三十日，"参将俞大猷督兵剿普陀山倭寇，我军半登，贼突出乘之，杀武举火斌等三百余人"⑦。这次失利，又遭到巡按浙江御史赵炳然的弹奏，兵部要求对参将俞大猷等人"重治"。皇帝让俞戴罪立功。⑧ 七月八日，苏州倭寇流劫至嘉善县，转趋松江出海时，"参将俞大猷击败之于吴淞所，擒七人，斩首二十三级"⑨。俞大猷因此功得以免前战之罪："宥参将俞大猷、参政谢少南等罪，复原任署都指挥佥事张铁职。大猷，仍同指挥任锦各赏银币。初，大猷以普陀之败，戴罪杀贼"，至是，王忬"以吴淞所之捷，归俞大猷"，故得将功抵过。⑩ 十月至十一月，倭寇自健跳所出发，分掠绍兴各县，俞大猷等率官兵"前后擒斩三百余人"，因此巡按胡宗宪"请录巡抚都御史李天宠，原任参将俞大猷，副使陈宗夔、陈应魁等功"。但世宗下诏，先赏天宠等银币，其所获功次下御史再勘。⑪ 十一月前后，倭寇犯嘉善、嘉兴，攻府城东北二门，时指挥陈光祖、把总孙敩等俱拥兵不战，导致倭寇越卫城，流劫秀水、归安。"都御史李天宠、督参将俞大猷、都指挥刘恩至，水陆兵同抵嘉兴"与战，互有胜负，倭寇退回柘林老巢，但又于十二月突然发动进攻，明师溃败。倭寇攻入嘉善，屠掠甚惨。此事遭到巡按胡宗宪的弹劾，"责俞大猷、陈应魁，策励供职"。⑫

---

① 《明世宗实录》卷 358，嘉靖二十九年三月癸酉，第 6418 页。
② 《明世宗实录》卷 363，嘉靖二十九年七月辛丑，第 6463—6464 页。
③ 《明世宗实录》卷 387，嘉靖三十一年七月壬寅，第 6818 页。
④ 《明世宗实录》卷 397，嘉靖三十二年四月庚子，第 6985—6986 页。
⑤ 《明世宗实录》卷 401，嘉靖三十二年八月庚子，第 7030—7031 页。
⑥ 《明世宗实录》卷 403，嘉靖三十二年十月庚辰，第 7051 页。
⑦ 《明世宗实录》卷 408，嘉靖三十三年三月庚午，第 7130 页。
⑧ 《明世宗实录》卷 410，嘉靖三十三年五月甲子，第 7153—7154 页。
⑨ 《明世宗实录》卷 412，嘉靖三十三年七月丙午，第 7172 页。
⑩ 《明世宗实录》卷 414，嘉靖三十三年九月癸丑，第 7200 页。
⑪ 《明世宗实录》卷 417，嘉靖三十三年十二月己丑，第 7247 页。
⑫ 《明世宗实录》卷 419，嘉靖三十四年二月辛巳，第 7275—7277 页。

以上是《明实录》对俞大猷担任守备、参将期间经历的记载。

2. 担任副总兵、总兵阶段 (嘉靖三十四年—三十五年十月)

嘉靖三十三年 (1554) 十月, 俞大猷升为提督直隶金山等处地方海防副总兵, 但直到十二月还是以参将身份被浙江巡抚李天宠所指挥。因此, 他担任副总兵, 应该是嘉靖三十四年 (1555) 才正式履职的。然而, 俞大猷担任副总兵后, 一开始就出师不利。正月一日, 柘林倭寇夺舟, 犯乍浦、海宁, 攻陷崇德县, 又转掠塘栖、新市、横塘、双林等处, 复攻德清县, 杀把总梁鹗、指挥周奎、孙鲁等人。三月, 浙江巡按胡宗宪上报, 请罚失事各臣之罪。世宗以城陷失事, 责任重大, 处理了一大批官员, 其中 "夺副总兵俞大猷……俸三月"①。这是实录首次记载俞大猷已升任副总兵的事实, 但却是以被夺俸之事提及的。

次月,《明世宗实录》便记载俞大猷身为总兵。嘉靖三十四年四月四日, "广西田州土官妇瓦氏引土狼兵应调至苏州, 总督张经以分配总兵俞大猷等杀贼"②。当时倭寇占据川沙洼、柘林为巢, 且有新倭源源不断地加入, 地方甚恐, 听说狼兵已至, 人心稍安, 但事实上狼兵却没有想象得那么能战。"总兵俞大猷遣游击白泫等将狼兵数队, 往来哨贼, 乘隙邀击, 舍把田蛮等稍有斩获。文华因谓狼兵果可用, 厚犒之, 激使进剿。至漕泾, 遇倭数百人, 与战不胜, 头目钟富、黄维等十四人俱死, 兵众失亡甚众, 于是贼知狼兵不足畏, 复肆掠如故矣。"③ 应用狼兵带来的负面作用继续发酵。四月二十日, 柘林巢倭寇分众三千余人过金山卫, "总兵俞大猷督游击白泫及田州瓦氏兵遮击之。贼鼓众来冲, 我兵大溃, 死亡无算", 于是倭寇遂进犯浙江。④ 可能是因为此次败绩, 俞大猷从总兵又降为副总兵。稍后, 浙福提督都御史李天宠 "以四月间金山卫之败来闻, 因参副总兵俞大猷统调集重兵失机偾事, 以致流毒浙省"。世宗批示: "俞大猷统狼广兵万余, 不行进剿, 致贼猖獗, 本当重治, 姑夺职充为事官, 戴罪杀贼。"⑤ 其副总兵官职也被削夺, 但仍承担副总兵的职责, 以戴罪立功。五月一日, 俞大猷以副总兵身份, 率军击败柘林倭寇。当时, 柘林倭寇会合新倭 4000 余人突犯嘉兴, 北走平望时, "副总兵俞大猷以永顺宣慰司官舍彭翼南兵邀击之"。当倭寇奔回王江泾时, 明军夹击, 共擒斩倭寇 1980 余人, 又有不少人溺水和逃亡而死, 剩下的不到数百人, 狼狈逃回柘林。此役可谓大获全胜。⑥ 察视浙直军务兵部侍郎赵文华, 当然不会忘记上疏报功, 谓 "俞大猷率永顺宣慰彭翼南等又败之于王江泾, 擒斩千余人", 并称 "贼众荡平有期矣"。⑦

不久,《明实录》便记载俞大猷恢复了总兵之职。嘉靖三十四年 (1555) 五月二十二日,

---

① 《明世宗实录》卷 420, 嘉靖三十四年三月丁未, 第 7284—7285 页。
② 《明世宗实录》卷 421, 嘉靖三十四年四月戊辰, 第 7293 页。
③ 《明世宗实录》卷 421, 嘉靖三十四年四月辛未, 第 4294—4295 页。
④ 《明世宗实录》卷 421, 嘉靖三十四年四月甲申, 第 7302—7303 页。
⑤ 《明世宗实录》卷 422, 嘉靖三十四年五月庚戌, 第 7323 页。
⑥ 《明世宗实录》卷 422, 嘉靖三十四年五月甲午朔, 第 7307 页。
⑦ 《明世宗实录》卷 422, 嘉靖三十四年五月丙辰, 第 7328—7329 页。

苏松兵备任环"督总兵俞大猷等官兵及永顺官舍彭翼南等土兵、苏州府县乡兵,进攻陆泾坝贼,败之,斩首二百七十有奇,焚贼舟三十余艘。余贼奔溃"。① 此次俞大猷又获战功。对于此次战斗,察视军情部侍兵郎赵文华有所补充:倭寇绕松江时遇阻,逃往苏州,彭"荩臣及俞大猷、任环合兵追之于陆泾坝,斩首五六百级,兵势稍振"。② 六月十一日,三丈浦倭寇驾舟出海,被"总兵俞大猷引舟师遮洋击之",斩首 130 余级,冲沉贼舟 7 艘。③

次日,实录又记载俞大猷成了副总兵,若非升职,便可能是记载之误。六月十二日,巡按直隶御史周如斗疏报:"苏松旧倭去者未尽绝,新倭来者益众,节犯黄浦等处,杀游击周藩,请治诸臣失事罪"。并弹劾"副总兵俞大猷既逸寇于金山,复慢防于越浦,虽有平望、王江之捷,难赎其辜",应当量罚。世宗指责了各官后,提出一系列处理方案,但并未涉及俞大猷。④ 六月十五日,原犯浙江倭寇,又回过来侵犯吴江。参政任环、"总兵俞大猷"督水陆官兵游击于莺湑湖、平望等处,斩首 79 级,生擒 5 人。⑤ 十七日,逃到三板沙的倭寇抢民船逃窜出洋时,"参政任环、总兵俞大猷引舟师追击于马迹山",擒 57 人,斩首 93 三级。⑥

实录旋即又载俞大猷的身份是总兵。七月二十一日,江南金泾、许浦、白茆港诸倭俱载舟出海。"总兵俞大猷督各水兵把总刘堂、大雷、余昂等引舟师追及于茶山",先是纵火焚其五舟,又在余贼逃往马迹山、三板沙时,复坏其三舟,共斩贼首 67 级,生擒 42 人。⑦ 七月二十五日,总督直隶浙福军务右都御史张经、浙西参将汤克宽逮系至京,诏下法司议罪。张经在为自己辩护中提到了俞大猷的功劳,称自己"以瓦氏兵配总兵俞大猷,屯金山卫,为捣巢西路",另外还部署了"捣巢北路"和"西路右哨"两路,各令相机战守。但战略部署被急欲立功的侍郎赵文华所破坏。又称倭寇突犯嘉兴时,"臣即委参将卢镗督保靖兵援嘉兴;委俞大猷督永顺兵由泖湖间道趋平望,以扼贼路;令汤克宽引舟师从中击之,一战而胜,凡斩馘一千九百有奇,焚溺死者无算,贼气遂馁"⑧。在张经为保命自辩的叙事中,俞大猷因之获得正面的赞扬。八月九日,柘林倭贼乘船出海时,"佥事董邦政、总兵俞大猷各督所部水兵分哨击之",斩首 70 余级,获船 9 艘。⑨

但到了十一月,俞大猷在《明世宗实录》中又变成了副总兵。嘉靖三十四年十一月五日,明朝官兵会剿陶宅逃寇时,瞒报败绩,遭到弹奏。赵文华便将责任推给巡抚都御史曹邦辅,而曹邦辅又把责任推给俞大猷等人,说:"川沙洼之贼,集至四十余艘,而继至者未已。

① 《明世宗实录》卷 422,嘉靖三十四年五月乙卯,第 7327—7328 页。
② 《明世宗实录》卷 423,嘉靖三十四年六月癸未,第 7339 页。
③ 《明世宗实录》卷 423,嘉靖三十四年六月甲戌,第 7332 页。
④ 《明世宗实录》卷 423,嘉靖三十四年六月乙亥,第 7434—7435 页。
⑤ 《明世宗实录》卷 423,嘉靖三十四年六月戊寅,第 7336 页。
⑥ 《明世宗实录》卷 423,嘉靖三十四年六月庚辰,第 7337 页。
⑦ 《明世宗实录》卷 424,嘉靖三十四年七月癸丑,第 7351—7352 页。
⑧ 《明世宗实录》卷 424,嘉靖三十四年七月丁巳,第 7354—7355 页。
⑨ 《明世宗实录》卷 425,嘉靖三十四年八月辛未,第 7358—7359 页。

副总兵俞大猷、把总刘堂乃拥兵观望，纵贼合艅，请究治其罪。"世宗下令："大猷纵寇所宜逮治，姑革其祖职揭黄，令军门责取死罪招，杀贼立功，别举代者。"① 这次是俞大猷遇到的一次大的危机，革去祖职，被拿到死罪招供，只是令其一边杀贼立功，一边等别举副总兵取代。十一月二十三日，吏科给事中孙浚为曹邦辅辩解时，指出曹"邦辅督副总兵俞大猷进剿在九月十一日，浙兵次日方进，则后期之罪不在直隶"②。即责任不在曹邦辅和直隶金山副总兵俞大猷那里，而在浙江方面会剿失期。闰十一月八日，周浦等倭逃往川沙洼，又焚巢载舟出海，"副总兵俞大猷、兵备王崇古合兵入洋追之"，在老鹳嘴斩首 170 余级，生擒 47 人，冲毁贼巨舟 8 艘。③ 这次战功，被赵文华所利用。他初来浙江时，急功近利，强迫张经进兵，结果惨遭败绩，于是进谗诬陷，导致张经被逮处死。赵文华又多次乱指挥，导致官兵屡败，"始知贼未易图，即有归志"。等到"十一月川兵破周浦贼，俞大猷复有海洋之捷"时，赵文华找准机会，声称"水陆成功，江南清晏"，请求让他"归供本职"。④

嘉靖三十五年（1556）三月十七日，在《明世宗实录》的记载中，俞大猷又成为总兵官。当时，兵部奉旨覆议"选武将"，称"海上将官惟卢镗、俞大猷可用"，于是"以大猷充镇守总兵，镗充协守副总兵"。⑤ 这里的总兵，因有副总兵的衬托，故绝非笔误，必为实授。四月二十二日，俞大猷担任总兵官后，取得了南直隶西庵等处攻倭胜利。当时倭寇犯直隶西庵、沈庄、清水崖等处，"总兵官俞大猷、苏松海防佥事董邦政帅兵击之，斩首三百五十余级"。贼遁陶山。⑥ 也因为这次战功，使得俞大猷得复祖职。总督胡宗宪"以四月中清水洼等处捷闻，称邦政及总兵俞大猷功"，于是"大猷复祖职"。⑦ 俞大猷的祖职是嘉靖三十四年（1555）十一月五日因川沙倭寇云集，张文华指责俞大猷拥兵观望而被革去，至此得以恢复。六月九日，苏松倭寇自黄浦及七丫港逃遁出海时，"总兵俞大猷督水兵追战，大败之"，斩首 300 余级。⑧ 以上是俞大猷担任副总兵、总兵时的实录记载。之所以俞大猷在实录中，一会儿是副总兵，一会儿是总兵，可能与作战频繁、升降无常有关，也可能是实录记载之误。

3. 担任署都督佥事、署都督同知阶段（嘉靖三十一年十一月—三十九年二月）

嘉靖三十五年（1556）十一月十五日，俞大猷因战功升署都督佥事。这是因为海寇徐海被剿灭，"升总兵俞大猷署都督佥事，照旧管事"⑨。四个月后，俞大猷又因战功升署都督同

① 《明世宗实录》卷 428，嘉靖三十四年十一月丙申，第 7396—7397 页。
② 《明世宗实录》卷 428，嘉靖三十四年十一月丙寅，第 7404—7405 页。
③ 《明世宗实录》卷 429，嘉靖三十四年闰十一月己巳，第 7411—7412 页。
④ 《明世宗实录》卷 430，嘉靖三十四年十二月乙巳，第 7430—7431 页。
⑤ 《明世宗实录》卷 433，嘉靖三十五年三月丙子，第 7470—7473 页。
⑥ 《明世宗实录》卷 434，嘉靖三十五年四月庚戌，第 7486 页。
⑦ 《明世宗实录》卷 435，嘉靖三十五年五月丙戌，第 7498 页。
⑧ 《明世宗实录》卷 436，嘉靖三十五年六月丙申，第 7504 页。
⑨ 《明世宗实录》卷 441，嘉靖三十五年十一月庚午，第 7552 页。

知。嘉靖三十六年（1557）三月五日，江南自乍浦、沈庄报捷后，浙直之倭悉平，唯宁波府定海、舟山倭寇据险结巢，官兵围困防守，但一时不能攻克。总督胡宗宪"简麻寮、桑植二司杀于几百人，隶总兵俞大猷，令经营舟山之贼"。赶上十二月二十日夜下大雪，"大猷乃督兵官及桑麻兵环巢，四面攻之"。这时倭寇冲出营寨，杀土官莫翁送，激怒了明朝诸军，竞相进击，倭寇大败，逃回老巢拥栅自固。明兵"积薪草以棕蓑卷火掷之，贼四散溃出，诸军共斩首一百四十余级，余悉焚死，被掠男妇得出者百余人"，于是"贼遂平"。捷闻，世宗除了赏胡宗宪等人外，还"升大猷署都督同知"。①

由于胡宗宪诱杀王直，导致已经准备就抚的倭寇开始反弹，胡总督惧，乃虚报战绩，被言官拆穿，牵连到俞大猷等人。嘉靖三十七年（1558）七月十一日，"以浙江岭港海寇未平，诏夺总兵俞大猷、参将戚继光、把总刘英职级"，并限令一月内荡平。② 胡宗宪便以俞大猷屡剿王直不能克为例，说明诱杀王直的必要性，称王直"猾谲善战，久雄海上，昔年以孤舟住泊列表，总兵俞大猷时为参将，以福船五十艘攻围数月，竟尔逸去。以此观之，此酋非可以力胜，非可以常视也"③。以此说明他诱杀王直的正确性。其辩解得到世宗的认可。

嘉靖三十八年（1559）三月二十二日，总督胡宗宪以舟山残余倭寇焚其旧巢，连夜移驻柯梅，抨击"总兵俞大猷、参将黎鹏举防御不早，邀击不力，纵之南奔，播害闽广，失机殃民，宜加重治！"世宗"命巡按御史逮系大猷、鹏举来京讯治"。④ 自此，俞大猷被免去官职，下诏狱。由于众人力救，以及因剿王直之功，俞大猷得以准许赎罪立功。三十九年二月八日，论擒海寇王直功，兵部议道："原任总兵俞大猷，参将戚继光、张四维督兵有纪"，均宜并叙，"大猷今负罪立功……宜准赎罪"，世宗准许大猷等人"赎罪录用"。⑤ 于是，将俞大猷发往山西大同从军。

4. 免职后复职阶段（嘉靖四十年七月—万历四年十二月）

俞大猷免职后的复职阶段，等于将军事生涯又经历一遍。仍然从参将做起，逐步升为副总兵、总兵，从署都督同知，升为右都督；又向下滑至署都督金事、后府金书，最后止于署都督同知。

嘉靖四十年（1561）三月，俞大猷被调离大同，担任镇箪参将。开始了复职生涯。七月十五日，他从湖南五寨调往江西南赣："以湖广镇箪参将署指挥金事俞大猷充参将，分守江西南赣等处。"⑥ 这时，十余拨"流贼"侵入江西界，都被官兵打败，"独程乡巨贼梁宁、林朝曦、徐东洲等出没赣、吉二府，久之不定。南赣巡抚陆稳乃檄参将俞大猷引兵夜袭宁巢，

① 《明世宗实录》卷445，嘉靖三十六年三月戊午，第7586—7587页。
② 《明世宗实录》卷461，嘉靖三十七年七月丙辰，第7788—7789页。
③ 《明世宗实录》卷465，嘉靖三十七年十月辛亥，第7845—7847页。
④ 《明世宗实录》卷470，嘉靖三十八年三月甲午，第7904页。
⑤ 《明世宗实录》卷481，嘉靖三十九年二月甲辰，第8028—8029页。
⑥ 《明世宗实录》卷499，嘉靖四十年七月癸卯，第8263页。

宁惧，先遁东洲，与官兵遇于武平，伏发就擒。朝曦复约河源贼首黄积山，谋大举，我兵乘积山无备，攻巢，克之，斩积山首，惟朝曦未擒"①。

身为参将的俞大猷作为总兵官刘显的副职镇守广东。嘉靖四十一年（1562）五月四日，根据兵部尚书杨博的奏请，朝廷"命南京左府佥书都督佥事刘显充总兵官，镇守广东；南赣参将俞大猷副之，一应战守事宜，悉听二臣会同督抚官协谋剿贼"②。五月，俞大猷参与了镇压广东三饶人张琏率众进攻福建平和县城的叛乱，获得胜利。世宗当时"深以南寇为虑，闻报大喜"，于是赏参将俞大猷银三十两，币二表里。③ 七个月后，俞大猷又因此次战功升一级④。

嘉靖四十一年六月，俞大猷从南赣参将升为副总兵。当时政府在江西兴宁、程乡、安远、武平四县间，建成伸威城，六月一日，便"改南赣参将俞大猷为协守南赣汀漳惠潮副总兵，升宁国府知府方逢时为广东按察司副使，整饬兵备，俱驻本城备盗"。⑤

俞大猷得到福建巡抚游震得的赏识，再次由副总兵升为总兵官，镇守福建。嘉靖四十一年十一月二十九日，"改伸威营副总兵俞大猷为镇守福建总兵官，令其仍驻本营，兼辖全省。而以镇守福建副总兵改为分守，听总兵节制。初，伸威镇城之建，专辖漳州一府。至是，巡抚游震得荐大猷才勇可任大将，乃即其地改设总兵，以大猷为之"⑥。俞大猷再次升为总兵后，却遭遇倭寇攻陷兴化府之劫。四十二年（1563）正月二十三日，兵部因为兴化府沦陷，建议让戚继光、游震得和谭纶各统领一支军队，"与都督刘显、总兵俞大猷同心共济，以收奇功"⑦。四月十三日，福建新倭自长乐登岸，流劫福清等处。"总兵官刘显、俞大猷合兵邀击于遮浪，歼之。"⑧ 俞大猷似乎因失事受责，又降为副总兵。《明世宗实录》载，嘉靖四十二年四月十六日，追究兴化府及寿宁等县失事之责，有罪诸臣多被逮问，"副总兵俞大猷姑令戴罪剿贼"⑨。然而，这里的副总兵恐是记载之误，因为四日后，《明实录》的记载是："副总兵戚继光督浙兵至福建，与总兵刘显、俞大猷夹攻原犯兴化倭贼于平海卫，大破平之"，斩首 2200 余级，烧死、砍死及坠崖溺水而死者无算，解救所掠男妇 3000 余人，缴回各卫所官印 15 颗。自是福州以南诸寇悉平。⑩ 俞大猷仍然被记载为"总兵官"。虽然俞大猷在平海立功，但由于这里的倭寇都是从福建来的，作为福建总兵官，俞大猷负有责任。五月

---

① 《明世宗实录》卷 514，嘉靖四十一年十月辛酉，第 8440 页。
② 《明世宗实录》卷 509，嘉靖四十一年五月丁亥，第 8379 页。
③ 《明世宗实录》卷 509，嘉靖四十一年五月辛卯，第 8382 页。
④ 《明世宗实录》卷 514，嘉靖四十一年十月丁巳，第 8438 页。
⑤ 《明世宗实录》卷 510，嘉靖四十一年六月癸丑朔，第 8393 页。
⑥ 《明世宗实录》卷 515，嘉靖四十一年十一月己酉，第 8468—8469 页。
⑦ 《明世宗实录》卷 517，嘉靖四十二年正月壬寅，第 8487 页。
⑧ 《明世宗实录》卷 520，嘉靖四十二年四月庚申，第 8518 页。
⑨ 《明世宗实录》卷 520，嘉靖四十二年四月癸亥，第 8520 页。
⑩ 《明世宗实录》卷 520，嘉靖四十二年四月丁卯，第 8523 页。

三日，巡按福建御史李邦珍指出：宁德和平海的倭寇，"已经累次调兵剿捕，而总兵俞大猷赴援濡滞"，才导致地方失守，应该对俞大猷等"明示赏罚，以昭劝惩"。世宗听从兵部之议，令"大猷姑戴罪自效"。①

在谭纶的建议下，福建"总兵官俞大猷宜复还伸威营，与南赣军门事权为一；在福建止备汀漳二府山寇"②。嘉靖四十三年（1564）三月十二日，俞大猷在将驻守柘林澳的 400 名东莞水兵调戍潮阳海港，引起兵变，进逼省城。这次是因为潮州知府何宠不发军粮酿成，故并未问责俞大猷。③ 十七日，广东官军攻击潮州倭寇，大获全胜。此前，归善县"盗贼"伍端、温七造反，但当温七兵败被擒后，伍端就自缚军门，请求杀贼自效，于是"总兵吴继爵、俞大猷受其降"。都御史吴桂芳让伍端为先锋，将倭寇围于邹塘，焚死斩首 400 余人。世宗大喜，厚赏吴桂芳、吴继爵后，让他们"会同［总］兵（吴）百朋、俞大猷严督各路兵，乘胜荡平，以纾民患"。④ 六月二十一日，广东官军大破倭寇于惠州海丰县。此前，倭寇自福建流窜至广东，"留屯海丰金锡都总兵俞大猷帅官军四面围之"，围困近二月时，倭寇食尽欲逃，受到官兵的截击，斩其枭帅三人，擒斩一千二百余人，各哨军前后所得零散贼又一千余人。"余倭无几，不复能军，散遁入山薮"。⑤ 九月八日，海丰大捷闻于朝廷，世宗"嘉桂芳及总兵俞大猷、吴继爵，巡抚吴百朋及参将王诏功，各赐银币。"⑥

俞大猷从江西南赣移驻广东潮州，成为广东总兵官。嘉靖四十三年九月二十四日，"命广东总兵俞大猷移住潮州，裁革南赣守备，改设参将"。⑦ 四十四年（1565）四月二十三日，在明朝官军的打击下，"诏安贼首吴平"惧而请降。广东总兵俞大猷受其降，但吴平降而复叛，受到福建总兵戚继光的袭击，逃至南澳。俞、戚二总兵夹击南澳，吴平只身逃到饶平县凤凰山，纠集余众，兵势复振。大猷所部与吴平连战不力，吴平遂趋樟林，夺民船出海逃脱。⑧ 于是朝廷于四十五年（1566）正月二十八日"革惠潮总兵俞大猷职闲住"⑨。但是，"山贼李亚亢等毒掠河源、河平诸县"，给了俞大猷东山再起的机会。二月，提督吴桂芳、吴百朋各调集官兵，分为五哨，"使原任总兵官俞大猷督之，直捣其巢，擒斩一万四百余级，俘一千余人，夺归八万余人，招降一千二百余人，听抚四千余人，贼党悉平。大猷向以失事

---

① 《明世宗实录》卷 521，嘉靖四十二年五月庚辰，第 8529—8530 页。
② 《明世宗实录》卷 526，嘉靖四十二年十月辛亥，第 8572 页。
③ 《明世宗实录》卷 532，嘉靖四十三年三月甲寅，第 8661—8662 页。
④ 《明世宗实录》卷 532，嘉靖四十三年三月己未，第 8662—8663 页。
⑤ 《明世宗实录》卷 535，嘉靖四十三年六月辛卯，第 8688—8689 页。
⑥ 《明世宗实录》卷 538，嘉靖四十三年九月丁未，第 8720 页。
⑦ 《明世宗实录》卷 538，嘉靖四十三年九月癸亥，第 8726—8727 页。
⑧ 《明世宗实录》卷 545，嘉靖四十四年四月己丑，第 8806 页；《明世宗实录》卷 554，嘉靖四十五年正月庚申，第 8916 页。
⑨ 《明世宗实录》卷 554，嘉靖四十五年正月庚申，第 8915—8916 页。

革任，当议赎"。皇帝诏赏俞大猷银币，令"大猷复原职听用"。①

于是，俞大猷得以复职，成为广西总兵官。嘉靖四十五年（1566）九月十日，"命原任广东总兵俞大猷仍总兵官，镇守广西"②。嘉靖四十五年九月三十日，兵科都给事中欧阳一敬奏："两广旧各设巡抚一员，后因提督开府苍梧，而巡抚遂废。今地方多事，请复设巡抚于广东，其广西总兵官原以流官都督为之，后改用勋臣，与督府同驻梧州，为地方烦扰。且今恭顺侯吴继爵绵劣，不足任事，宜召令回京。仍选用流官，命移镇广西省会便。"吏部覆如其言。诏"暂设广东巡抚，改提督军门为总督两广军务兼理粮饷，巡抚广西地方。召吴继爵还京，以总兵官俞大猷代之"。③

穆宗朝，广西总兵官俞大猷因功升为署都督同知。据《明穆宗实录》卷八记载，隆庆元年（1567）五月九日，"以擒斩广东贼首王西桥等，升总兵官俞大猷为署都督同知"。④ 二十日，恰遇考核之期，俞大猷在考核时自陈不职，但穆宗仍命照旧供职。⑤ 九月十五日，广西巡按御史朱丙如奏言："獞贼占据古田县，杀官劫库，势日猖獗，请令总兵官俞大猷会同总督张瀚征剿。"⑥ 隆庆二年（1568）三月十五日，为了应对广东"贼"曾一本突袭雷州打败明军的变局，兵部指出在新任广东总兵郭成未到的情况下，"广西总兵俞大猷素负威名，请令暂往视师"，于是穆宗"命暂调大猷用，事宁回镇"。⑦ 四月六日、十六日，朝廷分别对俞大猷在嘉靖三十九年（1560）九月山西广武城等处杀虏功，和嘉靖四十三年（1564）在广东潮州府柘林兵乱中平乱之功，进行了追认和追赏，分别赏俞大猷二十两和十两银子。⑧ 稍后，朝廷又对嘉靖四十三年以来广东官兵围剿英德等处山贼、斩首1493级的作战功臣进行表彰，升俞大猷祖职一级。⑨ 虽然俞大猷历史上的功绩得到承认，但曾一本的挑战带来的烦恼却在目前。曾一本从雷州出发，隆庆二年（1568）六月十一日进攻省城，在赤湾等处拒伤官军，杀听调知县刘师颜。七月二十四日，抚按奏闻于朝。世宗令"总兵俞大猷、郭成姑令住俸，立功赎罪"，其他人或切责，或逮问。⑩ 在此重压之下，广西总兵俞大猷及福建总兵李锡先"与贼遇于柘林澳，三战皆捷，俘斩甚众"。又在广东总兵郭成等人的会剿下，最终擒获曾一本，灭掉了这股势力。⑪

---

① 《明世宗实录》卷561，嘉靖四十五年八月甲申，第8999—9000页。
② 《明世宗实录》卷562，嘉靖四十五年九月丁酉，第9006页。
③ 《明世宗实录》卷562，嘉靖四十五年九月丁巳，第9015—9016页。
④ 《明穆宗实录》卷8，隆庆元年五月癸亥，第225页。
⑤ 《明穆宗实录》卷8，隆庆元年五月甲戌，第234页。
⑥ 《明穆宗实录》卷12，隆庆元年九月丙寅，第330页。
⑦ 《明穆宗实录》卷18，隆庆二年三月乙丑，第514页。
⑧ 《明穆宗实录》卷19，隆庆二年四月乙酉，第525页；《明穆宗实录》卷19，隆庆二年四月乙未，第531页。
⑨ 《明穆宗实录》卷19，隆庆二年四月庚子，第534—535页。
⑩ 《明穆宗实录》卷22，隆庆二年七月辛未，第603页。
⑪ 《明穆宗实录》卷36，隆庆三年八月癸丑，第916—918页。

终于，在穆宗朝，俞大猷达到了他人生的最高点，晋升为都督（右都督）。据《明穆宗实录》载，隆庆三年（1569）八月十二日，"录平闽广巨寇曾一本功"，"广西总兵、都督同知俞大猷为都督；福建总兵、都督佥事李锡，广东总兵、都督佥事郭成俱署都督同知"。①

此前，俞大猷曾奉命征剿古田"獞贼"，但未奏其功。古田"獞贼"攻劫会城，戕杀官吏。其最黠者韦银豹、黄朝猛，据凤凰、潮水二巢，险固不可拔。朝廷调思明州等处土兵及汉兵共十万，"令大猷统之，直抵诸巢，合营进剿，凡斩首七千四百六十余级，俘获男女一千三百余人；抚其不为寇者六百六十余所。"俞大猷刚得到升赏②，韦银豹却来了个金蝉脱壳，在力穷势蹙时，"令其党阴觅肖己者，斩首以献"，结果"巡抚殷正茂、总兵俞大猷檄告提督李迁，迁遂以捷闻"。后来才得知韦银豹没死，殷正茂令佥事金柱穷追其踪，韦银豹之兄韦银站不得已，乃"生缚银豹"献给官军。③ 于是，隆庆五年（1571）五月一日，叙广西古田"平寇功"，升"镇守总兵官俞大猷实职二级，世袭，仍各赏银弊有差"。④

俞大猷首次遇到弹劾其奸贪不法之事，结果被要求回籍听用。据《明穆宗实录》载，隆庆五年七月十日，"巡按广西御史李良臣劾总兵俞大猷奸贪不法，宜从重治"，但是兵部为他辩解："大猷束发从戎，多树劳绩，今罪状未明，暴摧折之，恐将士闻而解体。"但是，穆宗仍"令大猷回籍听用"。⑤ 仅仅过了四个月，便又起用俞大猷，只是在被人们视为轻闲之地的南京任职。据《明穆宗实录》载，隆庆五年十一月二十九日，"命原任西广总兵、右都督俞大猷佥书南京右军都督府事"⑥。第二年，便又授他实权，令其镇守福建并浙江金温等地。隆庆六年（1572）闰二月二十八日，命"南京右军都督府佥书、右都督俞大猷充总兵官，镇守福建并浙江金温等处"⑦。

然而，神宗即位后，俞大猷的命运发生逆转，被降职二级，戴罪管事。这次处罚是因为隆庆五年七月十日遭到广西巡按李良臣弹劾后，被处回籍听用，他不等继任者到来交接工作，便"擅离信地"，又被现任广西巡按李纯朴弹劾。兵部以用人之际，"姑薄惩之"，因此降职二级。据《明神宗实录》载，隆庆六年七月二十日，"降原任广西总兵官俞大猷职二级，戴罪管事"。降二级，即从右都督降为都督佥事，从正一品降为正二品。八月七日，朝廷颁令"降广西总兵官右都督俞大猷为都督佥事，以广西巡按李纯朴参也"。⑧ 降二级后，俞大猷调任福建总兵。万历元年（1573）九月十二日，又因"福建海贼犯间峡澳等处失事之罪，

① 《明穆宗实录》卷36，隆庆三年八月癸丑，第916页。
② 《明穆宗实录》卷57，隆庆五年五月壬戌朔，第1397—1398页。
③ 《明穆宗实录》卷58，隆庆五年六月丁未，第1426页。
④ 《明穆宗实录》卷57，隆庆五年五月壬戌朔，第1397—1398页。
⑤ 《明穆宗实录》卷59，隆庆五年七月庚午，第1441页。
⑥ 《明穆宗实录》卷63，隆庆五年十一月丁亥，第1527页。
⑦ 《明穆宗实录》卷67，隆庆六年闰二月甲申，第1623页。
⑧ 《明神宗实录》卷4，隆庆六年八月庚申，第142页。

总兵俞大猷革任闲住。"① 二年（1574）四月二十一日，俞大猷又被起用，"原任镇守福建总兵官都督金事、今革职俞大猷，准复署都督金事（从二品），后军都督府金书管事"。② 在后军都督府金书时，俞大猷被任命统领战车火器。三年（1575）二月十二日，总督京营戎政彰武伯杨炳建议制造战车1440辆，车中配置火器兵仗，兵部提议"以后府金书俞大猷领之"。得到神宗批准。③ 四年（1576）十二月二十三日，升后府金书俞大猷署职一级。④ 俞大猷原为署都督金事（从二品）升署职一级，即署都督同知（正二品）。《明实录》对俞大猷经历的记载，基本上就到此截止。

万历六年（1578）九月初八，俞大猷连续三次上疏请求致仕的申请，终于被皇帝批准。七年（1579）八月二十六日（9月16日），俞大猷不幸与世长辞，终年77岁。但是，实录并未记载他的这些动向。

二 对俞大猷作战特点的突显

《明实录》不仅记载了俞大猷的详细经历，还记载了俞大猷作战的两大特点：一是善于水战；二是宜战于南方。下面分别解析。

1. "长于水战"的作战特点

相比较于陆战，俞大猷更善于水战。这是《明实录》对俞大猷作战经历的概括，更是一种形象塑造。实录对俞大猷这一特点的突显，一是因为俞大猷在东南沿海长期进行海战和水战，重视水师的建设和战船的修造，取得了大量的战果；二是他在与另一位抗倭将领戚继光的比较中显现出更善于水战的特长。

实录对俞大猷善水战的评价，是根据他长期在东南沿海剿寇的历史事实作出的结论。俞大猷的驻防之地，基本上都是沿海地区。

首先是海南的崖州。嘉靖二十九年（1550）三月九日，俞大猷从守备升任参将，驻守三面皆海的海南崖州。⑤

其次是浙江的温台宁绍。嘉靖三十一年（1552），俞大猷改任浙江参将。当时提督军务、巡视浙江兼管福兴泉漳地方的都察院右金都御史王忬，建议设分守浙江的参将，提议"以琼

---

① 《明神宗实录》卷17，万历元年九月己丑，第498页。
② 《明神宗实录》卷24，万历二年四月乙丑，第621页。
③ 《明神宗实录》卷35，万历三年二月辛巳，第817页。
④ 《明神宗实录》卷57，万历四年十二月辛巳，第1315页。
⑤ 《明世宗实录》卷358，嘉靖二十九年三月癸酉，第6418页。

崖参将署都指挥佥事俞大猷"担任,分守"温台宁绍等处"①。与崖州相似,温州、台州、宁波、绍兴等地皆浙江沿海地带,在此防守主要是抵抗倭寇,因此经常发生海战。三十二年(1553)四月二十五日,"江北倭掠海州,杀二百余人。浙江倭五百余攻破临山卫,乘胜西犯",松杨知县罗拱宸督处州兵抗击,贼从海上逃走,于是"参将俞大猷以舟师邀击,斩首六十九级"②。俞大猷率舟师攻击倭寇,表明他很早就重视水军。至十月七日,浙江巡抚王忬奏上捷报,称包括俞大猷在内的"官兵追逐倭夷,焚毁五十余艘,擒斩七百余人,海警暂息"③,则再次突出了俞大猷在海上抗击倭寇的军事历练。三十四年(1555)二月十六日,巡按浙江御史胡宗宪在总结去年十一月前后倭寇侵犯嘉善、湖州的情况时,指出屯据柘林的倭寇,突犯嘉善、嘉兴,并流劫秀水、归安。"都御史李天宠督参将俞大猷、都指挥刘恩至,水陆兵同抵嘉兴。"④ 这一叙述,让人联想到是由俞大猷率水兵,刘恩至率陆兵,分兵合围嘉兴倭寇的行动方案,强化了俞大猷与水战的联系。三十四年五月一日,柘林倭寇会合新到倭寇四千余人突犯嘉兴,副总兵俞大猷率兵拦截,倭寇奔回王江泾,遭到明军的夹击,大败,"溺水及走死者甚众"⑤。这次作战,也反映了水战的特点,倭寇溺水而死的人很多。

再次是南直(今江苏、上海、安徽等地)河网纵横和滨海地区。嘉靖三十三年(1554)十月,俞大猷升为提督直隶金山等处地方海防副总兵,离开浙江,来到江苏、上海等南直隶地区,用水师攻击倭寇。《明世宗实录》记载,嘉靖三十四年六月十一日,"三丈浦(今江苏常熟西北)倭贼驾舟出海。总兵俞大猷引舟师遮洋击之,斩首一百三十有奇,冲沉贼舟七艘,贼遁,泊海洋三板沙"⑥。六月十五日,原犯浙江的倭寇,还侵江苏吴江县,"参政任环、总兵俞大猷督水陆官兵游击于莺脰湖(今江苏吴江市南)、平望(今江苏吴江市平望镇)等处斩首七十九级,生擒贼五人"⑦。六月十七日,三板沙倭贼抢民船出洋。"参政任环、总兵俞大猷引舟师追击于马迹山",擒斩倭寇百余人。⑧ 七月二十一日,江苏常熟东北的金泾、许浦、白茆港诸倭"俱载舟出海"。总兵俞大猷"督各水兵把总刘堂、大雷、余昂等引舟师追及于茶山,纵火焚其五舟,余贼走马迹山、三板沙。我兵复追击之,坏其三舟,凡斩贼首六十七级,生擒四十二人"。此时,江阴蔡港倭寇亦驾舟出洋,俞大猷率兵进攻,"值飓风大作,贼舟多溺,官兵船坏损者亦众"⑨。八月九日,柘林(在今上海奉贤区)倭贼驾

①　《明世宗实录》卷387,嘉靖三十一年七月壬寅,第6818页。
②　《明世宗实录》卷397,嘉靖三十二年四月庚子,第6985—6986页。
③　《明世宗实录》卷403,嘉靖三十二年十月庚辰,第7051页。
④　《明世宗实录》卷419,嘉靖三十四年二月辛巳,第7275—7277页。
⑤　《明世宗实录》卷422,嘉靖三十四年五月甲午朔,第7307页。
⑥　《明世宗实录》卷423,嘉靖三十四年六月甲戌,第7332页。
⑦　《明世宗实录》卷423,嘉靖三十四年六月戊寅,第7336页。
⑧　《明世宗实录》卷423,嘉靖三十四年六月庚辰,第7337页。
⑨　《明世宗实录》卷424,嘉靖三十四年七月癸丑,第7351—7352页。

舟出海时，"佥事董邦政、总兵俞大猷各督所部水兵分哨击之，斩首七十有奇，获船九艘"①。闰十一月八日，周浦等处倭寇逃奔至川沙洼，"载舟出海"。这时"副总兵俞大猷、兵备王崇古合兵入洋追之"，在老鹳嘴斩首170余级，生擒47人，"冲毁贼巨舟八艘"。② 赵文华在总结此次战果时称"十一月川兵破周浦贼，俞大猷复有海洋之捷"③。

复次是浙直沿海地区。嘉靖三十五年（1556）三月十七日，浙直总兵刘远因"未谙水战"被罢，俞大猷充镇守总兵。这时，他将浙江与南直隶的沿海地区都纳入防御范围，得以用舟师与倭寇作战。嘉靖三十五年六月九日，苏松倭寇自黄浦及七丫港逃遁出海时，"总兵俞大猷督水兵追战，大败之，斩首三百余级"④。嘉靖三十六年（1557）三月五日，浙江、南直隶的倭寇基本平定，只剩宁波府定海、舟山的倭寇仍然顽固抗拒，总督胡宗宪令麻寮、桑植二土司的军队，"隶总兵俞大猷，令经营舟山之贼"⑤。至三十八年（1559）三月二十二日，舟山倭寇残部焚其旧巢，连夜移住柯梅，总兵俞大猷、参将黎鹏参与了对这股倭寇的围剿，因"防御不早，邀击不力"而遭到弹劾。⑥ 实录的这些记载，反映俞大猷的作战地区是浙直的沿海地区。

最后是福建、广东的沿海地区。嘉靖四十一年（1562）六月，俞大猷从南赣参将升为协守南赣汀漳惠潮副总兵，驻在伸威营。十一月，又升为镇守福建总兵官，仍驻伸威营兼辖全省。伸威营刚建立时，只辖福建汀州、漳州二府，现在以俞大猷为总兵官，则辖福建全省，另外还有江西的南安、赣州，广东的潮州、南雄、韶州以及湖广的郴州、桂阳州。职此之故，俞大猷经常在这些沿海地区与敌作战。嘉靖四十二年至四十三年（1563—1564），俞大猷在福建、广东的东南沿海围剿倭寇。四十二年四月十三日，福建新来的倭寇自长乐登岸，流劫福清等处。"总兵官刘显、俞大猷合兵邀击于遮浪，歼之"。平海的倭寇在驾舟出海时，被刘显、俞大猷的部下"以轻舟抄之，斩首四十九级"⑦。四十三年六月二十一日，俞大猷率领广东官军"大破倭寇于惠州海丰县"。倭寇从福建"奔崎沙、甲子等澳，夺渔舟入海，遇暴风，舟皆覆溺，得脱者仅二千余人"，遭到总兵俞大猷所率官军的包围。⑧ 九月二十四日，命广东总兵俞大猷移住潮州防御倭寇。⑨

正如有学者指出的那样：江南沿海的"每一海域都留下了他（俞大猷）的足迹。他提出

---

① 《明世宗实录》卷425，嘉靖三十四年八月辛未，第7358—7359页。
② 《明世宗实录》卷429，嘉靖三十四年闰十一月己巳，第7411—7412页。
③ 《明世宗实录》卷430，嘉靖三十四年十二月乙巳，第7430—7431页。
④ 《明世宗实录》卷436，嘉靖三十五年六月丙申，第7504页。
⑤ 《明世宗实录》卷445，嘉靖三十六年三月戊午，第7586—7587页。
⑥ 《明世宗实录》卷470，嘉靖三十八年三月甲午，第7904页。
⑦ 《明世宗实录》卷520，嘉靖四十二年四月庚申，第8518页。
⑧ 《明世宗实录》卷535，嘉靖四十三年六月辛卯，第8688—8689页。
⑨ 《明世宗实录》卷538，嘉靖四十三年九月癸亥，第8726—8727页。

了御海洋、御河港、御内河的抗击倭寇的方略，并亲履波涛，历尽艰险，在茫茫的大海中，一次又一次歼灭来犯的倭寇"，"他是我国历史上难得的水军统帅。他离开抗倭前线后，再也找不到像他这样能在海上沉重打击倭寇的将领，海防失去了重要的海上屏障，人们不得不艰难地主要依靠陆战来歼灭入侵的倭寇"。①

俞大猷善于水战的工具，就是福船。有人提到俞大猷在面对"猬谲善战，久雄海上"的倭寇头目王直时，曾"以福船五十艘攻围数月"②。突出了俞大猷善用福船作战的特点。隆庆二年（1568），俞大猷先后两次上书总督张瀚说："贼所忌者，福兵、福船也。"③ 提议到福建造船八十只，其中大福船面阔三丈者十五只，面阔二丈八尺者十五只；冬仔船面阔二丈二尺者十五只，面阔二丈者十五只，面阔一丈八尺者二十只。他还对船上的棋杠、军火器械做了全面细致的规划。④ 俞大猷对于用福船作战，提出了自己的见解："今之论海寇者，谓备之于山，使不登岸是也。岂知海岸邈远，到处皆受敌之村，海涛汪洋，何澳非入寇之路？我备东，彼忽然而击西；我备南，彼忽然而击北。彼由船驰击其气逸，我由路奔备其势劳，不胜其备，将不胜其击矣。"由此可见，备之于陆不是良策。"善御海寇者，船只、器械无一不备，兵长、兵夫皆素练习。胜算定于未战之先，使闻风而自不敢至耳。"⑤

正是由于俞大猷在海上、水上的抗倭战绩，使他获得了善于水战的声誉，也得到了国史的记载。对于俞大猷善于水战，《明实录》直接或间接地给予了充分肯定。《明世宗实录》记载，嘉靖二十八年（1549）四月二十三日，两广提督都御史欧阳必进评价道：

> 原任广东都司佥书近改福建备倭都指挥俞大猷谙习水军，智勇素著。⑥

因此要求将俞大猷留在广东，专驻钦、廉二州，以备防御。这条记载中，实录突出了俞大猷的特点："谙习水军。"于是他逐渐有了"善水战"的名声。对于俞大猷善于水战，兵部尚书杨博也有同样的认识。嘉靖三十四年（1555）五月二十日，博上言御倭方略，指出："所调狼土之兵将领不相识，殊为失策，宜以广平属沈希仪，湖兵属何卿，一切陆战悉以付之；而以俞大猷专督水战。"得到世宗的报可。⑦ 这是实录再一次记载了俞大猷善于水战的事实。正是因为善于水战，俞大猷被兵部推荐为总兵官。据《明世宗实录》载，嘉靖三十五年

---

① 范中义:《俞大猷传》，线装书局 2015 年版，第 102—103 页。
② 《明世宗实录》卷 465，嘉靖三十七年十月辛亥，第 7845—7847 页。
③ 俞大猷:《洗海近事》卷上《呈总督军门张条议三事》，载俞大猷撰，范中义点校《正气堂全集》，上海辞书出版社 2011 年版，第 538 页。
④ 范中义:《俞大猷传》，线装书局 2015 年版，第 190 页。
⑤ 俞大猷:《正气堂集》卷 5《议以福建楼船击倭》，载俞大猷撰，范中义点校《正气堂全集》，上海辞书出版社 2011 年版，第 130 页。
⑥ 《明世宗实录》卷 347，嘉靖二十八年四月壬戌，第 6297 页。
⑦ 《明世宗实录》卷 422，嘉靖三十四年五月癸丑，第 7326 页。

（1556）三月十七日，兵部奉旨覆议九卿、科道所条陈的御倭事宜，其第一条便是"选武将"，称"海上将官惟卢镗、俞大猷可用，宜赏罪还职，责其后功。浙直总兵刘远未谙水战，宜罢为南京左府带俸"。世宗下诏："镗、大猷姑准以为事官推用，事宁并叙。"于是，"以大猷充镇守总兵，镗充协守副总兵"。① 与未谙水战而遭罢黜的刘远相比，善于水战的"海上将官"俞大猷得以提升为总兵。

俞大猷"长于水战"的令名，直到穆宗朝仍然为人所熟知。隆庆二年（1568）九月四日，兵科给事中陈邦颜在分析两广事宜时，强调要"专责任"，认为"广东一省而三总兵，有暂调用之俞大猷，有立功之汤克宽，又有钦赏之郭成，政出多门，将士无所取信"，在此背景下，他建议"宜以合省水陆兵分属郭成、俞大猷，各守信地，庶责任专而后可以成功"。获得批准。② 在这里，陈邦颜的意思，并不是要让郭成管水军，俞大猷管陆军，相反，是让俞大猷专管水兵，郭成专管陆军。只是在表述时，秩序有点异常而已。因为，九月二十九日，总督两广军务侍郎张瀚在会同巡抚广东都御史熊桴上奏时，便直接说明：

总兵郭成长于陆战，俞大猷长于水战，宜分地责成，俾无推诿。③

在张瀚、熊桴等人的眼中，水战很难，陆战容易，因此赏格不同："凡陆地战胜者，擒斩仍依常格，若海上战胜者，擒贼一名，即赏银四两，斩首一级，银二两。冲锋虽无首级而能夺获一舡者，一百两。"④ 以此观之，善于水战的俞大猷作战技能高，军事才能更为难得。

俞大猷以水战闻名，并非仅仅长期在东南沿海抗倭的缘故，因为戚继光也一样在东南沿海抗倭，却得到善陆战的声誉。这说明，俞大猷的确在水战上有突出特长和贡献。有时候，俞大猷善水战，更是在与戚继光善陆战特点的映衬下，获得的认可。据《明世宗实录》记载，嘉靖四十四年（1565）十月初，"官军围海贼吴平于南澳，继光将陆兵，大猷将水兵，夹击，大破之。平仅以身免"⑤。这显然是充分利用了二人的特长，而分派的任务，并且获得成功。

2. "才宜于南"的作战特点

与"善于水战"相适应的是，俞大猷"宜于南方"的作战特点。既然俞大猷习于水战，那么只有南方才具有江河湖汉遍布以及沿海的地理条件，因此"习于水战"与"宜于南方"，二者大致相同。《明实录》在这方面，是有明确的塑造倾向。即它大量记载了俞大猷在

---

① 《明世宗实录》卷433，嘉靖三十五年三月丙子，第7470—7474页。
② 《明穆宗实录》卷24，隆庆二年九月庚戌，第644页。
③ 《明穆宗实录》卷24，隆庆二年九月乙亥，第676页。
④ 《明穆宗实录》卷24，隆庆二年九月乙亥，第676页。
⑤ 《明世宗实录》卷554，嘉靖四十五年正月庚申，第8915—8916页。

南方的战斗经历,但对于他曾在山西边镇的防御和征剿,却只字未提,只是在事后多年的作战总结和追赏时才一度提及。

隆庆元年(1567)八月二十一日,兵部在复核给事中吴时来的上疏时,指出了俞大猷"才宜于南"的作战特点:

> 两广总督谭纶,总兵俞大猷、戚继光皆知兵,宜召来,使专督练边兵,以省诸镇征调之扰。兵部覆言:大猷才宜于南。往者常一试于比,不效。①

在兵部官员的眼中,俞大猷擅长在南方作战,不擅长在北方作战,并认为这是经过了比试和实践的。

由于这种观点被世宗、穆宗二朝《实录》的修纂者所接受,因此实录中完全没有俞大猷在北方作战经历的记录。事实上,俞大猷在北方作战十分勇敢,立下了卓越的功劳。嘉靖三十八年(1559)三月,胡宗宪诱杀王直,激反了王直余部后,便将责任推给了总兵俞大猷,使之遭到罢职逮问。在众人力救之下,俞大猷被遣往北方边塞重镇大同戴罪立功。俞大猷认为西北作战才能表现出豪杰气概,在给戚继光和谭纶的信中,说道:"丈夫生世,欲与一代豪杰争品色,宜安于东南;欲与千古之豪杰争品色,宜在于西北。"② 看来,俞大猷更愿意在西北效力,以获得更大的认可。由于实录不载,因此俞大猷抵达大同的时间不详,可能在嘉靖三十九年(1560)二三月之间。③ 俞大猷与大同巡抚李文进是故交,曾在后者被弹劾时上疏挽救。此次相见,分外亲切。俞大猷也在李文进的保护下,得以施展才华。当年七月,在李文进、俞大猷的策划下,大同总兵刘汉、参将王孟夏突袭板升(在今呼和浩特境内),获得成功。朝廷奖赏有功人员,俞大猷得以恢复祖荫,但未复其官职。嘉靖四十年(1561)三月,俞大猷离开大同,前往湖南五寨(沱江镇)任镇筸参将,回到了南方。似乎应验了他"不宜于北"的谬说。其实,在大同的一年间,俞大猷三次立功,督抚推荐他的奏疏达12篇之多。只是因为朝廷拒绝起用,这才妨碍了他才能的发挥。④ 但是,这些在实录中均未记载。

直到隆庆时,出现了拨乱反正气象,俞大猷在山西大同的战功才获得国史的肯定。据《穆宗实录》载,隆庆二年(1568)四月六日,御史王渐、周咏"勘上嘉靖三十九年九月虏从大同拒门等堡入掠山西广武城等处前总兵俞大猷等十四人功",建议"宜重赉";同时对于总兵刘汉等人犯下的失误,建议"宜按问"。经过兵部复请,得到皇帝的旨令:"大猷等赏银

---

① 《明穆宗实录》卷11,隆庆元年八月癸卯,第315页。
② 俞大猷:《正气堂集》卷12《与戚南塘书》、《与谭二华又书》,载俞大猷撰,范中义点校《正气堂全集》,上海辞书出版社2011年版,第252、248页。
③ 范中义:《俞大猷传》,线装书局2015年版,第109页。
④ 范中义:《俞大猷传》,线装书局2015年版,第123页。

二十两"，刘汉等交御史按问。① 只是，这离当年的战斗已经过去 8 年了，算是对俞大猷北功的迟来的肯定。

由于人为地被贴上"不宜于北"而"才宜于南"的标签，俞大猷的绝大部分时间被调往南方各地征剿效力。隆庆元年（1567）九月十五日，广西巡按御史朱丙如奏言："獞贼占据古田县，杀官劫库，势日猖獗，请令总兵官俞大猷会同总督张瀚征剿"，同时指责古田守备指挥佥事卜祯、兴安守备指挥使甘棠防守不力，要求惩处。② 说明在朱丙如等广西官员的心中，俞大猷是有能力征剿僮人的。兵部官员在承认俞大猷"不宜于北"的前提下，充分肯定他在南方的成就和威名。隆庆二年（1568），在征剿广东曾一本作乱的过程中，明军被打败，死 800 余人，参将缪印、把总俞尚志被俘，守备李茂材被敌炮击毙。三月十五日，事闻于朝，兵部提出意见："新任总兵郭成未至，而广西总兵俞大猷素负威名，请令暂往视师。"得到穆宗的肯定。③ 显然，在兵部官员的心中，俞大猷是"素负威名"的，在南方地形中作战，能够担负起灭曾重任。

三　对俞大猷与戚继光的"同框"记录

《明实录》还在与戚继光的"同框"记载中，展现了俞大猷的经历及与戚的关系。

同为抗倭名将，俞大猷与戚继光拥有相同的名声："俞龙戚虎。"④ 由于俞大猷比戚继光大 25 岁，因此戚继光出现在俞大猷的生活经历中比较晚。《明实录》记载的二人"同框"时间，最早在嘉靖三十七年（1558）七月十一日，"以浙江岭港海寇未平，诏夺总兵俞大猷、参将戚继光、把总刘英职级，期一月内荡平，如过限无功，各逮系至京问"。此事事出有因。起初，胡宗宪诱降王直，及王直归降，却将之下狱。王直义子毛海峰遂与胡宗宪断交，与倭寇头目善妙等在舟山建立据点。明朝官军四面围攻，虽颇有斩获，但海中毒雾弥漫，倭寇凭高死战，屡挫明军。朝廷屡下严旨，催胡宗宪督诸将尽快平贼。胡宗宪心惧，乃上疏虚报水陆战功，为科部臣揭穿，才有此严厉的处罚。⑤ 这是第一次俞大猷与戚继光同时出现于明代国史之中。一出场，就反映了二人忧戚与共的命运。后因剿灭王直功，已被夺职的俞大猷和戚继光二人得赎罪录用。嘉靖三十九年（1560）二月八日，论擒海寇王直功，兵部议复"原

---

① 《明穆宗实录》卷 19，隆庆二年四月乙酉，第 525 页。

② 《明穆宗实录》卷 12，隆庆元年九月丙寅，第 330 页。

③ 《明穆宗实录》卷 18，隆庆二年三月乙丑，第 514 页。

④ 《防海辑要》卷 9《福建防海略》，转引自（清）杜文澜《古谣谚》卷 36，清咸丰刻本。又汤国泰《逼金陵感赋》："防海人岂无？龙虎即管、毅（明俞大猷、戚继光有'俞虎戚龙'之目）"，载（清）张应昌《诗铎》卷 13，清同治八年秀芷堂刻本。

⑤ 《明世宗实录》卷 461，嘉靖三十七年七月丙辰，第 7788—7789 页。

任总兵俞大猷，参将戚继光、张四维督兵有纪"，均宜并叙，"大猷今负罪立功"，继光等人"俱奉旨逮问，宜准赎罪"。世宗批准二人"俱准赎罪录用"。① 命运像过山车，刚受处分，又受到赦免。

俞大猷与戚继光二人第二次在实录中"同框"，已经是嘉靖四十二年（1563）正月了。此前，俞大猷被削职逮问，发往山西大同镇戴罪立功，一年后恢复官身，任湖广镇筸参将署指挥佥事，重新回到南方的抗倭平乱的战场，很快从副总兵升为镇守福建总兵官。嘉靖四十二年正月十三日，巡抚福建都御史游震得奏上御倭三事，同时对戚继光和俞大猷表达了重用之意。他指出浙江温处与福宁州接壤，实倭夷出没之地，"而一时将官莫贤于参将戚继光，宜进继光为副总兵，兼守其地"，而于福宁州添设守备一员，隶继光节制，仍令募兵三千以备战守；同时指出，漳州月港亦通倭要地，并宜添设守备一员，"而听节制于总兵俞大猷"。得到皇帝允准。② 此前，戚继光还是参将，而经此提议，升为副总兵，与俞大猷各镇一方。

巡抚游震得遭遇败绩，官位岌岌可危，但俞大猷和戚继光的能力及作用却受到兵部的认可。嘉靖四十二年正月二十三日，福建巡抚游震得奏报去年十一月倭寇攻陷兴化府的战况。兵部指出："贼以旬月内连破数城，如蹈无人之境"，要求帅府以下各官"戴罪立功"，同时建议"其各省援兵请调浙江新募义乌兵一枝，以戚继光统之；江西兵一枝，令抚臣自择良将，各星驰应援。仍起丁忧参政谭纶以原官兼按察司佥事，统浙兵千二百人，与都督刘显、总兵俞大猷同心共济，以收奇功"。世宗接受兵部建议，夺游震得及文武大小诸臣薪俸，许其自效；"戚继光、刘显各令奋勇建功，以副委任"③。俞大猷与戚继光果然不负众望，在平海卫夹攻倭寇，大获全胜。嘉靖四十二年四月二十日，"副总兵戚继光督浙兵至福建，与总兵刘显、俞大猷夹攻原犯兴化倭贼于平海卫，大破平之，斩首二千二百余级，火焚刃伤及坠崖溺水死者无算，纵所掠男妇三千余人，复得卫所印十五颗"。自是福州以南诸寇悉平。④

游震得被罢后，谭纶升任福建巡抚。在谭纶的领导下，俞大猷与戚继光受到了特别的重视，对他们在平海卫大捷中的成果给予了充分的肯定。嘉靖四十二年七月十六日，巡抚福建都御史谭纶以四月中平海大捷奏闻朝廷，言："贼自兴化破城后，乘胜攻陷平海据之。我兵方议大征，会长乐县新倭自福清渡江，谋趋平海合营，总兵俞大猷、刘显遮之于途，擒斩几尽，余党俱遁入海。平海贼闻之，始惧欲逃，为官军所扼，不得出，乃移营渚林迤南。时副总兵戚继光自浙江应调至，臣素知其勇略，使领中军，显左军，大猷右军。及战，继光先进薄贼巢，左右营继之，四面合围，因风纵火，贼死战，皆灼烂巢中，积尸及霤，无一人得脱者。"于是叙诸臣战功，"以继光居首；显、大猷次之"。世宗下旨："继光署都督同知，仍

---

① 《明世宗实录》卷481，嘉靖三十九年二月甲辰，第8027—8029页。
② 《明世宗实录》卷517，嘉靖四十二年正月壬辰，第8485页。
③ 《明世宗实录》卷517，嘉靖四十二年正月壬寅，第8487页。
④ 《明世宗实录》卷520，嘉靖四十二年四月丁卯，第8523页。

荫一子为原卫正千户，各赏银三十两，纻丝二表里；显于祖职上升二级，与大猷各赏银二十两，纻丝一表里。"① 在这次论功中，35 岁的戚继光受到的重视程度开始超过 60 岁的老将俞大猷。

在俞大猷与戚继光之间，谭纶更看重后者的能力，建议俞大猷退至南赣，而让戚继光升为总兵官，镇守全闽。戚继光终于后来居上。嘉靖四十二年（1563）十月六日，福建巡抚谭纶条陈防海善后事宜，其一是"处兵将"，建议"副总兵戚继光宜擢为总兵，镇守全闽，仍增设坐营都司一员，把总二员，充其任使。其原设三路参将，悉宜改为守备，总兵官俞大猷宜复还伸威营，与南赣军门事权为一。在福建止备汀漳二府山寇"。此议得到世宗批准。② 在谭纶的建议中，戚继光不仅升为总兵，而且镇守整个福建，而俞大猷被要求退到南赣，在福建仅防备汀、漳二府的山寇。

嘉靖四十三年（1564）九月二十四日，因南赣守备裁革，时任广东总兵的俞大猷移驻潮州。③ 在对付诏安"贼首"吴平时，俞大猷与戚继光产生了分歧。俞大猷接受了吴平的投降，但吴平降而复叛，于是福建总兵戚继光率军击败吴平。嘉靖四十四年（1565）四月二十三日，诏安"贼首"吴平先闻二省官兵夹剿，惧而请降。"总兵俞大猷受之，使居梅岭，杀贼自效"。"至是复叛，造战舰数百，聚众万余，筑三城守之，行劫广东惠、潮及诏安、漳浦等处。福建总兵戚继光督兵袭之。"吴平将辎重搬入舟中，率众逃到海上，退保南澳。福建巡抚汪道昆将此事上闻于朝，世宗"命督抚等官协力夹剿以靖地方，不许妄分彼此及以招安为名养寇贻患"④。世宗的话，透露出广东总兵俞大猷与福建总兵戚继光之间的分歧和矛盾。

嘉靖四十五年（1566），俞大猷与戚继光的运程出现了此消彼长的态势。俞大猷被革职闲住，而戚继光则兼管原俞大猷的防区，连俞的手下汤克宽也归戚继光节制。据《明世宗实录》载，嘉靖四十五年正月二十八日，"革惠潮总兵俞大猷职闲住，命福建总兵戚继光兼管惠潮二府并伸威营总兵事"。起因是去年十月初，"官军围海贼吴平于南澳，继光将陆兵，大猷将水兵，夹击，大破之"。但吴平只身逃到饶平县凤凰山，纠集余众，兵势复振。"时继光留击南澳余贼，独大猷所部参将汤克宽、李超，都司白瀚纪、傅应嘉等引兵蹑平后，连战俱不利"，导致吴平"遂趋樟林，掠民舟出海"。事闻，福建巡按御史陈万言上奏："平初溃围得脱，系大猷等所分信地，及追战又不力，法当重处。"而广东巡按陈联芳复劾"大猷在广数年，民兵相继煽乱，束手无策，宜急择良将代之"。于是世宗"乃黜大猷，而命继光兼镇

① 《明世宗实录》卷 523，嘉靖四十二年七月壬辰。
② 《明世宗实录》卷 526，嘉靖四十二年十月辛亥，第 8572 页。
③ 《明世宗实录》卷 538，嘉靖四十三年九月癸亥，第 8726—8727 页。
④ 《明世宗实录》卷 545，嘉靖四十四年四月己丑，第 8806 页。

闽广。时克宽已升狼山副总兵,因广寇未平复留,听继光节制,候功成之日,方许离任"。①

因为俞大猷的作战经验和战功,朝廷又不得不恢复了俞大猷的原职总兵官,但让他镇守广西。② 至隆庆元年(1567)五月九日,又"以擒斩广东贼首王西桥等,升总兵官俞大猷为署都督同知"。③ 于此可见,在很多官员的眼中,俞大猷与戚继光都是懂军事、善作战的人才。隆庆元年八月二十一日,给事中吴时来曾在奏中指明:"两广总督谭纶,总兵俞大猷、戚继光皆知兵。"④ 至此以后,虽然俞大猷与戚继光仍有来往,但在《明实录》中再也没有"同框"的记录。国史以朝廷和国家为记载主题,对于两位军事将领的个人经历和相互交往并不在意,但俞、戚二人的友谊在国史的关注之外,仍在延续。

尽管在抗倭和平乱的战斗中,戚继光上升得比较快,甚至二人产生了一些分歧,但他们有共同的奋斗目标,有休戚与共的战斗经历,因此结下了忘年之交和深厚友谊。万历六年(1578)九月初八,俞大猷要求致仕的申请被皇帝批准。回家之前,俞大猷十分惦念老战友戚继光,连续给他写了4封信,希望能在离职之前再相会。信中表达道:"猷他无所长,唯闻人之贤,心诚慕之;见人之贤,心诚敬而爱之。名公,一世之英也。其所施为,皆猷所亲见而灼知。爱敬之情,切于衷肠。况又受名公之爱之深,系于肝肺。每中夜思念,及与相知对谈,推让名公,不啻口出。神明知之。名公与猷,情亦同也。猷故谓:'今日交谊可传千古,已为美谈。'……方当远离,乃以事绊,不得一会晤,可胜怅然。每执笔,欲作书奉答并谢,益心怅而不能成稿者数日。伏又思之,千言万语亦说不尽。心相同而神相通,则隔数千里亦如面。孟子谓:'天下之善士,岂必常聚于一堂哉?'厚仪拜领,感激益深,谨此附谢。苍生社稷事,愿益竭忠赤以致太平,以慰江湖远人之忧。"⑤ 俞大猷想再见一次戚继光的愿望,虽未能实现,但二人在相交相知以及并肩作战中结成的深情厚谊,则经过了严峻的考验,在历史上留下了"俞龙戚虎"的美誉。

在俞大猷去世多年后,实录仍然保留了大臣们将俞大猷、戚继光放在一起,视为武将的楷模的言论。据《明神宗实录》载,万历十九年(1591)九月二日,兵科给事中许子伟在疏陈备倭之要时,建议"审贤才以重委任",并特别指出"文如谭纶、汪道昆,武如俞大猷、戚继光,特加甄收任用,允得胜算"。⑥ 直到万历四十年(1612),仍然有人将俞大猷和戚继光相提并论。据《明神宗实录》载,是年闰十一月十六日,兵科给事中丘懋炜提出备倭应重视"将领",并指明:"昔壬子癸丑之役,蹂躏十余年而后得,文如谭纶、阮鹗,武如俞大

---

① 《明世宗实录》卷554,嘉靖四十五年正月庚申,第8915—8916页。

② 《明世宗实录》卷562,嘉靖四十五年九月丁巳,第9015—9016页。

③ 《明穆宗实录》卷8,隆庆元年五月癸亥,第225页。

④ 《明穆宗实录》卷11,隆庆元年八月癸卯,第315页。

⑤ 俞大猷:《正气堂续集》卷1《与戚南塘书》,载俞大猷撰,范中义点校《正气堂全集》,上海辞书出版社2011年版,第762页。

⑥ 《明神宗实录》卷240,万历十九年九月甲子,第4455页。

猷、戚继光者，出其所造就偏裨卒旅，亦留为数十年之用。"① 在明代最后一部实录《明熹宗实录》编纂时，作者仍然将俞大猷与戚继光一起视为谋略勋名的代表。据其载，天启元年（1621）十二月七日，大学士叶向高在纪念故左都督戚继光"当嘉靖季，倭寇海上，浙直闽广无不摧残，独继光在浙数有战功"时，指出："其与继光同时戮力而谋略勋名亦差次者，则有俞大猷。"② 可见，在《明实录》编纂者心中，俞大猷与戚继光是闪耀星空的双子星座。

四　对俞大猷的高度评价

从以上记载来看，《明实录》对俞大猷的评价还是比较高的，对他的大起大落的经历也充满了同情之感。

《明实录》直接评价俞大猷的地方并不多，但通过载录他人的言论，间接表达了对俞大猷的肯定和赞扬。嘉靖四十一年（1562）十一月，副总兵俞大猷升为镇守福建总兵官时，《世宗实录》作者用巡抚游震得的推荐词"大猷才勇可任大将"，③ 表示对俞大猷的赞赏。万历五年（1577）正月，《神宗实录》的作者，保留了兵科左给事中林景旸奏书中所使用的句子："短兵诸法，惟都督俞大猷独得其传。"④ 以表示对俞大猷刀剑之术的高度肯定。

《明实录》的作者还直接肯定俞大猷的功绩，给予高度的评价。嘉靖三十四年（1555）五月，俞大猷以副总兵身份，率军击败柘林倭寇，在王江泾大获全胜。《明世宗实录》作者指出："自有倭患来，东南用兵未有得志者，此其第一功云。"⑤ 这是对俞大猷很高的认可。

对于俞大猷所遭受到的不公平待遇，《明实录》作者也能够给予充分的同情和辩解。嘉靖三十八年（1559）三月，总督胡宗宪以舟山倭寇突出重围，占据柯梅一事，抨击总兵俞大猷等人"防御不早，邀击不力，纵之南奔，播害闽广，失机殃民"，要求"宜加重治！"于是皇帝将俞大猷逮系诏狱，导致其遭受人生中最重大的挫折。但《明世宗实录》作者却对俞大猷等人深表同情，加以分析和辩解："柯梅倭之出海，宗宪实阴纵之，故不督诸将要击，及倭既出舟山，即驾帆南泛，泊于浯屿，焚掠居民，由是福建人大噪，谓宗宪嫁祸。南道御史李瑚遂劾参宗宪，数其三大罪。瑚与大猷皆福建人，宗宪疑大猷漏言于瑚，故诿罪大猷，以自掩饰如此。"实录作为编年体史实性著作，其作者能够这样直接下场进行评述的，较为罕见。于此可见其对俞大猷的同情。

---

① 《明神宗实录》卷502，万历四十年闰十一月乙亥，第9520页。
② 《明熹宗实录》卷17，天启元年十二月甲戌，第843—844页。
③ 《明世宗实录》卷515，嘉靖四十一年十一月己酉，第8468—8469页。
④ 《明神宗实录》卷58，万历五年正月丙辰，第1344页。
⑤ 《明世宗实录》卷422，嘉靖三十四年五月甲午朔，第7307页。

《明实录》对俞大猷的生平，做了特殊的处理。按照《明实录》的修纂体例，"在京文武官三品以上，近侍五品以上，在外都司、布政司、按察司正官，殁皆书卒及概见其行实，善恶务合公论"①；"已故大臣并见在三品以上，不拘见任、致仕，殁皆书卒，及概见其行实，善恶务合公论"②。根据上述标准，俞大猷应该符合入传的标准。他最高升为右都督，为正一品；即使以他去世前被降为后军都督府佥书，署都督同知而论，也是正二品，完全够得上"见在三品以上"且"不拘现任、致仕"的标准，应该按照实录的正例"书卒"，即以他去世的万历七年八月二十六日（1579 年 9 月 16 日）为切入点，插入附传，概述其一生的事迹。然而，实录只是在俞大猷死去一年后，在皇帝"赐祭"时，才附带引入其小传，而且十分简略，只有 114 字。

不过，《明实录》虽然在体例上对俞大猷有所怠慢，但评价仍然很高。据《明神宗实录》卷一〇二载：

> 万历八年七月二十四日，赐原任后军都督府佥书、署都督同知俞大猷祭葬如例。大猷，福建晋江人。少补弟子员，治经术。既而袭官百户，登会举第五人。以功累迁至今官。请老，疏三上，乃许。寻卒于家。大猷为人廉而好施，能折节下士，至剿历东南，大小百十余战，所向无不剿灭，而况机持重，不期目睫功，有古大将风云。③

在这个附传中，俞大猷因功升为右都督（正一品）一事只字不提，只说他官至后军都督府佥书、署都督同知，这对于特别重视官职级别的古代家族，是一个令人十分沮丧的事情。一个人的官职高低，牵扯到一个家庭的荣辱。《明实录》这一官方的盖棺定论，对俞大猷及其家族来说是颇为遗憾的。不过，《明实录》毕竟补给俞大猷一个附传，虽然字数少，但评价并不低，说他"为人廉而好施"，则反击了广西巡按李良臣弹劾"总兵俞大猷奸贪不法"的不实之词；"能折节下士"，则反映了俞大猷谦虚为怀、和乐部下的情操；"至剿历东南，大小百十余战，所向无不剿灭"，是对他赫赫战功的极高评价；"而况机持重，不期目睫功，有古大将风"，则说明他沉稳，有远略，有古代大将的风范和胸襟。

然而，明代政府一直未给俞大猷谥号。直到天启元年（1621），叶向高在"目击时艰"时，"兴思良将"，要求给因紧跟张居正而被罢黜的已故左都督戚继光赐谥，同时提出对与戚继光齐名的俞大猷也应该赐谥的建议，称二人"公论虽符，谥典尚靳，是亦断不可少者也"。这封题奏得到熹宗皇帝的回复："戚继光素著勋劳，未蒙优叙。着该部即行议覆。并俞大猷

① 《明太宗实录·修纂凡例》，第 8 页。
② 《明世宗实录·修纂凡例》，第 7—8 页。
③ 《明神宗实录》卷 102，万历八年七月辛卯，第 2015—2016 页。

都与他谥，称朕悯念劳臣至意！"① 疾风知劲草，国乱思良将，俞大猷和戚继光终于获得明代政府的重视和追谥，并同时为明代国史《明实录》所记载。

不过，也要看到实录对俞大猷的评价有所保留。如实录虽记载了熹宗皇帝同意给俞大猷和戚继光赐谥，但终未记载所赐谥号。此外，与原始档案相比，史料来自档案的《明实录》，却对记录着俞大猷功勋评价的档案进行了裁剪和改编。如俞大猷因平定曾一本之功，破格升为右都督。对于这一战功，兵部在覆本中对俞大猷的评价是："才经百练，望重三军。建福舟取胜之议，知甲兵素养于胸中；定分道并进之谋，见料敌如指诸掌上。矧成功不伐，益占素养之真纯；且矍铄不衰，何异据鞍之便捷！"② 这在《明穆宗实录》卷三六"隆庆三年八月癸丑"条中，皆被删去，不见踪影。当然，史书与史料有所区别，前者对后者必然要有所去取。这一点，在看待实录之于俞大猷的态度时，也要考虑进去。

结　语

作为明代国史的《明实录》，是对俞大猷历史记载最为权威的史书。在实录中，可以发现，它详细记载了俞大猷抗倭、平乱的事迹和经历，如他担任守备、参将，副总兵、总兵，到升任署都佥事、署都督同知、右都督的不同发展阶段，以及被逮免职，重归于零，以及此后从头再来的过程；既记载了他的赫赫战功，也记录了其作战失利，对俞大猷的成长经历和大起大落都作了如实记录。《明实录》对俞大猷作战的特点，也作了记载和彰显。对于俞大猷"长于水战"的特点，不仅进行大量的事实记录，而且还直接或间接地予以突显，并用他人"长于陆战"来衬托俞大猷"长于水战"的这一特点。对于俞大猷"才宜于南"而不宜于北的作战特点，《明世宗实录》有意地作了引导和塑造。《明世宗实录》意隐去了他在山西大同的战功。虽然俞大猷在大同军中被褫夺了官职，无法亲自率军作战，但他因出谋划策，而获得对蒙古作战的胜利，这在《明穆宗实录》中是获得过追认的。以此观之，他也算是"才宜于北"。与其"长于水战"相匹配的是，是他善于利用和建造战船（福船）；与其"才宜于北"相匹配的，则是他擅长造车。他在山西大同从军前后便提出了制造战车的建议，并有完善的图式。俞大猷擅长造车的事实，则说明他其实也擅长在北方边关与蒙古骑兵作战，因为当时普遍认为，对付蒙古铁骑，最好的工具是配备了火器的战车。显然，《明实录》对俞大猷"长于水战"的特点描述无疑是精准的，但对于俞大猷仅"才宜于南"而不宜于

---

① 《明熹宗实录》卷17，天启元年十二月甲戌，第843—844页。

② 俞大猷：《洗海近事》卷下附《兵部覆本》，载俞大猷撰，范中义点校《正气堂全集》，上海辞书出版社2011年版，第653页。

北的认知，则并不准确。《明实录》还记载了俞大猷与另一位抗倭名将戚继光的共同战斗经历，和此消彼长的历史命运，以及两人之间产生的矛盾，同时也有选择地记载了时人有意将二人相并论、同为武将楷模的认识。《明实录》虽然未给俞大猷以"书卒"的形式插入附传，但仍在赐祭时插入其附传，并给予了很高的评价，反映出明代国史对那些为国家御外定乱的功臣，还是有正确认识的。

清修《明史》太祖诛戮功臣书写之嬗变[*]

闫　瑞[**]

（南昌大学人文学院历史系，江西南昌，330036）

摘　要： 如何评价明太祖诛戮功臣是清修《明史》的重要话题。修史之初，批评明太祖诛戮功臣过甚为史馆之公论。潘耒与万斯同撰写的相关论赞贯彻了《修史条议》的思想，指明功臣存在无罪见诛的情况，明太祖因猜忌将元功宿将诛戮殆尽，损耗国本。监修官熊赐履认为明太祖用法严峻，后世子孙不应效仿；但面对太祖诛戮功臣之史事则追究诸臣之过错。武英殿本《明史》秉持康熙帝称美明代诸帝之修史基调，维护君主权威，肯定太祖之峻法，并将其合理化、常态化；同时，反复强调诸臣被杀乃是"自取"灾祸，彻底忽略太祖鸟尽弓藏、故意剪除功臣之可能。史家个人见解起初有一定呈现空间，最终溶消于皇帝择定的书写基调中。

关键词： 《明史》；明太祖；诛戮功臣；论赞

明太祖朱元璋诛戮功臣是有明一代的重要历史事件，学界已有诸多讨论追究明太祖屠戮功臣的原因：或追因于明太祖的性格偏激和滥杀心理，[①] 或从明初政治斗争局势加以解释，[②] 或从社会文化心理方面寻找深层原因。[③] 其实，清初官修胜朝之史，如何书写太祖诛戮功臣

---

　*　本文为江西省高校人文社会科学研究项目"中国古代史学话语体系下的《明史》序与论赞研究"（项目批号：LS21203）阶段性成果。

　**　闫瑞，1987年生，历史学博士，新疆石河子人，南昌大学人文学院历史系讲师，江西重点研究基地"江西区域史和档案文献中心"成员，主要从事明清历史文献、明清政治文化研究。

　①　朱鸿详细梳理了功臣死亡的时间，以洪武二十三年（1390）马皇后去世为分水岭，太祖猜忌之心日重，有爱保之心，却成诛夷之实，见《明太祖诛夷功臣的原因》，《台湾师范大学历史学报》1980年第8期。林正根认为屠戮源自明太祖自卑和焦虑而竭力掌权的诉求，见《论明太祖的心态与功臣群体的覆灭》，《江汉论坛》1992年第12期。高寿仙着重分析明太祖冲动性格导致的滥杀心理，见《朱元璋的滥杀心理及其影响初探》，陈怀仁编：《第六届明史国际学术讨论会论文集》，黄山书社1995年版，第454—469页。

　②　李新峰强调明太祖是依照私人关系由远至近有计划剪除功臣以稳固皇权，见《明初勋贵派系与胡蓝党案》，《中国史研究》2011年第4期。

　③　赵毅、罗冬阳认为，明初统治集团内部次属群体与首属群体文化心理上的差异、对立和君臣间缺乏首属群体成员般的融洽信任关系是导致明太祖大肆诛夷功臣的必然的社会文化心理因素，见《明太祖诛夷功臣原因新探——朱元璋与刘邦的比较》，柏桦主编：《庆祝王钟翰教授八十五暨韦庆远教授七十华诞学术论文合集》，黄山书社1990年版，第55—56页。

之事自始至终都是一个重要议题，在最终成型、流传甚广的武英殿本《明史》中，清廷官方论断仅归咎于功臣违礼僭制、"自取"灾祸，与修史之初批评明太祖猜忌过甚、屠戮功臣殆尽的舆论完全逆转。本文将系统梳理清修《明史》过程中有关太祖杀戮的论赞，分析汤斌、潘耒、万斯同、徐元文、徐乾学、熊赐履等史家与殿本《明史》之间相关见解的差异，进而透视围绕《明史》修纂而呈现的明史观、价值观的纠结与分歧，有助于理解清初政治文化与历史书写之间的关系。

一　修史之初关于明太祖诛戮功臣的公论

汤斌曾于顺治十一年（1654）与修《明史》，上《敬陈史法疏》，请朝廷旌表明末忠义之士，后被外放任官，以病归里。① 康熙十八年（1679），汤斌中"博学鸿儒"特科，再次入馆纂修《明史》，后升为总裁官，在史料甄别、编纂体例、史事书法上皆有建树，所著《明史凡例议》《本纪条例》《本纪当法〈宋史〉议》皆为编纂体例的探讨。② 现存《潜庵先生拟明史稿》中，既有汤斌撰写的拟稿，亦有其担任总裁官时所删改、审定之稿。其中，《太祖本纪》4卷是《明史·太祖本纪》取材的重要来源，③ 卷末撰有论赞一条：

> 赞曰：唐虞禅受，尚矣。汤武皆由诸侯而王，汉高起徒步，尚藉亭长。唐宋之兴，皆因势乘便。太祖出自侧微，不阶尺土一民，而削平僭乱，定有中原，海外君长奉正朔、受冠带，功烈之盛，方册所载，未尝有也。承元之后，制作礼乐，修明旧章，崇儒术，重祀典，求贤赐租之诏，无岁不下。体高年，褒孝弟，励农桑，旌廉能，重节义，黜贪墨，盖功德兼隆焉。至其家法谨严，后妃不得预政，外戚无请谒之私，任五府六部而朝无专政之臣，置卫屯田而国无养兵之费，尤其立法之善者。独是惩元政废弛，治尚刚严，所谓"治乱国用重典"与？然时时越法，有所纵舍，大抵疏于微贱，而详于贵近。故功臣保全，亦异于唐宋矣。至朝鲜、安南内乱，则惟以玺书告诫，不事征讨，又非好大喜功者所可及也。祚几三百，不亦宜乎！④

---

① （清）汤斌：《汤子遗书》卷2《敬陈史法疏》，《清代诗文集汇编》第102册，上海古籍出版社2010年版，第259—260页。相关研究见孙香兰《汤斌与〈明史〉》，南开大学《中国历史与史学》编辑组编：《中国历史与史学——祝贺杨翼骧先生八十寿辰学术论文集》，北京图书馆出版社1997年版，第55—68页。

② （清）汤斌：《潜庵先生拟明史稿》卷首《明史凡例议》，《四库未收书辑刊》第6辑第5册，北京出版社2000年版，第353—354页；卷首《本纪条例》，第351—352页。（清）汤斌：《汤子遗书》卷5《本纪当法〈宋史〉议》，《清代诗文集汇编》第102册，第408页。

③ 段润秀：《官修〈明史〉的幕后功臣》，人民出版社2011年版，第89—96页。

④ （清）汤斌：《潜庵先生拟明史稿》卷4《太祖本纪》，《四库未收书辑刊》第6辑第5册，第417页。

　　汤斌称赞出身侧微的太祖开创古往今来未尝有之功烈，并在国家治理上功德兼隆，立法良善，无后妃、外戚之祸，无专政之臣；对于周边国家亦不事征讨，正是有太祖所定下的诸般良政善法，使得国家能传祚近三百年。对于太祖用法甚严，汤斌以"治乱国用重典"为解，并指明太祖亦时常法外有情，称赞洪武年间"功臣保全，亦异于唐宋"。或许因为是《太祖本纪》的赞语，汤斌对明太祖屠戮功臣讳饰过甚，"功臣保全"的评价在史馆多有异议。

　　万斯同以布衣身份在馆修史，对《明史》的编修有着巨大的贡献。在其私人读书笔记《读洪武实录》中，万斯同肯定明太祖开基之功"卓绝千古"，亦指出太祖杀戮过甚，实录为讳饰此事而详略失当：

　　　　乃天下既定之后，其杀戮之惨，一何甚也！当时功臣百职，鲜得保其首领者。迨不为君用之法行，而士子畏仕途甚于阱坎。盖自暴秦以后所绝无而仅有者。此非人之所敢谤，亦非人之所能掩也。乃我观《洪武实录》，则此事一无所见焉，纵曰为国讳恶，顾得为信史乎？荩臣硕士岂无嘉谟嘉猷足以垂之万祀者，乃一无所纪载？而其他琐屑之事，如千百夫长之祭文，番僧土酋之方物，反累累不绝焉，是何暗于大而明于小，详于细而略于钜也？①

　　徐乾学、徐元文兄弟在万斯同协助下制定出指导修史的纲领性文件——《修史条议》，其中多条内容指向据实直书明太祖屠戮功臣之事。条议指出，《太祖实录》凡三修，明成祖为亲隐讳，删去明太祖诸般过激行为，不足为定论。② 条议又对洪武一朝三品以上官员进行统计，发现至少86%的官员为太祖所杀，国史无传，家无志状，需要补阙：

　　　　明初之尚书，贵之至重，视之实至轻。如一部而官设数人，一人而岁更数任，致史不胜书。今就洪武一朝考之，大僚三品以上者共得三百余人，遍搜诸书，其人得立传者不过三四十人，又率寥寥数语，本末不具。岂其人皆无可纪述？大率为太祖所杀，故国史不为立传，而其子孙亦不敢以志状请人，遂尔湮没不传？今当广搜各郡志书及各郡志《名宦传》，以补其阙略。不得但采《献征录》《开国臣传》《分省人物考》诸书，致有疏漏。③

　　同时，条议认为明太祖"虽治尚严酷，其杀人皆显指其罪，未尝掩护，乃实录则隐讳太

---

　　① （清）万斯同：《石园文集》卷4《读洪武实录》，方祖猷主编：《万斯同全集》第8册，宁波出版社2013年版，第243页。

　　② （清）徐乾学：《憺园文集》卷14《修史条议》，《清代诗文集汇编》第124册，上海古籍出版社2010年版，第428页。

　　③ （清）徐乾学：《憺园文集》卷14《修史条议》，《清代诗文集汇编》第124册，第429页。

过，而野史又诬谤失真"，要求史官"既不可虚美失实，又不可偏听乱真，愿以虚心核其实迹，庶免佞史、谤史之讥"。①

条议亦指明，太祖所杀之人，存在"有罪状可指"和"非罪见杀"这两种情况，有罪状可指者如张昶、杨宪、李善长、胡惟庸、陈宁、开济、郭桓、詹徽、余熂等人，实录皆直书其事；非罪见杀者如程徐、陶凯、薛祥、滕德懋、陈敬、赵瑁、王惠迪、麦至德、徐铎等人，皆死于非命，记载失实。② 条议要求根据《昭示奸党录》与《逆臣录》的记载，明确因罪被杀者之罪，毋使确定之事再度模糊："胡惟庸之狱，人尽疑之。然太祖刑戮大臣几无虚月，铤而走险，遂萌异图，亦情之所有，岂谓尽无非干天命以救死也。李善长、陆仲亨辈，谓其同逆则非，责以知情不举，彼亦无辞。不然，《昭示奸党录》所列狱词数十万言，罪实难贷，事岂尽虚？尚究当年之情实，毋滋疑信之两端。"③ "胡蓝之党，公侯伯坐诛者四十余人，都督坐诛者二十余人，前有《昭示奸党录》，后有《逆臣录》，皆当据实直书。"④ 对于宋国公冯胜、颍国公傅友德二人，"无罪而就诛夷，千古所同慨，今当直书其事，不必为隐讳之词"⑤。

由此可知，万斯同与徐氏兄弟都以如实记录明太祖诛戮朝臣为信史之基础，也明确认识到功臣存在无罪见诛的实情。

二 潘耒、万斯同对明太祖诛戮功臣的批评

潘耒是"庄氏史狱"牵连致死者潘柽章的弟弟、顾炎武的弟子。康熙十八年（1679），他以布衣中"博学鸿儒"特科，入馆纂修《明史》。⑥ 受总裁安排，潘耒负责订定洪武至宣德五朝史传，有论赞稿《书纂修五朝史传后》传世。⑦ 潘耒在多条论赞中不断重复、清晰表达了对明太祖诛戮功臣的批评，其论断亦被万斯同认可，国家图书馆藏《明史纪传》313 卷⑧中相

---

① （清）徐乾学：《憺园文集》卷 14《修史条议》，《清代诗文集汇编》第 124 册，第 428—429 页。
② （清）徐乾学：《憺园文集》卷 14《修史条议》，《清代诗文集汇编》第 124 册，第 429 页。
③ （清）徐乾学：《憺园文集》卷 14《修史条议》，《清代诗文集汇编》第 124 册，第 428 页。
④ （清）徐乾学：《憺园文集》卷 14《修史条议》，《清代诗文集汇编》第 124 册，第 428 页。
⑤ （清）徐乾学：《憺园文集》卷 14《修史条议》，《清代诗文集汇编》第 124 册，第 428 页。
⑥ 《圣祖仁皇帝实录》卷 80，康熙十八年三月甲子，《清实录》第 4 册，中华书局 1985 年版，第 1023 页。
⑦ （清）沈彤：《果堂集》卷 10《检讨潘先生耒传》，《清代诗文集汇编》第 264 册，上海古籍出版社 2010 年版，第 416 页。
⑧ 国家图书馆藏有《明史纪传》313 卷，共 68 册，卷首录方苞《万季野墓表》，为万斯同之修史成果。《续修四库全书》收录的《明史》416 卷，体例完备，虽标为万斯同所撰，但朱端强、衣若兰、王宣标等皆认为此稿为监修官熊赐履在万斯同修史成果基础上加以修改并于康熙四十一年（1702）进呈御览的史稿，参看朱端强《万斯同与〈明史〉修纂纪年》，中华书局 2004 年版，第 285 页；衣若兰《旧题万斯同 416 卷本〈明史·列女传〉研析》，《汉学研究》2010 年第 28 卷第 1 期；王宣标《四百十六卷本〈明史〉之编定者考》，《国学学刊》2011 年第 2 期；王宣标《熊赐履与〈明史〉纂修》，《史学史研究》2014 年第 1 期；秦丽《国家图书馆藏 416 卷〈明史〉新考》，《中国典籍与文化》2016 年第 1 期。笔者赞同上述学者之观点，以 416 卷本《明史》为熊赐履之修史成果，其史观下文详述。

关论赞几乎完全沿用了潘耒的论赞，故一起讨论。

潘耒、万斯同将冯胜、傅友德与廖永忠同传，冯、傅二人"皭然无染"，明太祖却鸟尽弓藏："三将军并有方面勋，才略亚于六王。（冯）胜时以小失被呵谴，（傅）友德始终无过，经胡蓝党祸之酷，皭然无染，可谓至难。乃卒不保其终，鸟尽弓藏，帝于是为少恩矣。"①

在潘耒与万斯同的传记安排中，皆未见胡惟庸的传记，直至 416 卷本《明史》才知胡惟庸与陈宁皆列于《奸臣传》（《明史纪传》内《奸臣传》缺失）。② 可见，在总裁官首次分任专阅史稿时，胡惟庸已因其罪行而被区别对待。对于其他有罪被杀的功臣，潘耒、万斯同则批评太祖动多猜忌而杀戮过甚，伤害国本。蓝玉涉及背逆之事，受戮本是合理，但是，当时牵连被杀者达一万五千人，难免冤假错案："太祖起田间，资群力以有天位。天下既定，功臣、彻侯连胫受戮。呜呼！烈矣哉！顾当时将帅皆草泽之雄，习于桀悍，能以礼自完者尠矣。蓝玉之事不无悲焉。传曰：'高而不危，满而不溢。'况乎涉背逆之迹者哉。然被诛者至万五千人，谓无冤滥难矣。"③ 潘耒亦质疑对济宁侯顾时等"佐命之英"身后之指控是否可信："济宁以下皆勋封高第，其功为大将所掩，不甚著，要皆佐命之英也。身没之后，顾乃列名党籍，何欤？胡党之发因李善长，去惟庸死已十年，爰书、证据多出于隶人、女子之口，其皆可信欤？况其身已死，无左验者欤？"④ 萌生逆节的唐胜宗、陆仲亨等人"富贵已极，乃萌逆节，疑非人情。顾其罪状既明，则亦莫得而湔雪也"；同是"健将"的豫章侯胡美（后改封临川侯）、江夏侯周德兴为子受戮，定远侯王弼、永平侯谢成、崇山侯李新亦未得好死，潘耒不免感叹"此殆天之所以启太宗欤"。⑤ 万斯同修改后的论赞，强调延安侯唐胜宗、平凉侯费聚"丰沛故人"之身份，在逆节之事上亦不会被豁免；同时，在定远侯王弼等未得好死之后，添加"自斯以后，功臣存者惟长兴（耿炳文）、武定（郭英）二侯"，使功臣被戮之烈更为具体。⑥ 潘、万二人皆明确以太祖杀戮元功宿将殆尽为燕王起兵成事之因："太祖末年，元功宿将诛戮殆尽，燕王无所顾忌，遂以起兵。"⑦ 潘耒指出，如此情况下，李

---

① （清）潘耒：《遂初堂文集》卷 11《书纂修五朝史传后·冯胜》，《清代诗文集汇编》第 170 册，上海古籍出版社 2010 年版，第 407 页。《明史纪传》中只是少了"廖永忠"的"廖"字，见万斯同《明史纪传》卷 34《冯胜》，国家图书馆藏，页 12b—13a。

② （清）万斯同：《明史》卷 401《奸臣上》，《续修四库全书》第 331 册，上海古籍出版社 2002 年版，第 332—334 页。

③ （清）潘耒：《遂初堂文集》卷 11《书纂修五朝史传后·蓝玉》，《清代诗文集汇编》第 170 册，第 407 页。《明史纪传》中添加了"扶翼""接踵"等词，文意一致，见万斯同《明史纪传》卷 35《蓝玉》，国家图书馆藏，页 7b。

④ （清）潘耒：《遂初堂文集》卷 11《书纂修五朝史传后·顾时》，《清代诗文集汇编》第 170 册，第 408 页。《明史纪传》赞语为"虽功为大将所掩""为类列其行事"，仅"虽""列"二字与潘耒所撰不同，见万斯同《明史纪传》卷 38《顾时》，国家图书馆藏，页 14a。

⑤ （清）潘耒：《遂初堂文集》卷 11《书纂修五朝史传后·唐胜宗》，《清代诗文集汇编》第 170 册，第 408 页。

⑥ 《明史纪传》卷 39《唐胜宗》，国家图书馆藏，页 16a—16b。

⑦ （清）潘耒：《遂初堂文集》卷 11《书纂修五朝史传后·铁铉》，《清代诗文集汇编》第 170 册，第 412 页；《明史纪传》卷 65《铁铉》，国家图书馆藏，页 15b。

善长即便身退也难免阃门之灾，更何况他尚与背逆之人有染："李善长际会兴王，无履军陷阵之功，徒以近密亲信，迹其所以自见者，非有奇谋深计也。以武宁（徐达）之勋劳、文成（刘基）之佐命，犹不得总国枋而握权衡，善长力小任重，惧不克终焉。太祖晚年动多猜忌，即身退，阃门难乎免矣，况夫有自致之衅耶？"① 万斯同修订的论赞虽文辞多有改动，但评价之倾向与潘耒一致："李善长际会兴王，无摧坚陷阵之功，徒以帷幄亲近比迹萧相，位尊宠极，嫌隙遂开。当此之时，虽过挹损，犹惧祸及，而乃昧止足之分，蹈恶盈之戒，阃门被狱，糜烂为期，非其自取之乎？"②

潘、万二人皆感叹党祸酷烈情形下华云龙等列侯保全性命之不易："淮安（华云龙）、广德（华高）诸列侯，非有赫赫大功，咸剖符锡券，传及苗裔，当日酬庸之典良不薄矣。不再传辄失爵，岂其后嗣之皆不贤欤？抑文网之稍密欤？方党祸之列［烈］，此十二人者幸得令终，故类次于篇。"③

潘耒、万斯同批评明太祖诛戮功臣过甚，认为罪状明确的李善长、唐胜宗等人被杀，也与太祖晚年动多猜忌有关；诸将于开国有功，但大多出自草莽、不谙礼法，在证据并无十分确信的情况下接连被戮不免令人扼腕；甚至，明太祖亦诛戮冯胜、傅友德这样皭然无染的功臣。史家亦感叹如此严峻的政治形势、惨烈的党祸下，开国功臣保全性命之不易。这些论断形成批评明太祖诛戮功臣之总体氛围。

三　熊赐履对明太祖诛戮功臣评价之调整

熊赐履是清初理学名家，颇有声望，素为康熙帝所倚重。他常心系《明史》纂修，刊刻于康熙二十九年（1690）的《经义斋集》中收录《读明纪随笔》31 条，是对明初君臣、史事的评论。④ 康熙三十六年（1697），因熊赐履"读书多而学问好，且在馆诸臣，半系门生"，特命其为《明史》监修官，改削已成史稿。⑤ 熊氏历时五年裁定史稿，于四十一年（1702）进呈御览，"计本纪十七、志十四、表五、传二百四十一，总共四百十六卷"⑥。他深知首尾论断的重要意义，故裁定史稿时尤其重视叙与论赞的删改润色："余既被特简监修，

---

① （清）潘耒：《遂初堂文集》卷 11《书纂修五朝史传后·李善长》，《清代诗文集汇编》第 170 册，第 408 页。

② 《明史纪传》卷 41《李善长》，国家图书馆藏，页 9b。

③ （清）潘耒：《遂初堂文集》卷 11《书纂修五朝史传后·华云龙》，《清代诗文集汇编》第 170 册，第 408 页。《明史纪传》中为"幸保令终"，见万斯同《明史纪传》卷 35《华云龙》，国家图书馆藏，页 12a。

④ （清）熊赐履：《经义斋集》卷 6《读明纪随笔》，《清代诗文集汇编》第 139 册，上海古籍出版社 2010 年版，第 120—126 页。

⑤ 《清代起居注册·康熙朝》，第 9 册，台北：联经出版公司 2009 年版，康熙三十六年二月初四日乙酉，第 4923—4924 页。

⑥ （清）熊赐履：《澡修堂集》卷 2《进呈明史札》，《清代诗文集汇编》第 139 册，第 310 页。

总裁其事……五载之间，殚心搜讨，日事编摹，乃僭为裁定，凡四百有余卷，其叙、论如干首，则余所特为加意珥笔构成，虽或稍取陈义一二，删润兼施，要之皆鄙人深思而独运者也……而首尾论断发挥，一言衮钺，其所综挈更在精神脉络之间矣。"①《续修四库全书》收录之 416 卷本《明史》中的论赞便出自熊赐履或经熊赐履删改润色。

在早年读史笔记《读明纪随笔》中，熊赐履高度赞扬明太祖，也指明其求治太急，用法过峻："帝固三代后不世出之主也，但承元末积弊之余，求治太急，用法不无过峻。"② 与汤斌《太祖本纪》论赞称"功臣多保全"相比，熊赐履进呈稿 416 卷本《明史》论赞与早年读史随笔一脉相承，在盛赞太祖开国功绩之后，指明其刑罚严急，非常用之法："惟是刑罚所加，颇邻严急，或者时宜重典，固有不得不然者欤？祖训有之：'朕权时处治，特儆奸顽，非子孙所常用。'观此则帝一时用法之意亦大概可睹矣。不然，贻谋垂裕，懋建无穷之基，是遵何德也哉？"③

熊赐履指明太祖确实刑罚严急，那么，他又如何评价太祖杀戮功臣之举呢？对于潘耒、万斯同等皆认为无罪见诛的冯胜、傅友德等，熊赐履则认为他们"皆干城选也，忘躯血战，积功甚伟，乃并以失帝意弗获考终"④。熊赐履亦感叹党祸之烈，大狱一兴，株连众多，几乎将诸将一网尽之："君臣相与之际，岂不难哉！方其同起艰难有如月骨，酬庸之后虑无不带砺是盟子孙誓同世享者，而大狱一兴，株连倾陷，相率而骈首就僇，盖不啻一网尽之，此果胡为者也？锻铼炼之下，无求不得，或悬坐，或追论，固无一可得免焉。如济宁（顾时）以下诸臣之事，亦大可悲也已。"⑤

不过，熊赐履更多则追究诸臣之过错。在 416 卷本《明史》中，胡惟庸、陈宁列于《奸臣传》，卷首序言指明惟庸乃是自取覆宗："惟庸辈当太祖之世，雷霆日月，奚所容奸，而乃憨不畏死，自取覆宗，可不谓愚乎？"⑥ 熊氏认为，蓝玉被杀固然是太祖用法特峻，亦是蓝玉自致灾祸："玉之勋伐不在卫、霍下，太祖遇之亦既优矣。无何，宠极而恣，自作弗口，卒婴臧之祸，一时爱书连及，无乃太多！虽则帝用法特峻，亦玉辈有以致之也。传曰：'人臣无将可勿戒哉。'"⑦ 熊赐履在胡大海等开国之际殁于王事者的论赞中指出，明太祖崇德报功，但胡、蓝二党犹有诸般悖逆之举："诸臣感激知遇，各出其智力，效死罔替，遂皆殁于王事，捐碎无悔。身没之后，褒崇追恤，荣及苗裔，烈烈英声且与日月争光矣，顾不伟哉！呜乎！太祖之崇德报功，所以鼓厉［励］人心固如此，以此立教，犹有作为悖逆如胡蓝二党

① （清）熊赐履：《澡修堂集》卷5《兰台节录题词》，《清代诗文集汇编》第139 册，第342 页。
② （清）熊赐履：《经义斋集》卷6《读明纪随笔·太祖》，《清代诗文集汇编》第139 册，第120 页。
③ （清）万斯同：《明史》卷4《太祖纪四》，《续修四库全书》第324 册，第83—84 页。
④ （清）万斯同：《明史》卷163《冯胜》，《续修四库全书》第327 册，第252 页。
⑤ （清）万斯同：《明史》卷167《顾时》，《续修四库全书》第327 册，第277—278 页。
⑥ （清）万斯同：《明史》卷402《奸臣传下》，《续修四库全书》第331 册，第346 页。
⑦ （清）万斯同：《明史》卷164《蓝玉》，《续修四库全书》第327 册，第255 页。

之累累者。悲夫。"① 熊赐履详辨李善长并不是因为怀疑观望而获罪，更有可能是"左祖惟庸而阴幸其成者也"，其罪"恐百喙不能为之解"，即便王国用在李善长死后为其申理，明太祖亦没有丝毫后悔之意：

> 初善长以汉高视太祖，太祖亦萧何待善长也，君臣相遇之隆，可谓至也已。其后诛夷之祸，果太祖之猜忌寡恩乎？恐未必然也。方文裕以王淮西说善长，善长则颇为心动，既又语其弟存义曰："我死，汝等自为之。"是惟庸之谋，善长殆心许而口诺之矣。大逆无道，此何如事！勋戚如善长顾知而不举，且又匿其所使者，封绩不以闻。呜乎！推善长之意，将欲何为乎？夷考其迹，固大似左祖惟庸而阴幸其成者也。岂但怀疑观望而已哉？然则善长之为，善长奸乎？否乎？恐百喙不能为之解矣。而王国用者则又于身后稍为申理之，太祖虽不之罪，亦未闻有片言之悔，岂其中有实难以深论者耶？殊不可解也。②

综合来看，熊赐履指明太祖用法严峻，但亦说明此乃一时之法，不应为子孙常用。但对于太祖诛戮功臣，熊赐履在论说冯胜等无罪见诛时已不再提及鸟尽弓藏，在论说因罪被杀者时虽指明党祸牵连之烈，更多则追究诸臣之过错，否认太祖猜忌寡恩。

四　康熙帝称美帝王之基调与殿本《明史》归罪于功臣"自取"灾祸

康熙帝对《明史》进呈稿中评议皆不满意，尤其是关涉开国之君明太祖的部分。康熙二十六年（1687），徐元文等初次进呈史稿，康熙帝阅后谕令不可轻论古人。③ 三十一年（1692）正月，康熙帝详阅进呈史稿后，将史稿交熊赐履评议。熊赐履之议多含驳论。康熙帝阅后，表示对有关明太祖、明宣宗的评价不满，应当重加称美："朕思明洪武为创业之君，功德甚盛。如宣德则为守成令主，虽时殊事异，皆能于一代之中奋发有为，功德垂后，各尽为君之道……如欲撰洪武、宣德诸论赞，朕当指示词臣重加称美。倘使苛谪贬刺，非朕所忍为也。"④ 三十六年（1697）正月，康熙帝再次晓谕大学士等，称赞洪武、永乐所行之事，

① （清）万斯同：《明史》卷169《胡大海》，《续修四库全书》第327册，第298页。
② （清）万斯同：《明史》卷170《李善长》，《续修四库全书》第327册，第303页。
③ 中国第一历史档案馆整理：《康熙起居注》（第二册），中华书局1984年版，康熙二十六年四月十二日己未，第1617页。
④ 《清代起居注册·康熙朝》（第三册），康熙三十一年正月二十六日丙子，台北：联经出版公司2009年版，第1220—1221页。《圣祖实录》有相应的记载，但将日期记为二十七日"丁丑"，见《圣祖仁皇帝实录》卷154，康熙三十一年正月丁丑，《清实录》第5册，第700页。

肯定明代宫闱、朝堂制度，表示不愿讥讽前朝："观《明史》，洪武、永乐所行之事，远迈前王。我朝见行事例，因之而行者甚多。且明代无女后预政、以臣陵君等事，但其末季坏于宦官耳。且元人讥宋，明复讥元。朕并不似前人，辄讥亡国也，惟从公论耳。"① 又命将此谕令增入修《明史》敕书内。八月，康熙帝再次申明对洪武、永乐政事的肯定基调："当洪、永开国之际，创业垂统，纲举目张，立政建官，法良意美，传诸累叶，虽中更多故，而恪守祖制，足以自存。"② 即使是他素来倚重的理学家熊赐履删改润色的史稿，仍令其大为震怒，不仅面斥史官"任意妄作"，并作专文晓谕九卿大臣，拒绝御制定论之请，表达决绝之意：

> 《明史》关系极大，必使后人心服乃佳……有明二百余年，其流风善政，诚不可枚举。今之史官，或执己见者有之，或据传闻者有之，或用稗史者亦有之，任意妄作，此书何能尽善……若《明史》之中稍有一不当，后人将归责于朕，不可轻忽也。是以朕为《明史》作文一篇，尔等可晓谕九卿大臣……《明史》不可不成，公论不可不采，是非不可不明，人心不可不服，关系甚巨，条目甚繁。朕日理万几，精神有限，不能逐一细览，即敢轻定是非……卿等皆老学素望，名重一时，《明史》之是非，自有烛见。卿等众意为是，即是也。刊而行之，偶有斟酌，公同再议。朕无一字可定，亦无识见，所以苦辞以示不能也。③

在此背景下，王鸿绪删定的《明史列传稿》208 卷④与《明史稿》310 卷⑤的本纪与列传都未作论赞，据王氏自己的说法，乃是因为"篇中所述，贤否已是昭然，叙而复断，更无逸事，何须烦黩"，故"体同《元史》"，不作论赞。⑥ 但他将修史所依据的万斯同修订史稿与熊赐履进呈稿中大量丰富的论赞内容置之不理，很难说没有避免触犯康熙帝忌讳的考量。

雍正年间纂修《明史》，在主要负责人张廷玉的修史观念影响下，以王鸿绪史稿为基础进行删改加工；⑦ 同时，重新书写论赞，是这一阶段修史的重要内容，最终的成果在乾隆四年（1739）颁行天下的武英殿本《明史》中呈现。

---

① 《圣祖仁皇帝实录》卷 179，康熙三十六年正月甲戌，《清实录》第 5 册，第 922 页。

② （清）玄烨：《康熙帝御制文集》第二集卷 16《谕明史馆监修大学士伊桑阿、张玉书、李天馥、吏部尚书熊赐履，总裁户部尚书陈廷敬、礼部尚书张英、原任左都御史王鸿绪》，台北：台湾学生书局 1966 年版，第 847 页。

③ 《圣祖仁皇帝实录》卷 218，康熙四十三年十一月壬戌，《清实录》第 6 册，第 205—206 页。查《清代起居注册·康熙朝》与《康熙起居注》，缺康熙四十三年事，故引《清实录》。《康熙帝御制文集》亦录有此篇谕旨，文字稍有差异，见玄烨《康熙帝御制文集》第三集卷 7《谕大学士九卿等》，第 1474—1475 页。

④ （清）王鸿绪：《明史列传稿》卷首《进呈明史列传全稿》，国家图书馆藏，页 2a。

⑤ （清）王鸿绪：《明史稿》卷首《进呈明史稿疏》，哈佛大学哈佛燕京图书馆藏，页 2b—3a。

⑥ 刘承幹：《明史例案》卷 2《王横云史例议上》，《四库未收书辑刊》5 辑 4 册，北京出版社 2000 年版，第 569—570 页。

⑦ 相关研究见陈永明《雍正朝〈明史〉的纂修》，《清代前期的政治认同与历史书写》，上海古籍出版社 2011 年版，第 160—182 页。

殿本《明史·太祖本纪》论赞盛赞太祖开国之功与治国之策，称其"武定祸乱，文致太平"，关于其用法严峻的论述仅有"惩元政废弛，治尚严峻"之语。① 功臣的传记有诸多调整，如吴良等与华云龙等并为一卷，杨璟、胡美并入冯胜等卷中，"太祖杀戮"相关论赞中，亦指明顾时等在海内宁谧之时"隶党籍，或追论，或身坐，鲜有能自全者"，感叹"圭裳之锡固足酬功，而砺带之盟不克再世"，② 但出现频率最高的词语是"自取"，即功臣自取灾祸。

殿本《明史》不再关心冯胜、傅友德无罪见诛之史实，重心则在于声明"洪武功臣之不获保全者"，多是"自取"败亡：

> 冯胜、傅友德，百战骁将也。考当日功臣位次，与太祖褒美之词，岂在汤和、邓愈下哉。廖永忠智勇超迈，功亚宋、颍，皆不得以功名终，身死爵除，为可慨矣。江夏侯周德兴之得罪也，太祖宥之，因诚谕公、侯，谓多粗暴无礼，自取败亡。又谓永忠数犯法，屡宥不悛。然则洪武功臣之不获保全者，或亦有以自取欤。③

李善长"衰暮之年自取覆灭"，有愧于其职：

> 明初设中书省，置左右丞相，管领枢要，率以勋臣领其事。然徐达、李文忠等数受命征讨，未尝专理省事。其从容丞弼之任者，李善长、汪广洋、胡惟庸三人而已。惟庸败后，丞相之官遂废不设。故终明之世，惟善长、广洋得称丞相。独惜善长以布衣徒步，能择主于草昧之初，委身戮力，赞成鸿业，遂得剖符开国，列爵上公，乃至富极贵溢，于衰暮之年自取覆灭。广洋谨厚自守，亦不能发奸远祸。俱致重谴，不亦大负爱立之初心，而有愧置诸左右之职业也夫。④

殿本《明史》卷132末尾关于朱亮祖、周德兴、蓝玉等人的论赞，逐一反驳潘耒、万斯同、熊赐履等人之观点，可谓清廷对明太祖杀戮之总体看法。其一，声明君主以法治天下，承平之日刑法日渐严密是事势使然，以此否定重典为一时权宜的观点，而将峻法合理化、常态化；其二，认为是诸将身处富贵，日渐骄恣，君主不能废法而偏袒之，故对诸功臣彻侯的处置，并非因为君主鸟尽弓藏之剪除私计，而是功臣"自取"灾祸：

① 《明史》卷3《太祖纪三》，中华书局1977年版，第55—56页。
② 《明史》卷131《顾时等传赞》，第3856页。
③ 《明史》卷129《冯胜等传赞》，第3812页。
④ 《明史》卷127《李善长等传赞》，第3775页。

治天下不可以无法，而草昧之时法尚疏，承平之日法渐密，固事势使然。论者每致慨于鸟尽弓藏，谓出于英主之猜谋，殊非通达治体之言也。夫当天下大定，势如磐石之安，指麾万里，奔走恐后，复何所疑忌而芟薙之不遗余力哉？亦以介胄之士桀骜难驯，乘其锋锐，皆能竖尺寸于疆场。迨身处富贵，志满气溢，近之则以骄恣启危机，远之则以怨望扞文网。人主不能废法而曲全之，亦出于不得已，而非以剪除为私计也。亮祖以下诸人，既昧明哲保身之几，又违制节谨度之道，骈首就僇，亦其自取焉尔。①

纵观清修《明史》之过程，对于太祖诛戮功臣的历史书写发生了明显的逆转。史馆最初之公论《修史条议》中，明确批评太祖用法严峻，杀戮功臣过甚，且有无罪见诛之冤案，要求修史人员多加参考、详加辨析，据实直书。潘耒与万斯同关于太祖杀戮的书写贯彻了《修史条议》的思想，诸多论赞形成评价的总体氛围，即太祖猜忌过甚，将元功宿将诛戮殆尽，损耗国本。熊赐履删改润色史稿，论断已有调整，指明太祖用法严峻，后世子孙不应效仿为常法，但对于太祖诛戮功臣之事实，多追究诸臣之过错，而不论太祖晚年动多猜忌。最终，殿本《明史》秉持康熙帝称美明代诸帝的修史基调，对史家已有之论断逐一反驳，不仅肯定太祖之峻法，甚至将其合理化、常态化；并反复强调功臣被杀乃是"自取"覆灭，彻底忽略太祖鸟尽弓藏、故意剪除功臣之可能。这表明，尽管朝代有更替，但帝王对君主权威不可撼动的维护仍是一脉相承。清修《明史》过程中，史家见解有一定呈现空间，但由康熙朝至乾隆朝趋于缩减，皇帝见解则具有确定书写基调的权威性，甚至一锤定音。这是"一切历史都是当代史"的又一绝佳例证。

---

① 《明史》卷132《朱亮祖等传赞》，第3871页。

继承、求变及其局限：周济《晋略》对晋史的改写

唐燮军*

（湖州师范学院人文学院，浙江湖州，313000）

摘　要：周济《晋略》以唐初新修《晋书》为最主要的史料来源和基本架构，旁参《宋书》《魏书》《十六国春秋》等旧典的相关记载和《晋史删》《删补晋书》《晋记》等新史的谋篇布局，历经八年、三个阶段而成书于道光十九年。小字夹注的设置，虽有助于广纳史料并简洁行文，却也暴露出《晋略》对前史的征引，存在着诸多删略不当之处。强调经世致用，既是《晋略》史论的显著特征，无疑也正是该书问世后颇受学界内外关注的关键所在。周济虽勉力求变求新，却终因受制于个人与时代因素，其《晋略》仍然存在着诸多缺陷。

关键词：《晋略》；文本生成；史料来源；经世致用

　　荆溪人周济（1781—1839），字保绪，又字介存，号未斋，晚号止安。这位"于诗、于文、于词、于书画、于技击，靡所不精"① 的嘉庆乙丑进士，也曾致意湘素，并相继撰就《味隽斋史义》2 卷、《晋略》66 篇。截然不同于《味隽斋史义》的长期乏人问津，《晋略》自道光十九年（1839）刊行以来就备受关注，不惟湖州人戴望（1837—1873）曾经有意效仿其体例以编纂《明略》②，甚且进入当代美国汉学家何肯的研究视野③。但即便

---

　　* 唐燮军，1972 年生，男，浙江宁波人，历史学博士，湖州师范学院人文学院教授，主要从事中国史学史研究。

　　① （清）周实（阮式）著，朱德慈校理：《无尽庵遗集（外一种）》，陕西人民出版社 2009 年版，第 175 页。也正因周济富有文韬武略而又不为世用，故被龚自珍比作何无忌、杜牧，详参（清）龚自珍《程秋樵江楼听雨卷周保绪画》，载《龚自珍诗集编年校注》，刘逸生等校注，上海古籍出版社 2013 年版，第 433—435 页。

　　② 赵一生、王翼奇编：《香书轩秘藏名人书翰》中册《戴望致利叔书札》，浙江古籍出版社 2005 年版，第 385 页。

　　③ ［美］何肯在所著《在汉帝国的阴影下：南朝初期的士人思想和社会》中，对《晋略》汇传二《笃行·徐苗传》做了比较深入的解读。详参卢康华译本，中西书局 2018 年版，第 52 页。

如此，予以误读者既不乏其人①，全面而又系统的专题研讨更付之阙如。是以不揣谫陋，拟在分段考察《晋略》文本生成过程的基础上，从计量考察、定性分析两个维度，梳理《晋略》与唐初新修《晋书》之间的关系，进而结合对《味隽斋史义》、毛国缙《晋史删》、蒋之翘《删补晋书》、郭伦《晋记》的解读，尝试探讨《晋略》的史论特色、学术渊源及其相关问题。

一

周济的人生轨迹，比较明显地存在着两个转折点。一是嘉庆十年（1805）举进士时，"以对策戆言，抑置丙科，出为淮安府学教授"②，这就不但自我葬送了仕进前途，且其境遇每况愈下，以至于无论碑传笔记对其此后 20 余年行迹的叙述多么富有传奇色彩（详参表一），都难以掩盖周济有意经世却又日益被边缘化的无奈和落寞。二是道光八年（1828），基于对过往经历的深刻反思③，47 岁的周济毅然改变其处世方式，转而隐居于金陵春水园，从此杜门著述，"先成《说文字系》四卷、《韵原》四卷，辑平日古今体诗二卷、词二卷、杂文二卷。最后乃成《晋略》十册"④。

表一　　　　　　　　　　　碑传笔记所载周济事迹之分类

类别	事迹	出处
急人所难 好义轻财	无惧路途遥远且途中盗贼出没，癸酉（1813）春远赴巨野，替宝山县令田钧葬其母	丁传、沈传、魏传、徐钞
	抵押房屋、田产，替宝山县令田钧处理"以亏帑失职"的危机	丁传、魏传
崇尚实学	助丹徒县令屠倬用开方法丈量民田	魏传

① 例如范希曾《书目答问补正》、梁启超《中国近三百年学术史》、柴德赓《史籍举要》、方壮猷《中国史学概要》、仓修良《试论乾嘉史学》、陈廷亮《中国古代史学史概要》，皆误称《晋略》乃编年体史书。

② 丁晏：《止安先生本传》，可见段晓华《周济词集辑校》附录一，华东师范大学出版社 2016 年版，第 123 页。徐珂《清稗类钞·狷介类》则谓周济之所以"不得上第，以知县归班，改教"，与周氏拒不拜谒戴文瑞有关。又，周济《五十自述》忆及此事云："少年随辈攻举业，刻玉居然成楮叶。刻成大笑啮弃之，忽慕龙川逢弃疾。案上无非龟手方，匈中似有匡时策。一发狂言对大廷，布被公孙早惊绝。未能下第比刘蕡，毕竟臣言轮激直。"详参其《介存斋诗》卷 4，《清代诗文集汇编》第 535 册，上海古籍出版社 2010 年版，第 346—347 页。

③ 按，周济《自责五十二韵》有云："识浅志未定，气浮才转粗。兵农遂杂进，兼慕天官书。"详参《介存斋诗》卷 5，周济撰，《清代诗文集汇编》第 535 册，第 350 页。

④ （清）魏源：《古微堂内外集》卷 4《荆溪周君保绪传》，上海古籍出版社 2010 年版，《魏源全集》第 13 册，岳麓书社 2011 年版，第 250 页。

续表

类别	事迹	出处
主办盐务 武装缉私	受两江总督孙玉庭之委任，前往淮北缉办食盐走私难题	丁传、沈传、徐书、魏传、徐钞

备注：丁传即丁晏《止安先生本传》；沈传即沈铭石《周止庵先生传》；徐书即徐士芬《书周进士济》；魏传即魏源《荆溪周君保绪传》；徐钞即徐珂《清稗类钞》，今皆可见《周济词集辑校》附录一

有别于《荆溪周君保绪传》的语焉不详，周济在所作《晋略·序目》中，自称《晋略》动笔于其"始衰之年"："自揆举羽之力，恒怀绝骫之虑，顾念始自弱冠，即存斯志。洎乎壮岁，虽复酬酢人事，独居深念，未尝去怀。日月不居，学殖弗益，始衰之年，忽焉已过，释今弗图，逝将靡及。勉就剌剟，彰其要害，事即前史，言成一家。"① 然则周氏此说，疑未可从，这一则因为那年周济大概正忙于精读《史记》，并据以研撰《味隽斋史义》2卷②；二则因为其弟子冯元燿作于光绪十三年（1887）的《求志堂存稿汇编书后》，不但明言《晋略》始撰于道光十二年（1832），且其对周济编纂《晋略》一事的追忆，既相对完整又有细节，故其说更值得采信，其词云：

> 犹忆先生之作《晋略》也，起草于道光之十二年壬辰，告成于十九年己亥，历八载而三易稿耳。初稿草写，次稿付门人誊录。录者五人，则戴希斋、陈自堂、谌秉之、谌展卿与燿。是其三次定本，则已在淮安，燿未及见。③

尤其是冯氏所宣称的"历八载而三易稿"之说，更为考察《晋略》文本的生成过程，确立了范围、指明了方向。

倘若将冯氏"历八载而三易稿"之说，与包世臣《与周保绪论晋略书》的下列文字相互参看，似可进一步确定《晋略》"三易稿"的详情：

> 保绪二弟足下：春杪承寄示《晋略》，核阅累月，纪传俱未及卒，而目力殊苦不给。属张君司衡为卒其业，各签商数十百事，大都与原书较优劣于章句之间，无关大义，以未能知足下作书之旨故也。及足下至扬，面述叙目必宜改作，使读者知已意所在。昨承

---

① （清）周济：《晋略·序目》，《四库未收书辑刊》第2辑第20册，北京出版社1997年影印光绪二年味隽斋重刊本，第431页。较诸道光十九年初刻本（今有中华书局《四部备要》本），光绪二年味隽斋重刊本虽未必后出转精，却也在卷首补入了包世臣《序》（道光二十三年四月）、鲍源深《跋》（光绪二年十一月）、潘树辰《跋》（光绪三年六月）、曹文焕《跋》（光绪三年五月），同时在书末刻录周佐臣《跋》（光绪三年三月）。

② 按，《味隽斋史义·自序》末云："道光十有二年壬辰二月，荆溪周济序。"详参《味隽斋史义》，《续修四库全书》史部第451册，上海古籍出版社2002年版，第481页。

③ 冯元燿著，段晓华点校：《求志堂存稿汇编书后》，今可见《周济词集辑校》附录一，第138页。

见过，示以删定纪传三首，更造叙目一首，文采灿然，义例辨哲，虚怀果力，无异少壮，推此以论，其必举盛业无疑也。欣喜无量，故愿与足下尽言之。……暑湿，珍重不具。癸巳六月十九日。①

简言之，第一阶段上起道光十二年（1832），下迄次年春末。期间，周济在金陵春水园纂成初稿。据冯元耀追忆，乃师"方起草时，每日出而起，据案走笔，如风扫箨，到午餐，率二千余言。午餐后，则优游园林，作书写画，或与朋友谈言，与门人讲解，闲暇如常时。往来诸公无有知先生著书者，惟包慎伯、汪均资两先生尝知之"②；但周济作于道光十二年秋冬时节的诗词，例如《哨遍》的"痛饮张翰，生前杯酒浇黄土"，又如《六州歌头》的"正夸裙屐，矜门第，生兰玉，绍勋名。乌衣巷，重来燕，认雕楹"③，仍隐约透露出周济正在撰写《晋略》的消息。

第二阶段始于道光十三年（1833）春末。彼时，周济不但将《晋略》初稿寄示包世臣，更亲赴扬州当面请教，并在盘桓扬州的十日间④，既参照包氏建议而重撰《叙目》，又修改了三篇纪传；包世臣阅后"欣喜无量"，随即在六月十九日提笔作《与周保绪论晋略书》，提出了更为详尽的修改意见。于是此后，直至道光十五年（1835）秋任职"淮安校官"⑤之前，周济参酌包世臣《与周保绪论晋略书》中的构思，对《晋略》初稿的内部结构作了较大幅度的调整，一是新置《甲子》《州郡》《执政》《方镇》四表；二是采纳包氏"纪之所名，史例专属帝者，自宜循欧阳之旧，别为国传"的建议，将初稿所设《外纪》悉数改为《国传》（详参表二）⑥。作于道光二十三年（1843）四月的包世臣《晋略序》，对此也有所述及：

　　保绪深达治源，取《晋书》斟酌之，历廿余载，至道光癸巳写出清本，走使相质。既得余覆，又解散成书，五阅寒暑，乃成今本。⑦

至此，大体上确立了"《本纪》六篇、《表》五篇、《列传》三十六篇、《国传》十一篇、

---

① （清）包世臣著，况正兵、张凤鸣点校：《艺舟双楫》卷2《与周保绪论晋略书》，浙江人民美术出版社2017年版，第47、52页。

② 冯元耀，段晓华点校：《求志堂存稿汇编书后》，今可见《周济词集辑校》附录一，第138页。

③ 段晓华点校：《周济词集辑校》，第77—78、80—81页。

④ 按，周济《被花恼》之词题云："蔷薇始发，予往鸠江，十日归来，余英尚丽。阿苏有词，依声和答（以下归春水园作）。"详参《周济词集辑校》，第99页。

⑤ 丁晏：《止安先生本传》，今可见段晓华点校《周济词集辑校》附录一，第124页。

⑥ 谭献《复堂日记》云："阅《魏书·僭伪传》。措词失当，其过为六朝族史之尤。诸方并起，互相长雄，不独南邦不应附传，即西北群雄岂可不以邻国礼之？吾于此盖服保绪先生《国传》十篇为不朽之业矣。"

⑦ 《艺舟双楫》卷2《晋略序》，第53页。

《汇传》七篇、《序目》一篇"并"编为十册"①的基本框架，并将修改稿交由戴希斋、谌秉之等五弟子誊录，是即冯元爩所宣称的"次稿"。

第三阶段始自道光十五年（1835）秋任职淮安校官②，下迄道光十九年（1839）周济辞职追随湖广总督周天爵莅任武昌之前。在这将近四年间，周济复就"次稿"加以增损，其修改情形虽不得其详，但从蛛丝马迹中仍可推知：其一，新增《石苞传》《魏浚魏该传》《刘牢之传》等34篇传记（详参表三），同时摒弃原先拟定的诸如《贾荀列传》《王丞相列传》《王兖州列传》《仇池列传》之类的传名；其二，《目录》标注列传二二设有《丁潭传》，但正文实无此传，又正文业已改称"国传一《成汉李氏》"，而《序目》仍复题作《成汉国传》，以及《王浑传》夹注误认"庾旉"为"庾专"③，诸如此类的抵牾与讹误，表明周济病卒那年由周天爵出资刊印的《晋略》，其实仍属于尚未完成修改的未定稿，或许也正因此故，《晋略》成为姚莹（1785—1853）眼中"徒为鲁莽""好轻易著书"的反面典型④。

表二　　　　　　　　　　　包世臣对《晋略》内部构造的建议和周济的选择

包世臣的建议	周济的选择
设置《外纪》"以明金运之原"	将宣帝、景帝、文帝事置于《晋略·武帝纪》之中
在《孝武帝纪》《安帝纪》《恭帝纪》提及宋武帝行迹，并"立表以举其纲要"	在《安帝纪》《恭帝纪》提及宋武帝行迹，但未尝"立表以举其纲要"
将旧置《外纪》改设为《国传》	《晋略》列《国传》十一篇
设置"甲子""州郡""宗室""执政""方镇""勋封""叛乱"七表	设"甲子""州郡""执政""方镇"四表，并将"叛乱"纳入"甲子"，改"宗室表"为"宗室汇传"

表三　　　　　　　　　　　第三阶段对《晋略》的部分修改

《序目》的构想	修改后的模样
述《贾荀列传》第十三	另增《石苞传》《裴秀传》，使与贾充、荀勖合传
述《羊杜列传》第十四	另增《王濬传》《陶璜传》，使与羊祜、杜预合传

---

① 《晋略序目》，《四库未收书辑刊》第2辑第20册，第430、431页。

② 除丁晏《止安先生本传》明言"乙未秋，复起病为淮安校官"外，包世臣诗篇《九日启程，留别荆溪周二保绪济、桐城汪四均之正鋈、仪征张大司衡铨，保绪十日后亦之官淮阴》亦有交代。

③ 《晋略》列传五《王浑王济传》，《四库未收书辑刊》第2辑第20册，第152页。庾旉生前行迹可见《晋书》卷50《庾纯传附庾旉传》，中华书局1974年版，第1402—1404页。

④ （清）姚莹撰：《东溟文集·文外集》卷1《与童石塘论注南北史书》，《续修四库全书》第1512册，上海古籍出版社2002年版，第623页。

续表

《序目》的构想	修改后的模样
述《扶风列传》第十五	另增《马隆传》《周处传》，使与扶风王骏合传
述《齐王列传》第十六	另增《王浑传》《卫瓘传》《和峤传》，使与齐王攸合传
述《傅刘列传》第十七	另增《刘颂传》《段灼传》，使与傅玄傅咸、刘毅刘暾合传
述《八王列传》第二十一	另增《卢志传》，使与八王合传
述《祖豫州列传》第二十六	另增《刘遐传》《李矩传》《郭默刘胤传》《魏浚魏该传》，使与祖逖合传
述《周顾列传》第二十七	另增《纪瞻传》《贺循传》《熊远传》，使与周玘、顾荣合传
述《王丞相列传》第二十八	另增《刘隗传》《刁协传》，使与王导合传
述《周陶列传》第二十九	另增《应詹传》，使与周访、陶侃合传
述《温郗列传》第三十	另增《毛宝传》《王舒王允之传》《虞潭传》《顾众传》《张闿传》，使与温峤、郗鉴郗愔合传
述《郭谯周戴卞刘钟桓列传》第三十二	另增《羊曼传》，使与郭璞、谯王承、周顗、戴渊、卞壶、刘超、钟雅、桓彝合传
述《华陆褚孔列传》第三十三	另增《陶回传》，使与华恒、陆晔陆玩、褚翜、孔愉、孔坦合传
述《蔡王列传》第三十五	另增《孙绰传》，使与蔡谟、王羲之合传
述《会稽列传》第三十九	另增《王珣传》《车胤江绩殷顗传》《郗恢传》，使与会稽王道子合传
述《王兖州列传》第四十一	另增《刘牢之传》，使与王恭合传

二

  周济《晋略》既相对晚出，又与唐修新《晋书》同以两晋史事为叙述对象，因而在尚无考古新发现、久佚的档案文献尚未重现人间的前提下，不可能不取材于《晋书》，这是客观事实，也业已成为学界共识。但周济究竟如何加以抉择去取，且其成效又怎样，迄今仍然聚讼纷如；约而言之，这些推断大体上可分为三类：其一以恽毓鼎为代表，认定《晋略》实乃清代学者改编正史的典范："取正史而删订之，莫善于周保绪《晋略》，莫不善于萧常《续汉书》、陈鳣《续唐书》。唐修《晋书》，芜杂琐碎，于一代大势无所发明。周氏则挈领振纲，简赅而得体要（《地志》尤佳），非漫焉删节者。"[1] 李独清更因此赋诗感慨："史裁竟

---

  [1] （清）恽毓鼎著，史晓风整理：《恽毓鼎澄斋日记》壬子八月二十日条，浙江古籍出版社 2004 年版，第 611 页。

以词名掩，文简事增胜《晋书》。典午一朝无巨制，宝之不啻得琼琚。"① 其二断言《晋略》"其实只是据《晋书》改写，并无史料价值，今天研究两晋史事不宜引用"②。其三便是日本学者内藤湖南所秉持的"不证史实、只改史法"："周济作《晋略》不以考证史实为主，而是将《晋书》当中自认为不合史家笔法之处，按照自己的想法加以改编。""清代修补旧史的学者当中，周济可谓独树一帜。《晋略》这种不证史实、只改史法的做法，几乎只此一家，十分特别。"③

然而，这三种解读看似各有理据，却明显缺乏对周济著述宗旨的体察，也并未建立在全面比对《晋略》《晋书》两书文本的基础上。其实周济在《序目》中，业已明确交代编纂《晋略》的缘起与宗旨：

> 昔在唐初，群籍粲备，钩稽搜讨，绰乎有裕。而文皇手制，意存曲艺，诸臣承旨，竞采春华，裁非一手，抵牾屡见。恭读《钦定四库书目》，取备正史，由于恼无，因加讨论，究其翔实，述《本纪》六篇、《表》五篇、《列传》三十六篇、《国传》十一篇、《汇传》七篇、《序目》一篇，都六十六篇。

亦即在周济看来，成于众手的《晋书》，不但存在诸多缺陷，且其被列为"二十四史"之一，充其量只是清廷因暂无替代品而不得不然的权宜之计；也正是基于这一理解，周济勉力编纂《晋略》，冀以取代唐修新《晋书》而成为典午史册之正典。

而为达成这一自我期许的宏愿，周济贯彻落实包世臣在《与周保绪论晋略书》中所构思的"事略而义详"原则，致力于排除"无系从违"之事与"无当兴衰"之人④。其具体做法，一是摒弃包括《何曾传》《阮籍传》在内的诸多《晋书》传记⑤；二是删节，将原本多达10卷的《晋书》本纪缩写至6篇，以及将1366字的《晋书·王祥传》删略为仅有390字的《晋略·王祥传》，即其典型实例（详参表四、表五，其《国传》《汇传》对《晋书》"载记""类传"的处置亦复如此）；三是调整，或将《晋书》中的多篇传记合而为一，或将《晋书》附传升格为专传，且在合并、升格的过程中，亦往往予以删节（详参表六）。

---

① 李独清：《洁园集》之《幽心梦影录》，云南人民出版社2013年版，第308页。
② 黄永年：《古文献学讲义》，中西书局2014年版，第48页。
③ ［日］内藤湖南：《清史九讲》，武琼译，华文出版社2019年版，第142页。
④ 《艺舟双楫》卷2《与周保绪论晋略书》，第48页。
⑤ 同时，《晋书》原有的《天文》《地理》《律历》《礼》《乐》《职官》《舆服》《食货》《五行》《刑法》十志也遭废弃，但理由是："至于诸志，杜、马善矣。"（《晋略序目》）亦即在周济看来，《通典》《文献通考》已经足够完美，根本没有必要重新梳理两晋典章制度史。

表四 　　　　　《晋略》对《晋书》本纪的删节（字数包括夹注但不含史论）①

《晋略》位置与字数		《晋书》位置与字数	《晋略》位置与字数		《晋书》位置与字数
本纪一	武帝，5583	卷1宣帝，7456	本纪三	成帝，2927	卷7成帝，4636
		卷2景帝，2739	本纪四	康帝，506	卷7康帝，983
		卷2文帝，5126		穆帝，3431	卷8穆帝，4078
		卷3武帝，10636		哀帝，973	卷8哀帝，1499
本纪二	孝惠帝，3726	卷4孝惠帝，6436		废帝，1003	卷8海西公，1844
	孝怀帝，2855	卷5孝怀帝，3801		简文帝，1007	卷9简文帝，2011
	孝愍帝，1577	卷5孝愍帝，2524	本纪五	孝武帝，2301	卷9孝武帝，5128
本纪三	元帝，2524	卷6元帝，5776	本纪六	安帝，5158	卷10安帝，5525
	明帝，1706	卷6明帝纪，2819		恭帝，265	卷10恭帝，1082

表五 　　　　《晋略》列传对《晋书》的删节（字数包括夹注但不含史论）

传主	《晋略》位置与字数	《晋书》位置与字数	传主	《晋略》位置与字数	《晋书》位置与字数
1. 安平王孚	一，562	卷37，1789	49. 顾荣	十六，1260	卷68，1826
2. 王祥	一，390	卷33，1366	50. 纪瞻	十六，1032	卷68，3968
3. 贾充	二，2315	卷40，5014	51. 贺循	十六，1205	卷68，2871
4. 石苞	二，1065	卷33，3896	52. 熊远	十六，1287	卷71，1994
5. 裴秀	二，843	卷35，6619	53. 王导	十七，4518	卷65，3873
6. 荀勖	二，1253	卷39，4035	54. 刘隗	十七，530	卷69，1502
7. 羊祜	三，1809	卷34，5435	55. 刁协	十七，416	卷69，1402
8. 杜预	三，1692	卷34，3572	56. 周访	十八，1704	卷58，1584
9. 王濬	三，2815	卷42，4356	57. 陶侃	十八，4599	卷66，5242
10. 陶璜	三，594	卷57，1688	58. 应詹	十八，1586	卷70，2057
11. 扶风王骏	四，2964	卷38，554	59. 温峤	十九，2948	卷67，5073
12. 马隆	四，653	卷57，994	60. 郗鉴、郗愔	十九，1278	卷67，2802
13. 周处	四，1257	卷58，1158	61. 毛宝	十九，614	卷81，1002
14. 齐王攸	五，1318	卷38，2206	62. 王舒、王允之	十九，1023	卷76，1473
15. 王浑、王济	五，2017	卷42，2578	63. 虞潭	十九，565	卷76，767
16. 卫瓘	五，1521	卷36，2606	64. 顾众	十九，722	卷76，1020

① 本表及后文各表的统计对象，均为光绪二年味隽斋重刊本《晋略》与《四库全书》本《晋书》。

续表

传主	《晋略》	《晋书》	传主	《晋略》	《晋书》
	位置与字数	位置与字数		位置与字数	位置与字数
17. 和峤	五，364	卷45，550	65. 张闿	十九，224	卷76，555
18. 傅玄、傅咸	六，2893	卷47，5954	66. 王敦	二十，2267	卷98，5831
19. 刘毅、刘暾	六，2085	卷45，4854	67. 郭璞	二一，1270	卷72，5110
20. 刘颂	六，4450	卷46，7510	68. 谯王承	二一，2657	卷37，1337
21. 段灼	六，2306	卷48，5803	69. 周顗	二一，1708	卷69，1614
22. 山涛	七，735	卷43，2176	70. 戴渊	二一，374	卷69，788
23. 魏舒	七，492	卷41，1321	71. 卞壶	二一，819	卷70，3003
24. 刘寔	七，1030	卷41，3218	72. 羊曼	二一，90	卷49，378
25. 庾峻	七，680	卷50，1361	73. 刘超	二一，282	卷70，934
26. 杨骏	八，1526	卷40，1488	74. 钟雅	二一，414	卷70，669
27. 汝南王文成亮	八，533	卷59，1026	75. 桓彝	二一，436	卷74，791
28. 楚隐王玮	八，449	卷59，754	76. 陆晔、陆玩	二二，518	卷77，1494
29. 愍怀太子遹	八，3169	卷53，2982	77. 褚翜	二二，644	卷77，889
30. 张华	九，1494	卷36，4038	78. 孔愉	二二，819	卷78，995
31. 刘弘	十一，3823	卷66，2141	79. 陶回	二二，435	卷78，552
32. 刘琨	十二，3442	卷62，5186	80. 庾亮	二三，2000	卷73，3982
33. 苟晞	十二，1223	卷61，2371	81. 何充	二三，679	卷77，1379
34. 阎鼎	十三，343	卷60，523	82. 褚裒	二三，631	卷93，1146
35. 贾疋	十三，686	卷60，272	83. 殷浩	二三，1705	卷77，2190
36. 张轨	十四，1044	卷86，2482	84. 蔡谟	二四，1966	卷77，3487
37. 张寔	十四，766	卷86，1843	85. 王羲之	二四，2043	卷80，4007
38. 张茂	十四，678	卷86，1019	86. 桓温	二五，4322	卷98，5474
39. 张骏	十四，1573	卷86，3314	87. 谢安、谢玄	二七，4730	卷79，4950
40. 张重华	十四，1482	卷86，2354	88. 会稽王道子	二八，2937	卷64，3964
41. 张曜灵	十四，576	卷86，137	89. 徐邈	二九，632	卷91，1192
42. 张玄靓	十四，1015	卷86，776	90. 王恭	三十，1060	卷84，1755
43. 张天锡	十四，1037	卷86，1155	91. 刘牢之	三十，1743	卷84，2084
44. 祖逖	十五，1720	卷62，1899	92. 桓玄	三一，5131	卷99，8407
45. 刘遐	十五，644	卷81，539	93. 孙恩	三二，980	卷100，1162
46. 李矩	十五，1417	卷63，1853	94. 卢循	三二，1835	卷100，893
47. 魏浚、魏该	十五，450	卷63，701	95. 何无忌	三三，2268	卷85，1310
48. 周玘	十六，1640	卷58，993	96. 刘毅	三四，1745	卷85，2802

备注：其中的《扶风王骏传》《周处传》《杨骏传》《愍怀太子遹传》《刘弘传》《贾疋传》《张曜灵传》《张玄靓传》《刘遐传》《周玘传》《王导传》《周访传》《谯王承传》《谢安谢玄传》《刘牢之传》《卢循传》，主要因为在小字夹注中插入了补充材料的关系，其字数多于《晋书》本传。又"谯王承"，《晋略》作"承"，此从《晋书》。

表六　　　《晋略》列传对《晋书》传记的调整（字数包括小字夹注但不含史论）

升格			合并			
传主	在《晋略》的位置与字数	在《晋书》的位置与字数	传主		在《晋略》的位置与字数	在《晋书》的位置与字数
1. 裴頠	九，937	卷35，2734	八王	17. 赵王伦	十，10385	卷59，3599 / 合计14251
2. 卢志	十，961	卷44，1152		18. 梁王肜		卷38，1164
3. 王浚	十二，1046	卷39，1703		19. 淮南王允		卷64，629
4. 华恒	二二，667	卷44，646		20. 齐王冏		卷59，2505
5. 孔坦	二二，1126	卷78，2189		21. 成都王颖		卷59，2007
6. 庾冰	二三，486	卷73，1679		22. 河间王颙		卷59，1174
7. 庾翼	二三，1549	卷73，1903		23. 长沙王乂		卷59，1302
8. 孙绰	二四，1064	卷56，1477		24. 东海王越		卷59，1871
9. 王述	二六，1403	卷75，1334	25. 索绋、麹允		十三，1539	卷69，1016 / 合计1473
10. 王彪之	二六，1909	卷76，2378				卷89，457
11. 桓冲	二七，1958	卷74，2312	26. 郭默、刘胤		十五，963	卷63，1035 / 合计1797
12. 王珣	二八，601	卷65，694				卷81，762
13. 郗恢	二八，545	卷67，529	27. 苏峻、祖约		二十，1643	卷100，1688 / 合计2606
14. 范宁	二九，1628	卷75，2136				卷100，918
15. 毛璩	三三，1298	卷81，951	28. 车胤、江绩、殷顗		二八，620	卷83，524 / 合计1058
16. 司马休之	三四，1674	卷37，1002				卷83，247
						卷83，287
备注	其中的《华恒传》《王述传》《郗恢传》《毛璩传》《司马休之传》《索绋传》，主要因为在小字夹注中插入了补充材料的关系，其字数多于《晋书》本传。又，《索琳传》既由《晋书》附传升格而来，同时又与《麹允传》合二为一。					

在此基础上，周济不但将《晋略》列传按照自"武帝诸臣"至"恭帝诸臣"的这一次序加以编列①，而且采用了小字夹注与正文分列相配的编纂体例，这在纪传体史书的发展史上，无疑是史无前例的求变求新之举。《晋略》的这些小字夹注，既广泛分布于本纪、表、列传、国传、汇传；又可分为两类：一类就像《史通》"定彼榛楛，列为子注"②那样，意在广纳史料并简洁行文，遂有91篇《晋书》传记经剪裁后，被用以补充史实（详参表七），例如《文学汇传》在述及虞预剽窃王隐《晋书》时，特将《晋书·虞预传》对虞预其人其学的评述，删节并纳入小字夹注中：

---

① 按，《晋略》列传十四"论曰"："张氏保据河右七十余年，既成国矣……然皆奉承正朔，异乎帝制自为，年纪建兴，故列愍帝诸臣之后云。"

② （唐）刘知幾撰，浦起龙释：《史通通释》卷5《补注》，上海古籍出版社1978年版，第132页。

　　预字叔宁，喜之弟也。好学，有文章。仕会稽主簿，上记于太守庾琛，为送迎限制及减省督邮，并见从。太兴中，除佐著作郎。大旱，诏求直言。预上书请征隐逸及拔将帅之才，迁秘书丞、著作郎。咸和初，夏旱，求言。预又陈请减省刑狱，及禁朝臣燕会宰杀泰侈。初，与平王舍，赐爵西乡侯。及苏峻之乱，为王舒参军，进封平康县侯。终散骑常侍。好经史，疾玄虚，其论阮籍裸袒，比之伊川被发。著《会稽典录》二十篇，《诸虞传》十篇。

　　二是效法《资治通鉴考异》，自我交代校勘考证的结果或取此舍彼的原因，譬如《北燕冯氏传》在义熙五年（409）十月冯跋"自称天王，仍国号曰燕，改年太平"后自注："（《晋书》）载记及《十六国春秋》并误作晋太元二十年，此从《通鉴》。"① 凡此种种，无疑构成了对内藤湖南"不证史实、只改史法"这一推断的有力反证。

表七　　　　　　　　　　**《晋略》夹注中被用于补充史实的《晋书》传记**

传主	《晋略》中的位置 《晋书》对应纪传	传主	《晋略》中的位置 《晋书》对应纪传
1. 宣穆张皇后	本纪一《武帝纪》 卷 31《后妃传上》	47. 王如	列传十一《刘弘传》 卷 100《王如传》
2. 文明王皇后	本纪一《武帝纪》 卷 31《后妃传上》	48. 邵续	列传十二《刘琨传》 卷 63《邵续传》
3. 武元杨皇后	本纪一《武帝纪》 卷 31《后妃传上》	49. 段匹磾	列传十二《刘琨传》 卷 63《段匹磾传》
4. 武悼杨皇后	本纪一《武帝纪》 卷 31《后妃传上》	50. 周札	列传十六《周玘传》 卷 58《周处传附周札传》
5. 惠羊皇后	本纪二《惠帝纪》 卷 31《后妃传上》	51. 薛兼	列传十六《纪瞻传》 卷 68《薛兼传》
6. 简文宣郑太后	本纪四《简文帝纪》 卷 32《后妃传下》	52. 陈頵	列传十七《王导传》 卷 71《陈頵传》
7. 孝武定王皇后	本纪六《安帝纪》 卷 32《后妃传下》	53. 戴邈	列传十七《王导传》 卷 69《戴若思传附戴邈传》
8. 任恺	列传二《贾充传》 卷 45《任恺传》	54. 华轶	列传十七《王导传》 卷 61《华轶传》

① 《晋略》国传七《北燕冯氏》，《四库未收书辑刊》第 2 辑第 20 册，第 365 页。

传主	《晋略》中的位置《晋书》对应纪传	传主	《晋略》中的位置《晋书》对应纪传
9. 庾纯	列传二《贾充传》	55. 颜含	列传十七《王导传》
	卷50《庾纯传》		卷88《孝友·颜含传》
10. 陈骞	列传二《石苞传》	56. 朱伺	列传十八《周访传》
	卷35《陈骞传》		卷81《朱伺传》
11. 王沈	列传二《裴秀传》	57. 王澄	列传十八《陶侃传》
	卷39《王沈传》		卷43《王戎传附王澄传》
12. 李憙	列传三《羊祜传》	58. 卞敦	列传十八《陶侃传》
	卷41《李憙传》		卷70《卞壶传附卞敦传》
13. 何攀	列传三《王濬传》	59. 桓宣	列传十八《陶侃传》
	卷45《何攀传》		卷81《桓宣传》
14. 唐彬	列传三《王濬传》	60. 甘卓	列传二一《谯王承传》
	卷42《唐彬传》		卷70《甘卓传》
15. 解系	列传四《周处传》	61. 夏侯承	列传二一《谯王承传》
	卷60《解系传》		卷55《夏侯湛传附夏侯承传》
16. 孟观	列传四《周处传》	62. 邓骞	列传二一《谯王承传》
	卷60《孟观传》		卷70《甘卓传附邓骞传》
17. 向雄	列传五《王浑传》	63. 袁乔	列传二五《桓温传》
	卷48《向雄传》		卷83《袁瓌传附袁乔传》
18. 羊琇	列传五《王浑传》	64. 荀羡	列传二五《桓温传》
	卷93《外戚·羊琇传》		卷75《荀崧传附荀羡传》
19. 曹志	列传五《王浑传》	65. 郗超	列传二五《桓温传》
	卷50《曹志传》		卷67《郗鉴传附郗超传》
20. 庾旉	列传五《王浑传》	66. 高崧	列传二六《王彪之传》
	卷50《庾纯传附庾旉传》		卷71《高崧传》
21. 秦秀	列传五《王浑传》	67. 谢石	列传二七《谢安传》
	卷50《秦秀传》		卷79《谢安传附谢石传》
22. 郑默	列传五《王浑传》	68. 桓伊	列传二七《谢安传》
	卷44《郑袤传附郑默传》		卷81《桓宣传附桓伊传》
23. 李重	列传六《傅玄传》	69. 戴逵	列传二七《谢安传》
	卷46《李重传》		卷79《谢安传附谢玄传》
24. 程卫	列传六《刘毅传》	70. 朱序	列传二七《谢安传》
	卷45《刘毅传附程卫传》		卷81《朱序传》

传主	《晋略》中的位置 / 《晋书》对应纪传	传主	《晋略》中的位置 / 《晋书》对应纪传
25. 卢钦	列传七《山涛传》 / 卷 44《卢钦传》	71. 谢琰	列传二七《谢安传》 / 卷 79《谢安传附谢琰传》
26. 崔洪	列传七《山涛传》 / 卷 45《崔洪传》	72. 桓豁	列传二七《桓冲传》 / 卷 74《桓彝传附桓豁传》
27. 胡奋	列传八《杨骏传》 / 卷 57《胡奋传》	73. 桓石虔	列传二七《桓冲传》 / 卷 74《桓彝传附桓石虔传》
28. 阎缵	列传八《愍怀太子遹》 / 卷 48《阎缵传》	74. 殷仲堪	列传三一《桓玄传》 / 卷 84《殷仲堪传》
29. 韦忠	列传九《裴頠传》 / 卷 89《忠义·韦忠传》	75. 杨佺期	列传三一《桓玄传》 / 卷 84《杨佺期传》
30. 潘岳	列传十《八王传》 / 卷 55《潘岳传》	76. 魏咏之	列传三三《何无忌传》 / 卷 85《魏咏之传》
31. 孙惠	列传十《八王传》 / 卷 71《孙惠传》	77. 檀凭之	列传三三《何无忌传》 / 卷 85《檀凭之传》
32. 李含	列传十《八王传》 / 卷 60《李含传》	78. 诸葛长民	列传三三《何无忌传》 / 卷 85《诸葛长民传》
33. 皇甫重	列传十《八王传》 / 卷 60《皇甫重传》	79. 刘宣	国传二《汉赵刘氏》 / 卷 101《刘元海载记附刘宣传》
34. 陆机	列传十《八王传》 / 卷 54《陆机传》	80. 陈元达	国传二《汉赵刘氏》 / 卷 102《刘聪载记附陈元达传》
35. 张辅	列传十《八王传》 / 卷 60《张辅传》	81. 裴宪	国传三《后赵石氏》 / 卷 35《裴秀传附裴宪传》
36. 嵇绍	列传十《八王传》 / 卷 89《忠义·嵇绍传》	82. 傅畅	国传三《后赵石氏》 / 卷 47《傅玄传》
37. 刘舆	列传十《八王传》 / 卷 62《刘琨传附刘舆传》	83. 高瞻	国传四《燕慕容氏》 / 卷 108《慕容廆载记附高瞻传》
38. 张方	列传十《八王传》 / 卷 60《张方传》	84. 裴嶷	国传四《燕慕容氏》 / 卷 108《慕容廆载记附裴嶷传》
39. 牵秀	列传十《八王传》 / 卷 60《牵秀传》	85. 阳鹜	国传四《燕慕容氏》 / 卷 111《慕容暐载记附阳鹜传》
40. 缪播	列传十《八王传》 / 卷 60《缪播传》	86. 李绩	国传四《燕慕容氏》 / 卷 110《慕容儁载记附李绩传》

续表

传主	《晋略》中的位置《晋书》对应纪传	传主	《晋略》中的位置《晋书》对应纪传
41. 周馥	列传十《八王传》	87. 韩恒	国传四《燕慕容氏》
	卷 61《周浚传附周馥传》		卷 110《慕容儁载记附韩恒传》
42. 高光	列传十《八王传》	88. 王堕	国传五《秦苻氏》
	卷 41《高光传》		卷 112《苻生载记附王堕传》
43. 张昌	列传十一《刘弘传》	89. 韦逞母宋氏	国传五《秦苻氏》
	卷 100《张昌传》		卷 96《列女·韦逞母宋氏传》
44. 伍朝	列传十一《刘弘传》	90. 鸠摩罗什	国传六《后秦姚氏》
	卷 94《隐逸·伍朝传》		卷 95《艺术·鸠摩罗什传》
45. 罗尚	列传十一《刘弘传》		国传十《凉吕氏》
	卷 57《罗宪传附罗尚传》		卷 95《艺术·鸠摩罗什传》
46. 刘乔	列传十一《刘弘传》	91. 虞预	汇传六《文学·王隐传》
	卷 61《刘乔传》		卷 82《虞预传》

同时也不难发现，《晋略》的个别传记及其小字夹注中的部分内容，显系《晋书》所未有。倘若追本溯源，可知《晋略》的这些文字，或如列传三三《何无忌传》注引王元德小传、列传三五全帙，取材于沈约《宋书》；或如列传三六《仇池杨氏传》及国传十一《代魏拓跋氏传》，系据魏收《魏书》改编而成；或如列传三二《卢循传》，兼取《晋书·卢循传》及《资治通鉴》的相关记载而定稿；至如对崔鸿《十六国春秋》的援引，亦时或可见，例如《后燕慕容氏传》小字夹注云："《晋书》以（翟）辽为真子，此从《十六国春秋》。"① 这就以无可辩驳的事实，彻底否定了赵慎修所持《晋略》"不过是一部缩写的《晋书》"② 的论断。

但在具体实施过程中，《晋略》对《晋书》《宋书》等前史的摒弃、删节和调整，也像茅国缙《晋史删》那样，存在诸多删略不当之处。考四库馆臣评《晋史删》有云：

　　大旨以《晋书》原本繁冗，故删存其要。然不深知史例，刊削者多不甚当，如诸志概行删去，使一朝制度典章无可考证。……至于以一传原文而前后移置，又有节录传中数语移为他传之分注，大都徒见纷更而毫无义例。以是而改《晋书》，恐无以服修《晋书》者之心也。③

---

① 《晋略》国传七《后燕慕容氏》，《四库未收书辑刊》第 2 辑第 20 册，第 355 页。
② 赵慎修：《周济》，吕慧鹃等编：《中国历代著名文学家评传》第 9 卷，山东教育出版社 2009 年版，第 380 页。
③ 《四库全书总目》卷 50《晋史删》提要，中华书局 1965 年版，第 457 页。

顺此以推，足以认定《晋略》虽非李慈铭所指斥的"枯寂陋略，使当时人皆无生气"的"妄费笔墨"之作①，却也绝对不像钱基博、徐浩、刘明水等人所宣称的那样，乃删繁扼要、文省事增的佳构，② 更不曾对新《晋书》的正史地位构成所谓的"冲击与消解"③；相比较而言，金毓黼《中国史学史》的下列判断，无疑更令人信服："史籍之用有二，或以繁为贵，如记注是，或以简为贵，如撰述是。居今之世，应视诸古史皆如记注，以详而有体者为上选，《晋记》《晋略》，差能比于干宝、孙盛，略备别史之一体，而于详而有体之《晋书》，度尚无以胜之。"④

<h1 style="text-align:center">三</h1>

在刘咸炘（1896—1932）看来，《甲子表》"体兼《年表》与《五行志》，不特为割裂之时所必需，又足见民生之概"，实乃《晋略》最值得称道的所在。⑤ 而在叶景葵（1874—1949）的心目中，则以《州郡表》为最佳："其全书之要删，在《甲子》《州郡》《割地》《执政》《方镇》五表，尤以《州郡表》之体例为最完善，执简驭繁，使两晋之形势得失，一目了然，是乙部中不刊之作。"⑥ 只是此类认知其实并不准确，这一则因为《晋略》诸表内容颇有缺漏与讹误，秦锡圭（1864—1924）也正有识乎此，特撰《补晋执政表》《补晋方镇表》加以补订：

> 周济《晋略》有《执政表》三、《方镇表》四，本班氏《汉书》表例也，第班表藉以补纪传之缺，补表特以纠纪传之伪，用意不同，体例即不能尽合。周氏疏舛尚多，附列之人，牵连及之，可议尤众。兹表之作，虽未敢以信后，然错综全书，详加校订，有审且慎者焉。异于周表者，逐处注明。非敢訾议前人，窃附于争臣之列尔。⑦

二则因为不但设置《甲子》《割据》诸表的构想来自包世臣，且在制表过程中又有蒋之翘《两晋十六国割据图》《十六国年表》可供模仿。⑧ 相比较而言，《晋略》本纪、列传、国传、

① （清）李慈铭著，由云龙辑：《越缦堂读书记》，上海书店出版社2000年版，第409页。

② 钱基博：《古籍举要》，岳麓书社2010年版，第69—70页；徐浩著，林怡编：《廿五史论纲》，上海科学技术文献出版社2019年版，第94页；刘明水：《国学纲要》，商务印书馆1947年版，第111页。

③ 崔壮：《别史类的设置、演变及其学术史意义》，《山东图书馆学刊》2019年第3期。

④ 金毓黼：《中国史学史》，河北教育出版社2000年版，第195页。

⑤ 刘咸炘：《史学述林》卷2《史体史目二论补》，可见黄曙辉编校《刘咸炘学术论集·史学编》（下），广西师范大学出版社2007年版，第410页。

⑥ 柳和城编著：《叶景葵年谱长编》1942年3月条，上海交通大学出版社2017年版，第1072页。

⑦ 秦锡圭：《补晋执政表·序》，《二十五史补编》第3册，中华书局1955年版，第3373页。

⑧ 蒋之翘纂：《删补晋书》，《四库全书存目丛书·史部三一》，齐鲁书社1996年版，第569—598页。

汇传之中的"论曰"与汇传前"序"及各表前"序"等史论（详参表八），更值得关注。

表八　　　　　　　　　　　　　　《晋略》史论统计表

编号	位置	页码	字数	编号	位置	页码	字数
	1	本纪一	3—4	277	45	列传二六	261	93
	2	本纪一	7	385	46	列传二七	266	251
	3	本纪二	15	249	47	列传二七	267	160
	4	本纪三	18—19	202	48	列传二八	272	427
	5	本纪三	22	342	49	列传三一	282	97
	6	本纪四	28	261	50	列传三二	285	221
	7	本纪五	30—31	192	51	列传三四	293	89
	8	本纪六	37	293	52	列传三五	298	80
	9	列传一	129	83	53	列传三六	299	210
	10	列传二	132	222	54	国传一	303—304	206
	11	列传二	134	367	55	国传二	310	138
	12	列传二	135	109	56	国传二	313	134
	13	列传三	138	86	57	国传三	320	302
	14	列传三	141	63	58	国传三	325	187
	15	列传四	144	312	59	国传四	328	53
	16	列传四	145	102	60	国传四	337	271
	17	列传五	147	154	61	国传五	341	85
	18	列传五	150	276	62	国传五	351	287
	19	列传六	153	697	63	国传六	354	126
	20	列传六	155	363	64	国传六	360	38
	21	列传六	160	159	65	国传七	369	210
论曰	22	列传七	163	190	66	国传七	371—372	227
	23	列传八	169	183	67	国传九	378	112
	24	列传九	172	64	68	国传十	382	53
	25	列传十	179	187	69	国传十	384—385	106
	26	列传十	180	101	70	国传十	386	70
	27	列传十一	183	115	71	国传十一	393	129
	28	列传十二	188—189	177	72	汇传二	405	46
	29	列传十三	192	91	73	汇传二	405	80
	30	列传十四	199	72	74	汇传二	406	51
	31	列传十五	202	121	75	汇传二	408	88
	32	列传十五	202	135	76	汇传三	411	200
	33	列传十五	205	114	77	汇传四	414	123
	34	列传十六	211	69	78	汇传五	416	201
	35	列传十七	216	221	79	汇传五	416—417	67
	36	列传十八	220	139	80	汇传五	418	70
	37	列传十九	225	57	81	汇传五	418	75
	38	列传十九	227	38	82	汇传五	419	85
	39	列传十九	227—228	82	83	汇传六	421	111
	40	列传十九	228	106	84	汇传六	426	374
	41	列传二十	231—232	102	85	汇传六	430—431	95
	42	列传二一	239	145	86	汇传七	433	101
	43	列传二四	254	102	87	汇传七	437	155
	44	列传二五	257	87				

续表

	编号	位置	页码	字数	编号	位置	页码	字数
前序	1	甲子表序	39	880	7	清谈汇传序	409	242
	2	州郡表序	49—50	2056	8	任达汇传序	413	215
	3	割据表序	91	892	9	良吏汇传序	415	339
	4	执政表序	97	550	10	文学汇传序	421	304
	5	方镇表序	111	997	11	隐逸汇传序	433	495
	6	笃行汇传序	403	118				

这98条长短不一的史论，共计21264字，约占《晋略》总字数的4.8%。相对于位置固定的11条前序，87条"论曰"在书中的分布呈现出较大的随意性，或如列传十九，一传多至四论，或如国传七，全篇竟未予置评。此外，有部分史论在内容及表现形式上均呈现出较强的主观性，嵌有小字夹注的《元帝本纪》"论曰"，即其显例：

> 太安中，童谣云："五马浮渡江，一马化为龙。"帝与西阳王羕、汝南王祐、南顿王宗、彭城王雄同至建康，帝竟嗣统。史称《玄石图》有"牛继马后"，故宣帝深忌牛氏，遂鸩其大将牛金，而恭王妃夏侯氏竟通小吏牛钦，是生元帝。《魏志》青龙三年裴注引《魏氏春秋》云："是岁涌石负图，马七，麒麟在东，凤皇在南，白虎在西，牺牛在北。"《搜神记》云："始见于建安，形成于黄初，文备于太和。"《汉晋春秋》云："马十三，牛一，鸟一，至晋初其文愈明。"三说所传年岁、形象、物数皆不相符。当敦逞逆时，其欲扫除甚矣，未闻以此为口实，然则斯言晚出，乌可信乎！①

对于这些史论的特色，沈铭石、刘咸炘都曾略加评述，但无论是沈氏所概括的《晋略》长于探究"攻取防守地势"②，抑或刘氏所谓的"重民命，详地势"③，实皆未能切中肯綮。譬如国传六"论曰"对姚襄主政期间后秦立国形势的分析，与其说是史论，毋宁谓为马后炮：

> 姚襄文武之才，过于其弟，然而所遇辄困，卒以无成。当是时，秦关、燕邺稍已坚凝，太原张平、上党冯鸯势分力敌，莫能相一，若襄乘败（殷）浩之威，全军北度，奋其智力，先取并州，然后北伐西凉，互相唇齿，除卫辰之狡诈，招旧部于陇右，数年之

---

① 《晋略》本纪三《元帝本纪》，《四库未收书辑刊》第2辑第20册，第28页。

② 沈铭石：《周止庵先生传》，《周济词集辑校》附录一，段晓华点校，第126—127页。沈氏此说，既为《清史稿》卷486《文苑三·周济传》所因袭，复为方壮猷《中国史学概要》、徐浩《廿五史论纲》、李春光《古籍丛书述论》所信从。

③ 刘咸炘：《部次流别 以道统学：刘咸炘目录学论集》，生活·读书·新知三联书店2018年版，第303页。

间，规模粗立，会苻生之凶虐，因士庶之震惊，举旆誓师，鸣钟吊伐，天下大事，殆将未可知也。①

至如"颇详生民之艰厄，略述悬象之儆悟""涉攻取之世，不务安其民而欲以力劫之，未有能久存者也"② 等形似民本主义的主张，更应该被理解为中古正史《五行志》中的天谴灾异书写，旨在"为君权的合法性提供依据，又给予君主稳定社会秩序"以借鉴③。

相比较而言，强调是否合乎礼教、能否资治——亦即"折衷依于涑水，庶几无悖资治之意""志存综核，欲使一代成败之由，昭然可睹"④ ——这既是周济衡评前史的尺度，也是《晋略》史论的主要特色，其本纪二"论曰"将"忽于崇名教、绌利权"视为西晋亡国之主因，即其明证：

> 且夫政本不立，徒鉴前败而改制，则制立而败随之。……当魏晋间，功名之路盛开，廉耻之防尽灭，盖非崇名教、绌利权，无以云救。此其君臣所当皇皇日夜以图之者，而姑置之，而纷纷更制。三帝卅年，中原倾覆，非不幸也。⑤

即便是对东晋末年孙恩之乱的反思，也最终归结为崇尚礼教的必要性："老氏之教，以退为进，以让为争，可谓工于言利者也。由其道者，处则为乡愿，出则为鄙夫。其究至于弃蔑伦常，荡绝廉耻。……晋之季年，君臣并惑，崇饰塔庙，归诚道门……是以好乱乐祸之徒，得逞浮诞之辞，倡无稽之说，施扇惑之技，诱愚迷之众，毒流东南，衅钟再世。是知拔本塞原，必崇礼教，岂徒镌肌刻肤、陷匈决脰之所能禁约者乎！"⑥

《晋略》史论的这一特色，其实与定稿于道光十二年（1832）二月的《味隽斋史义》别无二致。《味隽斋史义》作为周济研读《史记》的札记，提出了不少诸如"除租不除赋，民争趣田，务本抑末之道也"⑦ 之类的独到见解，并在事实上成为下列《晋略》史论的先导：

> 欲重农，莫若使士必出于农，非农不得为士，非士不得受爵禄。大小之官，必其家世力田，而能修孝弟、忠信达于从政者也。苟非世农，皆为杂流，虽有才颖，乡论不得推择为士，学校不得收。仕路既一，则父兄顾念子弟，必相率而致力于南亩，工商杂流

---

① 《晋略》国传六《后秦姚氏》"论曰"，《四库未收书辑刊》第 2 辑第 20 册，第 344 页。
② 《晋略》表一《甲子表序》、国传十《南凉秃发氏》"论曰"，《四库未收书辑刊》第 2 辑第 20 册，第 47、377 页。
③ 游自勇：《"弃常为妖"：中古正史〈五行志〉的灾异书写》，《历史研究》2022 年第 2 期。
④ 《晋略》之《序目》、表二《州郡表序》，《四库未收书辑刊》第 2 辑第 20 册，第 431、58 页。
⑤ 《晋略》本纪二"论曰"，《四库未收书辑刊》第 2 辑第 20 册，第 25 页。
⑥ 《晋略》列传三二"论曰"，《四库未收书辑刊》第 2 辑第 20 册，第 280—281 页。
⑦ （清）周济：《味隽斋史义》卷 1，《续修四库全书》史部第 451 册，上海古籍出版社 2002 年版，第 485 页。

亦将舍末业而趋于田，此重农之本计也。①

至于其"海道日益习矣，是以先王谨固中土，敦信义之教，宽荒服之政，严边关之守，不慕重译之名，贱简异物之贡，所操者约，故易周而可久"② 云云，则又充分表明身处闭关锁国环境并自负衣冠文物的那一代士大夫，如无特殊际遇，应该不会如唐弢（1913—1992）所想象的那样，形成"新的世界观"③。

"夫立言者，必审于君父之际。"④ 诸如此类的认知，既使周济有别于那些"溺于考据襞绩之学"的"寠儒浅夫"⑤，也使《晋略》获得以曾国藩、康有为为代表的诸多积极入世者的充分肯定，或盛称周氏"亦近世著作才也"⑥，或断言《晋略》"比《晋书》好，能看出历史事件的真面貌"⑦；光绪十年十一月十日（1884 年 12 月 26 日），顺天府尹周家楣更将该书用作礼物，馈赠给远道而来的日本学者冈千仞：

> （冯）申芷来，告周府尹（家楣）在衙署以待，乃与时雨往访。……府尹称余《纪事》《杂著》为作家。顾侍者，取《晋略》《忠义录》等书五种，曰："聊酬远访厚意。"余伸谢辞去。⑧

《晋略》被官方用作馈赠外国学者的礼物，这固然未必是周济的预期，却对意在经世致用的他来说，实在是莫大的慰藉。

四

周济在遭受"成进士，以对策言直，置丙科"⑨ 的沉重打击后，曾经"感慨悲愤，颇形

① 《晋略》列传六"论曰"，《四库未收书辑刊》第 2 辑第 20 册，第 157 页。
② 《味隽斋史义》卷 2，《续修四库全书》史部 451 册，第 507 页。
③ 唐弢在作于 1935 年 9 月 16 日的《读史有感》中，称周济《晋略》、魏源《新元史》等，"其于旧史多所纠正，而写法方面，也很有新的尝试"，但"他们虽然知道自己以外有红毛人，然而却毕竟还没有新的世界观"。详参《唐弢杂文集》，生活·读书·新知三联书店 1984 年版，第 217 页。
④ 《味隽斋史义》卷 1，《续修四库全书》史部 451 册，第 483 页。
⑤ （清）张尔田撰，王继雄整理：《遯堪书题》，《历史文献》第 20 辑，上海古籍出版社 2017 年版，第 393 页。
⑥ （清）曾国藩：《曾国藩全集·日记》第四卷，河北人民出版社 2016 年版，第 347 页。
⑦ 许姬传：《戊戌变法侧记（选录）·劫后重逢抱头痛哭》，夏晓虹编：《追忆康有为（增订本）》，生活·读书·新知三联书店 2009 年版，第 291 页。
⑧ ［日］冈千仞著，张明杰整理：《观光纪游》卷 6《燕京日记卷下》，中国旅游出版社 2017 年版，第 145 页。
⑨ 沈铭石：《周止庵先生传》，《周济词集辑校》附录一，段晓华点校，第 125 页。

于色"①，甚至在所作诗词中流露出归隐的念头，例如《贺新郎》下阕云：

> 归途不是论千里。奈年来、酒怀诗兴，消磨余几。刚问南朝栖隐处，又恐鹡鸰难比。浑不辨、枝头叶底。如此江山谁拚得，剩蓴丝、长共鲈鱼美。只少箇，季鹰耳。②

但"少有命世之志"③的他，"不以用舍颣其志，不以逆顺挫其气"④，遂能"以其卓越的词学理论确立了自身在词学史上足以与开派者张惠言齐名的地位"⑤，尔后又撰就柳诒徵心目中堪与《晋书》媲美的《晋略》⑥，也因此被冯君木推崇为足堪比肩戴震的学术大师"⑦。

在所作《周济词集·辑校前言》中，段晓华概括并探讨了周济词作风格特征的变迁和得失，进而认定周氏虽勉力求变，却终因受制于个人与时代因素，其词作仍然存在着难以自我克服的局限性：

> 前期词，小令明妍圆润，神似南唐北宋，洵乎本色，长调即使婉约，亦难说纯粹，多有辛稼轩、陈迦陵的影子，风格豪宕道丽……于声韵字词不甚着意。晚年膜拜清真……且所作十之八九为长调，十之六七为咏物，揣摩南宋格律派路径，多留意于声律、字词之精严。……若以整体论，其风格又很难以南宋北宋、豪放婉约来框定，或许这正反映了他试图糅南北为一手，追求所谓"浑化"，然心向往之，力非易至，——毕竟那是甚为高远的鹄的与境界。

返观《晋略》，其情形与周氏词作颇相类似。事实上，该书虽也勇于求变，但创新性明显不足，且部分创新并无意义，尤其是《州郡表》"郡去州、县去郡，皆曰几度几分，其在今府州县某方若干里"⑧的这一做法，更有画蛇添足的嫌疑。至于那些看似新颖的建构，譬如不以卷计、编为十册的编纂样式，其实也并非周济原创，此则谭献《复堂日记》言之甚明："唐以后刻本通行，线装平叠，不必更以卷计。宋刻已称若干策，故周止盫《晋略》直

---

① （清）董士锡：《周保绪词叙》，《周济词集辑校》附录一，段晓华点校，第134页。
② 《周济词集辑校》，段晓华点校，第43页。
③ （清）丁晏：《止安先生本传》，可见《周济词集辑校》附录一，段晓华点校，第125页。
④ （清）董士锡撰：《齐物论斋文集》卷2《周保绪词叙》，《清代诗文集汇编》第537册，上海古籍出版社2010年版，第458页。
⑤ 段晓华：《辑校前言》，《周济词集辑校》，第3页。
⑥ 柳诒徵：《中国史学之双轨》，张昭军等整理：《柳诒徵文集》第10卷《历史与文化论集（二）》，商务印书馆2018年版，第58页。
⑦ 沙孟海：《僧孚日录》1923年1月28日条所录冯君木评语，《沙孟海全集·日记卷》，西泠印社出版社2010年版，第444页。
⑧ 《晋略》表二《州郡表序》小字夹注，《四库未收书辑刊》第2辑第20册，第57—58页。

以册编次，亦时所宜。"①

既有的相关研究成果表明，对《晋书》的批评、诠释、考订、改写，实乃明清学界的一大热潮②；基于《晋书》框架改写而成的茅国缙《晋史删》、蒋之翘《删补晋书》、郭伦《晋记》、周济《晋略》四史，更是其中的佼佼者。而《晋书》之所以备受关注，与该书存在褒贬"略实行而奖浮华"、采择"忽正典而取小说"③等缺陷当然大有干系，但更为关键的原因，尚在于司马氏得国的非正当性、五胡乱华后的民族矛盾、晋室南渡后的南北正统之争，以及诸如此类的纷乱，无论学术层面抑或政治伦理层面，都有重新加以审视的必要、价值和意义。至于《晋略》之所以能脱颖而出，甚或被视作典午之别史④，一方面是因为最为晚出的它，汲取了包括《晋史删》《删补晋书》《晋记》在内的众家旧史之优长，譬如郭伦基于"拓跋氏建封于代，颠末不应全为（桂）［挂］漏"⑤之认知而创设的《拓跋录》，大抵就是《晋略》国传十一《代魏拓跋氏》的渊源所自；另一方面则是因为周济主动选择并始终高扬"经世致用"的旗帜。

近来，有学者推测周济"在鸦片战争前夕致力于编著《晋略》，应是有感于其时外患濒临、国势危殆如西晋末年之五胡乱华同"，因而"不仅意在以史为鉴，可能还有实用上的考虑"⑥。历考周济传世诗文，大抵仅《原识》一文关乎史识，其词云：

> 大识在观，小识在忆。……夫惟有大识者，能于秦汉以前默观而达于秦汉之后，以盱衡于大运大变。若夫小识之士，则取其一运一变之中之往事而记忆之，亦足以彰往而詧来，逮乎大运大变，则将信将疑而不能断其必然。……忆其有形，以观其无形，则几于识矣！⑦

周济的这一认知，貌似已然跳脱对王朝治乱盛衰的反思和对经验教训的总结，转而偏重于探讨长时段的社会发展规律，却不仅在现实层面"恢阔难就"⑧，而且归根结底，仍然未脱史以经世致用的窠臼。

---

① （清）谭献著，范旭仑、牟晓朋整理：《复堂日记》卷8，河北教育出版社2001年版，第205页。尽管如此，时当1923年春陈训正受聘主纂《定海县志》，仍仿《晋略》成例，"依类排比，写定六册"。详参《民国定海县志》卷首陈训正《例目》，《中国地方志集成·浙江府县志辑38》，上海书店1993年版，第433页。
② 王传奇：《明清两朝〈晋书〉研究之比较》，《求索》2012年第12期。
③ 《四库全书总目》卷45《晋书》提要，第405页。
④ 吕思勉：《吕著史学与史籍》，华东师范大学出版社2002年版，第48页。
⑤ 《晋记》卷首郭伦《叙》，《四库全书存目丛书》史部第43册，齐鲁书社1996年版，第2页。
⑥ 霍松林主编，漆绪邦、梅运生、张连第撰著：《中国诗论史》，黄山书社2007年版，第1215页。
⑦ 《介存斋文稿》卷1《原识》，《清代诗文集汇编》册535，第270页。
⑧ 《古微堂内外集》卷4《荆溪周君保绪传》，《魏源全集》第13册，岳麓书社2011年版，第250页。

域外文献

日本古代棱柱状（棒状·杖状）木简的意义*

［日］三上喜孝（著）　　纪勇振（译）　　［日］椎名一雄（校）**

摘　要：比较日本古代木简和韩国出土木简的形状，其显著的差异是，在韩国有很多四面写有文书或记录的棱柱状木简。在中国也有棱柱状木简出土的例子，它们被称为"觚"。与此相对，日本的古代木简基本上都是板状木简，棱柱状（棒状·杖状）木简是极少数的。其原因是各地区的植被及树木的品种不同。在韩国是将松树枝做成棱柱状的木简，作为文书木简或记录木简使用。而生产桧树及杉树的日本列岛则普遍使用板状木简。在这种趋势下，日本古代木简中仅有少数棱柱状（棒状·杖状）木材上书写文字的木简。本文选取了日本古代木简中罕见的棱柱状（棒状·杖状）木简，并探讨其意义。

关键词：日本古代木简　棱柱状木简　《论语》木简

一　古代日本棱柱状（棒状·杖状）木简事例——《论语》木简

正如摘要所述，原本在古代日本，从初期阶段开始文书和记录一般是记载于长方形板状木材的一面或正反面上，几乎看不到写在棱柱状木材上的木简。与韩国出土的木简有些许共通之处的是德岛县观音寺遗址出土的"《论语》木简"，使用棱柱状木材记载《论语》，这可能是受到了朝鲜半岛《论语》木简的影响。①

　　○德岛县观音寺遗址出土木简②

---

　* 本文为国家社科基金重大招标项目"中韩日出土简牍公文书资料分类整理与研究（20&ZD217）"阶段性成果。
　** 三上喜孝，日本国立历史民俗博物馆教授。纪勇振，河北师范大学历史文化学院讲师。椎名一雄，河北师范大学历史文化学院教授。
　① 三上喜孝：《古代日本論語木簡の特質—韓半島出土論語木簡の比較を通して一》，《木簡과文字》25、2020年（韩语），第173—189页。
　② 以下，日本古代木简的释文来自《木简研究》，引文繁体不作简化——译者注。

・□□依□□乎□止□所中□□□

・子日　学而習時不孤□乎□自朋遠方来亦時楽乎人不□亦不慍

・□□□□乎

・［　　　　　］用作必□□□□□人［　　　　　　　　］□□□

（635mm）×29mm×19mm　081 型式①

　　观音寺遗址是 7 世纪后半期到 8 世纪前半期的官衙遗址，出土了许多与地方行政相关的木简。作为习字木简，除了记载《论语》的木简以外，还出土了记载着"难波津之歌"中一节歌词的木简。从遗迹的性质来看，推测可能是初期的阿波国府。据推测，本木简也是 7 世纪后期的木简，应该是直接受到了朝鲜半岛木简的影响。但是，棱柱状的《论语》木简在日本古代木简中只出土了这一件，其他的《论语》木简都是板状木简。由此可以推断，在朝鲜半岛出土的棱柱状《论语》木简，在 7 世纪后半期的一个时期内也在日本列岛被制作过，但后来没有被继承下来。

　　众所周知，韩国各地都出土了书写《论语》文本的棱柱状木简。

〇韩国·金海市凤凰洞地区出土木简

・×不欲人之加諸我吾亦欲无加諸人子×

・×文也子謂子産有君子道四焉其×

・×已□□□色旧令尹之政必以告新×

・×達之何如子曰清矣□仁□□曰未知×

（209mm）×19mm×19mm②

〇韩国·仁川广域市桂阳山城出土木简

・賤君子［　　　　　　　　］

・吾斯之未能信子□

・□不知其仁也求也

・［　　　　　　　　］

---

　　①　木简学会：《木简研究》总第 20 号，第 208 页。此简为残简，原长度不明，（ ）内数值为残存木简长度，下同。

　　②　［韩］国家遗产知识—木简数据库，URL：https：//portal. nrich. go. kr/kor/mokganView. do？ menuIdx = 891&idx = 333，发掘年份：1998 年。

·〔　　　　〕子曰吾

（138mm）×18.5mm①

○韩国·忠清北道扶余郡双北里出土木简

〔乎〕
□子曰学而時習之不亦説□
〔乎〕
有朋自遠方來。不亦樂□
〔君〕
人不知而不慍。不亦□
子乎有子曰其為人也　　　　　　　　　　　（280mm）×（18mm—25mm）②

如此，在棱柱状木简的四面书写《论语》文本的行为在朝鲜半岛广泛存在，日本德岛县观音寺遗址出土的木简明显受到了这种行为的影响。

二　日本古代棱柱状（棒状·杖状）木简事例——禁制木简

作为日本古代的棱柱状（棒状·杖状）木简，常见的是记载有关水田的禁令等内容的木简。等同于文书木简的棱柱状木简事例如下：

○鹿儿岛县京田遗迹出土木简

〔袮〕
·告知諸田刀□等　勘取□田二段九条三里一曽□□（第一面）
·右件水田□□□□子□〔息ヵ〕□□□□□□□□（第二面）
·嘉祥三年三月十四日　大領薩麻公（第三面）
·擬小領（第四面）

---

① ［韩］国家遗产知识—木简数据库，URL：https：//portal.nrich.go.kr/kor/mokganView.do？menuldx＝891&idx＝333，发掘年份：2008年。
② ［韩］金成植、韩真亚：《扶余双北里56号泗沘韩屋番地遗址出土木简》，《木简与文字》2018年总第21期，第346页。

（400mm）×26mm×28mm　081 型式①

　　因为有很多无法判读的文字，所以不能明确其详细的内容。不过，记载中有表示水田位置的条里②、水田面积的文字。正如开头所述的"告知"一词，这个木简记载的是郡司扣押水田的内容。由于下端被磨尖的，从一开始就作为插在土地上使用的木桩。但由于上端也有磨尖的痕迹，因此可以推断后来被逆转并再次用作木桩。

　　纪年上写着"嘉祥三年"，即公元 850 年。年月日下面的"大领""拟小领"是表示长官和次官的郡司（郡的官员）的官职名。

　　同样形状的还有如下木简。

〇岩手县道上遗迹出土木简

〔侧〕

禁制田参段之事　字垂楊池□

右田公子廣守丸進田也而□□酒□□

〔并〕

件田由被犯行者□□役主 [　　　] 之契状□

白于禁制如件

[　　　]

□永□二□二□

463mm×44mm×42mm　061 型式③

　　此木简与京田遗址出土的木简一样，下端磨尖，应该是刺入土地作为木桩使用的。认为其内容是禁止对"公子广守"进贡的田地进行非法行为，内容涉及水田的权利。由此可见，当时在表示占有土地或土地边界的地方立桩，并在上面写上主张土地权利文字的做法很有可能广泛存在。

　　正如其他学者指出的那样④，棱柱状木简是模仿了被认为具有巫术力量的境界标志，或

① 木简学会：《木简研究》2002 年总第 24 期，第 155 页。
② 古代日本耕地划分的单位——译者注。
③ 木简学会：《木简研究》2010 年总第 32 期，第 78 页。
④ ［日］佐々木惠介：《牓示札·制札》，平川南等编：《文字と古代日本 1　支配と文字》，吉川弘文馆 2004 年版，第 182—210 页；［日］市大樹：《日本古代木简の视觉机能》，［日］角谷常子编：《東アジア木简学のために》，汲古书院 2014 年版，第 151—175 页。

者是土地占有的标志"标杖"，由此来提高木简上记载的"告知"的效力。

虽然有的木简没有直接写"告知""禁制"，但作为棱柱状（棒状·杖状）木简，如下木简也很重要。

〇石川县指江 B 遗迹出土木简

　　　大国别社□ ［　　　］略□祓集厄第 ［　　　］佐□阿加□ ［　　　］田 ［　　］穗根
　　　　　　　　　　　　　　　　　857mm×30mm×24mm　　011 型式①

从木简长长的形状来看，应该是竖立在地面上作为边界标记使用的。从"大国别社""祓集厄"等文字来看，有可能是与对土地神社的祭祀有关的木简。"田""穗"等文字也被确认，可能是有关水田祭祀的内容。

这些事例的共同点是：在古代日本，在棱柱状的木材上书写文字是为了更直观地显示土地的权利和边界。

与此相关且必须注意的是，在 8 世纪前半叶编纂的常陆国（今茨城县）地志之一的《常陆国风土记》"行方郡条"中可以看到"箭括麻多智"的传说。其传说如下：

　　古老曰，石村玉穗宫大八洲所驭天皇之世，有人，箭括氏麻多智。截自郡西谷之葦原，垦闢新治田。此时，夜刀神，相群引率，悉尽到来，左右防障，勿令耕佃。〈俗云，谓蛇为夜刀神。其形蛇身头角。率引免難时，有见人者，破滅家門子孫不继。凡此郡侧郊原，甚多所住之。〉於是，麻多智，大起怒情，着被甲鎧之，自身执杖，打殺駆逐。乃至山口　標杭置堺堀，告夜刀神云，"自此以上，聽为神地。自此以下，须作人田。自今以後，吾为神祝，永代敬祭。冀勿崇勿恨"設社初祭者。即還，发耕田一十町余，麻多智子孫　相承致祭，至今不絕。

　　（故老曰：在石村玉穗宫大八洲所驭天皇（继体天皇）的时代，常陆国行方郡（现在的茨城县）有一个叫箭括麻多智的人物。有一次，在山谷里开辟了一片葦原，正要开垦田地的时候，"夜刀神"成群地出现了。"夜刀之神"原本是居住在这个谷地的蛇，当地人把它称为"夜刀神"，作为居住在这个谷地的神而让人感到恐惧。夜刀神是为了抗议箭括麻多智开垦山谷而出现的。

　　箭括麻多智带着铠甲和拐杖击退了夜刀神。然后，在登山口的地方，将杭（拐杖）树立土地上，作为土地界限的标志。并对夜刀神说："这里以上是神的土地，这里以下

---

① 木简学会：《木简研究》2002 年总第 24 号，第 109 页。

是人的土地。从今以后，我要成为供奉土地神的人，永远供奉土地神，希望不要降祸。"

于是，箭括麻多智开发了该谷地，而作为代价建立了供奉夜刀神的神社。而他的子孙们也代代负责神社的祭祀活动。）①

继体天皇的时代大概是在 6 世纪前半叶，箭括麻多智开始开垦山谷，在山脚处，为了表示人类与土地之神的界限，竖立了柱子。

从这个传说中，我们可以了解到当时人类与土地之间的关系，是非常有趣的史料。当时生活在这片土地上的人们，把比人类更早生活在这片土地上的蛇视为"夜刀神"而感到恐惧。

并且，当时的人认为在开发土地时，必须与夜刀神达成协议。因此，在人类可以开发的地区和土地神的土地之间设置界限，谋求两者的共存。从这个传说中可以看出，开垦本来就不是无限制的，必须充分考虑土地神。

奈良县高取町萨摩遗迹出土的木简，仿佛让人想起了这个传说。

在萨摩遗迹中，两条山脊之间的谷地中发现了古代建造的池塘。并且，在 2009 年的调查中，发现了水池的堤坝及其内部设置的木制导水管，以及用于将水池的水分发到下游的放水路等。据推测这是用于农业灌溉的池塘。

池堤在第一次筑成后，进行了 3 次扩建工程，每次都对木制导水管进行了翻修。因此，总共出土了四期的木制导水管。一系列的建造和整修工程大约发生在奈良时代至平安时代。

木简是从水池堆积的泥土中被发掘的（释文依据《木简研究》32 号、2010 年）。

〔拜〕
・「田領卿前□申　此池作了故神　　」
・「癸応之　波多里長檜前主寸本為
　　□□□遅卿二柱可為今」

216mm×41mm×9mm　011 型式②

木简的内容如下："向田领卿行礼致意。我已经建好了这个池塘，于是神就出现了，并且我作出了回应。"

木简中的"田领"是指在郡司手下负责农业经营的地方豪族。

背面下半部分用两行书写，准确的意思很难理解，但可以解释为"波多里长桧前主寸原

---

① 《日本古典文学大系　風土記》，岩波书店 1958 年版，第 54 页；《新编日本文学古典全集　風土記》，小学馆 1997 年版，第 377 页。

② 木简学会：《木简研究》2010 年总第 32 期，第 12 页。

本进行了水池的建造，现在由□□□迟卿两人进行"。"桧前主寸"也写作"桧前村主"，是来自朝鲜半岛的渡来系氏族的名字。

总结一下整体的内容，这个池子原本是在奈良时代由"波多里长"即"桧前村主"的渡来系氏族所筑，后来接受了整修工程。根据发掘调查，池子经过多次改建，这与正在进行维修的事实也是一致的。而且，可以具体了解到池塘的建造与渡来系氏族、郡司下进行农业经营的"田领"等有关，这特别有趣。

有趣的地方还不止于此。这个木简还显示，在建造池塘时，需要得到土地神的同意。这一点正如前述的《常陆国风土记》中箭括麻多智的传说。

建造的池塘是确保灌溉用水等，对人类生活来说是不可缺少的装置，所以必须改造自然。因此，土地领有者动员了很多劳动力，改造土地，并致力于建造池塘。但是，仍然有需要与土地神达成协议的意识。

话题回到"杖"上，同样在 8 世纪编纂的播磨国（现在的兵库县）地志《播磨国风土记》"揖保郡条"中，有如下的传说：

> 粒丘。所以号粒丘者，天日槍命，從韓国度来，到於宇頭川底，而乞宿处於葦原志举乎命曰："汝為国主。欲得吾所宿之处"。志举，即許海中。爾時，客神，以劍攪海水而宿之。主神，即畏客神之盛行，而先欲占国，巡上到於粒丘，而湌之。於此，自口落粒。故号粒丘。其丘小石，皆能似粒。又，以杖刺地，即從杖处寒泉涌出。遂通南北。々寒南温。〈生白尤〉。

> [粒丘。命名为"粒丘"的原因如下：天日枪命从韩之国渡海而来，到达宇头的江边，对苇原志举乎命拜托说："你是此地的首长，我想要自己居住的地方。（作为主人，请确保合适的地方）。"志举允许了他在海中居住。当时，他害怕外来神明天日枪命的灵力猖獗，想（比这个非凡的神）先把国家据为己有，于是巡游北上到达粒丘吃了饭。就这样，饭粒从嘴里掉了下来，所以取名为"粒丘"。山丘上的小石子和饭粒一模一样。又用手杖刺了一下地面，即从手杖处涌出了冷水。最终水流南北汇成了一条河。向北流的水很冷，向南流的水温热。（生白术）]①

根据这份史料，渡来系的天日枪命与原住的苇原志举乎命争夺土地时，将木杖插在地上，水涌而出，分为南北流去。这里所看到的"以杖刺地"具有占有土地的意思。

从《常陆国风土记》和《播磨国风土记》的这些传说来看，杖与土地的开垦和水田的

---

① 《日本古典文学大系　风土记》，岩波书店 1958 年版，第 304 页。《新编日本文学古典全集　风土记》，小学馆 1997 年版，第 70 页。

开发有着很深的关系，在包括灌溉用水的利用等方面的边界之争中，发挥着半巫术式的调解作用。从这个意义上来说，杖起到了界定土地边界的标准作用。

韩国近年出土的庆山市所月里出土木简可能与此相近。

〇韩国·庆山市·所月里出土木简

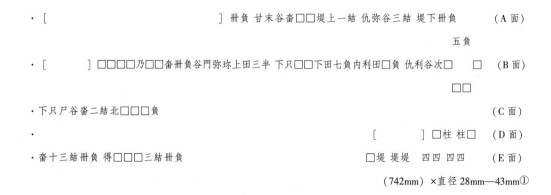

在庆山所月里遗址发现了三国至统一新罗时代的高床建筑物遗址、柱穴群、竖穴、窑，以及高丽至朝鲜时代的土圹墓、竖穴等。竖穴 107 号地表下 80 厘米处的泥土层出土了 1 个"人面装饰瓮"和 1 个"甑"。从其下层，木简是与被认为是萩木树枝束和被认为为木制成手斧的木制文物一起出土的。这是长 74.2 厘米，直径 2.8—4.3 厘米的大型棒状木简。此木简上端残缺，下端经过二次加工。据推测，此木简的年代为 6—7 世纪。

木简上记载着地名、土地的种类、面积等，地名被命名为"谷""堤"等地形，土地的种类是"田""水田"，由此可知这是一份关于耕作土地面积的明确记录。从地名和土地的种类可以看出，这个遗址是台地和树枝状的山谷，可以推测是利用台地的山谷和河流开发的山谷水田。这让人想起了《常陆国风土记》"行方郡条"所描述的谷地开发、开垦的传说。

基于这一事实，考虑到它被记录在又长又长的杖状木材上的意义，这个木简不仅仅是记录面积的东西，还具有将它刺入土地，明示占有土地的巫术功能。如果更大胆地想象，这个表示占有土地的木简，不仅是对人类的告知，对土地之神也有明示之意。

最后，从《常陆国风土记》中的传说和所月里木简中"谷""堤"的记载中可以看出，为什么人们重视山谷的开发呢？这是因为，在土地开发和开垦方面，山谷的开发要优先于平原。从留存在东大寺正仓院的天平宝字三年（759）的《越前足羽郡粪置村开田地图》可以

---

① 韩国·庆北大学校第 3 回国际学术大会：《慶山所月里木簡の総合的検討》2021 年 4 月 27 日；桥本繁：《慶山·所月里木簡の性格》，庆北大学校人文学术院 HK+事业团·国立历史民俗博物馆共同学术大会：《古代韓国と日本の文字文化と書写材料》2022 年 2 月 23 日。

看出，这个时期田地的开发主要集中在与山相邻的山谷，平原地区的田地几乎没有开发过。山谷的开发被认为是推进该地区土地开垦的首要任务。因此，像《常陆国风土记》这样的传说作为土地的传承被人们记住。

三　日本古代棱柱状（棒状·杖状）木简的事例——十干十二支木简

除了以上列举的木简之外，根据笔者的调查，还存在与上述木简性质完全不同的棱柱状木简。那就是在秋田县秋田城遗址出土的十干十二支的木简。

〇秋田县秋田城迹出土木简（●为穿孔）

· □□●□□●丙寅●丁卯●戊辰●□□●庚□●□□□●壬□●□酉●
· □□●乙□●□子●□□□●己□●庚□●辛巳●壬午◇癸未
· □□●□□●丙戌●丁□●□子●己丑●庚寅●辛卯●壬辰●□□
· □午　乙未　丙申　丁酉　戊戌　己亥　庚子　□□　壬寅　癸□
· □□　乙□　□午　丁未　戊申　□□　　　　癸□
· □□　□卯　□□　□□　□□　己未　庚申　□酉　壬戌
· □□　□□　□□　□□　戊辰　□□　庚□　□□　壬申　□酉

277mm×27mm×27mm　065 型式①

该木简在棱柱状木简的七面上分别写有从"甲子"到"癸亥"的六十干支，干支的下方开有可以插入细棒的孔。据推测，这是一种每当日期变更时，将棒子插入当天干支下面的孔，以便知道当天是什么干支的工具。② 但不知道是否实际使用过，有可能是试制品或未完成品。

同样的木简在 19 世纪初，游记作家菅江真澄访问秋田时，介绍从因火山喷发而埋没的平安时代房屋中发现的，形状基本相同。③

在棱柱木材的各面上写干支的事例在中国的"觚"上也有过，与此类似，但无法断定此木简是否直接受到了中国"觚"的影响。

---

① 木简学会：《木简研究》2007 年总第 29 期，第 159 页。
② 三上喜孝：《古代地方社会における暦—その受容と活用をめぐって》，《日本古代の文字と地方社会》，吉川弘文館 2013 年版，第 235—259 页。（初版《日本歴史》633、2001 年版，第 23—39 页。）
③ 《支干六十字方柱ノ考》，《菅江真澄全集　第九巻》未来社 1973 年版，第 381—386 页。

结　语

本文列举了日本古代棱柱状（棒状·杖状）木简中比较显著的三个例子（《论语》木简、禁制木简、六十干支木简）。关于其中的禁制木简，本文认为，用杖刺入土地的标识边界，表明对土地的占有，不仅是人类，还有谋求与土地神共存的意义。特意使用长形（棒形、棍形）的木简来记录，这种行为不仅是为了基于"告知"和"禁制"的文件样式使人理解该文书的内容，还可能是为了利用木简本身的视觉效果来使人理解该文书的内容。从这一点来看，日本的观音寺遗址出土的《论语》木简以及韩国出土的《论语》木简，如果各自完整复原，都将成为大型木简，这一点也值得注意。它超越了单纯学习教材的实用意义，或许还包含着象征意义或某种巫术意义。

韩国多面木简的发掘现状与用途[*]

[韩] 尹善泰（著）　于　晨（译）　贾丽英（审校）[**]

摘　要： 所谓多面木简，与中国的"觚"的特征几乎相同。一般将木材削成三面、四面、五面等多个书写面，也有直接按照圆形树枝形态制成的圆柱形形态的。将木材削成多面的原因在于增加书写面，在发掘的圆柱形多面木简中最多的可以写六行。百济的多面木简在6世纪的遗迹中多有发现，但在进入7世纪以后发掘事例明显减少。新罗的多面木简在6—7世纪的古新罗遗迹中大量出土，但8世纪以后统一新罗时期的遗迹中未发现。从可以明确得知内容的新罗木简来看，多面木简以"—前白"格式书写的事例非常多，主要用于个人或官厅之间的文书行政中。多面木简在古新罗被普遍使用而到了统一新罗时期以后销声匿迹，其主要原因是纸张的普及，木简逐渐被纸所代替。从朝鲜半岛接受木简文化的日本虽然至今已经出土了30万枚木简，但是多面木简的出土事例却极其罕见。圆柱形木简的出土事例一例都没有①。因此，可以认为多面木简是韩国古代木简文化中的一个代表性的重要特征。韩国古代社会完整地经历了中国汉代的编缀简时代到纸张时代的过程，而日本的木简使用方法是在朝鲜半岛已经进入纸木并用的7世纪以后才传来的。所以我认为韩国古代的多面木简或具有编缀简向纸木并用时期木简的过渡性特征。因此，我想提倡与中国的"编缀简文化"和日本的"短册形木简文化"相对应的韩国古代"多面木简文化"。

关键词： 面板木简；觚；文书行政；多面木简文化

1975年，自新罗首都庆州的雁鸭池（月池）首次发现韩国木简以来，② 各地遗迹陆续有

---

* 本文为国家社科基金重大招标项目"中韩日出土简牍公文书资料分类整理与研究（20&ZD217）"阶段性成果。原文是在2017年韩国教育部与韩国学中央研究院韩国学基础研究支援项目（AKS-2017-KFR-1230009）赞助下进行的研究。本稿依据2019年9月6—8日在中国北京首都师范大学召开的"第一届中韩日出土简牍研究国际论坛"上发表的《韩国多面木简的发掘与整理》一文改编而成。

** 作者尹善泰，韩国东国大学师范学院历史教育学科教授。译者于晨，河北师范大学历史文化学院讲师。审校者贾丽英，河北师范大学历史文化学院教授。

① 审校者按：近年的研究成果显示，日本木简中也有少量多面木简（称作"觚"或"棱柱状木简""棒状木简"），可参见同期收录三上喜孝《日本古代棱柱状（棒状、杖状）木简的意义》。出于尊重原著的考虑，未作改动。

② [韩] 李基东：《关于从雁鸭池出土的新罗木简》，《庆北史学》1984年总第1期；李基东：《新罗骨品制社会和花郎徒》，首尔：一潮阁1996年版。

木简出土，90 年代以后几乎每年都有从遗迹中出土木简的报告。据统计，目前韩国出土的古代木简大约有 600 枚。现在，木简在数量方面成为韩国古代史资料中不可忽视的存在。①

虽然 90 年代以后木简资料呈几何级数增长，但韩国学界尚未对木简的定义、详细名称、用途、形式分类等实现系统化整理和未对相关建议予以采纳。因此，我认为韩国没有将木简指定为文化遗产的原因不在于木简资料的历史价值问题，而在于对木简的基础性整理不到位。这是一个亟待解决的问题，因为它有可能从木简发掘的最初阶段就影响木简资料的整理工作。

不仅是韩国，中国和日本的简牍与木简出土资料也在不断增多。资料的增加对学术界来说无疑是个好消息，但也迫切需要国家间的努力来整理和共享这些资料。我认为非常有必要把包括中、韩、日在内的与简牍及木简相关的研究者和发掘机构聚集在一起，共同审述简牍及木简资料的重要性，并商讨简牍与木简的基础用语或出土资料的整理方法等共同问题，奠定东亚学的研究基础。在木简研究中，无论怎么强调东亚视野都不过分。

从韩国的木简文化是中国简牍文化受容并变容的结果这点来看，将韩国古代木简的形态和功能等视为韩国的特殊性而孤立地进行研究是不可取的。因为只有在与中国、日本的简牍或木简等进行比较研究的时候，基于韩国古代国家的统治方式而形成的固有的、特殊的木简文化才能更加鲜明地体现出来。② 因此，我认为展望东亚古代国家之间对彼此统治体制的影响力，考察古代东亚世界的文化交流及真实状态是日后木简研究的重要课题。

对此，笔者将尝试探讨韩国出土古代木简中急需与东亚相关资料进行比较研究和整理的"多面木简"。笔者命名为"多面木简"的资料与在中国被称为"觚"的木简性质相同。在韩国，一般是将木材削成三面、四面、五面等多个书写面，也有原封不动地利用圆形树枝做成的圆柱形。将木材削成多面的原因是为了多增加叙事版面（空间），后文提及月城护城河发现了最多书写了 6 行的圆柱形多面木简。在中国简牍中也存在可以写两行的三面木棒形态的"两行"木简，或将木简做成四面木棒形态的"四行"木简等，这都是为了在同一个木

---

① 韩国古代木简的相关研究成果有很多，具体可以参考日韩学者李成市：《韩国出土的木简》，《木简研究》1997 年总第 19 期；李成市：《韩国木简研究的现状与咸安成山山城出土的木简》，《韩国古代史研究》2000 年总第 19 期；尹善泰：《韩国古代木简的出土现状与展望》，国立昌原文化财研究所编：《韩国的古代木简》，昌原：国立昌原文化财研究所 2006 年版；李镕贤：《韩国的木简研究现状》，朝鲜文化研究所（早稻田大学）编：《韩国出土木简的世界》，东京：雄山阁 2007 年版；朱甫暾：《韩国的木简研究现状与展望》，《木简与文字》2008 年创刊号；金昌镐：《罗州伏岩里出土木简的争论与课题》，《百济文化》2011 年总第 45 期；全德在：《韩国的古代木简与研究动向》，《木简与文字》2012 年总第 9 期；洪承佑：《扶余地区出土的百济木简的研究现状与展望》，《木简与文字》2013 年总第 10 期；李镕贤：《罗州伏岩里木简研究现状与展望》，《木简与文字》2013 年总第 10 期；李在晥：《韩国古代咒术木简的研究动向与展望》，《木简与文字》2013 年第 10 期；尹善泰：《百济木简的研究现状与展望》，《百济文化》2013 年总第 49 期；尹善泰：《韩国古代木简的研究现状与课题》，国立伽倻文化财研究所编：《先史与古代木器·木简的最新研究现状和课题》，昌原：国立伽倻文化财研究所 2016 年版。

② ［日］马场基：《木简的制作和 100 年的理由》，奈良文化财研究所·国立文化财研究所编：《日韩文化财论集》，奈良：奈良文化财研究所 2011 年版。

简上多记录文字而增加了书写面。①

　　本文将按照遗址地分类整理至今在韩国出土的古代多面木简的发掘现状，并对出土木简在各时期的使用频率、墨书内容、用途等进行探讨，以期进一步了解多面木简的历史特征及其性质。

一　多面木简的发掘状况

　　随着考古学家们对能完好保存木质文物的"低湿地"的关注，目前对池塘或排水沟等遗迹进行了细致发掘。另外，韩国20世纪90年代以后引进了红外线摄影技术，可以识别出肉眼看不到的模糊的木简墨文，这也使得木简的资料价值和地位进一步提高。表一按照出土韩国古代木简的遗址分类整理了各自出土的木简件数，并统计了多面木简的数量。②

表一　　　　　　　韩国古代木简及多面木简的发掘现状（截至2019年）　　　（单位：件）

遗迹名	发掘时间	木简年代	木简出土件数	多面木简出土件数
庆州雁鸭池	1975	统一新罗	40	6
庆州月城垓子	1984—1985	新罗6—7世纪	33	14
庆州皇南洞376号	1994	统一新罗	3	
庆州博物馆地基	1998	统一新罗	2	
庆州仁容寺遗址	2002	统一新罗	1	
庆州博物馆南侧地基	2011—2012	统一新罗	3	
河南二圣山城	1990—2000	新罗6—7世纪	13	3
咸安城山山城	1992—2015	新罗6世纪	245	4
扶余东南里	2005	统一新罗（?）	1	
益山弥勒寺遗址	1980	统一新罗	2	2
昌宁火旺山城	2003—2005	统一新罗（?）	7	2
仁川桂阳山城	2005	统一新罗（?）	2	2
釜山盃山城遗址	2016	统一新罗	1	
首尔阿且山城	2015—2018	新罗	1	
金海凤凰洞	2000	统一新罗（?）	1	1
金海良洞山城	2018	新罗	2	

---

　　①　多面木简与中国觚的关系可以参考［韩］尹善泰《木简讲述的百济故事》，首尔：周留城2007年版，第66—74页。

　　②　其中没有包含日本强占期与解放以后在朝鲜地区出土的乐浪时期的简牍资料。虽然这些资料对韩国古代史的研究具有很大的意义，但是本稿主要以韩国方面直接发掘的新罗、百济木简为中心进行研究。

续表

遗迹名	发掘时间	木简年代	木简出土件数	多面木简 出土件数
扶余官北里	1983—2003	百济 7 世纪	10	
扶余宫南池	1995—2001	百济 7 世纪	3	1
扶余陵山里寺遗址	2000—2002	百济 6 世纪	155（削屑 125）	9
扶余双北里 102	1998	百济 7 世纪	2	
扶余双北里县内	2007	百济	9	1
扶余双北里 280—5	2008	百济 7 世纪	3	
扶余双北里 119 中心	2009—2010	百济 7 世纪	4	
扶余双北里	2010	百济	2	1
扶余双北里 328—2	2011	百济	3	
扶余双北里 184—11	2012	百济 7 世纪	2	
扶余双北里 201—4	2012	百济	2	
扶余旧衙里 319	2010	百济 7 世纪	9	
扶余双北里泗沘韩屋村建筑地基	2017—2018	百济	7	1
扶余石木里 143—16	2017	百济 7 世纪	2	
锦山柏岭山城	2004	百济	1	
罗州伏岩里	2006—2008	百济 7 世纪	13	
总计（新罗 360 枚，百济 227 枚）			587（削屑 125）	47

笔者在表一中统计了截至 2019 年出土的全部 587 枚木简，但由于各发掘报告对木简的定义不同，笔者对各遗址木简出土数量的统计可能与报告存在差异，尤其是出土木简的总数。例如，扶余陵山里寺遗址木简（以下简称"陵山里木简"）的数量中包括了 125 枚削去木简墨书的木简碎屑。虽然正式报告中没有将其统计为木简，但在日本，这些削屑也被单独统计为 1 枚木简。

另外，以咸安城山山城出土木简（以下简称"咸安木简"）为例，截至第 17 次调查（2015 年 12 月）之前，相关发掘报告书、现场说明会资料、图版资料集等记录的木简出土件数都互不相同。另外，虽然发掘报告书将没有墨文的"题签轴"归类为标识木简并进行了统计，但在发掘结束后整理了成安山城所有出土木简的《韩国的古代木简Ⅱ》却只将有墨文的定义为木简，并最终确定为 245 枚。[1] 笔者也认为这些没有墨文的木质器物确实不能按照形态划分为标识木简。

百济时期的多面木简以"陵山里木简"为代表大多出土在 6 世纪泗沘时代前期的遗址

---

① 国立伽倻文化财研究所编：《韩国的古代木简Ⅱ》，昌原：国立伽倻文化财研究所 2017 年版。

中，7世纪遗址木简数量明显较少。虽然截至目前百济木简发掘存在明显的局限性，但是可以推测出多面木简可能曾在百济的一段特定时期内被集中使用。也就是说多面木简在6世纪时期的百济被大量使用，而进入7世纪后其使用急剧减少①。当然，现在6世纪遗址中出土的木简事例并不多，而且今后的发掘情况也有变化，因此无法确定这种趋势，但考虑到出土事例较多的新罗木简中也存在与百济类似的模式，因此我认为这种推论没有大的差池。

目前出土的韩国古代木简大部分是新罗木简。在庆州雁鸭池、月城垓子、皇南洞376号遗址等新罗都城遗址，以及河南二圣山城、咸安城山山城等地方官衙遗址中都出土过木简。新罗木简的出土件数要高于百济木简，且出土木简的遗址也均匀地分布在各时代与各地区中。因此，相关新罗木简文化的变迁过程，包括木简的制作，叙事方式的地域差异，都有相关研究。

值得一提的是，月城垓子出土木简（以下简称"月城垓子木简"）和雁鸭池出土木简（以下简称"雁鸭池木简"）明确区分了其出土遗址的时间顺序，可以类推出新罗文字文化变化和发展契机的指标遗物。② 月城垓子木简是在所谓的"竖穴式垓子"中出土的，通过对垓子的发掘，可以确认在竖穴式垓子堵塞后又在原址上重新修了"石筑垓子"。③ 通过竖穴式垓子和石筑垓子的堵塞与筑造过程，以及各自的伴生遗物等可以看出月城垓子木简的制作年代不会晚于7世纪中期。另外，竖穴式垓子堵塞后，修建了石筑垓子和雁鸭池。因此可以确定月城垓子木简制作于6—7世纪中期，而雁鸭池木简则制作于7世纪后期的统一新罗时期。

通过对比月城垓子木简和雁鸭池木简之间出现的木简形态、制作方法、字体、运笔法、记录内容上的差异，可以研究新罗文字生活的成熟过程。首先，与本文主题相关的特别是在木简的形态上，两者存在很大的差异。与雁鸭池木简相比，月城垓子木简中截面为四边形的多面简或在没有进行特别加工的情况下只剥掉树皮使用的圆柱形多面简的比例非常高。包括木简残片在内月城垓子出土的全部33枚墨文木简中，多边形、圆柱形的多面简有14枚。特别是在圆柱形多面简中，还发现了书写6行墨文的情形。相比之下，在全部40枚雁鸭池木简中，多面木简只有6枚。比较两个遗址可以明确看出古新罗时期多面木简占总木简的45%左右，但进入统一新罗时期后多面木简在总木简中的比重下降到15%以下。

---

① ［韩］李景燮（《有关"百济木简"可能性的初步考察》，《百济论丛》2010年总第9期）认为百济在6世纪将多面木简用做文书木简，在7世纪以后随着文书木简的消失，多面木简的用途发生了改变被用作习书木简。为了讨论木简用途上的变化，我认为日后应当进一步集中木简出土事例。但如果与后述新罗的情况联系起来看，百济在进入7世纪以后逐渐减少对多面木简的使用这点应当是一种趋势。

② ［韩］尹善泰：《月城垓子出土新罗文书木简》，《历史与现实》2005年总第56期。

③ ［韩］李相俊：《庆州月城变迁过程小考》，《岭南考古学》1997年总第27期。

另外，在 6 世纪制作出的全部 245 枚咸安木简中，多面木简仅有 4 枚。但是考虑到咸安木简大多是捆绑在税金上的荷札木简，在统计的时候去掉荷札木简反而更有助于准确理解当时的木简叙事文化。而去掉荷札木简后，咸安木简几乎可以说都是多面木简。另外，二圣山城木简也是 6—7 世纪的遗物，3 枚多面木简在全部 13 枚木简中的比重也是很高的。

可以说新罗在 6—7 世纪大量使用多面木简，但在统一三国进入 7 世纪后半以后明显减少了多面木简的使用。结合新罗的这种趋势来看，虽然之前木简出土遗址或木简出土件数很少，但是我认为百济在 6 世纪大量使用木简而到了 7 世纪以后减少使用的现象依然是有意义的。因此，将百济和新罗的情况放一起考虑，韩国古代社会在三国时期虽然大量使用木简，但三国统一后新罗对木简的使用明显减少，而百济从 7 世纪开始就已经存在这种现象。

从朝鲜半岛引入木简文化的日本，现在出土的木简件数超过 30 万枚，但是多面木简的出土事例却极为罕见。圆柱形木简的出土事例更是一例都没有。这也就是说日本古代社会从来就没有使用过多面木简。而在中国，觚在全部简牍中所占的比例非常低。因此，笔者曾将三国时期的韩国古代早期木简文化统称为 "多面木简文化"。① 这是韩国古代木简文化中一个值得关注的独特地方。②

从现在开始，我们将研究百济和新罗的多面木简记录了什么内容，并以此了解多面木简的用途和功能。我认为这是寻找多面木简之所以在三国时代经常使用，而在统一后逐渐消亡的线索。

二　多面木简的内容和用途

从已知文字内容明确的多面木简对其用途进行分类，百济的情况可以分为官员或官府之间为了交换信息而制作的文书木简、在制作正式账簿之前临时整理好的笔记或原始账簿木简、学习经典及文字用的习书木简、其他将木头雕刻成人偶模样或鸟形或男性阳物形状的咒术木简等。新罗的情况也和百济一样，可以分类为与行政公文收发相关的文书木简、账簿木简、习书木简、其他咒术木简等。值得注意的是，新罗木简中出现了附札文书木简，而百济木简未见。推测是要把文件挂在物品上，才在木简上穿洞或刻槽制作成附札的模样。下面的表二是对韩国古代多面木简记录的墨文的释读，并推论其用途。

① ［韩］尹善泰：《木简讲述的百济故事》，首尔：周留城 2007 年版，第 71—74 页。
② ［韩］李景燮：《新罗木简的世界》，首尔：景仁文化社 2013 年版，第 23—24 页。

表二　　　　　　　　　　　　韩国古代木简的内容与用途

遗迹	木简编号	内容和用途
庆州雁鸭池 6/40	182 号①	〈木简 182 号〉15.9×2.5×2.5cm（下文单位省略）习书木简 正面：寶應四年 左侧面：策事 背面②：「伍肆参貳壹」
	183 号	〈木简 183 号〉13.9×1.5×0.9 文书木简（附扎形） 正面：［天］□□□□□月廿一上北廂 背面：猪水助史弟一行瓮一人 右侧面：五十五□□丙番
	198 号	〈木简 198 号〉30.8×30.9×26 截面三角形（墨文两面）账籍木简（医药处方） 大黄一兩[九]分黄連一兩 皂角一兩 青袋一兩 升麻一兩 ～甘草一兩 胡同律一兩 朴消一兩 □□□一兩 ～□□□□ 青木香一兩 支子一兩 藍淀三分
	205 号	〈木简 205 号〉9.0×2.7 圆柱形 用途未知（文书木简？） 重予等處言 水 ［事］□ □ 　　□ □□□ 　　□
	229 号	〈木简 229 号〉6.1×1.2×1.2 圆柱形 文书木简（附扎形） 正面：奉太子君 左侧面：前吳油□ 右侧面：召彡［伐］
	报告书 1 号	〈报告书 1 号木简〉31.8×2.8×1.5 文书木简 前面：洗宅白之二典前四□子頭身沐浴□□木松茵 左侧面：　□迎□入日□□ 背面：十一月廿七日典□ 思林
庆州月城垓子 木简 14/33	1 号③	〈木简 1 号〉20.5×1.7×1.8 账簿木简 （第一面）：×□流石奈生城上此夲宜城今受不受郡云 （第二面）：×□受□□□□主□□□□□□ （第三面）：×□□□□□□□□□ （第四面）：□□□□□□氵□亻道豆□□□与道□
	2 号	〈木简 2 号〉19×1.2×1.2 文书木简 （第一面）：大鳥知郎足下万拜白之 （第二面）：經中入用思買白不雕紙一二个 （第三面）：牒垂賜教在之後事者命盡 （第四面）：使内

① 采用《韩国的古代木简Ⅰ》（昌原，国立昌原文化财研究所 2004 年版）中的木简分类编号。
② 此面上的文字与其他面上的文字方向相反。
③ 采用了报告书上的木简分类编号。

遗迹	木简编号	内容和用途
□□□	6号	〈木简6号〉（15.5）×1.4×1.5 截面三角形 习书木简 （第一面）：「^{朔朔朔}朔朔朔朔朔　　× （第二面）：「 朔朔朔□□□　　× （第三面）：「 朔一朔一日朔□□ ×
	9号	〈木简9号〉25×1.4×1.3 账簿木简 （第一面）：■［習比部］上里今^受［山］南［罡］上里今^受阿今里^不岸 上里^不 （第二面）：□□[□]□上^受尤祝^受除［井］^受開［池］^受赤里^受□□^受□□^{不有}□ 里^{不有}□□道^受 （第三面）：□ 下 南 川^受　□□　禺^受　▭　北^受　多 比 刀^{不有} ▭　受不有 （第四面）：▭里^受伐［品里］^受赤居伐^受麻支^受■丨牟喙 仲里^受新里 ^受 上里^受下里^受
庆州月城垓子 木简14/33	10号	〈木简10号〉20.8×3.25 圆柱形 文书木简 （第一面）：寺典大宮士等敬白［苑］典前先□ （第二面）：▭場叱 （第三面）：素▭時四 （第四面）：田▭ （第五面）：□還不在兮 （第六面）：走□□□
	11号	〈木简11号〉20.4×4.4 圆柱形 账簿木简 （第一面）：酉 （第二面）：卜芶 （第三面）：葛席二 （第四面）：无法解读
	12号	〈木简12号〉24.4×5.1 圆柱形 文书木简 （第一面）：「 四月一日典太等 敎事 」 （第二面）：「［内］［苦］白故□□敎事□□」 （第三面）：「▭」
	13号	〈木简13号〉（28.5）×2.1 圆柱形 用途未知 （第一面）：「 乙勿▭」 （第二面）：「▭」
	23号	〈木简23号〉（15.2）×2.4×1.35 账簿木简（医药处方） （第一面）：「 天雄 二兩［煞］蒿× （第二面）：「 □□子赤 □□□ × （第三面）：「 □□二兩 □□□ × （第四面）：「墨文无法解读」×
	88号	〈木简88号〉圆柱形 有墨痕但是很难判读 用途未知
	105号	〈木简105号〉圆柱形 确认有墨文"年"字 用途未知
	新3号	〈木简新3号〉25.9×2.5×2.2 文书木简 （第一面）：典中大等敬白沙喙及伐漸典前 （第二面）：阿尺山□舟至□愼白□□ （第三面）：急陲爲在之 （第四面）：文人周公智吉士●

续表

遗迹	木简编号	内容和用途
庆州月城垓子 木简 14/33	新 4 号	〈木简新 4 号〉15×2.1×2.2 文书木简 （第一面）：兮刪宗公前别白作（?）□□× （第二面）：米卅斗酒作米四斗并卅四斗瓮□（此）□× （第三面）：公取□開在之
	新 8 号	〈木简新 8 号〉15×2.1×2.2 文书木简 （第一面）：□□年正月十七日□□村在幢主再拜□淚廩典□岑□□ （第二面）：喙部弗德智小舍易稻參石粟壹石稗參石大豆捌石 （第三面）：金川一伐上内之 所白人 登彼礼智一尺 文尺智重一尺
河南二圣山城 3/13	第三次挖掘 1 号①	〈木简第三次挖掘 1 号〉15.0×1.3×0.9 文书木简 （第一面）：戊辰年正月十二日明南漢城道使 （第二面）：須城道使村主前南漢城□□ （第三面）：□□蒲 □□□□□□ （第四面）：无墨文
	第三次挖掘 2 号	〈木简第三次挖掘 2 号〉18.5×3.5 圆柱形 账簿木简 　　　　　　　五十三 　品世内藏 莫所所□
	第八次挖掘 1 号	〈木简新 8 号〉35.0×1.2×0.9 用途未知 （第一面）：…… 分白三………………△作薩課…… 九…… （第二面）：……………………薩………… 長…………… （第三面）：………………………………………………… （第四面）：…………………………高…… 大九及……………
咸安城山山城 木简 4/245	伽倻 1602②	〈伽倻 1602 号〉26.4×2.0×1.2 四面木简但是只有两面有墨文 账簿木简 （第一面）：∨于廿二益丁四村 … × （第二面）：∨□二□丁十一村 … ×
	伽倻 2645	〈伽倻 2645 号〉25×3.4×2.8 文书木简（附扎） （第一面）：六月中□多馮城□（者）村主敬白之烏□□成行之∨ （第二面）：□□智一伐大□□也 功六□大城從人士六十日∨ （第三面）：□去（走）石日（率）（此）□□更□荷（秀）□∨ （第四面）：卒日治之人（此）人烏馮城置不行遣之白∨
	伽倻 2956	〈伽倻 2956 号〉29.3×1.2×1.8 四面木简但是只有两面有墨文 账簿木简 （第一面）：十一月□□定六十月一廿月十一月五又 （第二面）：『□奇（旅）□□□□□久□□拏及□□□』③
	伽倻 5598	〈伽倻 5598 号〉34.4×1.3×1.9 文书木简 （第一面）：「三月中眞乃滅村主 憻怖白」 （第二面）：「□［城］在弥卽尒智大舍下智［前］去白之」 （第三面）：「［卽］白先節卒日代法稚然」 （第四面）：「伊毛罹及伐尺（寀）言□法卅代告今卅日食法白之」

①　采用报告书上的木简分类编号。

②　采用《韩国的古代木简Ⅱ》的木简分类编号。

③　此面的字体与其他面上的字体不同，用『』标注不同的字体。

续表

遗迹	木简编号	内容和用途
金海凤凰洞 1/1	147 号①	〈木简 147 号〉20.9×1.9×1.9《论语》学习木简 （第一面）：×不欲人之加諸我也吾亦欲無加諸人子× （第二面）：×文也子謂子産有君子之道四焉其× （第三面）：×已之無慍色舊令尹之政必以告新× （第四面）：×達之何如子日清矣日人矣平日未知×
益山弥勒寺址 2/2	318 号②	〈木简 318 号〉17.5×5×2.5 用途未知 （第一面）：…央（光?）以山五月二日… （第二面）：新台…善 …… 伽 （第三面）：…… （第四面）：……毛 長
	319 号	〈木简 319 号〉8×3.2×2.9 两面有墨文但只有一面能解读 用途未知 （第一面）：×口不×
昌宁火旺山	2 号③	〈木简 2 号〉28.8×6.1 圆柱形 咒术木简 （第一面）：廿，年 （第二面）：神，王，龍 （第三面）：下，人，宮（?） （第四面）：未详 （第五面）：未详 （第六面）：上（?），日（?）
	4 号	〈木简 4 号〉49.1×10.6 圆柱形（人偶形）咒术木简 眞族 □古仰□□年六月廿九日眞族 龍王開祭
仁川桂阳 山城 2/2	1 号	〈木简 1 号〉13.8×1.9 截面为五角形《论语》学习木简 （第一面）：×賤君子哉若人魯× （第二面）：×吾斯之未能信子說× （第三面）：×也不知其仁也求也何× （第四面）：×也聞一以知十賜也× （第五面）：×於子與改是子日吾×
	2 号	〈木简 2 号〉49.3×2.5《论语》学习木简的再生利用 □□□子□□□
扶余宫南池 1/3	1 号④	〈木简 1 号〉34.8×2.8×2.8 习书木简 （第一面）：× 文文文文文文文文文 （第二面）：× 書文書□□文□□□文也文 （第三面）：× 文□□□□□□ （第四面）：× □□□□□□文也□□文

① 采用《韩国的古代木简Ⅰ》的木简分类编号。
② 采用《韩国的古代木简Ⅰ》的木简分类编号。
③ 采用朴成天、金始桓《昌宁火旺山城莲池出土木简》（《木简与文字》2009 年总第 4 期）中的编号。
④ 采用报告书上的木简分类编号。

续表

遗迹	木简编号	内容和用途
扶余陵山里寺址 9/30	第六次发掘 1 号①	〈木简第六次发掘 1 号〉16.5×3.5 圆柱形 咒术木简 （第一面）：无奉義 道禓立立立 （第二面）：　　　追□ （第三面）：无奉　『天』 （第四面）：　　　□徒□十六
	第六次发掘 2 号	〈木简第六次发掘 2 号〉13.2×3.0×2.5 用途未知 （第一面）：×斗之末米□□× （第二面）：×　　　　　× （第三面）：×　　口当也 × （第四面）：×　　　　　×
	第六次发掘 5 号	〈木简第六次发掘 5 号〉8.9×1.0×0.6 四面木简 用途未知
	第七次发掘 16 号	〈木简第七次发掘 16 号〉23.6×2×1.7 近似圆柱形的四面木简 用途未知 （第一面）：「馳馬辛□處階憙懷□□□ ×
	第七次发掘 18 号	〈木简第七次发掘 18 号〉34.8×2.8×2.8 四面木简但是文字无法判读 用途未知 （第一面）：× 牟□□前□□□ ×
	第七次发掘 22 号	〈木简第七次发掘 22 号〉24.2×3.5×2.0 文书木简 （第一面）：× 則憙拜而受伏願常□此時 （第二面）：× □□浩□□□言 （第三面）：× □□□辛租貢木□□灼□□□□□□四□ （第四面）：×　道和□□□□死□□禾禾
	2001—8 号	〈木简 2001—8 号〉16.5×3.5×3.5 用途未知 × 永春□□ × × 一□江 × × □□□ × × □　□ ×
	第八次发掘 1 号	〈木简第八次发掘 1 号〉44×2×2 账簿木简 （第一面）：支藥兒食米記初日食四斗小升一 二日食米四斗小升一 三日食米四× （第二面）：五日食米三斗大升一 六日食三斗大二 七日食三斗大升二 八日食米四斗× （第三面）：食道使□□次如逢 小吏猪耳其身者如黑也 道使復後彈耶方 牟氏□耶×　　　牟 （第四面）：×石二［十］［又］［石］［二］［十］又［石］二十石□十又石二十又石二十又
	陵山里 7 号	〈木简陵山里 7 号〉16.5×3.5×3.5 圆柱形木简（鸟形）用途未知

---

①　采用《韩国古代文字资料研究——百济（上）》（韩国木简学会编，首尔，周留城 2015 年版）中的木简分类编号。

续表

遗迹	木简编号	内容和用途
扶余双北里 县内들1/9	96号①	〈木简新8号〉38.6×3.1×2.9 习书木简 （第一面）：×□春『春』秋 □官當津□ × （第二面）：×□□□丘　　　　　　× （第三面）：×當兩正經正　　　　　× （第四面）：×　　　　　　　　　　×
扶余双北里 뒷개1/2	1号	〈木简1号〉四面木简但只有两面有墨文 用途未知 （第一面）：×慧草白開覺× （第二面）：×人□□直□×
扶余双北里 泗沘韩屋村 1/7	1号②	〈木简1号〉28×2.5×1.8《论语》学习木简 （第一面）：［習］子日學而時習之 不亦悅（乎） （第二面）：有朋自遠方來 不亦樂（乎） （第三面）：人不知 而不慍 不亦（君） （第四面）：子乎 有子日 其爲人也

首先我们先看一下百济多面木简中时期相对稳定的"陵山里木简"。陵山里虽然出土了155枚木简，但除去其中125枚木简碎屑外，能判定形态的只有30枚。其中多面木简有9枚，在全体木简中占到了30%，比重相当高。遗憾的是9枚木简中残缺或文字难以解读的部分非常多，不过虽然很难去推测这些多面木简的用途，但可以分类为咒术木简1枚，习书木简3枚，文书木简1枚，账簿木简1枚，其他用途未知木简7枚等。通过比较后述的新罗多面木简，我认为用途未知的木简大部分是用于文书或账簿。

新罗木简的情况是习书木简5枚，文书木简12枚（其中附札2枚），账簿木简8枚，咒术木简2枚，其他用途未知木简7枚。与百济木简的情况不同，新罗多面木简中用途不明的木简较少，用途明晰的木简较多。由此可见，新罗多面木简主要是作为文书行政中的文书木简和账簿木简来使用，也有用于笔记、习书、咒术的情形。值得注意的是，新罗文书木简以"—前白"的形式制作，多面木简是官员或官府之间在进行简单的信息交换时使用。

但是在引入韩半岛木简文化的日本，虽然多面木简的出土事例极为罕见，但"—前白"格式的文书书写方法可以在7世纪的飞鸟木简中看到。在古代日本，"—前白"书写方式没有与多面木简的叙事方式绑定在一起的原因是什么呢？如果将这一点与统一新罗时期明显减少使用多面木简的事实联系起来的话，我想统一新罗和古代日本在进入"纸木并用"时期后，多面木简是不是随着纸的普及逐渐被纸文书所代替？具体来说，我认为多面木简在古代新罗被广泛使用，在统一新罗时期则消亡，百济也同样在6世纪时期广泛使用多面木简，而

---

① 采用报告书上的木简分类编号。

② ［韩］金成植、韩知亚：《扶余双北里56号泗沘韩屋村建筑地基遗址出土木简》，《木简与文字》2018年总第21期。

在 7 世纪以后则明显减少了多面木简的使用量，出现这种现象的原因在于随着纸张的普及，多面木简在文书行政中逐渐被纸文书替代。

古代韩国纸文书的事例不多，存在资料上的局限性，但是日本正仓院保留下来的新罗纸质账簿《佐波理加盘付属文书》的撰写年代是与雁鸭池木简重叠的 8 世纪中期，这在一定程度上有助于证明本文的推论。虽然《佐波理加盘付属文书》中有的没有按照纸上画好的框线将内容记录整齐，或者有的干脆不画线就进行记录，但是它们作为最终整理前的临时记录账簿却依然像《村落文书》这样的最终正式账簿一样都被记录在了纸张上。① 从这一点上可以发现纸质文书作为一种记载形式在 8 世纪已经开始取代 6—7 世纪常用的多面木简的迹像。② 笔者认为在韩国古代社会中作为编缀简的一种变容而残存的多面木简在纸张的普及化趋势下逐渐消亡。

由此，我认为多面木简是韩国古代早期木简文化的重要特征之一。如果说韩国古代社会经历了从中国汉代的编缀简时期，到纸张时期，那么日本则从朝鲜半岛引入了纸木并用时期（7 世纪以后）的木简使用方法。我认为韩国古代的多面木简是从编缀简时期到纸木并用时期记录文化的过渡性产物，所以我建议：韩国古代的"多面木简文化"应与中国汉代的"编缀简文化"和日本古代的"短册形木简文化"进行比较。

三　结论

所谓的多面木简，在性质上与在中国被称为"觚"的木简相同。形态上除了将木材削成三边形、四边形、五边形从而制作出若干书写面之外，还有原封不动地利用圆形树枝的圆柱形形态。将木材削成多边形的以便有更多的书写空间，见到最多的是六边圆柱形多面木简。

以百济的多面木简为例，在 6 世纪遗迹中出土的事例较多，进入 7 世纪后明显减少。新罗多面木简主要集中在 6—7 世纪的古新罗遗址中，8 世纪以后统一新罗的遗址中几乎未见出土有多面木简。从可以明确文字内容的新罗多面木简来看，多面木简主要是以"一前白"的书写形式，用于官员或官府之间相互交换文书。我认为多面木简在古新罗被大量使用而在统一新罗时期逐渐消失的原因，是随着纸张的普及多面木简在文书行政中逐渐被纸文书所取代。

从朝鲜半岛引入木简文化的日本，目前出土的木简数量超过 30 万件，但多面木简鲜有报告。圆柱形木简更是未见一例。因此我认为多面木简是韩国古代木简文化的重要特征之

---

① ［韩］尹善泰：《正仓院所藏佐波理加盘付属文书新考》，《国史馆论丛》1997 年总第 74 期。

② ［韩］尹善泰：《木简研究的现状与展望》，韩国古代史学会编：《韩国古代史研究的新动向》，首尔：西京文化社 2007 年版，第 472 页。

一。如果说韩国古代社会完整经历了从中国汉代的编缀简时代到纸张时代，那么日本从朝鲜半岛引入的是纸木并行的 7 世纪以后的木简使用方法。我认为韩国古代的多面木简是具有从编缀简时期到纸木并用时期的过渡性特征的记录文化的产物，所以我建议：对中国汉代的"编缀简文化"、日本古代的"短册形木简文化"以及韩国古代的"多面木简文化"进行比较研究。

文献考辨

危机中的"平衡"：晚清财政亏空弥补与财政平衡

韩　祥* 刘彦辰**

（山西大学中国社会史研究中心，山西太原，030006）

摘　要：财政"亏空"是传统财政在财务统计上的一个抽象化概念，与近代西方国家预决算制度中的财政"赤字"有着本质不同，在实际社会中并不单独存在，只有与财政"亏空弥补"结合起来考察，才具有现实意义。而晚清持续出现的财政亏空为探究危机社会中的财政平衡问题提供了一个典型案例。分析现有的晚清财政史料数据可以发现，咸丰朝以后的政府财政出现重大转折，传统财政体系逐渐瓦解，新增的常例收入支撑着迅速扩张的财政支出，而新型的非常例收入逐渐取代传统非常例收入成为弥补财政亏空的主要手段，从而推动晚清财政在长达半个世纪中维持了基本的平衡。

关键词：晚清；财政亏空；亏空弥补；财政平衡

　　学界的相关研究，更多强调晚清政府在内外交困中财政持续恶化、紊乱，乃至最终崩溃的一面，对清政府挽救财政危机的措施虽有涉及，但少有系统的数据论证，更无绘制晚清财政收支平衡表的尝试。[①] 故本文拟以现有的财政统计数据为基础，初步探讨晚清财政亏空弥

---

　　* 韩祥，1986年生，男，河北安平县人，历史学博士，山西大学中国社会史研究中心教授，博士生导师，主要研究方向：中国近现代货币史、财政史、灾害史。

　　** 刘彦辰，1998年生，女，山西晋中市人，山西大学中国社会史研究中心博士生，主要研究方向：中国近代社会经济史。

　　① 财政危机一般与政治危机相随而生，互为表里。晚清财政史研究已出现了许多优秀成果，大多遵循政治危机导致财政危机、财政危机加剧政治危机的逻辑线索展开。如，吴廷燮：《清财政考略》，《清末民国财政史料辑刊》第20册，北京图书馆出版社2007年影印版；罗玉东：《光绪朝补救财政之方策》，《中国近代经济史研究集刊》1934年第1卷第2期；彭雨新：《辛亥革命前夕清王朝财政的崩溃》，《纪念辛亥革命七十周年学术讨论会论文集》（全三册），中华书局1983年版，第1301—1330页；彭泽益：《十九世纪后半期的中国财政与经济》，人民出版社1983年版，第104—133页；周育民：《晚清财政与社会变迁》，上海人民出版社2000年版；史志宏、徐毅：《晚清财政：1851—1894》，上海财经大学出版社2008年版；陈锋：《清代财政政策与货币政策研究》，武汉大学出版社2008年版；刘增合：《"财"与"政"：清季财政改制研究》，生活·读书·新知三联书店2014年版；倪玉平：《从国家财政到财政国家：清朝咸同年间的财政与社会》，科学出版社2017年版；刘增合：《白银与战争：晚清战时财政运筹研究》，社会科学文献出版社2021年版等。

补与财政平衡的问题。

一　近代财政"亏空"与"赤字"之概念辨析

财政作为国家或政府的经济行为，一般被认为是"以国家为主体的分配"或"公共部门经济（Public Sector Economy）"①。在我国几千年留存下来的古籍中，记载着"理财""财用""会计""国计""国用""度支"等专门用语，相当于"财政"的近义词。"财政"一词至少在明代后期就已出现，为财赋、民政的集合词，并不具有近代含义。②据笔者考证，清光绪后期的官方文件中才有了具备近代内涵的"财政"一词。③而清政府谕旨中最早出现该词则要到 1901 年。④ 1903 年清政府在京设立"财政处"，⑤中国开始有了以"财政"命名的中央机构。1908 年底清朝度支部奏定《清理财政章程》。⑥

谈到"财政"便会涉及财政收入与支出，我国传统文献一般将之称为"岁入"与"岁出"。当岁入大于岁出时会出现财政"盈余"，当岁入小于岁出时则会出现财政"亏空"（文献中更多地称之为"亏短""岁亏""不敷""支绌"）⑦。但此处的财政"亏空"并不是通

---

①　张馨：《比较财政学教程》，中国人民大学出版社 1997 年版，第 25 页。

②　如，"布政者，财政之总，此处贪则通省不能廉"。《明熹宗实录》卷 6，天启三年八月初七（1624 年 9 月 19 日）。《明熹宗实录》成书于明代崇祯朝，故"财政"一词至少明后期已出现。

③　晚清驻外使臣发往国内、介绍国外时事的电报中，较早提到"财政"一词。如，"去年十二月六号，美京华盛顿来电云：本日合众国大开国会，总统论关税、财政等事，谓一年中如各公举外有所赢余，应将税则轻减"。《申报》，光绪十三年十二月十四日（1888 年 1 月 26 日），第二版，《译东报汇登西电》；又如中国第一历史档案馆藏《为路透电希腊已允他国代管财政等事》（电报档，光绪二十三年八月二十日，档号 2-07-12-023-0440）、《为俄派员掌韩国财政等事》（电报档，光绪二十三年九月二十六日，档号 2-07-12-023-0521）等。

④　"谕内阁：世有万古不易之常经，无一成不变之治法。……军政、财政，当因当革，当省当并。"《清德宗实录》卷 476，光绪二十六年十二月丁未（1901 年 1 月 29 日），中华书局 1985 年影印版，第 274 页。陈共先生认为，"1898 年在戊戌变法'名定国是'诏书中有'改革财政，实行国家预算'的条文，这是在政府文献中最初启用'财政'一词。"［《财政学（第四版）》，中国人民大学出版社 2004 年版，第 24 页］，此说法在社会上流传较广，但经认真核对史料，确认诏书中并无此词，故证之。

⑤　"命外务部尚书那桐会同庆亲王奕劻、外务部尚书瞿鸿禨办理户部财政处事务。"《清德宗实录》卷 521，光绪二十九年九月丁酉，中华书局 1985 年版，第 887 页。

⑥　早在 1905 年清政府内部即有官员提案设"财政部"，"政府王大臣近日屡次会议，改定官制裁并衙署各节……户部、财政处并为财政部，提督衙门归并巡警部"，《申报》，光绪三十一年九月二十七日（1905 年 10 月 25 日），第四版。后在 1910 年底又有提案，"订新官制业将就绪，拟将京内各部院衙门旧有名称实行改革，如农工商部改为实业部、法部改为司法部、邮传部改为交通部、度支部改为财政部……"《申报》，宣统二年十一月二十五日（1905 年 12 月 26 日），第五版。设"财政部"清末虽有提案，但均未施行。直到辛亥革命后，南方革命政权首次设立"财政部"，"（甲）民政部拟举张謇（乙）财政部拟举应德闳（即前以未过班道员署藩司而被议者）"，《申报》，宣统三年九月十七日（1911 年 11 月 7 日），第五版。1912 年 1 月 1 日，中华民国临时政府在南京成立，设财政部，总长为陈锦涛。项怀诚主编：《中国财政通史》第 12 卷，中国财政经济出版社 2006 年版，第 141 页。

⑦　如，"但谨身节用，量入为出，司库必无亏空矣。"《清世宗实录》卷 3，雍正元年正月辛巳朔，中华书局 1985 年影印版，第 73 页。又如，"统计大局，入不敷出，当此国用支绌之时，何能更为买米筹款？"《清宣宗实录》卷 465，道光二十九年三月己丑，中华书局 1985 年影印版，第 870 页。

常意义上的财政"赤字"。

财政"赤字"是在国家财政预算理论中出现的一个术语，"财政赤字通常被定义为政府预算收支之间的差额"①。因在会计传统上习惯用红字来表示这一差额，而命名为"赤字"。预算理论产生于近代西方，"国家预算制度是伴随着资本主义市场经济在西欧的产生、确立和发展，而逐步建立起来，并巩固下来的，在议会制度下其起着剥夺政府基本财政权的作用，使政府依议会确定的预算计划来进行实际的财政活动"②。因此，出现在国家预算中的财政"赤字"一般具有法治性、稳定性、精确性的特点。

关于我国"预算制度"产生于何时的讨论，学术界有着很大分歧。③ 笔者赞同"严格意义上的预算是近代的事"的观点，因为预算是宪法政治的产物，首要体现在其法治性上。正如清末官员左绍佐所言，"闻各国宪法，其精意在于预算表，其岁出岁入之数国人所共知，盖未有议院不认可而可以恣意妄用者也"④。清末立宪过程中的关键环节之一便是财政改革，其中的核心内容是逐步建立受议院约束的预决算制度。故清末的清理财政运动便将施行预算制度视为重中之重，度支部对此曾多番强调："窃维东西各国重视预算，立法最精，出纳有定章，收支有确数，显以示理财之纲要、隐以定行政之方针，用能取信国民，垂为法典，立宪国之财政所以整理得宜者，实预算确定之效也。今朝廷筹备立宪，首以清理财政为筹备之权舆，以预算案成立为清理之归宿，事体繁赜，程限紧严。"⑤ 因此，宣统二年（1910）资政院修订并决议通过的"宣统三年岁入岁出总预算案"是中国政府第一个正式的国家预算。而宣统二年以前中国的国家财政是在既无宪法保障又无预算施行的情况下运行的，所以，笔者将此间出现的财政缺口一律称之为财政"亏空"。

---

① ［美］菲力浦·凯甘主编：《赤字经济》，谭本源等编译，中国经济出版社1988年版，第58页。

② 张馨：《比较财政学教程》，中国人民大学出版社1997年版，第287页；王传纶：《资本主义财政学》，中国人民大学出版社1981年版，第363页。王传纶认为"英国是最早建立预算制度的国家……1789年在议会通过一项联合基金法案，把全部的财政收支统一在一个文件中，至此才有了正式的预算文件。至19世纪初，才确立了按年度编造和批准预算的制度"。

③ 一种观点认为，虽然没有出现"预算"一词，但我国古代社会已存在较为完备的国家预算制度（如炎黄时期论、夏代论、周代论、战国论、唐代论等），如刘汉屏［《也谈中国预（决）算制度起源问题》，《江西财经大学学报》1986年第2期］、高美祥［《从财政史看国家预算的产生与发展问题》，《河北大学学报》（哲学社会科学版）1988年第4期］、李锦绣（《唐代财政史稿》，北京大学出版社1995年版）、陈明光（《中国财政史上何时建立"国家预算"》，《厦门大学学报》1995年第1期）、孙翊刚（《中国财政问题源流考》，中国社会科学出版社2001年版）、陈光焱（《中国预算制度的历史变迁与现今改革》，《地方财政研究》2008年第5期）等；另一种观点认为，严格意义上的国家预算是近代由西方传播至中国，并在清末尝试建立预算制度的，如尹文敬（《财政学》，商务印书馆1935年版）、王传纶（《资本主义财政学》，中国人民大学出版社1981年版）、崔满红（《财政学》，中国金融出版社2004年版）、邹进文（《清末财政思想的近代转型：以预算和财政分权思想为中心》，《中南财经政法大学学报》2005年第4期）、马金华（《近代西方财政理论在清末中国的传播及影响》，《西学与中国文化》，中华书局2008年版）、陈锋（《晚清财政预算的酝酿与实施》，《江汉论坛》2009年第1期）、敖涛、付志宇（《近代中国预决算理论的现代性意蕴》，《财政研究》2018年第8期）。

④ 中国第一历史档案馆藏：《奏为预算岁出岁入之数请勅下度支部核实等情事》，录副奏折，光绪三十二年，档号03-6667-141。

⑤ 《度支部清理财政处档案》，《清末民国财政史料辑刊》第1册，第173页。

当前的中国财政史研究中，学界对财政赤字、财政亏空等相关概念的认识并不一致，甚至相同的概念解读出了不同的含义。有的学者用"赤字"来表示全国财政运行的入不敷出①，有的学者则用"亏空"来表示②，还有学者将"赤字""亏空"指向省级地方财政的入不敷出③。可见，学界对历史上的财政收支概念的认识较为混乱、使用较为随意，需要对此进行梳理、校正。

财政赤字是近代中国预算财政的产物，在民国以后才逐渐使用。民国时期的辞典对"赤字"的解释主要体现在财务统计领域，并显示其为外来词，"这是一个日本常用的名词，是簿记上的用语。凡收支不能相抵，如因支出比收入多，或收入比预定少，以致预算不足，就用赤字二字表之。……近年来各国财政大都发现赤字"④。南京国民政府时期，由于战事不断，军费浩繁，财政危机频发，此时多用"赤字"来表示入不敷出的状态。"岁入自1930年来亦有怨激减退之势，同时岁出的数额因为战争情势的切迫也不得不大有增加，所谓'赤字预算'（出超预算）的出现也有三年之久了"⑤；"民国二十余年来之财政，不问为中央抑或地方，大都入不敷出、赤字累累"⑥。并且这一时期出现了对财政赤字问题的专门研究，"这就是中国财政上的赤字问题……政府每月短少一千三百余万，换句话说每年的赤字数目就有一万万五千六百多万元"⑦。因此，在中国财政史研究中，"赤字"概念只应使用于近代以来国家及地方的财政预算及其相关统计，将"亏空"使用于民国及以后时期的预算财政则很不恰当。⑧

与"赤字"相对，"亏空"属于历史词汇，且有着多个层面的内涵，需要区分不同的指代对象来进行具体分析。"亏空"作为财务运行的一种统计结果，涉及"账面收支"与"实

---

① 俞晖：《论北宋末期的私钱》，《西南师范大学学报》（人文社会科学版）1991年第1期；白龙飞：《元朝赤字财政下的货币政策问题研究》，《思想战线》2011年第6期；杨三寿：《试论明末清初的财政经济》，《云南师范大学学报》（哲学社会科学版）1993年第6期；何汉威：《从银贱钱荒到铜元泛滥：晚清新货币的发行及其影响》，《中央研究院历史语言研究所集刊》第62辑第3分册，1993年04册，第471页；汪敬虞主编：《中国近代经济史（1898—1927）》中册，人民出版社2000年版，第985页。

② 如孙伯祥主编：《简明中国通史教程》上册，黑龙江教育出版社1987年版，第477页；徐高祖等：《中国古代史：隋唐—明清（下册）》，华东师范大学出版社1992年版，第225页；周育民：《晚清财政与社会变迁》，上海人民出版社2000年版，第67、367页；刘克祥主编：《清代全史》第10卷，辽宁人民出版社1995年版，第573、578页；刘增合：《清季中央对外省的财政清查》，《近代史研究》2011年第6期。

③ 如，"（广西）依然是入不敷出，财政赤字连年增大：光绪三十四年是10余万两，宣统元年是28万两"。李玉军：《清末广西财政试析》，《社会科学家》1992年第4期；"清朝末年伊犁已经靠印发纸币来弥补财政的亏空"。吕一燃：《辛亥革命在新疆》，《近代史研究》1980年第4期。

④ 《新辞源：赤字》，《申报月刊》1932年第1卷第6期。

⑤ 《申报》1933年1月18日第8版。

⑥ 《申报》1935年4月17日第11版。

⑦ 《中国的赤字问题》，《清华周刊》1933年第40卷第5期。

⑧ 学界在研究民国时期及中华人民共和国成立初期到20世纪90年代的财政入不敷出情况时，却仍有不少使用"财政亏空"的现象，需要引起注意，如，吴小甫：《中国货币问题丛论》（光明书局1936年版，第294—295页）；杨忠虎等主编：《中华人民共和国经济史（1949—1993）》（陕西旅游出版社1994年版，第22页），梁义群：《近代中国的财政与军事》（国防大学出版社2005年版，第238页）等。

际收支"，至少包括三个层面的含义：第一，宏观的财政收支不平衡，即年度的国家财政收入小于支出；第二，财务统计范围与实际收支范围不一致，少收多记或多支少记，即政府库仓钱粮产生积欠或因公挪移、透支；第三，财务管理上的漏洞，即政府管理人员对库仓钱粮进行侵盗，或作私人规费使用。① 从文献用词的指代对象来看，"亏空"在清代更多地用来表示地方具体库仓中出现的积欠、挪用、侵蚀等现象②，故现有相关研究对"亏空"的国家财政性内涵较为忽视。

从传统财政的宏观运行结果来看，财政亏空只是一个概念化的统计结果，主要表现为年度国家财政总支出（常例支出加上非常例支出）与常例收入之间的差额，即实际的财政支出高出常例财政收入的部分。同时，财政亏空并不单独存在，只有与财政"亏空弥补"结合起来考察，才具有现实意义。因为只要传统财政能平稳运行一年，则其实际的该年财政总收入就会大于或等于总支出，这是由于财政总收入中包括了"亏空弥补"收入，即非常例收入。这一"弥补"部分便对应着财政的"亏空"部分，而对财政"亏空弥补"手段的区分则关系到对财政总收入进行的类别划分（或以临时性弥补为主，或以专项性弥补为主）。③

可见，若想探究某一政权何以在财政危机中生存，乃至达到基本的财政平衡，则必须从财政亏空弥补的角度加以考察。

二　咸丰至光绪前期的财政亏空弥补与财政平衡

进入晚清，传统的财政体系不但面临着旧有弊政的侵蚀，更遭受着内忧外患对国家财政的巨大消耗。故晚清财政常处于"垫无可垫，支绌万分""度支万分窘迫""帑项奇绌，用度不敷"的困境之中。那么，此种情况下，晚清政府是如何弥补财政缺口、实现财政平衡而

---

① 参见韩祥《1843 年户部银库亏空案及其影响》，《史学月刊》2012 年第 6 期。从文献用词来看，"亏空"一词在清代较少用于表达年度的国家财政的入不敷出，更多表示具体府库中出现的各类亏损。

② 学界的相关研究中也更多地关注于地方库仓钱粮的"亏空"，如贾允河《嘉庆朝钱粮亏空的原因》，《西北师大学部》（社会科学版）1993 年第 5 期；李映发《清代州县财政中的亏空现象》，《清史研究》1996 年第 1 期；朱诚如《嘉庆朝整顿钱粮亏空述论》，《管窥集：明清史散论》，紫禁城出版社 2002 年版；陈锋《清代的清查亏空》，《辽宁大学学报（哲学社会科学版）》2008 年第 5 期；刘凤云《康熙朝的督抚与地方钱粮亏空》，《清史研究》2009年第 3 期，倪玉平：《试论清朝嘉道时期的钱粮亏空》，《人文论丛》2015 年第 1 期；刘凤云：《钱粮亏空：清朝盛世的隐忧》，中国社会科学出版社 2021 年版；胡雁：《光绪中期的地方钱粮亏空治理——以州县钱粮交代改革为中心》，《青海社会科学》2022 年第 5 期，等等。

③ 如，清代前期，政府弥补财政亏空的手段主要为：历年的财政结余（户部银库及各省藩库的储银）、暂开捐例、商人报效、盐斤加价等。近代以后，清政府又增加了：通货膨胀政策（即铸币税，咸丰朝的"大钱""官票""宝钞"；清末各省所铸"银元""铜元"等）、加征临时性捐税（包括厘金、津贴、杂捐，但危机结束后这些捐税并未取消，而变为常例性收入了）、由国内金融机构垫款、举借外债与内债，等等。而新旧税的交替及常税税额的增加则不算在弥补之列。

渡过财政危机的呢？使其在太平天国运动之后仍维持了半个世纪。学界的相关研究，更多强调晚清政府在内外交困中财政持续恶化、紊乱，乃至最终崩溃的一面，对清政府挽救财政危机的措施虽有涉及，但少有系统的数据论证，更无绘制晚清财政收支平衡表的尝试。故本文拟以现有的财政统计数据为基础，初步探讨晚清财政亏空弥补与财政平衡的问题。

咸丰朝的财政在清代财政史上居于一个大变革的转折时期，传统财政管理制度基本瓦解，新增的财源与财政亏空弥补手段奠定了其后财政制度发展的轮廓，其影响一直延续至民国。

太平天国运动兴起后，筹措巨额的临时军费便成为清政府的头等大事，而太平军数年内席卷了两湖、赣、皖、苏、浙等税赋大省，导致清政府的税源锐减，户部银库异常空虚，至1853 年 6 月仅存 22.7 万两。① 这样，高度集权的传统财政制度再也无法维持，中央只得向各省下放财政权。1851—1853 年，战区各省纷纷截留京饷、协饷自用为军需，清政府只能默许，从而打破了"军营安坐以待支放"② 的军费制度，在经济上朝廷丧失了对地方军队的控制权。1854 年咸丰帝下旨允准直隶"以本省之钱粮，作为本省之军需，其余亦可续筹"③。这就承认了地方截留本省钱粮的合法性，因之也就很大程度上破坏了"留存起运制度"与"解款协拨制度"。由此各省督抚不但军权在握，而且可以自筹经费，统管本省财政税收，大大削弱了布政使的权力，并使之逐渐成为督抚的属官，从而也就破坏了严苛的"钱粮奏销制度"。这样，咸丰及之后的同光时期，国家财政收支结构较前出现了巨大变化。太平天国覆灭后，清政府不得不在废墟上重建大异于前的财政收支体系，不可逆转地丧失了对全国财政的中央集权。而日益严重的财政亏空推动着清政府急切寻找新的财源，来实现新的财政平衡。

在空前的财政危机中，中央与各省动用了一切常规和非常规的手段来弥补财政亏空。清代前中期，政府弥补财政亏空的传统手段，主要为历年的财政结余（户部银库及各省藩库的储银）、捐纳收入、盐斤加价、商人报效等非常例收入④，其中以捐纳收入为大宗。进入晚清，由于战火的蔓延与影响，传统的"田赋""盐税"收入大为减少，且多被挪为军需，而"捐纳"收入⑤（常例捐输和暂行事例）仅在 1851—1852 年有过较大幅度的增长，之后便成

---

① "（咸丰三年六月己丑）谕军机大臣等：户部奏，度支万分窘迫，军饷无款可筹……现在部库仅存正项待支银二十二万七千余两，七月分应发兵饷尚多不敷。"《清文宗实录》卷 97，中华书局 1985 年版，第 392 页。

② "军务初起，朝廷颁发帑金动辄数百万，或由户部运解，或由邻省协拨，军营安坐以待支放。"《皇朝经世文编》卷 18，户政·税则。

③ 《清文宗实录》卷 122，第 109 页。

④ 参见周育民《晚清财政与社会变迁》，上海人民出版社 2000 年版，第 34 页。

⑤ 捐纳事例种类繁多，有捐实官、捐虚衔、捐封典、捐复、捐免、捐升等名目，而各项捐例均统属在暂行事例和现行常例之下。暂行事例又称大捐，是一般政府遇有战争、灾荒、河工等非常支出，多会采取的办法，准许捐纳实官，所得捐款指定专项用途，规定限期，事竣结束，与常捐有着本质的区别。彭泽益：《十九世纪后半期的中国财政与经济》，人民出版社 1983 年版，第 145、148 页。

为强弩之末①，岁输甚微。鸦片战争后由于行商、盐商衰落，"商人报效"收入也变得微乎其微。传统常例收入与非常例收入的增长潜力已走到了尽头。② 不过，此期财政收入中出现了新的常例税种："厘金"③ "洋关税"④ "钱粮津贴"⑤ 等，增长迅速。在非常例收入中，除传统手段之外，又产生了"通货膨胀"（即铸造大钱，发行官票、宝钞）、"向国内民间金融机构借款"（主要为钱庄与票号）、"举借外债"等新举措。其中厘金对财政的支持力度最大，因为"各省推行厘金制度，大体解决了军饷缺乏的困难"⑥。此外，为了节省经费，俸银等常例支出也出现了较大缩减，以文武官俸的"减成发放"力度最大，削减幅度一般在二成到五成之间，仅各省养廉银"减成"便可每年节省财政开支 90 多万两。⑦ 通过以上多种开源节流的手段（新增的常例收入与常例支出的缩减降低了财政缺口的扩张，而非常例收入则弥补了巨额的财政亏空），咸丰朝的财政收支才勉强维持了一定的平衡。

由于咸丰时期财政上的存留起运制度、解款协拨制度、钱粮奏销制度均遭到了严重破坏，全国性的财政收支统计处于停滞之中，没有官方记录，而留存下来的零散财政史料远不足以推测其时的财政全貌，这一状况一直持续到光绪十一年（1885）。之后的《光绪会计表》（刘岳云撰）和《光绪会计录》（李希圣撰）才系统记载了 1885—1894 年的财政收支状况。虽然无法得到 1850—1884 年间清政府具体的财政收支数据，但据史料可知，咸丰、同治两朝军需浩繁，户部奏报上频繁出现"度支万分窘迫""支绌万分"⑧ 的字样，况且加上地

① 1851—1853 年的捐纳收入分别为：111 万两、313.6 万两、67.3 万两。罗玉东：《中国厘金史》上册，商务印书馆 1936 年版，第 7 页。注意，此处统计之银数为户部所收捐纳银，地方亦有截留，故捐纳总数应较此些数额为多。

② 故近代以后，清政府又增加了：通货膨胀政策（即铸币税，咸丰朝的"大钱""官票""宝钞"，清末各省所铸"银元""铜元"等）、加征临时性捐税（包括厘金、津贴、杂捐，但危机结束后这些捐税并未取消，而变为常例性收入了）、由国内金融机构垫款、举借外债与内债等非常例收入，来弥补财政亏空。不过，新旧税的交替、常税税额的增加、临时税的长期化部分均不应算在"弥补亏空收入"之列。

③ "厘金"又叫厘捐、厘金税，本为筹措镇军费而收取的临时商业税，分为活厘和板厘，即通过税和交易税，其下又分为许多繁杂的子项，最初的税率为"值百抽一"，但全国没有形成统一的税率，由地方自定。1853 年最先在扬州出现，至咸丰末年已有 19 个省效仿，同光时期遍及全国。厘金渗透到了大多数商业税中，并逐渐成为政府的常例性收入（一直到 1931 年才在全国范围内废除），以"盐厘"和"土药厘"最大。参见罗玉东《中国厘金史》上册，商务印书馆 1936 年版，第 16—21 页；刘锦藻《清朝续文献通考》卷 66，商务印书馆 1936 年版，第 8227 页。

④ "洋关税"指第二次鸦片战争后，除常例的海关税收外，又增加了"洋药税"（进口鸦片税）和"子口税"。1858 年的《天津条约》规定："洋药准其进口，议定每百斤纳银三十两""子口税按值百抽二五，如愿一次输纳，洋货在进口、土货在经过第一次纳税给票后，他口不再征。"王铁崖：《中外旧约章汇编》第一册，生活·读书·新知三联书店 1959 年版，第 117 页。

⑤ "钱粮津贴"主要在四川征收，"津贴者，额赋不足以济正供，按粮随征之赋也。始自咸丰四年，本为临时取给、权宜济事，其后京协各饷奉派日增无以充拨，历年援案奏请展办，渐成为经国之常赋矣"。《四川款目说明书·津贴说明书》，《清末民国财政史料辑刊补编》第一册，国家图书馆出版社 2008 年版，第 558—559 页。关于征额则"按条银一两，征津贴库平色银一两，于开征时随粮完纳。"《清代四川财政史料》上册，四川省社科院出版社 1984 年版，第 308 页。

⑥ 何烈：《清咸、同时期的财政 1851—1874》，台北："国立"编译馆 1981 年版，第 1 页。

⑦ 朱寿朋：《光绪朝东华录》第一册，中华书局 1958 年版，第 866 页。

⑧ 《清文宗实录》卷 97，第 391、403 页。

方灾害、河工不断以及对外赔款，可以推断咸同时期的常例收入远小于财政总支出。而大量新增收入与非常例收入的出现，才使国家财政收支勉强达到一定的平衡。1864 年清军平定了太平天国，1868 年又平定了捻军，这样"各省在支付军费之余，尚能以余利分润中央，使满清政府垂死复生，转危为安"①。至同治末年，虽然西南、西北仍有战事进行，但总体上社会经济处于恢复期，财政形势开始好转。下面将此阶段个别年份零星的财政状况与光绪初年做一对照。

表一　　　　　　　　　　　1874 年、1881 年清政府财政收支表　　　　（单位：库平银、万两）

年份	岁入	岁出	结余
同治十三年（1874）	5880	7000	−1120
光绪七年（1881）	8234.9179	7817.1451	+ 417.7728

　　资料来源：吴廷燮：《清财政考略》，《清末民国财政史料辑刊》第 20 册，第 373—374 页。刘锦藻：《清朝续文献通考》卷 70，国用八，第 8268 考。其中，1874 年"岁入"中未含捐纳收入、举借外债收入。1881 年的"岁入"未包括制钱与粮食收入，"岁出"未包括制钱与粮食支出。

　　由于表一中 1874 年的"岁入"内容不完整，故数值偏小。现从其他资料中将此二类数据补充上，来制作一个"1874 年"的财政收入、支出结构表。如下。

　　从表中可见，同治末年的财政收支已趋向好转，虽然表中显示仍有缺口，但这是因资料限制，"非常例收入"中并未包括"历年财政结余""商人报效"及"向国内民间金融机构借款"② 等项。若考虑这些，则总体上已经达到平衡。

表二　　　　　　　　　　　1874 年清政府财政收支结构表　　　　（单位：库平银、万两、%）

岁入项目		银数	占总收入	岁出项目		银数	占总支出
常例收入	田赋	2000	31.35	常例支出	常年军费	5870	83.86
	盐课、盐厘	800	12.54		文武官俸		
	常关税、漕折	200	3.13		其他支出		
	常例捐输	300	4.71		长江水师岁费	150	2.14
新增常例收入	厘金	1500	23.51	新增常例支出	闽省船政经费	60	0.86
	四川按粮津贴	180	2.82		神机营经费	100	1.43
	海关税	1200	18.80		税务司经费	100	1.43

---

　　①　何烈：《清咸、同时期的财政 1851—1874》，台北："国立"编译馆 1981 年版，第 9 页。
　　②　如，1874 年左宗棠西征亦曾向民间筹借款饷，"是时左军借贷商款数额，当在 150 万两以上"，《饷源顿涸等借款折》（同治十三年十月初四日），《左文襄公全集·奏稿》卷 45。

续表

岁入项目	银数	占总收入%	岁出项目	银数	占总支出%
非常例收入：举借外债	200	3.14	非常例支出：西征军饷	720	10.28
合计	6380	100	合计	7000	100

资料来源：吴廷燮：《清财政考略》，《清末民国财政史料辑刊》第 20 册，第 373—374 页。岁入中的"常例捐输"没有直接记载，引用的是同光时期的常例值，1874 年没有"暂行事例"，参见许大龄《清代捐纳制度》，哈佛燕京社 1950 年版，第 110—111 页。"举借外债"是指 1874 年与汇丰银行签订的"福建台防借款"，共 200 万库平两，参见徐义生《中国近代外债史统计资料（1853—1927）》，中华书局 1962 年版，第 6 页。此外，吴廷燮的记载很粗糙，"西征军饷"与"闽省船政经费"并没有确切数据。"西征军饷"是左宗棠西征军 1874 年的军饷，"又谕：前据谭钟麟奏，请指提西征年终一月满饷，并催各省奉拨出关粮运的饷……至谭钟麟请提西征各军年终一月满饷六十万两"，故西征军 1874 年军饷为 720 万。《清德宗实录》卷 19，光绪元年十月甲戌，第 306 页。"闽省船政经费"一项为常年经营费用，"船政经费向由闽海关洋税每年拨解六十万，按月分解"。刘锦藻：《清朝续文献通考》卷 234，兵三十三·船政，第 9797 页。

光绪初年清政府平定新疆以后，大规模的国家军事行动才基本结束，社会经济、政府财政均进入了一个较长的稳定期。1885—1894 年，清政府着手整顿财政，企图恢复户部对全国财政的掌控，如，1880 年以新疆边防为由提出的"十条筹饷办法"；1884 年因中法战争提出的"开源节流二十四条办法"、重新核定财政会计科目；加强"中央专项经费"对各省的摊派；巩固中央对部分海关税与子口税的控制①等。这些努力虽因无法扭转地方权力过重而最终失败，但一定程度上转变了中央财政的颓势。此外，光绪前中期除了新常例收入（如洋关税、厘金）继续增长外，非常例收入（如举借外债、暂行事例）亦有发展；此期的支出结构同样发生了较大变化，除旧有之各项出款外，新增各省防军经费、海防经费、洋务企业经费等，总体上此期财政收入勉强能够满足支出的增长，维持相对的平衡。尽管此阶段中经历了中法战争，产生了财政亏空，但通过历年财政结余、举借外债等非常例收入②与节减常例开支等手段渡过了难关。之后，《光绪会计表》《光绪会计录》记录了中国 1885—1894 年间的财政收支情况，这些史料显示此阶段清政府的岁入大于支出、财政结余稳步增加，似乎摆脱了咸同时期部库空虚的困境。③ 然而，对这些财政史料数据及其统计方法进行细致校核就会发现，此阶段的财政统计存在明显的缺漏，"《光绪会计表》所记载的仅是各省关本年份

① 吴廷燮：《清财政考略》，《清末民国财政史料辑刊》第 20 册，第 375—377 页。
② 中法战争借款居于 1883—1885 年间，共九笔，总计达 1341 万两库平银，基本上以地方举借、中央批准的方式获得，而且在 1894 年之前清政府基本还清了这些贷款。徐义生：《中国近代外债史统计资料（1853—1927）》，中华书局 1962 年版，第 7—8 页。
③ 关于 1885—1984 年清政府的财政收支状况，具体见刘岳云《光绪会计表》，《国家图书馆藏近代统计资料丛刊》第十四册，燕山出版社 2007 年版；李希圣：《光绪会计录》，《国家图书馆藏近代统计资料丛刊》第十五册，第 3—237 页。至 1891 年户部银库的"实在"总存银数已达 11507683.428 两，史志宏：《清代户部银库收支和库存统计》，福建人民出版社 2008 年版，第 266—267 页。

'已支'的数额，此'已支'的背后是欠解了大量的京协饷及本省必要的财政款项，谈不上收支相抵"，并非达到了真正的财政平衡。① 而且，此阶段岁入项目中田赋地位下降明显，海关税、厘金等工商税收入成为最大增长点。值得注意的是，此时清政府的财政统计仅是户部奏销的财政规模，并不包括各省隐匿的外销收支，若考虑后者则收支规模会更大。

三　甲午战后的财政亏空弥补与财政平衡

1894 年的中日甲午战争彻底打破了清政府新建的财政体系，从此进入了一个恶性循环的财政亏空加速期。从甲午战争到庚子事变，清政府的财政收支出现了重大转折：非常例支出空前增加（主要是战费、赔款、偿还外债本息），非常例收入（主要是外债、内债）也大幅增长，而常例支出与常例收入则变化不大。甲午战争爆发后，自光绪二十年（1894）六月到光绪二十一年（1895）五月，清政府的各类临时战争经费总额超过 6000 多万两②。面对巨额的临时开支，户部、海军衙门以及内务府竭尽全力仅筹到 1000 万两左右③，其余的不得不动用非常例手段，主要包括内债"息借商款"1102 万两④；外债"上海洋商借款""汇丰银款""汇丰磅款""瑞记借款""克萨磅款"五笔，总"借款额"折合库平银 41739901.58 两，总"实收额"仅 38551786.55 两⑤。随后的《马关条约》规定"中国约将库平银贰万万两交与日本，作为赔款军费"、"驻守威海卫之日本国军队……所有暂行驻守需费……每一周年届满贴交四分之一，库平银 50 万两"，而交付的赔款若想"全数免息"，则必须"三年之内能全数清还"。⑥ 而光绪二十一年九月二十二日签订的《辽南条约》规定"中国约，为酬

---

① 陈先松：《光绪会计表中的"财政盈余"》，《历史档案》2010 年第 1 期。

② 主要是甲午战争军费和镇压西北回民起义的经费。回民起义正发生于 1895 年 3 月，"又谕：本日据杨昌浚电称，循化厅被围月余，十分危急，河州东乡回民蠢动，兵丁过单，请饬董福祥率全部星夜回甘等语"，《清德宗实录》卷 366，光绪二十一年四月己未，第 781 页。关于此间的军费总额，"中日一役，约五六千万，甘肃剿回约千万"。吴廷燮：《清财政考略》，《清末民国财政史料辑刊》第 20 册，第 378 页。

③ 按性质可分为：动用历年财政结余（非常例收入），与挪用其他支出（常例支出的内部调剂）。其中，光绪二十年六月户部与海军衙门共议筹饷，"据称，海军衙门拟于北洋生息款内提拨银 150 万两，户部拟于东北边防经费及筹备饷需本年京饷等款内共拨银 150 万两，由李鸿章分别提用等语。着依议行"。《清德宗实录》卷 342，第 377 页；七月，"经海军衙门、户部会商，拨银 200 万两交李鸿章应用"。《清德宗实录》卷 344，第 399 页；九月，"（初八）是日发宫内省银 300 万佐军"，"（二十八日）太后许发内帑 200 万"，《翁同龢日记》第五册，中华书局 1997 年版，第 2736、2744 页。

④ "清朝政府发行的第一次内债是 1894 年的息借商款"，至 1895 年 4 月停办，收银"共 1102 万两"。千家驹：《旧中国公债史资料 1894—1949》，中华书局 1984 年版，第 4—5 页。

⑤ 这 5 次借款于西方公历 1894 年 9 月到 1895 年 6 月之间，其中前两笔没有折扣，后三笔的折扣率分别为 95.5%、96%、95.5%，借款大部用于了甲午战争中的海防、江防、军饷、军械开支，此处总库平银数为当时汇率所折合，因为"上海洋商借款"以规元为标准、"汇丰借款"以库平银、"瑞记借款"以英镑、"克萨磅款"以英镑。详见徐义生《中国近代外债史统计资料（1853—1927）》，中华书局 1962 年版，第 28—29 页。

⑥ 《马关条约》签订于光绪二十一年三月二十三日（1895.4.17），到四月十四日（1895.5.8）在烟台正式交换批准。王铁崖：《中外旧约章汇编》第一册，生活·读书·新知三联书店 1959 年版，第 615、619 页。驻威海卫之日本军队自 1895—1898 年三年间的驻守费共约 150 万两。

报交还奉天省南边地方, 将库平银 3000 万两, 迫于光绪二十一年 (1895) 九月三十日, 交与日本国政府"。[①] 这样, 到 1898 年 5 月前清政府必须交付总额达 2.315 亿两库平银的非常例支出, 这接近于当时清政府三年的财政总收入。清政府只得尽可能地采取各种节款、筹款的办法, 但杯水车薪[②], 其中只有作为中国第二次内债的"昭信股票"筹款较多, 自光绪二十四年 (1898) 二月至八月间共募集了 1000 多万两, 仅占 1 亿两发行定额的十分之一强[③]。清政府被迫再次大规模地举借外债, 自 1895—1898 年仅因对日赔款的大借款就有"俄法借款""英德借款""英德续借款", 均由总理衙门经手, 总"借款额"折合库平银 309367549.6 两, 而总"实收额"则仅 262669746.71 两, 中国的海关、厘金、盐税收入却作为了大借款的担保, 这些收入要优先偿还贷款本息。[④] 除以甲午战费和对日赔款为名义的大借款外, 1895—1900 年清政府还举借了其他类外债 14 笔, 共计"借款额"折合库平银 64781999.17 两, 总"实收额"57877181.88 两, 其中绝大部分为铁路借款。[⑤]

由于大量的户部档案在庚子事变中被焚毁, 存留的零星档案残缺不全, 已无法绘制 1895—1900 年的财政收支状况。但从当时总税务司赫德编制的一份 1900 年财政收支表中, 可以对此阶段的财政亏空及弥补情况进行粗略考察。

表三　　　　　　　　　**赫德对清政府 1900 年财政收支的估计**　　　（单位: 库平银、万两）

岁入项目	银数	岁出项目	银数
地丁钱粮	2400	陆军、海军	3500
耗羡	250	京师行政费	1000
漕项、漕折	310	各省行政费	2000
各省杂税	160	海关经费	360
各省杂项收入	100	出使经费	100
盐课、盐厘	1350	河道工程	94
厘金	1600	铁路	80
常关税	270	旗饷	138

---

① 王铁崖: 《中外旧约章汇编》第一册, 生活·读书·新知三联书店 1959 年版, 第 637 页。
② 在 1895—1900 年, 除"昭信股票"外, 传统的筹款手段基本都用尽了, 如, 节省开支 (裁兵减饷、核扣养廉、减平放款、减少洋务投资等), 增设捐税 (盐斤加价、土药加捐、烟茶糖加厘、当铺加捐等), "中饱归公" (考核钱粮、整顿厘金等)。据周育民先生估计, 这些措施中每年增收 700 多万两, 参见周育民《晚清财政与社会变迁》, 上海人民出版社 2000 年版, 第 337—346 页。
③ 千家驹: 《旧中国公债史资料 1894—1949》, 中华书局 1984 年版, 第 5、366 页。
④ 这三次大借款分别签订于公历 1895 年 7 月、1896 年 3 月、1898 年 2 月, 而折扣分别为 94.125%、94%、83%, 偿还期限分别为 36 年、36 年、45 年, 这三笔借款除了大部分偿还对日赔款外, 小部分用于华俄道胜银行中国股金、订购船炮、铁路用款 (芦保铁路、关内外铁路、津渝铁路等)。详见徐义生《中国近代外债史统计资料 (1853—1927)》, 中华书局 1962 年版, 第 29—30 页。
⑤ 徐义生: 《中国近代外债史统计资料 (1853—1927)》, 中华书局 1962 年版, 第 28—32 页。

续表

岁入项目	银数	岁出项目	银数
海关税（一般货物）	1700	宫廷经费	110
海关税（洋药）	500	准备金	330
海关税（土药）	180	债款开支	2400
总计	8820	总计	10112
＊捐纳收入	480		
＊举借外债	925		

资料来源：《帝国主义与中国海关》第九编，《中国海关与义和团运动》，科学出版社 1959 年版，第 64—65 页。其中，岁入中没有列入当时存在的"捐纳收入""外债收入"等非常例收入，故岁入额偏少。清政府 1899 年曾编制过 1900 年财政的估算表，但此表岁入岁出项目多有重复计算，且中央地方界限不清，故可信性较差，不过仍可以作为分析赫德估计表的参考资料。加"＊"项为笔者增补。

　　表三显示，1900 年前后的清政府处于严重的财政亏空之中，尤其是作为非常例支出的"债款开支"成为第二大岁出项目。但若加上清政府在此间的非常例收入：捐纳收入（"海防捐"和捐杂收入）480 多万两[1]、外债收入约 925 万两[2]，用以弥补亏空，则财政总收入与总支出还是能勉强维持平衡。

　　"庚子之难"后，清政府的财政状况变得更为困难。光绪二十七年七月二十五日（1901年 9 月 7 日）签订的《辛丑条约》规定"付诸国偿款海关银四百五十兆两。按年息四厘，正本由中国分三十九年，按后附之表各章清还"，至 1940 年"应付之总数即 98223.815 万两（海关银）"，且"每年摊付欠款以海关及厘金进款做低"[3]。这样，庚子赔款在实质上被"外债化"了，相当于清政府向列强借了一笔"4.5 亿海关两"的高息外债。1902—1911 年间中国实际偿付的赔款额平均每年达库平银 2198.5235 万两，而这些赔款数额却都摊派到了各省头上。[4] 庚子之后，中央政府债信破产，已丧失了筹款能力，海关及相当部分的常关、盐税、厘金也被列强所控制，1904 年前后户部直接控制的税源只有京师地区"崇文门税关"和"坐粮厅税关"了。[5] 这样，中央只能用强制摊派的办法向各省施加压力，同时也给予了

---

　　① 罗玉东：《光绪朝补救财政之方策》，《中国近代经济史研究集刊》第 1 卷第 2 期，1933 年 5 月，第 216 页，此数据出自 1899 年户部所拟的 1900 年财政估算表，其中"海防捐与土药税"共 342 万两，从赫德的估计表可知土药税为 180 万两，则"海防捐"约为 160 万两；"捐输杂项"为 300 万两。这样，1900 年的捐纳总收入约为 480 万两。

　　② 徐义生：《中国近代外债史统计资料（1853—1927）》，中华书局 1962 年版，第 32 页，1900 年借款实收额。

　　③ 王铁崖：《中外旧约章汇编》第一册，生活·读书·新知三联书店 1959 年版，第 1005—1006、1014—1016 页。

　　④ 王树槐：《庚子赔款（1901—1938）》，台北："中研院"近代史研究所 1974 年版，第 570 页。海关两折合库平两按 1：100.9986。

　　⑤ 《国家图书馆藏近代统计资料丛刊》第十四册，部库出入比较表，第 12 页。1904 年崇文门关税（兼管左右翼税关）正额、平饭、盈余钱折等总收入为 281907.62 两，坐粮厅 2399.701 两。户部仍能得到各省京饷以及海关"关余""盐余"等收入，但那些仅是剩余额，非直接控制。

各省更多的财政权。从此，各省自行征税、加捐、举借内外债、铸币、捐纳等筹款方式无所不用其极。在甲午战争之前，中央就已向各省关摊派了多项固定的"中央专项经费"，甲午、庚子以后更是增加了"赔款摊派"，至1902年各省摊派总额（7272.4万两）已远远超过之前的1890年（1580万两）、1898年（4452万两），增长了约3.6倍。①

1901年清廷下诏推行"新政"，1906年又宣布"预备仿行立宪"。这样，除了历年摊还借款、赔款额外，清政府财政还面临着庞大的新政经费和立宪经费问题。新增支出为编练新军经费、实业经费（军事工业、工矿企业、铁路等）、宪政经费（官制改革、修订法律、兴办学堂、创办巡警、地方自治等）。这些庞杂的支出项目，使国家财政出现了更大的亏空。此时的财政收入，除已有的外，又增加了各类捐税，如"粮捐""盐捐""官捐""加厘加税"等，并出现了较成规模的官方"实业"收入②，二者均属于常例收入范围内。但"实业"收入中的银行、银铜元局余利则是变相的"通货膨胀"政策（铸非足值铜币发行纸币），属于非常例收入，其中以各省银铜元局的增收为最大③，扰乱经济秩序亦最严重。这些收入对于弥补此间扩张的财政亏空还是远远不够的，更重要的非常例收入则是举借外债与内债（包括中央内债、各省内债）。如表四：

表四　　　　　　　　　　　1901—1911年清政府的外债与内债　　　　　（单位：库平银、万两）

年份	外债实收额	内债
1901	127.275000	
1902	1077.817629	
1903	2685.692130	
1904	321.590827	
1905	2277.474410	480
1906	456.712055	
1907	1859.418015	
1908	9281.010241	
1909	310.975849	240

① 《清德宗实录》卷290，光绪十六年十月戊午；卷423，光绪二十四年七月庚申、丙辰；卷435，光绪二十四年十二月庚寅、甲午；卷440，光绪二十五年三月戊申；卷503，光绪二十八年七月丁丑；卷508，光绪二十八年十一月丙戌，中华书局1985年影印本。徐义生：《中国近代外债史统计资料（1853—1927）》，中华书局1962年版，第88—89页。周育民：《晚清财政与社会变迁》，上海人民出版社2000年版，第371、386页。

② 其中，"实业"收入包括"铁路、电局、邮政收入，及银行、银铜元局、官办工厂商局余利之类"。《清史稿校注》第五册，台北：台湾商务印书馆1999年版，第3621页。

③ "大体上，开铸铜元的收益率约为30%—50%之间"，按此1906年湖北、江苏的造币厂收入均超过150万两以上。何汉威：《从银贱钱荒到铜元泛滥：清末新货币的发行及其影响》，《中央研究院历史语言研究所集刊》集刊第62期第3分册，1993年版，第496、520页。

续表

年份	外债实收额	内债
1910	4663.933527	560
1911	6456.165833	731.52
合计	29518.065516	2011.52

资料来源：徐义生：《中国近代外债史统计资料（1853—1927）》，中华书局 1962 年版，第 91 页；千家驹：《旧中国公债史资料 1894—1949》，第 6 页；彭雨新：《辛亥革命前夕清王朝财政的崩溃》，《纪念辛亥革命七十周年学术讨论会论文集》，中华书局 1983 年版，第 1327 页；周育民：《晚清财政与社会变迁》，上海人民出版社 2000 年版，第 437—441 页。其中，"内债"中除 1911 年"爱国公债"外，均为各省公债的发行额数（共 5 笔），里面的银元折算为银两（1 元≈0.72 两），5 笔各省内债均未达到募集民间资金的目的，未发行额最后都由外债认购的，1911 年的爱国公债大部由皇室认购了。"外债"中约 77% 为铁路借款，约 15% 为财政军火借款，余为工矿、电报借款等其他类借款。

清末各省的许多经费收支并不报部，从而在"奏销收支"外，形成了大量户部无法掌握的"外销收支"①，故在清政府清理地方财政之前，只能依户部奏销的国家财政来考察此阶段的财政亏空及弥补。在宣统朝财政清理之前，户部只在 1903 年公布了一个简略的奏销收支统计表，结合当时在总税务司任职的马士对中国 1905 年前后财政的不完整估算，可以考察此期的收支情况。

表五　　　　　　　　　　　1903 年、1905 年清政府财政收支估算表　　　（单位：库平银、万两）

年份	岁入	岁出	亏空	年度外债实收额	年度内债实收额
1903	10492	13492	-3000	2685.69213	
1905	10292	13649.6	-3356.6	2277.47441	180

资料来源：1903 年岁入岁出引自刘锦藻《清朝续文献通考》卷 68，国用六，第 8249 考；1905 岁入岁出引自 H. B. Morse, *The Trade and Administration of the Chinese Empire*, Kelly and Walsh, 1913.（马士《中朝制度考》，上海 1913 年修订版，第 111—112 页）；"年度外债实收额"引自徐义生《中国近代外债史统计资料（1853—1927）》，中华书局 1962 年版，第 91 页；"年度内债实收额"引自沧江《论直隶湖北安徽地方之公债》，《国闻报》1910 年第 1 卷第 12 期。

表五显示两个年份的财政均处于巨大的亏空状态，表明清末的常例收入远不能满足急剧扩张的财政支出，但表中两个"岁入"项中既未列入非常例收入（如外债、内债、通货膨胀

① "外销"，清代前中期即存在，但数额很小，咸丰朝后迅速增加，庚子之后变更加庞大。史志宏先生对 1894 年前清政府的"奏销收支"与"外销收支"进行了辨析，并估算了甲午之前的"外销"规模，参见其《晚清财政（1851—1894）》，上海财经大学出版社 2008 年版，第 239、272 页。

等收入），也未列入各省实际存在的"外销收入"。若加上外债、内债收入，这两年的财政"亏空"就会骤减，再加上未统计的其他非常例收入，如户部银库历年结余、铜元余利等①，则总体上仍能保持财政平衡。

综上所述，清代财政在咸丰朝以后出现了重大转折，财政亏空与财政危机频现，但晚清政府仍通过各种常规性与非常规性财税措施维持了财政平衡，并苦撑了半个世纪之久。随着传统的财政体系逐渐瓦解，新增的常例收入（厘金、关税、官业等收入）支撑着晚清政府迅速扩张的财政支出，而新型的非常例收入（举借外债、内债、金融垫款等）则逐渐超越传统非常例收入（历年财政结余、暂开捐例、商人报效、盐斤加价等），成为弥补财政亏空的主要手段，推动晚清财政收支维持基本的平衡。此过程中，财政管理机构与财政规模迅速膨胀，并在清末立宪中实现了向"预算财政"的初步探索。

---

① 如铜元余利（属通货膨胀收入），在1902—1905年四年间的余利总额约2678.54万两，年均670万两。参见梁辰《铜元问题研究（1900—1935）》，南开大学，博士学位论文，2010年。

16—17 世纪明朝车战演进考*

——以《练兵实纪》和《车营叩答合编》为中心

王 进**

（天津图书馆古籍文献部，天津，300201）

摘 要： 16—17 世纪，是明朝边患愈加炽烈的时期。嘉隆万三朝南有倭寇滋扰，北有鞑靼窜边；天启朝东北后金掠势如火，令明廷无一时得以安寝。面对日益严重的边防压力，明军将领中的有识之士不约而同地将目光集中在"车战"这一战法上来。本文拟从戚继光在隆万年间进行的车战改革和孙承宗在天启年间对车战的改进入手，以《练兵实纪》和《车营叩答合编》两部明代重要兵书为中心，考察这一时期明朝车战的演进趋势，并从明、金两代乃至欧洲技术流入等方面考察其演进动因，以飨读者。

关键词： 明朝；车战；《练兵实纪》；《车营叩答合编》

16—17 世纪是明朝车战演进的高潮时期。明隆庆至万历年间，蓟镇总兵戚继光为防御蒙古俺答部的进犯，积极推进车战改革，在《练兵实纪》中对车营中的战车营、辎重营做出调整部署，并推行车营操练和车马配合，力求以车制骑，克制蒙古骑兵的机动性；至明天启年间，后金势如猛虎的侵攻姿态令明朝更加重视车营的改良，蓟辽督师孙承宗在《车营叩答合编》中对车营的战车配置、辎营设置、火器种类、编组配合都进行了详细说明，并以问答形式对车战中会出现的各种问题进行推演，以便为将者面临各种突发情况时不致手足无措。笔者现将戚继光在隆庆至万历年间推行的车战改革和孙承宗在天启年间对车战的改进加以解说，并试分析隆庆至天启年间车战演进之动因，以飨读者。

---

    * 第九届天津市艺术科学规划项目"天津图书馆善本碑帖综录"（编号 D22018）。

    ** 王进，1986年生，男，天津人，文学学士，天津图书馆（天津市少年儿童图书馆）古籍文献部馆员，主要研究方向：古典文献学、明清史。

一　戚继光在隆庆至万历年间推行的车战改革

戚继光于明隆庆二年（1568）接上谕调任蓟镇总兵官，总理蓟州、昌平、保定等地兵务，诸将均受节制。戚继光早在嘉靖二十九年（1550）俺答庚戌之乱时就写下了《备俺答策》，可见其考虑北边防务之事甚至早于他在东南抗倭之时。明隆庆初年，倭乱大定，戚继光由给事中吴时来举荐，负责蓟镇防务。明隆庆元年（1567），明穆宗召开廷议，向诸位臣工询问御虏之策，戚继光在廷议中阐述了自己的观点：

> 西北视东南难者五：岛夷航海，其大举不过二万人；匈奴伺边，往往不下数十万。边地凡数千里，备广而力分。彼以全力而趣一军，无坚不入，一难也。
>
> 岛夷袒裸跳梁，斗在五步之内；匈奴控弦铁骑，卷甲长驱，疾若飘风，士马辟易不暇，二难也。
>
> 中国所恃者，火器耳。北风高厉，胡尘蔽天，我当下风，火不得发，三难也。
>
> 岛夷来去有时，非时辄不能涉海去。譬之射隼，亡能出吾彀中；匈奴所至无留行，去则鸟举，终不可制，四难也。
>
> 蓟辽宣大，藩卫京师，或在吭背，或在肘腋。以故列镇相望，画地守之。彼界此疆，不啻秦越，号令不一，烽堠不通，虽有声援，鲜克有济，五难也。
>
> 有一于此，犹将不振，况五者乎？①

戚继光以东南抗倭凡二十载的经验，向朝廷提出"抗倭"与"御虏"之间的根本性区别。这也证明他在接下坐镇蓟北这副重担之时，已经考虑到调浙江兵来到北方，必须打破原来在浙闽沿海抗击倭寇的固有战法和观念。倭寇来不过一二万，斗不过三五步，还须有舟楫涉海，明帝国东南同气连枝，明军善用火器，即可将之击溃；鞑靼动辄数十万众，转战千里，骑兵飘忽无定，且在大明畿辅重地北边不远，各镇总兵彼此观望牵制，加之荒漠作战，单兵火器不利。"北虏"较"南倭"为患之烈，剿除之难，由是可见一斑。戚继光在《练兵实纪》中痛切地指出：

> 往事，敌人铁骑数万冲突，势锐难当。我军阵伍未定，辄为冲破，乘势蹂躏，至无孑遗。且敌欲战，我军不得不战；敌不欲战，我惟目视而已。势每在彼，敌常变客为

---

① （明）戚继光：《戚少保奏议·重订批点类辑练兵诸书》，中华书局 2001 年版，第 87 页。

主，我军畏弱，心夺气靡，势不能御。①

以步制骑从来都是兵家难事。北宋失去燕云十六州和西北产马地后，只能以步兵为主力直面辽国的铁骑。明代较之宋代，一有长城之地利，二有火器之优长，形势与宋辽对峙时大不相同。结合长城关塞和车营火器，是抵御鞑靼骑兵的上策。正因如此，戚继光才考虑将明朝车战之法提出改进，以御边患。

（一）《练兵实纪》中的战车营

《练兵实纪》中涉及的主战战车主要有偏厢车、轻车、无敌大将军车、火箭车等，下面逐一对其进行说明。

1. 偏厢车

早在明代宗时，名将郭登就以上书请求朝廷打造偏厢车，并在镇守大同时作为主战兵器。郭登本人在奏疏中称：

> 大同地居边塞，虏酋不时出没，军民艰于樵采。臣等辄出鄙见，模效古制，造为偏厢车，用以防护军民。其车辕长一丈三尺，前后横辕阔九尺，高七尺五寸。厢用薄板，各留置铳之孔。轮轴如民间二样轻车。其出则左右两厢，次第联络。前后两头辕轸相依，各用钩镮，互相牵搭。绷布为幕，舒卷随宜。每车上插小黄旗以壮军威。仍载脱卸鹿角二，长一丈三尺，遇止离车十五步外，钩连为外藩。每车用神枪二人、铜炮一人、枪手二人、强弓一人、牌手二人、长刀二人、通用甲士十人。无事则轮流推挽，有事则齐力防卫。衣粮器械皆具车内。遇贼来攻，势有可乘，则开壁出战；势或未便，则坚壁固守。外用常车，载大小各样将军铳。每方五座，共二十座。每座用推挽及药匠十二人，共二百四十人。其马步官军，或一千，或二千，以为出哨策应转输樵采之人，皆处闹中。又置一四轮车，高一丈二尺，别用木梯接高一丈五尺有奇。上列五色旗，视其方有贼以其方旗招呼，听鼓而进，闻金而止。然必相度地形，斟酌进退，行如长蛇，首尾俱至，止为方域。四壁坚合，守已制人，似为可用。②

同样将偏厢车作为主战兵器的戚继光，在郭登的基础上，对其进行了如下革新：

队伍设置上，设置正兵1队，奇兵1队，每队各10人。

队员安排上，正兵设车正1人，负责执旗号令正兵进退；郎机手6人，各执佛郎机铳；

---

① （明）戚继光：《练兵实纪·杂集卷之六·车步骑营阵解》，中华书局2001年版，第331页。
② （明）郭登：《上偏厢车式疏》，见《皇明经世文编》卷57，上海古籍出版社1996年版，第449—450页。

大棒手 2 人，负责控制骡马；舵工 1 人，负责控制车辆往来进退，及把握与旁边车辆安全距离。奇兵设队长 1 人，负责指挥奇兵进退；鸟铳手 4 人，于车内以鸟铳御敌，近身则持刀肉搏；藤牌手 2 人，于车内射火箭，也可下车投掷石块，近身则用藤牌；镋钯手 2 人，在车内外均射火箭，近身则以镋钯肉搏；伙兵 1 人，负责安排两队伙食。

武器配备上，大大增加了先进火器的数量，从原先的一炮二枪提高到十枪（火炮在其他战车上，后文详述），火箭手的人数也大为增加。佛郎机铳、鸟铳等热兵器的引入和使用，令戚家军在改进车战方面效果大增。戚继光在《练兵实纪》中指出，"马上、步下惟鸟铳为利器，其车上、城必用佛郎机"①。佛郎机铳和鸟铳是战车所不可或缺的基本火器。佛郎机铳因其采后膛装填的设计，使其具有射速较高的特性，因此受到明人的青睐，在嘉靖年间大量地产制，并配署到各地。戚继光甚为推崇这种火器，认为"此器最利，且便速无比，但其体重，不宜行军，彼无车营，只可边墙守城用之。今有车营，非有重器，难以退虏冲突之势"②。可见佛郎机铳是车营最重要的火器之一。

战术技法上，郭登的偏厢车战士中有"通用甲士十人。无事则轮流推挽，有事则齐力防卫"，这 10 人只是枪手、炮手、牌手的辅助人员，无事推车，有事防卫。而如何防卫，如何策应，具体分工为何，有无进退指引，这些并无安排。戚继光的奇兵正是弥补正兵之不足，在正兵与敌接战时协助进攻，以鸟铳、火箭攻击；一旦战车被围于战阵，或陷于泥沼，或车身受损，则有鸟铳手、藤牌手、镋钯手组成类似"鸳鸯阵"的阵型，保护其他战友。

2. 轻车

轻车是缩减版的偏厢车，编制是偏厢车的一半。每车 1 队，共配属 12 名士兵，车正 1 人，铳手 6 人，佛郎机铳手 2 人，镋钯手 2 人，伙兵 1 人。

3. 无敌大将军车

将欧洲传入中国的火炮用于战车御敌，并非始于戚继光之手。早在明嘉靖年间，为抵御俺答部进犯北境，陕西三边总督刘天和就已创建"全胜战火轻车"以御敌。"全胜战火轻车"较之前代战车，火器由铜制火铳、火箭、一窝蜂等进化为葡萄牙等地传来的佛郎机铳，并佐以三眼铳等，火力大增。"战则各随地形环布为阵，马军居中，敌远则使火器，稍近则施强弩弓矢，逼近则用枪斧钩刀，短兵出战，敌败则军马出追。遇夜则用火箭，虏骑围绕，则火器、弓弩四向齐发，势如火城，虏不敢逼，退进所向无前，虏不敢遮。"③ 但此车全赖人力驱动，"每车二人轮推之，一人挽之，二人翼之"④，机动性自然大打折扣。所以刘天和将

---

①（明）戚继光：《练兵实纪·杂集卷之二·储练通论》，中华书局 2001 年版，第 228 页。
②（明）戚继光：《练兵实纪·杂集卷之五·军器解》，中华书局 2001 年版，第 301 页。
③（明）陈子龙等编：《皇明经世文编》卷 157，上海古籍出版社 1996 年版，第 1573 页。
④（明）陈子龙等编：《皇明经世文编》卷 157，上海古籍出版社 1996 年版，第 1573—1574 页。

此兵器定位为借势打人，"摆列边墙，以遏虏人；据陋险要，以邀虏归；占据水头，以困虏马"。① 其原因就是车身笨重，转圜不便，易成敌之集火目标。

戚继光在此基础上改进成了"无敌大将军车"，将一门大佛郎机铳改进为一大三小的子母铳。三门子铳在战前预先装填完毕，在母铳发射后装填的过程中进行防御射击，防止敌军在火炮攻击间隔期间突袭阵地。子铳虽然射程较短，却大大提高了战车的作战续航能力。

4. 火箭车

火箭用于战车的时间较早。明正统十四年（1449），顺天府箭匠周回童就建议将"神机箭"引入战车中：

> 军中所用神机短枪，人执一把，不能相继。臣请为车一辆，上安四板箱，内藏短枪二十把，神机箭六百枝。临用，将枪五把安车上为叉以驾之，又亦可御敌，枪多可相继而发。车止用四人，一人推，两人傍扶，一人随畔。其于人执一枪发，辄不继者，功相十五。②

"神机箭"即为火箭的一种，通过火药的助推力将箭矢发射出去，并引起剧烈爆炸。戚继光的火箭车共有四种类型，大型的飞刀、飞枪、飞箭，及较小的火箭。飞刀、飞枪、飞箭的箭杆为直径 2 厘米、长度 160 厘米的荆木，尾端装有三支长翎，箭镞则为长 16 厘米，宽 2.6 厘米的刀剑状锐器。箭杆顶部装有纸筒，内藏火药。全箭约重 1.2 千克。

火箭车在战场上具有独特的威慑性。重型火箭有效飞行距离可达三百步（约 480 米），所中者"人马皆倒，不独穿而已"③，鞑靼骑兵从未见过此等武器，"击大队齐冲之虏，虏人畏此甚如神枪铅子"④。鞑靼骑兵列队猛冲一向是其优势，势大力沉又可爆炸的火箭却能将其连人带马贯穿，更可用爆炸惊扰马匹，使其混乱；火箭飞行轨迹为抛物线，更可直接打击敌军后队，使敌军不知明军攻击方向。

（二）《练兵实纪》中的辎重营

明嘉靖年间，俺答部进犯明帝国的突破口往往选在蓟镇，其军士人马劳顿可想而知。而在戚继光整顿蓟镇军务之前，兵士御敌竟只能孤身上马，仅有少量随身干粮。北虏踪迹飘忽不定，明军却早已因补给不足而疲敝不堪，"枵腹数日，徒具人形。莫能荷戈，焉望鏖

---

① （明）陈子龙等编：《皇明经世文编》卷 157，上海古籍出版社 1996 年版，第 1574 页。
② 《明英宗实录》（梁本）卷 186，正统十四年十二月丁未乙卯，1940 年影印本，第 3720 页。
③ （明）戚继光：《练兵实记·杂集卷之五·飞枪、飞刀、飞剑解》，中华书局 2001 年版，第 322 页。
④ （明）戚继光：《练兵实记·杂集卷之五·飞枪、飞刀、飞剑解》，中华书局 2001 年版，第 322 页。

战?"① 明嘉靖四十二年（1563），宣大总督江东与鞑靼骑兵交战，因后勤不利被困山顶，只能眼睁睁"视贼出入而不能谁何"。② 此事令戚继光深受触动，于明隆庆三年（1569）八月议建辎重营，驻防密云、遵化、建昌三地，每个辎重车营 120 辆战车（后经蓟镇将领商议改为 80 辆③），配属火器，用骡 10 头，养骡军 10 名，由参将或游击统领。明万历元年（1573）朝廷正式成立了三个辎重营。

戚继光在《练兵实纪》中对辎重营做了细致的安排。辎重营每营大车 80 辆，每辆骡 8 头，车上用偏厢牌。每车载米豆等 12 石 5 斗（其中米 2 石 5 斗，煤炒 3 石 7 斗 5 升，黑豆 6 石 2 斗 5 升），80 车共有米 300 石，煤炒 300 石、黑豆 500 石，可供一万人马三日之需。

辎重车每车配军士 20 人，亦分正兵奇兵，各有 10 人。正兵 10 人，负责驾车。其中车正 1 人，专司车辆进退；郎机手 6 人，负责用佛郎机铳御敌的同时还要拉拽骡匹；大棒手 2 人，负责近身搏斗护卫车辆，以及拉拽、照顾骡匹；舵工 1 人，专备留后。奇兵 10 人，负责护车。其中队长 1 人，负责统领小队；鸟铳手 8 人，其中 4 人备长刀，4 人备藤牌短刀，2 人备锐钯；伙兵 1 人，负责安排两队伙食。辎重营每车的人员安排和武器配置和作战主力的偏厢车几乎别无二致，从这也可看出戚继光对辎重后勤的重视程度。

（三）《练兵实纪》中的车营操练及车马配合

1. 车营操练

车营作为一门对技术要求很高的兵种，必须保持连续性的操练和马营的娴熟配合。戚继光在《练兵实纪》中对车营兵士推车上坡下坡、一车单独推运、多车并联推运和火器发射等训练都有细致规范，务求人人熟练。

车营作战时须排成阵型，形如"冂"字。偏厢车在前排连接成正厢车，车头车尾相连，有厢部分朝外。左右两侧则依然为偏厢车。

敌人前哨部队前来滋扰探查时，车营必须严守，不可轻动；待敌军增至数百时则以鸟铳御敌，"每车照准一贼打放"④，务求致敌死命。敌人拥众而来时，队长负责将望旗指向敌方，车上旗马上呼应，举变令炮一声，吹天鹅声一次。战车上的 4 名铳手分为 2 班，每班 2 门鸟铳，听天鹅声轮流齐射。等到信号出现，火箭持续放射，佛郎机铳齐射，鸟铳和快枪则暂时停止射击。再吹天鹅声，则改为鸟铳和快枪射击，如此与火箭、佛郎机铳轮流射击，并

---

① （明）戚继光：《戚少保奏议·建辎重营》，中华书局 2001 年版，第 105 页。
② （明）戚继光：《戚少保奏议·建辎重营》，中华书局 2001 年版，第 106 页。
③ 据《明神宗实录》（梁本）载，明隆庆六年（1572）十二月辛未，蓟辽总督刘应节和巡抚杨兆上疏："密云、遵化、三屯各辎重营每营改造大车八十辆，三营凡二百四十辆，每车用骡八头，三营凡一千九百二十头。一车用银十三两，一骡十两，三营车骡凡二万二千二百一十二两……既称便利钱粮，又不增加户部、省转输之难，地方免野掠之患。部覆行之。"
④ （明）戚继光：《练兵实记·正集卷之五·练营阵》，中华书局 2001 年版，第 119 页。

且战且行。

倘若敌人拼死逼至车前，主将则将一辆火箭车和两辆无敌大将军车推至车营左右，并择机发射。敌人若已冲入阵中，则举变令炮、点鼓，让奇兵突入。每车派出一队，分为四层，以天鹅声为号，远则发射火铳、弓箭，近则敲钹，兵士排成鸳鸯阵以御敌，敌人灭尽后退回车内。

车营操作复杂，人员密集，若无严明号令则必然乱作一团无法作战。戚继光在号令中明确规定，除兵士谨遵规条外，将佐更要以身作则严守纪律。营将不可擅自率队出击，只能固守车营指挥释放火器；千总负责领兵出战；把总负责管控车辆；百总在领兵作战的同时要负责车营安全；车正和队长负责战车小队作战。

2. 车马配合

戚继光的车战思想是以车制骑，蓟镇的骑兵远远不足以直接和鞑靼骑兵对抗，故车营是主体，骑兵是辅助。一旦遇伏，骑兵一律下马，并入车营后以火器御敌。车营和马营合营时，马兵每旗总1名，队总3名共管1门虎蹲炮。车骑合营的4面门由骑营派遣1名旗牌、家丁1队防守，车营则拨旗牌1员护车，辖下的百总负责守门。当探马来报敌人接近至300步时，望旗四面绕转向上，举变令炮，吹哱啰，马营中应下马的士兵下马，整理火器，准备发射。车营则车正上车，营将至车城内。当敌人进迫至100步以内时，车营和马营的火器依天鹅声轮流开火，依序为车兵鸟铳手、车兵鸟铳手、马兵第一伍铳手、马兵第一伍铳手。然后放起火一支，火箭自由齐放。若敌人逼近战车，则以虎蹲炮齐射。若再逼近，则放大将军炮和火箭车。大将军炮和火箭车在望旗发令时就布于营门附近，由主将指挥。

二　孙承宗在天启年间对车战的改进

明万历中后期，后金在东北崛起，势不可挡。明万历四十七年（1619），明军于萨尔浒之战惨败，沈阳、辽阳和广宁失陷，辽河防线崩溃。明军退守山海关内，震惊朝野。辽东经略王在晋提出退守山海关，于八里铺筑关，"用四万人守之"①。袁崇焕等朝臣坚决反对，并提出坚守关外，屏障关内的方针。内阁首辅叶向高无法定夺，朝议一时陷入僵局。时任兵部尚书兼东阁大学士的孙承宗主动提出视察山海关，以了解关内外局势，得到内阁及天启帝的同意。

在抵达山海关后，孙承宗经实地考察，赞同了袁崇焕的以宁远为中心坚守的方略，也在朝廷高层得到了认可。明天启二年（1622）八月，孙承宗以兵部尚书兼东阁大学士的身份督

---

① （清）张廷玉等撰：《明史》卷250《孙承宗传》，中华书局1979年版，第6468页。

师蓟辽，负责山海关及蓟、辽、津、登、莱诸地军务。

　　孙承宗在蓟辽前线选将练兵，以"大破常格，勿拘资叙""以辽人守辽土""及时立练精兵"为要。① 同时，孙承宗也将车营列为防御后金军队的重要力量，"（马世龙）统兵三万，列车营于关外"②。参与创作《车营叩答合编》的僚属赞画茅元仪指出，"虏虽伏，当急图大战，大战非车营不可"③。这一点孙承宗也在其阅边诗中有所体现：

　　　　一年两度入宁阳，千里重开建节堂。

　　　　几拊春松歌白雪，还依秋菊傲清霜。

　　　　周家大业彤弓旧，汉室元功带砺长。

　　　　最喜马隆饶意绪，偏厢不独下西凉。④

　　又如：

　　　　天苑风华秋自开，挈壶东眺集露台。

　　　　一方海岱排青下，千里淮徐入望来。

　　　　聚远云寒鸿没灭，凌空水远月低徊。

　　　　兼夷苦忆夷吾手，纵以兵车亦壮哉。⑤

　　然而边事久驰，国步维艰，辽东军备火器均不足，遑论战车。孙承宗甫到山海关时，火枪手竟仅有数十人。之前辽东经略熊廷弼曾造"迎锋车"600 辆，但保养维护较差，无法立即使用。正因如此，孙承宗上疏朝廷称"近合马步战辎为车营者十，而器具不备"⑥。面对此等局面，孙承宗加大整顿蓟辽军务的力度，强化对车营等关键环节的督管：

　　连日各营铳炮及车营尝练乎？王大将军体力何如？曾相见乎？尹将军所造诸器可催督之……永平战车一百二十辆、小车八十辆已行该道调取矣。密云车及遵化车尚可调也，前改造极便。

　　① （明）茅元仪：《督师纪略》卷7，北京图书馆出版社 1989 年版，第 458 页。

　　② （明）茅元仪：《督师纪略》卷7，北京图书馆出版社 1989 年版，第 458 页。

　　③ （明）茅元仪：《督师纪略》卷7，北京图书馆出版社 1989 年版，第 458 页。

　　④ （明）孙承宗：《高阳集·七言律·宁远督师府新成适朝命至鹿司马有作答之遂东马大将军》，收于《续修四库全书·集部》，上海古籍出版社 2002 年版，第 3651 页。

　　⑤ （明）孙承宗：《高阳集·七言律·灵异台》，收于《续修四库全书·集部》，上海古籍出版社 2002 年版，第 3653 页。

　　⑥ 《明熹宗实录》（梁本）卷 39，天启四年二月戊子，1940 年影印本，第 2254 页。

杆武营车器如何？可蚤完便可出就已发之兵，如车器未可顿成，便当撤前兵回营，以就训练，但忽出忽入，似非事体可酌量，有说方可。①

几经斟酌和筹备，孙承宗的新车营终于初见雏形。明天启四年（1624）五月，孙承宗将《车营图说》上报朝廷。奏报称"计骑、步二十四营，合为车营。外有前锋后劲，骑兵七营。合骑步九万二千八百五十六人。内步兵四万一千八百五十六人，俱足骑兵五万一千人……其马宜六万三千九百十三匹。"② 明天启四年（1624）十二月，车营训练全部完成，关内外的战车共为 2000 余辆。

（一）《车营叩答合编》中的战车营

孙承宗的战车营造继承了戚继光等将领的范式，其中偏厢车、轻车仍是车战的主力，但火器种类及威力大幅提升。

1. 偏厢车

偏厢车的规制与前代并无太大差别，但也有所改良。明万历年间，兵部尚书魏学曾将每2 辆偏厢车中设拒马枪架，填塞间隙，车架上下用棉絮布帐围之，可以防避矢石；车上还载佛郎机铳 2 杆，下置雷飞炮，快枪各 6 杆；每拒马枪架上树长枪 12 杆，下置雷飞炮及快枪各6 杆；每车用卒 25 人。从车式及其编制和武器装备来看，孙承宗车营所用战车，大致与此车相仿。

2. 轻车

轻车的规制同样与前代类似，但火力有所加强。此车双轮前向，遮板稍后，上列刀枪 6把，佛郎机铳 2 架，火箭 3 层，百子铳 2 函。两翼装有新制铁拒马、竹挨牌、砍马刀。二人推之，行驶如飞。此车"平地二人可推，遇险四人可举，共可遮蔽二十五人"③。

轻车用于作战时，如行于平地，推挽仅用二人；登山涉险也不过三四人，用起来较为轻便。明万历年间户部郎中张萱在《西园闻见录》中赞叹道：

> 止则为营，则有连城之固；进而冲锋，则有排挞之力；神炮并发，则有迅雷之势；精骑随后，则有摧枯拉朽之功。闻之者怖，遇之者仆，可险可易，可战可守，非所谓制胜之上乘者耶！④

---

① （明）孙承宗：《高阳集·尺牍》，收于《续修四库全书·集部》，上海古籍出版社 2002 年版，第 3722 页。

② 《明熹宗实录》（梁本），卷 42，天启四年五月壬午，1940 年影印本，第 2373 页。

③ （明）王在晋：《海防纂要·火器说》，明万历四十一年（1613）刻本，第 25 页。

④ （明）张萱：《西园闻见录·车战》，哈佛燕京学社 1940 年版，第 93 页。

不过，轻车毕竟车身单薄，火力不足，难以抵御平原突骑大规模掩杀，正如王在晋所说，"车式太重，非马数匹、卒十数人，挽之不得动。盖宜于易而不宜于险，宜于守而不宜于战，心窃疑之制。"① 轻车须与步骑营紧密配合，方能在战场上奏效。

(二)《车营叩答合编》中的辎营

与戚继光将辎重营单独列为一个部队不同，孙承宗将辎营与骑、步营合编。每辆辎车可运载粮食 8 石 4 斗，256 辆辎车可运载粮食 2150 石 4 斗，可供人畜食用 10 天。② 步兵和骑兵本身就自带 10 天之粮，拉辎车的牛也可提供 10 天之粮，加在一起便是近 30 天的粮草，军队续航能力大为提升。

(三)《车营叩答合编》中的火器

明万历以来，由于生产力的发展和西洋贸易的深化，冶铁业和手工业水平大为提升，大大促进了武器装备尤其是火器的发展。据统计，自明万历四十六年（1618）起至天启元年（1621）三年的时间里，仅发往广宁的火药、火器计有：天威大将军 10 位、神武二将军 10 位、轰雷三将军 330 位、飞电四将军 384 位、捷胜五将军 400 位、灭虏炮 1530 位、虎蹲炮 600 位、旋风炮 500 位、神炮 200 位、神枪 1.404 万杆、威远炮 19 位、涌珠炮 3208 位、边珠炮 3793 位、翼虎炮 110 位、铁铳 540 位、鸟铳 6425 门、三眼枪、四眼枪 6790 杆、大小铜铁佛郎机 4090 架；火药原料有清硝 130.6 万斤、硫磺 37.6 万斤、火药 9 万斤；弹子有大小铅弹 14.2 万个、大小铁弹 125.3 万个……③

孙承宗的构建车营所处的时代正是火器大发展的时代，对火器的利用自然是车营的重中之重。车营中拥有的火器种类有大炮、灭虏炮、佛郎机铳、鸟枪、三眼枪和火箭六种。大型火器如大炮和灭虏炮，都由骑营操作使用。其中大炮 16 门，骑营正权（内营）每队 1 位；灭虏炮则由骑营奇权（内营）和战冲 64 队（外营），每队 1 位。骑营所使用的小火器为三眼枪为骑营战兵（外营）和权勇（内营）共 96 队，每队 10 名三眼枪枪手。在步兵使用的火器上，则主要以战车上的佛郎机铳、鸟枪、三眼枪和火箭等中小型火器为主。战车每辆有佛郎机铳 2 架（附子炮 18 门），鸟枪 8 门，三眼枪 6 杆，火箭 60 支。

(四)《车营叩答合编》中的编组和配置

孙承宗车营营制的基础单位是"乘"，并用于对照骑、辎、水师等其他兵种。"乘"是

---

① （明）张萱：《西园闻见录·车战》，哈佛燕京学社 1940 年版，第 93 页。
② （明）孙承宗等撰：《车营叩答合编·车营总说·辎重合营》，清同治刻本，第 66 页。
③ 《明熹宗实录》（梁本）卷 20，天启二年三月庚戌，1940 年影印本，第 1014 页。

指偏厢车 4 辆，迎锋攒枪车 8 辆，步兵 100 人，骑兵 50 人，辎重车 8 辆，是车作为营制核心所产生的新通用军事单位。"乘"与"衡""冲""营"等各级单位维持 1：4：8：32 的数量关系。车营四面各设督冲 1 人，统领在这面内的战车、步兵、骑兵和辎重车。

步兵的基本单位是"伍"，两伍为"什"，两什为"队"。每"队"偏厢车 1 辆，队长即为车正，什长（又称为左右副牌）为车副。除了车兵 20 人外，还有车正、火兵、奇役各 1 人，车副 2 人，共 25 人。操作武器部分，佛郎机铳手 6 人（操作两门佛郎机铳，分为运子、装药、炮手），鸟枪手 2 人，三眼枪手 6 人，火箭手 2 人，弓箭（大弩）手 2 人，左右什各半。战车 4 辆为 1"乘"。

马营的基本单位也是"伍"，即 5 人。两伍为"什"，两什为"队"。"队"中除了骑兵 20 人外，还有管队、背招、传督各 1 人，大炮手 2 人，共为 25 人。骑兵的主要武器是三眼枪和弓箭，由左右什长分任教师，什长即为大炮手。传督和左什以操作火器三眼枪为主，背招和右什则以操作弓箭为主。1 队有三眼枪手 10 名，弓箭 13 名和大炮手 2 人。骑兵 2 队即 1 乘。

车营的基本架构是"步骑合营"。骑兵 2 队为 1 乘，步兵 4 队为 1 乘。骑步各 4 乘称为"衡"，各 2 衡为 1"冲"，各 4 冲为 1"营"。骑步合营时，由主将（由副将充任）统领，下有步佐将和骑佐将，为专职负责骑兵和步兵部队的统领。此外车营每面，设有一统领该面内外营骑步的将领"督冲"。督冲在统领兵马的数量上虽相当于千总，但由于其统领两个兵种，地位较一般千总地位为高。冲设有冲总，即为千总，为车营一面的指挥官，下辖 2 衡。衡设有衡总，即为把总，辖骑步各 4 乘。"乘"有乘总，即为百总。

从结构来说，车营可以分为"外营"和"内营"。"外营"是指车营外围四面的部队。外营每面外卫是战车 32 辆（8 乘），内卫则为骑兵 16 队（8 乘），由冲总指挥。四冲共有战车 128 辆，车兵 3200 人，骑兵 1600 人。

"内营"即"中权"，是由骑营中 800 名骑兵所组成，"权勇"是对这些士兵的称呼。这批骑兵依车营四面布阵的需要，分成 8 个 100 人的小单位，即"正前权""正左权""正右权"和"正后权"等四正，"奇前权""奇左权""奇右权"和"奇后权"等四奇。中权的指挥官是"权总"，由相当于千总的将领充任，但由较冲总位高者任之。八个权则分别由相当于把总的"权正"和"权奇"负责统领。

四正和四奇两者的角色是"随四督以内卫主将，外应四冲"①，但略有别，四正主要负责"居中卫主将，有变则应之"②，担任主帅的近卫；四奇则"恒随四督监四冲……骑步退缩则杀之"③，负责督战的角色。

---

① （明）孙承宗等撰：《车营叩答合编·骑步合营》，清同治刻本，第 54 页。
② （明）孙承宗等撰：《车营叩答合编·骑步合营》，清同治刻本，第 54 页。
③ （明）孙承宗等撰：《车营叩答合编·骑步合营》，清同治刻本，第 54 页。

若骑步营又加入辎重营，则称为"辎重合营"。辎重车共 256 辆，分为 4 冲，每冲设督冲官 1 员，负责督导每日粮食的发放，及监督外营骑步冲。每辆辎车用夫 2 名，牛 1 头，载粮 8 石 4 斗，8 辆辎车为 1 乘，32 辆为 1 衡，64 辆辎车为 1 冲，4 冲则为"子营"。位于内营权正骑兵之间。

车营的中心，就是主帅所在，称为"握奇"或"中军"。它包括了骑营余奇（掌管旗鼓）100 名，步营余奇 177 名，另还有部分属于军官的步营余奇 110 名。车营之士兵总数为 5988 名，军官则为 127 员。辎重车所属的"辎夫"，共 512 名。165 车营共 6627 员。

（五）《车营叩答合编》中的兵种配合

车营作战须多兵种全力配合，方不致陷入敌军重重包围阻隔之中，这是有明一代擅车战将领的共识。明天启年间，辽东情势糜烂，孙承宗只能先依靠车营稳固防守，再俟反击。前任辽东经略王在晋指望"拒奴抚虏，堵隘守关"①，只图固守八里铺，完全放弃辽东大片领土。对此情形，孙承宗斥之为"不为恢复计，画关而守，将尽撤藩篱"②，力主积极防御，巩固辽东防线。

孙承宗将车营的防御体系同样讲求各兵种配合战斗。如《车营叩答合编》的作者之一，孙承宗的军务赞画鹿善继在书中第一百六答中就指出：

> 车营之法，战守各半。敌小则一冲领一面之兵出战，而一面之中自为两翼。步战则骑为奇、伏，骑战则步为奇、伏。敌大则四冲领四面之兵出战，步战亦骑为奇、伏，骑战则亦步为奇、伏，而以中权督之。枪用连环，炮用叠阵，更出迭入，循环无端。故一营之马步矢炮无一不可为用，而守、战俱得其宜。③

此言可谓深得孙承宗车战精要。步兵、骑兵互为掎角，彼此照应，根据战局变化，随时调整主力兵种类型。车营防御作战不是全军龟缩一隅以待大敌掩杀而至，而是"战守各半"，采用动态调整，骑兵、步兵有正攻有埋伏，火器发射依靠阵法可以源源不断，在防御中寻觅战机，从而转守为攻。

再如渡河作战。辽东水系枝权纵横，滩涂沼泽极多，人马辎重转移皆困难，一旦被敌军偷袭，便是万劫不复的境遇。明万历四十七年（1619）的萨尔浒之战，明军就是在浑河、苏子河河道交叉的地形上被后金大败，精锐尽失。孙承宗在车营之外还创建编练水营，装备佛郎机铳、鸟铳等火器，可在河道当中与岸上车营形成交叉火力，攻击力倍增。

---

① 《明熹宗实录》卷 21，天启二年四月庚辰，1940 年影印本，第 1059 页。
② （清）张廷玉等撰：《明史》卷 250《孙承宗传》，中华书局 1979 年版，第 6467 页。
③ （明）孙承宗等撰：《车营叩答合编·车营百八答》，清同治刻本，第 40 页。

孙承宗等人在《车营叩答合编》中对渡河作战讨论颇多，很明显是萨尔浒之役教训极深，须在将领高层内部深刻检讨。在第十六问、第三十八问、第五十八问中，孙承宗分别提出以下问题：

> 车正行，遇有汪洋大水，未有舟楫，方在整顿过渡，敌或从旁突截我于此岸，又或乘我半渡突截我于彼岸，预先作何计算，临时有何方法？
>
> 十二车营当分几路？其各路之车何以齐渡？彼岸地远则难合，势分则难应。如欲分亦可以独应，合又不至于后时，此非素有，酌量未可齐一也，作何预计？
>
> 车营各路抵境，敌方随路摆设于彼岸，欲渡则难登，相持则难待。此当有捣空之计于其巢，有攻虚之计于其营，作何奇策？①

上述问题涉及渡河未济如何御敌、分兵渡河如何布置、抢滩登陆如何实现等实际问题，在与后金军队作战时随时可能发生。车营火力虽猛但笨重缓慢，在河湖港汉一带最易陷入淤泥无法移动，此时若被来去如风的八旗精锐发现，即使是少数骑兵部队也可能全歼火力数倍于他的车营。萨尔浒之战中，山海关总兵杜松率领中路军左翼渡浑河时"水势深急，过渡兵马冲去太多，车兵入水空手尤难，车辆火药尽不能渡"②，不得已将载有重火力的车营留在了浑河边上的斡珲鄂谟。③ 车营无法跟进也导致杜松部火力严重不足，其战略目标界藩城也未能在后金主力回援前拿下。

鹿善继、茅元仪等人在第十六答、第三十八答、第五十八答中对上述情况做出了解决思路：

> 车正行，遇有大水，又无舟楫，方在整顿过渡，敌或从旁截我于此岸，又或乘我半渡截我于彼岸。彼此两岸，当先探实敌之来路，伏所遣精骑数千，遥设疑阵，以牵其势。此岸之敌，我兵未渡，可留一军以截之；彼岸之敌，我军方渡，即整一军以待之。而先遣精骑数千，遇敌于此岸，则沿岸直袭其后；遇敌于彼岸，即偷渡以掩其旁。我车未渡，抱河为营；我军半渡，赶紧沿河列守，庶几可以迎敌军行以侦探为要。十二车营分两路渡河，道有远近，地有险夷，必先探明，酌量时日先后，定期一齐并渡。分必可以独应，合亦不至后时，十二车营方可齐一道途。纵有迟误，而侦探往复，登岸时日，

---

① （明）孙承宗等撰：《车营叩答合编·车营百八叩》，清同治刻本，第21页。
② （明）程开祜：《筹辽硕画》，上海商务印书馆1937年影印本，第39页。
③ 另有明宋懋澄著《九籥集续集》中《东征纪略》一文，曰松率部渡河时，后金军在上游堵截河水、降低水位，让杜松中计轻率渡河，"（杜松）遣人视河，河水不遮马腹"，轻敌冒进导致最后杜松在萨尔浒大败身死。宋懋澄（1569—1619），字幼清，号稚源，一作自源，松江华亭人。

岂或难齐。

车营各路抵境，敌方随路摆设于彼岸，欲渡则难登，相持则难待。此当有捣空攻虚之策：用木牌写克敌登岸之日，置上流沿岸而下，使敌见而惊惮，乘其未备之处；或因水狭浪高，乘船抢渡，摇旗鸣鼓，沿岸直扑敌营，敌必解散。否则，潜师以捣其巢，使敌不知而仍与我隔河相拒，此更为奇中之奇。①

鹿善继等人所给答案虽也是兵书中常见的"有备无患""虚虚实实"等策略，但用在此处，难点就在车营和其他兵种的配合之上。车营行动缓慢，骑兵侦察、袭扰以及反侦察、反袭扰都至关重要。后金军队深知明军火器之利，对于装备重武器的车营一旦发现必全力攻击，力求将装备和操作人员掳回收编，以充实自身火器部队。护卫车营的兵士须随时根据战况变化做出调整，何时回援、何时偷袭、何时配合车营营阵转守为攻直捣敌营，这些都需要各营将佐通力配合协调一致，方可于不利之地形下转危为安。

三　隆庆至天启年间车战演进之动因

从明隆庆元年（1567）至明天启七年（1627），明朝车战发展可谓神速，无论武器装备还是战术搭配都实现了质的飞跃。车战自三代时期就已存在②，为何直到16—17世纪才在中国迈向巅峰？笔者总结了三个原因，仅供方家参考。

（一）明朝中后期风气的开明和包容

明朝初期吏治严苛，明太祖朱元璋恨元政"失在太宽"③，故屠戮勋宿，苛待臣工，士民百姓编为军户、农户、匠户等严加控制，以保朱氏王朝江山永固。自上而下风气的保守使得依赖科技进步的战车技术举步维艰，发展停滞。明初军力的强盛也让明廷有着依靠"三大营"的底气，凭借骑兵、步兵及神机营的火器虽不能彻底根绝蒙古武装力量，至少可保国境内外无虞。

至明正统十四年（1449）土木堡之役，英宗被俘，三大营精锐尽丧，阁员名将殉国者竟

---

① （明）孙承宗等撰：《车营叩答合编·车营百八答》，清同治刻本，第41页。
② 《尚书·甘誓》载，"左不攻于左，汝不恭命；右不攻于右，汝不恭命；御非其马之正，汝不恭命"。意为战车左边的兵士如果不善于用箭射杀敌人，你们就是不奉行我的命令；战车右边的兵士如果不善于用矛刺杀敌人，你们也是不奉行我的命令；中间驾车的兵士如果不懂得驾车的技术，你们也是不奉行我的命令。夏代没有战车实物出土，但商代战车实物迄今已有较多面世，以殷墟乙组宗庙遗址北组藏坑出土的五辆战车为代表，其弓、矢、戈、刀等武器齐备，阵型完整，对研究商代军事史意义很大。
③ 《皇明宝训·明太祖宝训》，明万历刻本，第5页。

多达五十余人，明朝军事自此中衰。边防政策亦由远征鞑虏转变为坚守九边，防御成为明帝国军事行动的主色调。与愈加败坏的军事相反，明廷的风气却远较明初开放，廷臣向皇帝建言打造战车的建议可以在朝廷上公开讨论，甚至由京军三大营参与实验，这在明初是不可想象的。① 前文提到顺天府箭匠周回童，不过一匠人，也能将改良神机箭这种武器改革的建议上达天听，事迹详录于《明英宗实录》中，可见当时朝廷之包容。明万历年间士人赵士祯向朝廷递交《用兵八害》条陈，建议制造番鸟铳。其中"迅雷铳""掣电铳"为当时最新式的火器。赵士祯将其中七架绘了图样，并撰文对其构造、制法、打放架势等作了详尽说明，名为《神器谱》。明万历三十年（1602），赵士祯改进原来只能连发五弹的迅雷铳，使其可以"战酣连发"，一气发射十八弹。此后，赵士祯更设计出"鹰扬车""冲锋雷电车"等新式战车，以供边关及京营使用。

与明廷风气渐宽相呼应的是，明军将佐中有能之士也能人尽其用。如孙承宗用"勇敢为方今第一名"② 的蒙古人满桂为中军驻守宁远；"可依仗"③ 的鹿善继为赞画；"博大强毅"④ 的马世龙为平辽将军；"少年英锐"⑤ 的尤世禄为部将；用"英发贴实，绰有担当"⑥ 的袁崇焕为宁远道兵备副使；用"绰有胆智"⑦ 的茅元仪为副总兵，"殊有心计"⑧ 的周文郁为游击，等等。孙承宗坚决拒绝"腰缠十万之逋臣，闭门诵经之孱瞻"⑨，更"不愿用孰悭通脱之奸猾"⑩ 之辈。同时，他又设六馆，广招才智之士以充军旅。

（二）西欧火器的大量涌入和本土火器制造业更新

16—17 世纪是欧洲火器大量进入中国的时期。随着资本主义制度在欧洲的确立和资本主义生产的发展，近代科学技术也迅速发展起来。意大利耶稣会士利玛窦（Mattheous Ricci，1552—1610）、德国耶稣会士汤若望（Jean Adan Sohall von Bel，1591—1660）等人的相继来华，带来了西方的科技知识。他们又与中国的一大批热心科学的知识分子，诸如徐光启、李

---

① 明成化十二年（1476），都察院左都御史李宾提议建偏厢车五百辆，鹿角榨五百具，每车配榨一具，兵十名，由边关如法炮制，以备战守。兵部尚书项忠认为陕西边关已有兵车数千辆，却因日久无用而废弃。朝臣各有意见，争执不下。后明宪宗令李宾和项忠会同京军三大营在校场演习，最后以偏厢车登高涉险不便而否决了李宾的提议。

② （明）孙承宗：《高阳集·文·答满都督》，收于《续修四库全书·集部》，上海古籍出版社 2002 年版，第 3658 页。

③ 梁家勉：《徐光启年谱》，上海古籍出版社 1981 年版，第 65 页。

④ 《明熹宗实录》（梁本）卷 39，天启四年二月戊申，1940 年影印本，第 2281 页。

⑤ 《明熹宗实录》（梁本）卷 39，天启四年二月戊申，1940 年影印本，第 2281 页。

⑥ （明）茅元仪：《督师纪略》卷 2，北京图书馆出版社 1989 年版，第 211 页。

⑦ （清）周文郁：《边事小纪·抗变纪事》，收于郑振铎编《玄览堂丛书续集》，国立中央图书馆 1947 年影印本，第 1330 页。

⑧ （清）周文郁：《边事小纪·抗变纪事》，收于郑振铎编《玄览堂丛书续集》，国立中央图书馆 1947 年影印本，第 1330 页。

⑨ 《明熹宗实录》（梁本）卷 39，天启四年二月戊申，1940 年影印本，第 2281 页。

⑩ 《明熹宗实录》（梁本）卷 39，天启四年二月戊申，1940 年影印本，第 2281 页。

之藻等人合作，使中国的科学技术有了很大发展。其中最突出的是火炮研制、机械学、天文学等。李之藻专门向利玛窦询问过西方武器的制造方法。徐光启还向利玛窦学习过西洋大炮和炮台的造法，并于明天启二年（1622）向明熹宗上疏，"力请多铸西洋大炮，以资城守，帝善其言"①。于是，大批的新式火器被仿制或创造出来。

有赖于当时朝廷风气较为开放，对外来先进科学技术并不抱敌视态度，明军的火器得以在这一时间段飞速升级，无论质量还是数量都远超前代。明嘉靖二年（1523），军器局仿造由西葡两国传入的舰载佛郎机铳，以供边关御敌之用。至明嘉靖八年（1529），都御史汪铉奏称"广东佛郎机铳致远克敌，屡奏其功，请如式制造"②，各边镇又分得佛郎机铳共计 300 余门。佛郎机铳在嘉靖初期北边防务的重要性也与日俱增。明天启六年（1626）正月二十五日爆发的宁远之战，将明代火器的战果推向了顶峰。袁崇焕在宁远城以一万余人的守卒，凭借红夷大炮悍拒天命汗努尔哈赤的后金军队十余万众，最后努尔哈赤退兵，于八月抑郁疽发而死。

（三）外敌军力、战术急速升级的刺激

15—16 世纪，蒙古势力对明帝国的滋扰侵攻由随机攻打转为定点突袭，其关键人物即明正统年间的太监喜宁。喜宁于正统初年出任为北使，获明英宗宠幸。其受宠期间对内欺辱忠良，对外交好瓦剌，屡谋南下深入。由于内奸配合，边防空虚之处尽数落入敌军掌握之中，蒙古军队可以于薄弱处突施猛攻，打破长城缺口，纵兵内寇。进入明朝境内后，蒙古首领会令先头部队到内奸指示地点设伏兵，伏击重创明朝边防军。一切顺利后，蒙古人才会集中兵力攻打明朝的边境城市。

蒙古军队的战术升级导致明帝国"北虏"问题急剧恶化，车战等作战方式也在这种背景下应运而生。明朝将领们敏锐地发现蒙古军队虽骑射娴熟，来去飘忽，但火器不利，作战还是以弓箭马刀为主，才制定出以火器战车遏阻敌军的战术。明隆庆五年（1571），明穆宗一改嘉靖朝厌恶敌视俺答部的政策，在内阁大臣高拱和张居正的策划下，借助把汉那吉与其祖父俺答因家事争执而降明的机会，达成了封贡及互市，结束了近二百年的敌对状态。明帝国北境获得了长达百年的和平，一方面是外交的胜利，另一方面也和戚继光及其车营对蒙古军队的强大威慑密不可分。

俺答部的友好姿态并未让明朝边境自此高枕无忧，白山黑水间崛起的建州女真成为明朝最为凶悍的敌人。天命汗爱新觉罗·努尔哈赤不仅用兵如神，其创立的八旗制度和对汉人的招徕态度，更令明廷头痛。在与明军屡次交战过程中，后金军也俘获了不少车营部队，并开

---

① （清）张廷玉等撰：《明史》卷 251《徐光启传》，中华书局 1979 年版，第 6493 页。
② （明）徐学聚：《国朝典汇·卷二百·兵部·战具》，书目文献出版社 1996 年版，第 890 页。

始依样仿制战车并投入使用。明万历四十七年（1619）七月，后金军队进攻铁岭城时曾使用战车和云梯攻击城北①；八月，努尔哈赤攻打叶赫部，以战车和云梯攻锦台什城，并用战车登山并轰塌城墙。至明崇祯四年（1631），战情于明廷而言更加糜烂，在大凌河围城战中，后金将领佟养性率其汉军部队使用战车配合红夷大炮，全面击溃了锦州方面支援的明军部队。

后金军队战斗力的强悍与火器水平的跃进，极大刺激了明军将领研发新式战车、使用新式火器的心态。辽东巡按熊廷弼曾在明万历四十八年（1620）多次建言增造战车、增发火炮，"臣发兵将砍取木植局，造双轮战车，约以三、四千辆为率，每车议载大炮二位，翼以步军十人，各持火枪，轮打夹运，行则冲阵，止以立营，方为稳便"②。时任兵部尚书的王象乾在明天启元年（1621）也在奏疏里提到，"创立车营者三，专演火器，火炮、三眼枪、噜密、机长斤斧，人精一艺，务济实用……车上设盾，虏马不能飞越，火炮远及数里，枪机命中数百步之外，虏矢不能及也"③。至明天启二年（1622），接任蓟辽总督的王象乾再造蓟镇车营，以鹿角车、偏厢车、狮虎车、辎重车和独轮车五种车型为主体，对戚继光的车营规制做了一定程度的改良。

四　结语

明朝车营的建构，自洪武帝就有初步设想，直到崇祯帝时期，还有朝臣上疏议造战车。明崇祯三年（1630）十一月，甘固赞画户部员外郎郭应响建议制造铳车，每辆仅费十金，二人可挽。郭应响更将戚继光所著《纪效新书》十四卷本和《练兵实纪》辑为一册，名为《兵法要略》，上呈崇祯帝御览。车战所依靠者，"车"仅为辅弼，"人"方为主体。国事至崇祯朝，天灾人祸、内忧外患迭至，士民苦不堪言，早已无药可医。纵有历朝名将呕心沥血所创之车战兵略，也无法阻拦明帝国迎来落日的余晖。1644 年，后金入山海关后定都北京，以八旗为根本，以骑射为祖训，再无习练、改进车营之愿望。车战这一明、清两代都曾寄予厚望的事物，随着时间的推移，慢慢淡出了人们的视线。

---

① 《清太祖实录》卷6，中华书局 2008 年影印本，第 86 页。
② 《明神宗实录》卷 590，万历四十八年正月壬寅，1940 年影印本，第 11315 页。
③ 《明熹宗实录》卷 10，天启元年五月辛亥，1940 年影印本，第 505—506 页。

版本校勘

秦鼎《国语》训释初探*

郭万青**

（唐山师范学院 文学院，河北唐山，063016）

摘　要：秦鼎《国语定本》是日本《国语》研究史上刊刻次数最多、流通最广的《国语》刊本与《国语》研究著述。秦鼎备采前此日本诸家《国语》研究成果，对《国语》进行了较为精深的研究，涉及《国语》校勘、语义、评点、史实等诸多方面。《国语定本》语义训释涉及普通词语、各种专门词语、句意串讲、句读辨析、语言成分补充等诸多方面。总体而言，秦鼎《国语定本》采录广泛、考校精到，具有较高的文献资料价值和学术价值。

关键词：秦鼎；《国语》；训释

日本江户时期《国语》研究的展开有两个契机：其一，朱子学派的林信胜训点《国语》得到较广泛的刊刻，为此后的日本学者提供了可读之本，并在此基础上衍生了《国语》公序本的日本刻本系统；其二，古文辞派的荻生徂徕《经史子要览》对《国语》的重视，使荻生徂徕门下弟子太宰纯、山县周南、荻生道济、宇佐美灈水（1710—1776）、片山兼山（1730—1832）等纷纷对《国语》有所措意，从而拓开日本《国语》研究。从渡边操《国语解删补》行世到秦鼎《国语定本》刊本近五十年的时间中，日本《国语》刊本经历了林信胜训点本、千叶玄之校订本、冢田虎《增注国语》本、上善堂重刊黄丕烈本等《国语》公序本的多个版本和黄刊明道本的翻刻，为《国语》版本比对、《国语》研究文本依据提供了前提，千叶玄之校订本《国语》汇辑了诸多评点材料，关脩龄《国语略说》、冈岛顺《国语订字》、户崎允明《国语考》、皆川淇园《国语考》等诸家《国语》研究著述的行世为《国语》的进一步深入研究提供了前提。

和千叶玄之《重刻国语》、冢田虎《增注国语》一样，秦鼎（1761—1831）《国语定本》

---

　*　本文为 2019 年度国家社科重大招标项目"《国语》文献集成与研究"（19ZDA251）阶段成果之一。

**　郭万青，1975 年生，男，文学博士，唐山师范学院文学院教授，主要从事《国语》研究、文献训诂研究。

是完整收录《国语》韦注本文的本子，是日本《国语》公序本系统中的支系。秦鼎《国语定本》当初刻于文化五年，此后文化六年、七年、文政二年、文政六年、天保十三年、嘉永七年等都有刊行。① 文化七年本在文化六年本的基础上增《上国语定本笺》。从刊行次数和流传广度上而言，日本《国语》刊本中似无出《国语定本》之右者。今所见《国语定本》皆六册装。秦鼎《上国语定本笺》低一格，半叶七行，行十二字。自《国语解叙》始，分上下两栏，上栏小字半页二十行，行六字。下栏半页十行，行二十字。自《国语解叙》始，单黑鱼尾，鱼尾下标卷次，下标页码，最下标"沧浪居藏"。此外，由于上栏空间有限，秦鼎《国语定本》还会把考校内容刻在下栏空白处。从日本《国语》刊本传承的角度而言，《国语定本》是日本本土刊刻的第五个刊本，在版本系统上属于公序本系列。较早对秦鼎《国语定本》较详细著录的当属桂湖村《汉籍解题》。在中国本土，《国语定本》已经出现在近代旧书店的售卖书目中，最早进行著录的是雷梦水《古书经眼录》。在雷梦水之前，郑良树、张以仁、彭益林等在勘校《国语》时已参照《国语定本》。但真正对秦鼎《国语定本》展开研究则是近十多年来的事情。郭万青《〈国语〉金李本、张一鲲本、穆文熙本、秦鼎本之关系》（《长江学术》2012 年第 2 期）、《秦鼎〈春秋外传国语定本〉刊刻与流传》（《藏书报》2014 年 12 月 22 日第 3 版）、《日本主要〈国语〉刊本考略》（《古籍整理研究学刊》2016 年第 6 期）对《国语定本》版本系统、刊刻、内容等做了梳理，小方伴子《和刻本〈国语定本〉的校勘》（"校勘与经典"国际学术研讨会论文，2013 年）、《秦鼎〈国语定本〉初探》（《大学院纪要》第 28 辑，2014 年）、《秦鼎『国语定本』に于ける清朝校勘学の成果の导入とその限界：顾千里『国语札记』の利用を中心に》（《二松学舍大学人文论丛》第 95 号，2015 年）② 对秦鼎《国语定本》整理、《国语定本》版本系统、校勘依据等等进行了梳理。杜建鑫《日本秦鼎〈国语定本〉研究》（硕士学位论文，绍兴文理学院，2019 年）第二章对《国语定本》校勘和非校勘类注疏进行了梳理总结，每一细项都进行了数量统计，并举例辨析，所考多言出有据，对《国语定本》的学术价值进行了揭示。但整体而言，《国语定本》仍有进一步深入研究的必要。本文着重对秦鼎《国语》语义训释进行较全面研讨，庶益于《国语定本》研究的深入开展。

　　从内容上而言，秦鼎对《国语》的语义训诂，主要体现为词语训释、短语训释或串讲句义、辨析句读或语段、补充成分。词语训释，可按照实词、虚词划分作实词训释与虚词训释。虚词训释又可以分为虚词术语训释和具体虚词训释，实词训释较多，可以依据其训释形式，分为"×（者），×也""×谓×""×犹×""×曰×""×即×""×应×""××，故×""×与××

---

① 郭万青：《日本主要〈国语〉刊本考略》，《古籍整理研究学刊》2016 年第 6 期。
② 小方伴子《秦鼎〈国语定本〉初探》（《大学院纪要》第 28 辑，2014 年）、《秦鼎『国语定本』に于ける清朝校勘学の成果の导入とその限界：顾千里『国语札记』の利用を中心に》（《二松学舍大学人文论丛》第 95 号，2015 年）二文，承小方伴子准教授赠赐论文抽印本，谨致谢忱！

同""×训×""××皃"。短语训释，则据短语之间的语义语法关系，可分为释动宾短语、释状中短语、释定中短语、释主述短语、释联合短语、释小句等。下面各分类撮录诸例，以为辨析，以见秦鼎《国语》语义训释之大致。

一　释《国语》虚词

从内容上而言，秦鼎释虚词包括两个部分：一是对韦注中的虚词表述进行解释；二是对《国语》文本或韦注中的虚词进行解释。

（一）虚词术语解释

韦昭在训释中，对《国语》的虚词进行定性解释，释文简略，秦鼎注释韦注，使明术语之具体意谓。例如：

> 此一王四伯，岂繄多宠？皆亡王之后。
> 韦注：岂，辞也。（《周语下》）
> 秦鼎：辞，语辞也。

本条对韦注中的术语表述进行进一步解释，以"语辞"释"辞"。

（二）具体虚词训释

具体虚词训释则根据具体语境、具体虚词而言，大致包括训释代词、训释副词、训释语气词等，具体如下：

1. 训释代词

代词有人称代词、近指代词、他指代词等。例如：

> 而何德以堪之（《周语上》）
> 秦鼎：而，训"汝"。

> 犹其有原隰衍沃也（《周语上》）
> 秦鼎："犹其"之"其"，指地。

> 遇乾之否，曰：配而不终，君三出焉（《周语下》）

秦鼎：日者，筮辞。焉字，指周。

其谁代之任丧

韦注：任，当也。谁当代之当丧为主者乎。言必自当之，故不可不往吊也。(《鲁语下》)

秦鼎：谁，指他姓之人也。

今君居，大子行，未有此也 (《晋语一》)

秦鼎：此者，谓如是事。

其在辟也，吾从中也。《郑诗》之言，吾其从之 (《晋语四》)

秦鼎：二"吾"字，姜氏自谓也。

戒之，此谓成人 (《晋语六》)

秦鼎：此，指始冠也。

第一条，通常以"而"为连词，秦鼎特别揭出此处"而"当训作第二人称代词。第二条释他指代词具体指代对象。第三条释"焉"字，以"焉"字为他指代词。第四条释疑问代词"谁"字具体所指。第五条、第七条释近指代词"此"的具体指代对象。第六条，释第一人称代词的具体指代对象。

2. 释语气词或助词

对《国语》中的语气词或结构助词进行解释。例如：

农师一之

韦注：一之，先往也。(《周语上》)

秦鼎：一，始也，犹"一征"之"一"。"一之，先往也"，此解"一"为先往也，非"之"训往也。之，助语，无意义。

余一人其流辟于裔土，何辞之与有 (《周语中》)

秦鼎：与，助语。

君之匹也，君不亦礼焉？(《晋语四》)

秦鼎：焉，疑辞。

秦鼎释第一、第二条为助语,释第三条为疑辞。第一条"之"可看作结构助词,秦鼎揭出"无意义",甚是。第二条,对"与"字的看法,今仍多有分歧。《周语上》"其与几何"韦注:"与,辞也。"秦鼎本处注释当本《周语上》韦注。潘玉坤《也说"其与几何"》①概括为五种意见:第一"与"犹"能"也,王叔岷(1914—2005)首倡;第二"与"犹"又",徐仁甫首倡,楚永安与之近,萧旭赞同徐说;第三"与"是语助词,韦昭首倡,王引之等与之同;第四"与"是前置的疑问语气词,《马氏文通》主之,杨伯峻《春秋左传注》从之;第五"与"为名词,意为"追随者""支持者",代表人物为王泗原(1911—2000)。各家之说,无非是把"与"看作实词还是虚词的问题。韦说既然可通,且既有语言学上的理据,古文献材料中又有相关用例,则不烦另立新说。第三条,句子属于反诘句,故秦鼎以"焉"为疑问语气词。

3. 释介词

有引或说释介词者。例如:

民用莫不震动

韦注:用谓田器也。(《周语上》)

秦鼎:或云:用,犹以也。亦通。

清代学者汪中亦不以韦注为是,谓"用"当训作"用是"②,即"因此"。陈伟、于鬯、张以仁说与汪中同,吴曾祺释为"于是"③,与汪说近似。日本学者中,释"用"为"以"者,以太宰纯为最早,此后渡边操、千叶玄之、关脩龄、皆川淇园等皆从太宰纯之说。太宰纯等释为"以",实亦"以是"之义。是以"用"字为介词。

4. 释副词

秦鼎对《国语》中某些副词具体指向进行了揭示。例如:

至于王使,则皆官正涖事(《周语中》)

秦鼎:皆,指数官。

本句中,"皆"为全然性总括类范围副词,故秦鼎以"数官"释之。

5. 释连词

秦鼎也对《国语》中的连词进行了训释,往往以同义词形式相训。例如:

---

① 潘玉坤:《也说"其与几何"》,《中国文字研究》2009 年第 1 辑,第 158—163 页。

② (清)汪中:《经义知新记·国语校讹》,《丛书集成初编》,商务印书馆 1937 年版,第 24 页;(清)汪中:《国语校文》,台北:新文丰出版公司辑印《丛书集成新编》第 6 册,1984 年版,本书第 1 页。

③ 吴曾祺:《国语韦解补正》卷一,商务印书馆 1915 年版,本卷第 4 页。

若晋以男戎胜戎，而戎亦必以女戎胜晋（《晋语一》）

秦鼎：而，训则。

能纳之则能执之，能执之则能释之（《晋语三》）

秦鼎：二"则"字，训而。

予我詹而师还（《晋语四》）

秦鼎：而，训则。

以上三条，以互训形式出之，对不同语境中的连词"而""则"，分别以对方作为释词进行训释。

总体而言，秦鼎训释虚词条目不多，训释以界定类别和虚词互训为主。

二　释《国语》实词

实词训释，是所有专书训释的重要内容。秦鼎《国语定本》也不例外。下面仍从训释形式上，对秦鼎《国语》实词训释进行简要介绍。

（一）训释形式为"×（者），×也"

秦鼎《国语定本》运用这类训释形式较多，且"×，×也"多于"×者，×也"。"×，×也"训释条目如下：

大史八之

韦注：大史，掌逆官府之治，故次大师也。（《周语上》）

秦鼎：逆，迎也。

日服其镈（《周语上》）

秦鼎：服，用也。

郑伯将王自圉门入（《周语上》）

秦鼎：将，扶进也。

周文公之诗曰：兄弟阋于墙，外御其侮。

韦注：召穆公思周德之不类而合其宗族于成周，复修作《常棣》之歌以亲之。（《周语上》）

秦鼎：类，善也。

收而场功，偫而畚挶

韦注：时徽，时所以徽告其民也。收而场功，使人脩囷仓也。偫，具也。畚，器名，土笼也。挶，异土之器。具汝畚挶，将以筑作也。（《周语中》）

秦鼎：异，共举也。

虢之会，诸侯之大夫寻盟未退

韦注：寻宋之盟也。（《鲁语下》）

秦鼎：寻，重也，犹"温燖"之"燖"。前盟已寒，故重之使温也。《晋语七》"申盟而退"注："申，寻也。"

昼讲其庶政（《鲁语下》）

秦鼎：讲，讲习也。

令夫商，群萃而州处，察其四时

韦注：四时所用者，豫资之也。（《齐语》）

秦鼎：资，取也。《越语》：夏则资皮，冬则资绤，旱则资舟，水则资车，以待乏也。

以上胪列秦鼎《国语定本》中《周语》至《齐语》中训释形式为"×，×也"的部分条目。从以上这些条目来看，秦鼎所训释《国语》词语以动词为主。其中释语形式比较多样，有和被释词同义的单音节词，有在被释词参与下的合成词或短语，也有对被释词进行描写的短语。被释词参与下的短语以状中关系、动宾关系、定中关系居多。

和"×，×也"的训释形式相比，秦鼎《国语定本》中"×者，×也"训释形式的语词训诂相对少得多。例如：

囚昔见世间有古历注（《韦昭略传》）

秦鼎：囚者，昭自道也。

曰：距今九日，土其俱动（《周语上》）

秦鼎：曰者，稷又曰也。

百物唯其可者，将无不趋也

韦注：百物之中，可用行赂，将无不趋，言无所爱也。（《鲁语上》）

秦鼎：趋者，趋其求以急出其物也。

权节其用，未耜枷芟

韦注：权，平也。平节其器用小大、倨句之宜也。（《齐语》）

秦鼎：倨者，矩之直者。句者，折而衡者。

尽其四支之敏

韦注：敏，犹材也。（《齐语》）

秦鼎：敏者，"敏德"之"敏"，故训材①。

　　以上五条，皆贴近语境进行训释。第一条，揭出"囚"字在本文中具体的语义，即韦昭系狱之后的自称。第二条，对本句中"曰"的发出者进行了揭示。第三条韦昭串讲句义，直接引述《国语》原文"将无不趋"，故秦鼎释"趋"字之义。后两条是对韦注语词的解释，对韦注中的语词进行训释考校，是秦鼎《国语定本》语词训释的重要内容。第四条，韦注"倨句"，秦鼎释之。《说文·人部》："倨，不逊也。"段玉裁云："凡曲折之物，侈为倨，敛为句。"② 而《大戴礼记·曾子立事》："与其倨也，宁句。"孔广森（1751—1786）谓："凡三角过于矩为倨，不及矩为句。古曰倨句，今曰钝锐。"③《管子·弟子职》："居句如矩。"戴望引丁云："凡倨句连文，犹云大小。"④ 王念孙则谓"倨句，犹曲直"⑤。《汉语大字典》释"倨"为"直"，而《汉语大词典》释"倨"为"微曲"。李亚明认为"倨"当释为："曲，弯曲；与'直'相对。特指向外弯曲，夹角大于直角（90°）；与'曲'相对。"又李亚明释"句"为："曲，弯曲；与'直'相对。特指向内弯曲，夹角小于直角（90°）；与'倨'相对。"⑥ 闻人军《"磬折"的起源和演变》所绘战国前期石磬示意图，对"倨句"位置有所标注，如下：

---

① 材，秦鼎《国语定本》误作"林"，今径改。
② （清）段玉裁：《说文解字注》，上海古籍出版社影经韵楼藏版，1981 年版，第 369 页。
③ 方向东撰：《大戴礼记汇校集解》，中华书局 2008 年版，第 441 页。
④ （清）戴望：《管子校正》下册，上海源记书庄 1935 年版，第 384 页。
⑤ （清）王念孙撰：《读书杂志》，上海古籍出版社 2017 年点校本，第 2188 页。
⑥ 李亚明：《从〈周礼·考工记〉看语文辞书释义问题》，王鸿滨、李亚明主编：《汉语研究丛稿》，中国广播影视出版社 2018 年版，第 401—425 页。

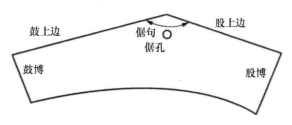

图一　战国前期石磬示意图

（见闻人军《考工司南》，上海古籍出版社 2018 年版，第 108 页）

李亚明所谓的夹角位置即如图示。从这个角度而言，"倨""句"都是指弯曲，只不过曲度幅度有别，段玉裁、孔广森的解释是正确的。这是贴合《考工记》得出的符合"倨句"本义的解释。倨外展则直，句内弯则更曲，故引申为"曲直"。韦昭注文中"倨句"是就一般农作物用具而言，恐更泛化一些。张博认为"句"指的是画曲或圆的用具，而"倨"指的是画直线或方形的用具。① 故秦鼎以"矩之直"释"倨"，以"折而衡"释"句"，可从。第五条，韦昭以"×犹×"的训释形式释"敏"为"材"，秦鼎补释，以明韦注之可信从。《书·大禹谟》《书·康诰》《周礼·地官·司徒》俱有"敏德"，故训多释作"勉""疾"。今检《管子·小匡》作"尽四支之力"，"力""敏"二字可以互释。从此角度理解韦注"材"字，实亦勤敏之义。今检《吕氏春秋·士容》"辞令逊敏"高诱注："敏，材也。"② 又《汉书·景帝纪》"朕既不敏"颜注："敏，材智速疾也。"③ 故《齐语》"尽其四支之敏"，亦可参佐。

（二）训释形式为"×谓×"

秦鼎《国语定本》"×谓×"训释形式的词语训诂也比较多，既有单音词，也有复音词或复合结构。例如：

终王

韦注：终，谓世终也。朝嗣王及即位而来见。（《周语上》）

秦鼎：即位，谓蕃国之主自即位也。

天子曰：予必以不享征之，且观之兵。其无乃废先王之训而王几顿乎（《周语上》）

　　① 张博：《汉语义衍类转同族词系列的性质、类型及特点》，《庆祝刘又辛教授九十寿辰学术讨论会论文集》，西南师范大学出版社 2004 年版，第 112—131 页。

　　② 陈奇猷：《吕氏春秋新校释》，上海古籍出版社 2002 年版，第 1706 页。

　　③ （汉）班固撰，（唐）颜师古注：《汉书》，中华书局点校本 1962 年版，第 139 页。

秦鼎：天子，犹云陛下。而王，谓王师也。"天子"上添"而"字观。

夏书有之曰：众非元后，何戴？后非众，无与守邦？在《汤誓》曰：余一人有罪，无以万夫；万夫有罪，在余一人。在《般庚》曰：国之臧则维女众，国之不臧则维余一人，是有逸罚。（《周语上》）

秦鼎：《夏书》，谓王可敬而众不可卑也，而重在敬王。《汤誓》，谓臣民不可陵虐也。《般庚》，谓心不可广，邻不可远也。

犹有散迁解慢而著在刑辟，流在裔土（《周语上》）

秦鼎：著，谓署著其名。

垦田若蓺

韦注：发田曰垦。蓺，犹莳也。言其稀少若蓺物。（《周语中》）

秦鼎：稀少，谓稼苗也。

不能事疆埸之司

韦注：司，主也。主疆埸吏也。不能事，故拘我也。（《鲁语上》）

秦鼎：司，谓齐有司也。

善有章，虽贱，赏也

韦注：章，着也。（《鲁语上》）

秦鼎：章，谓众之所明见也。

以上七条。其中第一条、第五条、第七条是注释韦注中的词语，第六条是对韦注进行补充解释。所释七条中，第一条"即位"、第五条"稀少"为合成词，第三条所释为典籍书名或篇名等专有名词，其他几条所释皆为单音词。第三条表面释典籍，实际上是释《国语》引典籍句子之义。第一条，是对韦昭注文"即位"行为发出者的具体说明，避免读者误会。第二条，对句子中出现的"天子""王"之异称进行合理的解释。按照秦鼎的认识，前既称"天子"，则"王"字不当指周穆王，故以"王师"释"王"字。关于该句中之"王"字，清代学者王引之以为"荒服来王之礼"[1]，王煦以为"终王之礼"[2]，吴曾祺所释与秦鼎同，

---

① （清）王引之：《经传释词》，岳麓书社 1985 年版，第 103 页。
② （清）王煦：《国语释文》卷 1，咸丰戊午观海楼刊本，本卷第 2 页。

沈镕、秦同培与吴曾祺同，傅庚生与王引之同。今检祭公谋父整篇谏辞中一共提及"先王"8 次（据明道本），其中一次具体指不窋，其他皆为泛指。提及周穆王用"天子"一次。此处"王几顿乎"之"王"，王引之、傅庚生、薛安勤等认为指的是"终王"之礼，然"终王"之礼已包含在"先王之训"中。故此"王几顿乎"之"王"当即指周穆王而言。至于祭公谋父何以前言"天子"而此处称"王"，恐亦随文而变，未必有深意存焉。吴曾祺所释与秦鼎相合，究竟是参照过《国语定本》，还是暗合，还需要进一步寻绎。第四条，释《国语》本文"著"字之义，实袭用关脩龄《国语略说》。第五条，释韦昭注文"稀少"具体指向。今检明人孙鑛曰："既垦之田生草如初蓺时，所谓田在草间也。"[1] 就《周语中》本文而言，单襄公经过陈国在"火朝觌矣"之际，韦注谓在夏正十月。因下文有"田在草间"之句，已经开垦的土地相对于荒地而言相当稀少，因此韦注之"言其稀少若蓺物也"之"其"实为"垦田"，盖谓一眼望去，已经开垦之田地在荒野之中比较稀少，如同"蓺物"，如此训释，方可与"田在草间"相对应。这样看来，则字当作"蓺"，不当作"蓻"，即韦注所释是指陈国"垦田"数量稀少，非诸家所谓田间野草丛生。秦鼎释"稀少"指的是"稼苗"，即垦田。第六条，韦昭所释极清楚，不必以"齐有司"释之。第七条，秦鼎进一步释"章"之义。

（三）训释形式为"×犹×"

"×犹×"是训诂之常式，秦鼎《国语定本》亦用之，从内容上而言，兼释《国语》正文与韦注词语，且以解释单音节词为主。例如：

> 大臣享其禄，弗谏而阿之，亦必及焉
> 韦注：大臣，吕、郄也。享，食也。阿，随也。（《周语上》）
> 秦鼎：食，犹受用也。见下。

> 晋侯端委以入
> 韦注：说云：衣玄端，冠委貌。诸侯祭服也。昭谓此士服也。诸侯之子未受爵命，服士服也。（《周语上》）
> 秦鼎：委，犹绥也。玄端委貌，此为冠冕之通称。

> 阳樊怀我王德，是以未从于晋
> 韦注：怀，思也。（《周语中》）

---

[1]　见卢之颐订正《国语·周一》，日本内阁文库藏明刻本，本卷第 23 页。

秦鼎：怀，犹"怀土"之"怀"，谓不忍离也。

是皆天子之所知也（《周语下》）
秦鼎：天子，犹言陛下。

守府之谓多，胡可兴也（《周语下》）
秦鼎：上文曰"余一人仅亦守府"，《晋语》"八年之谓多矣"，多犹幸也，谓犹为也。

士有陪乘，告奔走也
韦注：陪，犹重也。奔走，使令也。（《鲁语下》）
秦鼎：或云：告，示也。按，犹命也。

君子是以患作
韦注：患作，患所作不得中以乱事也。（《鲁语下》）
秦鼎：作，犹作俑也。所作不中而有效之者，是为后人之先导也，效者滋多，是明其不中也。

列士之妻加之以朝服
韦注：列士，元士也。既成祭服，又加之以朝服也。朝服，天子之士，皮弁素积。诸侯之士，玄端委貌。（《鲁语下》）
秦鼎：积犹辟也。以素为裳，襞其要中。

以上八条。除了第四条"天子"为专有名词且为合成词外，其他皆为单音词。其中第一条、第八条释韦注中词语，其他条目释正文词语。第一条，韦昭以"食"释"享"，秦鼎以"受用"释"食"。食君之禄、忠君之事，在中国本土毫无问题。秦鼎此释，恐对日本读者而言。第二条，韦昭直接以"冠委貌"释之，秦鼎以"缕"释"委"字。检《礼记·郊特牲》："委貌，周道也。"郑玄注谓："或谓委貌为玄冠。"①《白虎通·绋冕》云："委貌者，何谓也？周朝廷理政事、行道德之冠名。……所以谓之委貌何？周统十一月为正，万物萌小，故为冠饰最小，故曰委貌。委貌者，委曲有貌也。"故"委貌"是冠名，而"委"为"委曲"之义。总体上看，"委貌"之得名主要是从形制上而言。《说文·糸部》："缕，系冠

---

① （清）阮元校刻：《十三经注疏》，中华书局1980年版，第1455页。

缨也。"以此释"委",非是。第三条,韦昭释"怀"为"思",秦鼎以"怀土"之"怀"补释之,谓不忍离。按《论语·里仁》"君子怀德,小人怀土",秦鼎以比拟之,释《国语》本文。第四条,秦鼎所言是。"天子"文献中早有,而"陛下"则较晚出现,《韩非子》《吕氏春秋》中始见使用"陛下"一词。第五条,韦昭注:"夏、殷之乱,或四世、或七世而亡。今周十有四世,无德以救之,虽未亡,得守府藏,天禄已多矣,又何可兴也。"关脩龄释"多"为"胜",似以秦鼎"幸"字更合语境。秦鼎"谓犹为"之说袭关脩龄《国语略说》。谓,"称得上",不必训"为"。第六条,韦昭释"奔走"为"使令"。从句法形式上看,"奔走"在本句中充当名词性成分,作"告"的宾语,和上文之"习武训""御灾害""备承事"相协。此处"告"的动作发出者当为陪乘,陪乘作为士的随从,是下对上,故此处"告"字恐不当以"命"字释之。第七条,韦昭释"作"为"所作不得中以乱事",是结合下文"作而不衷"释之,秦鼎以"作俑"释之。从语境看,秦鼎的解释更合文义。第八条,《礼记·祭义》《礼记·明堂位》《礼记·郊特牲》《仪礼·士冠礼》"皮弁素积",又《仪礼·士冠礼》"素积"多见。郑玄注谓:"积犹辟也。以素为裳,辟蹙其要中。"[1] 可知秦鼎补释实袭用郑玄注文。理雅各(1815—1897)译"素积"为"缩腰的大白裙",高本汉(1889—1978)认为理雅各的解释"接近'积'字的真正意义了。所谓'缩腰'是指'缩在腰部',也就'在腰部打褶'的意思"[2]。所释更明白易晓。

(四) 训释形式为"×曰×"

秦鼎《国语定本》中也有"×曰×"的训释形式。例如:

> 布刑而不庸,再逆矣（《周语中》）
> 秦鼎:既布刑法,不可不用,而不用,故曰逆。

> 晋人乃归卫侯
> 韦注:皆纳玉十毂（《周语中》）
> 秦鼎:双玉曰毂。

> 文公欲弛孟文子之宅
> 韦注:弛,毁也。（《鲁语上》）
> 秦鼎:宅地成宽弘,犹弓之弛弦,故曰弛。

---

① (清) 阮元校刻:《十三经注疏》,中华书局 1980 年版,第 950 页。
② 陈舜政译:《高本汉礼记注释》,台北:编译馆中华丛书编审委员会 1980 年版,第 133 页。

豹之业，及《匏有苦叶》矣，不知其它

韦注：业，事也。《匏有苦叶》，《诗·邶风》篇名也。其诗曰："匏有苦叶，济有深涉。深则厉，浅则揭。"言其必济，不知其它也。（《鲁语下》）

秦鼎：以衣涉水，由膝以上曰厉，由膝以下曰揭。揭，褰衣也。或厉、列通，厉石，涉水也。

杀郏敖而代之

韦注：郏敖，楚康王之子郏敖，楚康王之子麇。麇有疾，围缢而杀之，葬之于郏，谓之郏敖。（《鲁语下》）

秦鼎：楚人谓未成君而死者曰敖。

以上五条，都是"×曰×"的训释形式，有的条目中训释形式还出现了两处。其中第一条、第三条、第五条，秦鼎释《国语》正文词语。第二条、第四条，秦鼎释韦注中词语。第一条，秦鼎袭用关脩龄之说，未予注出。第二条，秦鼎袭用《国语补音》之说。第三条，韦昭注"弛"为"毁"，秦鼎则谓"宅地成宽弘"，如解下弓弦而致松懈，故谓之"弛"。所释较韦注更为合理贴切。今检《说文·弓部》："弛，弓解也。"徐锴谓："弛，去弦也。"① 《尔雅·释诂》"矢，弛也"邢昺疏云："以弓释弦曰弛。"② 故文公非仅毁孟文子之宅，实欲扩大之。龟井昱亦谓此处之"弛"即下文之"易次"，非"毁"义。第四条，《尔雅·释水》云："济有深涉。深则厉，浅则揭。揭者，揭衣也。以衣涉水为厉，繇膝以下为揭，繇膝以上为涉，繇带以上为厉。"是秦鼎所本。张民权通过衣服的古代形制，认为"厉"通"裂"，"遇水深时就把（交合着的）衣襟解开卷出水面，遇水浅时就把衣裳提起水面。"③ 可参。第五条，《左传·昭公十三年》杜预注云："不成君，无号谥者，楚皆谓之敖。"④ 是秦鼎所本。可见，五条之中，秦鼎袭用前人之说至少有四处。

（五）训释形式为"×即×"

秦鼎《国语定本》也用"×即×"的训释形式，此类训释形式往往以类比或举例形式进行训释。例如：

① （南唐）徐锴：《说文解字系传》，中华书局影祁刻本 1987 年版，第 250 页。

② （清）阮元校刻：《十三经注疏》，中华书局 1980 年版，第 2575 页。

③ 张民权：《〈诗〉"深则厉，浅则揭"新说》，《音韵训诂与文献研究》，北京广播学院出版社 2004 年版，第 162—166 页。

④ （清）阮元校刻：《十三经注疏》，中华书局 1980 年版，第 2070 页。

堕高埋庳以害天下（《周语下》）

秦鼎：夭、昏、饥、寒，即天下之害也。

贤者急病而让夷

韦注：夷，平也。（《鲁语上》）

秦鼎：夷，即"夷居"之"夷"。

季氏之妇不淫矣（《鲁语下》）

秦鼎：淫，即上文"逸则淫"之"淫"也。

　　以上三条，除了第二条韦昭有注之外，另外两条秦鼎皆直接针对原文注释。第一条，今检日本京都大学图书馆藏皆川淇园批校本上即有批校云："上言夭、昏、饥、寒之属，故曰'害天下'也。"恐秦鼎所本。第二条，今检《书·泰誓上》有"乃夷居弗事上帝神祇"之句，又《墨子·天志中》引《大誓》之道曰："纣越厥夷居，不肯事上帝，弃厥先神祇不祀。"关脩龄云："患苦必自为，而平易事让于人。"① 龟井昱谓："夷，言平易之日也。"② 并谓秦鼎之说"得之"。第三条，金圣叹谓："不淫，皆勉于劳也。"③ 余诚则谓："'不淫'二字，内括'劳'字、'善'字。"④ 与金圣叹认识基本相同。二氏皆以"劳"释"不淫"，则秦鼎谓此处"淫"字即上文"逸则淫"之"淫"，是矣。后两条是以成词类比为释。不仅解释语词如此，解释句子或者篇章段落的时候也有用其他典籍进行类比者。如释《周语中》"于是乎修执秩以为晋法"云："此段与孟僖子并不能相礼乃讲学之相似。"⑤ 亦用此类训释方式。

（六）训释形式为"×应×"

　　秦鼎《国语定本》中有一些条目，释《国语》本文之字与上文呼应，则以"×应前"等出之。例如：

自我先王厉、宣、幽、平而贪天祸

韦注：弭，止也。此四王父子相继，厉暴虐而流，宣不务农而料民，幽昏乱以灭西周，平不能修政至于微弱。皆已行所致，故曰贪天祸，祸败至今未止。（《周语下》）

---

① ［日］关脩龄：《国语略说》第二，日本环堵室藏版本，本卷第 2 页。

② ［日］龟井昱：《国语考》卷 4，庆应义塾大学图书馆藏写本。

③ （清）金圣叹：《天下才子必读书》卷 3，陆林辑校整理《金圣叹全集》第 5 卷《散文杂著卷上》（修订版），凤凰出版社 2016 年版，第 156 页。

④ （清）余诚：《古文释义》，北京出版社点校本 2018 年版，第 194 页。

⑤ ［日］秦鼎：《国语定本》卷 2，日本文化七年刊本，本卷第 11 页。

秦鼎："贪"字应前。

本条中，秦鼎谓"贪"字应前，此说实袭用皆川淇园。古今各家少有释"贪"字者，唯韦注谓："皆己行所致，故曰贪天祸。"赵望秦等谓："贪天祸，指背天意而得祸。"① 所谓"应前"者，即应前文"不帅天地之度，不顺四时之序，不度民神之义，不仪生物之则"。

（七）训释形式为"××，故×"

此外，《国语》或《国语》引文中有表性状之词，秦鼎为说明其之所以如此，往往以"××，故×"形式释之。例如：

《诗》亦有之曰："瞻彼旱麓，榛楛济济。"
韦注：《诗·大雅·旱麓》之首章也。旱，山名也。麓，山足也。榛楛，皆木也。济济，茂盛貌也。言王德及于山陵，草木茂盛也。（《周语下》）
秦鼎：斧斤以时入于山林，故济济。

本条中，《国语》引《诗》有"济济"二字，韦昭云"茂盛貌"，《诗经》毛传释为"众多"②，义同。秦鼎则释"济济"状态得有之原因，谓"斧斤以时入于山林"，实用《孟子》之言。

（八）训释形式为"×与××同"

此类训释形式，与"×即×"近似。例如：

贤者急病而让夷
韦注：夷，平也。（《鲁语上》）
秦鼎：急病，与《荀子》"速乎急疾"同。

在本条中，秦鼎不直接训释"急病"之义，而是以《荀子》"急疾"进行类比，认为二者同。急病，即急于去处理难处理的事情之谓。今检《荀子·富国篇》"速乎急疾"之"急疾"二字恐同义连用，未必与《鲁语上》"急病"同。

---

① 赵望秦等：《白话国语》，三秦出版社 1998 年版，第 87 页。
② （清）阮元校刻：《十三经注疏》，中华书局 1980 年版，第 515 页。

（九）训释形式为"×训×"

此外，秦鼎《国语定本》中还出现"×训×"的训释形式。此类训释形式所训为常用词。例如：

> 若无其心，而敢设服以见诸侯之大夫乎，将不入矣
>
> 韦注：若不见讨，必谓篡，不复入为大夫也。（《鲁语下》）
>
> 秦鼎：而敢，训则。

本条中，秦鼎释"而敢"为"则"。今检《经词衍释》引《博雅》曰："而，岂也。"举《鲁语下》本句为例，并谓："而敢，岂敢也。"[1] 高树藩编著《文言文虚词大词典》"而"字下有"岂"之一义，谓："表示反诘语气。"[2] 即举《国语》本文为例。较秦鼎释"而敢"为"则"更优。

（十）训释形式为"××皃"

此类训释形式，训释对象往往为叠词或状貌词，秦鼎《国语定本》中条目较少。例如：

> 是虎目而豕喙
>
> 韦注：虎视眈眈。豕喙长而锐也。（《晋语八》）
>
> 秦鼎：虎视，《颐·六四》卦辞。眈眈，下视皃。

> 屏营傍徨于山林之中（《吴语》）
>
> 秦鼎：屏营，怔忪，惧皃。

第一条释韦注中词语。《经典释文》引马融云："虎下视貌。"[3]《汉书·叙传》"六世眈眈"颜注："眈眈，威视之貌也。"[4] 第二条释《国语》本文连绵词。屏营，亦作"怔营""正营""征营"。《汉书·王莽传》"人民正营"颜注："正营，惶恐不安之意也。"[5] 秦鼎以"怔忪"释之，亦是。宋人杨士瀛《仁斋直指·惊悸方论》云："惊者，恐怖之谓；悸者，

---

① 转引自谢纪峰《虚词诂林》，黑龙江人民出版社 1993 年版，第 182 页。

② 高树藩编著：《文言文虚词大词典》，湖北教育出版社 1991 年版，第 767 页。

③ （唐）陆德明：《经典释文》，上海古籍出版社影宋刻宋元递修本 1985 年版，第 94 页。

④ （汉）班固撰，（唐）颜师古注：《汉书》卷 100 下《叙传》，中华书局点校本 1962 年版，第 4257 页。

⑤ （汉）班固撰，（唐）颜师古注：《汉书》卷 99 下《王莽传》，中华书局点校本 1962 年版，第 4161 页。

怔忪之谓。"①

以上为秦鼎《国语定本》主要的词语训释形式。前几种运用频率较高，后几种相对运用频率较低。从内容上而言，既释《国语》正文，也释《国语》韦注。从方式上而言，既有直释语义，也有征引他书间接进行解释。从原创与否的角度而言，既有秦鼎个人的独得之见，也有不少条目袭用中国古籍与前此的日本《国语》研究成果。

三　释《国语》短语或串讲句义

除了词语训诂之外，秦鼎也对《国语》或韦注中的短语、句子进行了训释。

（一）释短语

根据短语之间的语义语法关系，可分为释动宾短语、释状中短语、释定中短语、释主述短语、释联合短语、释小句等。今各举数例，以见其大概。

1. 释动宾短语

秦鼎所释动宾短语，为短语训释中数量较多者。例如：

> 及藉，后稷监之（《周语上》）
> 秦鼎：及藉，谓耕藉之时。

> 农师一之
> 韦注：一之，谓先往也。（《周语上》）
> 秦鼎：一，始也。犹"一征"之"一"。一之，先往也。

> 乃料民于大原
> 韦注：料，数也。大原，地名也。（《周语上》）
> 秦鼎：料民，犹云点兵也。

> 且夫战也微谋
> 韦注：微，无也。言军无计谋。（《周语中》）
> 秦鼎：无谋，谓栾、范辈之无策。

---

① （宋）杨士瀛：《仁斋直指》，中医古籍出版社点校本 2016 年版，第 253 页。

　　能文，则得天地（《周语下》）

　　秦鼎：得天地，谓得合天地之德也。

　　唯能釐举嘉义

　　韦注：举，用也。（《周语下》）

　　秦鼎：釐举嘉义，指一王四伯而言。

　　若能类善物以混厚民人（《周语下》）

　　秦鼎：类善物，谓施善事于族类也，"永锡尔类"是也。

　　夜而计过无憾

　　韦注：憾，恨也。（《周语下》）

　　秦鼎：无憾，谓省己所为，无恨悔也。

　　谋而不犯，微而昭矣

　　韦注：不犯，不犯礼也。微而昭，诗以合意也。（《周语下》）

　　秦鼎：合意，谓彼我之意合也。意合则事成，故又训成。

　　今诗以合室（《周语下》）

　　秦鼎：合室，谓欲室之意，由诗以相合也。"室"疑"意"误。

　　一共十条。第一条，"及藉"动宾短语作全句状语表时间。第二条，秦鼎释"一之"和韦昭同，则可不必出注。第三条，韦昭仅释"料"字，秦鼎释"料民"，谓意如点兵。冢田虎释为"计民数以为兵"，实和"点兵"仍有区别，当然二者的共同点都是查人口数量。第四条，明清时期的中国学者对韦注多有批评，谓此处"微"字带有非全然性否定意味，如公鼐谓："战也微谋，言不独战之谋由我，而决且更别有三伐也。注云'微，无也，言军无计谋'，意似未明。"[1] 陶望龄云："言不止于善谋以终。"[2] 王懋竑云："言非止于谋也。"[3] 沈宝研云："言我不惟有谋也。"[4] 张以仁谓："韦训'微'为'无'，是也。然申述

① （明）公鼐、吕邦燿：《国语髓析》卷2，明万历间董光宏序本，本卷第12页。
② 关脩龄、黄模、恩田维周皆谓为陶望龄说，而千叶玄之则谓为钟惺说。
③ （清）王懋竑：《读书记疑·国语存校》，上海古籍出版社辑印《续修四库全书》，本卷第2页。
④ 中国国家图书馆藏沈宝研批校本。

'无谋'之义，则晦暗费解。秦鼎则增字以足之，似皆未得其旨。"并认为俞樾《群经平议》"'谋'即上文'五胜五败'之说，乃郤至之谋也。郤至盖谓：是战也，吾固有谋矣；即无此谋，吾尚有三伐。二句承上以起下，'微'字、'有'字相应，正见郤至自伐其功，有悉数难终之意"之言是。① 萧旭则谓："俞说亦甚迂曲。"② 王懋竑谓作战不仅仅有计谋，下文"三伐"讲的不是有谋略的问题，实际上是作战中的其他规则问题，故而此处"微谋"当如王懋竑解。第五条，韦昭无注。秦鼎说袭用关脩龄。帆足万里谓："言凡圣人之教，因其质文之也，故文犹道也。文合天地之道，故曰得天地。"③ 又李澄宇（1882—1955）云："单襄公于晋悼公亦以视听言动，知其必得晋国。视听言动，观人之要哉！而将敬、忠、信、仁、义、智、勇、教、孝、惠、让，尽纳于'能文'二字之内，与后世所谓'能文'亦异矣。"④ 亦可参。第六条，韦昭仅释"举"字，许维遹（1900—1950）云："釐，治也。举，行也。嘉，善也。义，事之宜也。"⑤ 此处之"釐"与上文"釐改"之"釐"义同。故训多训"釐"为"理"，治、理义同。"釐改""釐举"似皆可以看作合成词，而"釐"带有泛动词性质，如《国语》"釐改""釐举"，其语义中心在"改""举"而不在"釐"。释"举"为"用"、为"行"并无矛盾。秦鼎谓指"一王四伯"而言，是。第七条，冢田虎云："善物，谓道德之善。《传》曰'礼之善物也'是也。类善物，似类于前哲之善德也。"⑥ 二氏所释不同。许威汉（1926—2016）释"类善物"为"推广好事"⑦，和秦鼎之说相近。第八条，王引之据《列女传》，以《鲁语下》"计过"之"计"作"讨"，并训"讨"为"除"，汪远孙从之。张以仁则认为"计"字不误，谓"计"可训作"虑"⑧。汪贞干谓本句"计"可解作"虑"，以《吴语》"以能遂疑计恶"韦注"计，虑也"为例，与张以仁说同。汪贞干并谓句读为"夜而计过，无憾而后即安"⑨。傅庚生则谓此处"计"为"数"义，"无憾就是无恨，省察自己这一天里的所言所行，没有什么欠缺"⑩。郭鹏飞等认为傅庚生之说最合文义。⑪ 第九条、第十条，秦鼎分别释韦注中"合意""合室"两个短语，其疑"室"字误者非是。

此外，《国语》中有些动宾短语实有代称的用法，秦鼎也为释之。例如：

① 张以仁：《国语虚词集释》，台北："中研院"1968年版，第31—32页。
② 萧旭：《群书校补》，广陵书社2011年版，第87页。
③ ［日］帆足纪念图书馆编：《帆足万里先生全集》（下卷），日本帆足纪念图书馆1926年版，第525页。
④ 李澄宇：《读国语蠡述》，湘鄂印刷公司1933年版，第4页。
⑤ 许维遹：《国语选注》，《国文月刊》第1卷第7期。
⑥ ［日］冢田虎：《增注国语》卷3，日本享和元年刊本，本卷第19页。
⑦ 许威汉：《俞樾〈古书疑义举例〉评注》，商务印书馆2012年版，第202页。
⑧ 张以仁：《国语斠证》，台北：台湾商务印书馆1969年版，第164页。
⑨ 汪贞干：《古文观止词义辨难》，湖北人民出版社1996年版，第155页。
⑩ 傅庚生：《国语选》，人民文学出版社1959年版，第69页。
⑪ 郭鹏飞、萧敬伟：《王引之〈经义述闻·国语上〉斠正》，《人文中国学报》第19辑，第205—221页。

　　方臣之少也，进秉笔，赞为名命（《晋语九》）

　　秦鼎：秉笔，盖左右史类。

本条中，"秉笔"义为执笔，指代起草文书等职分，故秦鼎以"左右史类"释之。

2. 释状中短语

秦鼎释《国语》中的状中短语，较动宾短语要少，但也存在一定数量。例如：

　　若是则阅乃内侮，而虽阅不败亲也（《周语中》）

　　秦鼎：不败，谓不远之也。

　　今陈国道路不可知，田在草间（《周语中》）

　　秦鼎：不可知，谓道茀，难知其所由也。

　　是不相入也

　　韦注：二者先后各有宜。不相入，不相为用也。（《周语下》）

　　秦鼎：不相入，即冰炭不相入也。

　　野处而不暱

　　韦注：暱，近也。（《齐语》）

　　秦鼎：不暱者，不近城市也。《管子》作"朴野而不慝"。

　　以上四条，以"不""不可""不相"为状语修饰动词。第一条，皆川淇园谓："不败亲，言不百里之也。"秦鼎说与之同。第二条，冢田虎云："茀不可行也。"[1] 秦鼎说与冢田虎近似。第三条，秦鼎所释和韦昭基本相同，唯韦昭确实进行了语义解释，而秦鼎仅以"冰炭"为喻。第四条，王念孙认为韦注非是，以"暱当为慝，慝古慝字"，谓："不慝，不为奸慝也。上文曰：'且莫从事于田野，少而习焉，其心安焉，不见异物而迁焉。'即所谓野处而不慝也。《管子·小匡篇》作'朴野而不慝'，是其明证矣。"[2] 清人胡鸣玉则从本字解，谓："野处而不与庸众相暱。"[3] 今各本多依韦注为释。

　3. 释定中短语

　　秦鼎对《国语》中的定中短语进行训释，如下：

①　[日] 冢田虎：《增注国语》卷2，日本享和元年刊本，本卷第17页。

②　（清）王引之撰，虞思征等整理：《经义述闻》，上海古籍出版社2017年版，第1209页。

③　胡鸣玉：《订讹杂录》，商务印书馆辑印《丛书集成初编》本，1936年，第13页。

其余无非谷土（《周语中》）

秦鼎：谷土，生谷之地也。

夫敬，文之恭也

韦注：文者，德之总名。恭者，其别行也。（《周语下》）

秦鼎：文之恭，犹言文之所恭也。

这两条中，"谷土"之间无任何成分，而"文""恭"之间有结构助词"之"。第一条，龟井昱谓："谷土，稻地也。《楚语》：'其所不夺稻地。'"① 是以《国语》他处之文进行解释。《国语》诸书中，吴曾祺谓："谷土，宜谷之土也。"② 和秦鼎所释近似。第二条，韦昭所释最为精准。谓"文"为总名，而"恭"为"文"之具体表现形式，故结构助词"之"连接总名和别名。秦鼎以"所恭"释"恭"字，非是。

4. 释主述短语

主述短语，实际上已经是句子，由于仍在句中，故也可作为短语。此类短语训释在秦鼎《国语定本》中相对较少。例如：

基祸十五，其不济乎

韦注：至景王十五世。（《周语下》）

秦鼎：祸十五，此谓至后王则不可振也。《周顾》详之。

聪则言听，明则德昭（《周语下》）

秦鼎：言听，谓得听人善言也。德昭，谓明于善也。

臣故曰庶可已乎

韦注：已，止也。（《鲁语上》）

秦鼎：臣故曰，此谓庆前以此言之。

以上三条。第一条，韦昭已释十五世之下限。而秦鼎释"祸十五"，关注其后果。关脩龄谓："祸乱成也。"③ 日本弘化二年写本《国语考》谓："言不可济也。"所言皆与秦鼎说近似。秦鼎尤其提到本条在其《国语周顾》中考证颇详。可惜，其《国语周顾》恐未能刊刻，

① ［日］龟井昱：《国语考》卷2，日本庆应义塾大学图书馆藏写本。
② 吴曾祺：《国语韦解补正》卷2，本卷第6页。
③ ［日］关脩龄：《国语略说》第一，日本环堵室藏版本，本卷第22页。

不能知其详细。第二条，今检关修龄释"言听""德昭"为"听察善言""昭察厚德"，冢田虎释为"听用善言""昭显德行"，秦鼎之说与二氏近似。第三条，对"臣故曰"进行了解释。

5. 释联合短语

韦昭注文中往往运用一些联合关系短语进行解释，为使读者明白，秦鼎往往对韦昭注文中的联合短语进行解释。例如：

> 令夫工，群萃而州处，审其四时
> 韦注：言四时各有宜，谓死生凝释之时也。（《齐语》）
> 秦鼎：死生，谓草木。凝释，谓水也。见《考工记》。

> 权节其用
> 韦注：权，平也，视其平沈之均也。（《齐语》）
> 秦鼎：平沈，谓浮之水上无轻重也。

以上两条中的"死生""凝释""平沈"都是联合短语，死与生、凝与释、平与沈是相对为义的关系，秦鼎皆予以解释，以明其具体所指。第一条，韦昭串讲句义，以"死生凝释之时"释"四时各有宜"。秦鼎以草木释"死生"，以"水"释"凝释"。秦鼎所谓见《考工记》者，即《考工记》"草木有时以生，有时以死""水有时而凝，有时以泽"之语，亦或韦注所本。秦鼎往往揭明韦注用语来源，此亦一例。第二条，今检《考工记》谓："水之以眡其平沈之均也，量其薮以黍，以视其同也，权之以视其轻重之侔也。"是韦注所本。郑玄注云："平渐其轮，无轻重，则斫材均矣。"[1] 秦鼎据郑注为说。在韦注语境下，"平""沈"相对为义，秦鼎谓"浮之水上无轻重"者非是。

6. 释小句

秦鼎所释小句，在整个句子中仍然做句子成分，例如：

> 中能应外，忠也（《周语上》）
> 秦鼎：中能应外，谓内外如一也。

> 用善不肯专，则不能使至于殄灭而莫之恤也（《鲁语上》）
> 秦鼎：使至，有渐之辞。

---

[1] （清）阮元校刻：《十三经注疏》，中华书局 1980 年版，第 909 页。

十轨为里，里有司

韦注：为立有司（《齐语》）

秦鼎：为立有司，谓里中一人为之有司也。一本作"立之有司"。

见栾武子，武子曰：美哉

韦注：武子，栾书也。礼，既冠奠贽于君，遂以贽见于乡大夫。美，美成人也。（《晋语六》）

秦鼎：美哉，祝辞。

以上四条。第一条成分齐全；第二、三条属于成分省略；第四条类似感叹句。第一条，冢田虎释为："尽中心以应于外人也。"① 实亦"内外如一"之义。秦鼎之言，张以仁引述之②。第二条，"使至"，带有动态性，故秦鼎谓为"渐进"之辞。第四条，秦鼎没有直接释字词，直接对"美哉"进行了整体界定，谓之为"祝辞"。

综上可知，秦鼎所释《国语》以及韦昭注文中的短语类型多种，往往直释语义，也有引故典以明韦注词语所出者。所释有袭用前人之处，也有独得自造之处。

（二）串讲句义

串讲句义也是专书训诂必有之义。在关脩龄、千叶玄之、冢田虎的《国语》著述中，此类训释比较常见。秦鼎《国语定本》中此类训释也比较多。仅举《周语》部分数例如下，以见其大略：

其德足以昭其馨香

韦注：馨香，芳香之升闻者也。（《周语上》）

秦鼎：黍稷之馨，因其明德而益远。

不亦难乎（《周语上》）

秦鼎：难以保国。

既毕，宾飨赠饯，如公命侯伯之礼，而加之以宴好

---

① ［日］冢田虎：《增注国语》卷1，日本享和元年刊本，本卷第27页。
② 见《张以仁先秦史论集》，上海古籍出版社2010年版，第521页。

韦注：宾者，主人所以接宾、致餐饔之属也。飨，飨食之礼。赠，致赠贿之礼也。饯，谓郊送饮酒之礼也。如公命侯伯之礼者，如公受王命，以侯伯待之之礼，而又加之以宴好也。大宰，上卿也，而言公者，兼之也。（《周语上》）

秦鼎：晋文国大势强，而不自尊大，以侯伯自处，以公待大宰文公也。

且礼所以观忠、信、仁、义也

韦注：言能行礼，则有此四者也。（《周语上》）

秦鼎：于行礼上观其德行也，善败于是乎见也。

余一人仅亦守府，又不佞以勤叔父，而班先王之大物以赏私德，其叔父实应且憎，以非余一人，余一人岂敢有爱也？（《周语中》）

秦鼎：言仅能守故府遗文，不能大有为，又不才丧位，劳叔父纳之，而以私恩许先王之大礼，则不可之甚。

则单子必当之矣。单若有阙，必兹君之子孙实续之，不出于它矣。

韦注：单，单氏之世也。阙，缺也。兹，此也。此君，靖公也。它，它族也。（《周语下》）

秦鼎：单之同族中若有衰阙，则此靖公之孙，必有兴者，不在别族。

作重币以绝民资，又铸大钟以鲜其继

韦注：鲜，寡也。寡其继者，用物过度，妨于财也。（《周语下》）

秦鼎：已绝民资，则仅存所继。今又有铸，则重鲜之也。

臣之守官弗及也

韦注：守官，所守之官也。弗及，弗及知也。（《周语下》）

秦鼎：问乐器于乐人，而答以不知者，盖以其器非正故也。下文曰"妨正匮财，声不和平，非宗官之所司也"，是也。

昔武王伐殷，岁在鹑火

韦注：岁，岁星也。鹑火，次名，周分野也，从柳九度至张十七度为鹑火。谓武王始发师东行时。殷之十一月二十八日戊子，于夏为十月。是时，岁星在张十三度。张，鹑火也。（《周语下》）

秦鼎：此己卯之年也。岁星在鹑火之次，入张十二度。

以上九条。第一条，秦鼎袭用皆川淇园之说。第二条，《左传》载内史过之言云："吾闻之：国将兴，听于民；将亡，听于神。神，聪明正直而壹者也，依人而行。虢多凉德，其何土之能得？"故秦鼎以"难以保国"释《周语上》本句。第三条，关脩龄、冢田虎俱指出晋文公以公待太宰文公。第六条，龟井昱不赞同秦鼎的看法，与葛西质观点相同，把"单"字看作"周"的讹字。第七条，秦鼎袭用皆川淇园之说。第八条，高木熊三郎袭用秦鼎之说。第九条和上述八条不同，前面八条都是直释句意，第九条则是补充事情发生之年，且更正文字，带有校勘性质。武王伐纣在己卯年之说，为刘歆提出，是秦鼎本刘歆说。实际上史学家和天文学家对于武王伐纣的时间说法种种，刘歆之说亦非定论。

四　辨析句读、语段

句读辨析在日本《国语》研究中占有比较重要的位置，秦鼎《国语定本》也多有涉及。除了句读辨析之外，秦鼎也比较注意相对独立语段的揭示。所揭示句读、语段等运用术语有"一气读""连读""为一句""句""管到"等形式。

（一）一气读

中国评点中，揭明多少字作一气读，凡作"一气读"者，往往大于句子，为一个相对意思完整的语段，金圣叹《读第六才子书法》云："一气读之者，总揽其起尽也。"[1] 虽然金圣叹的"一气读"和其他明清诗文评家惯常运用的"一气读"并不相同，但其实质是一样的，即把整本书或者某一连贯性较强的语段作为一个整体对待，体味其语义、语气的连贯性和相对一体性。故"一气读"是明清时期诗文评点的惯用方式。也是日本汉学家评点汉籍语句、语段的惯用方式。日本《国语》研究中，皆川淇园多有运用，秦鼎《国语定本》也往往用之，横山氏藏写本鉴斋先生《国语考》亦有此类训释形式。从秦鼎《国语定本》揭明《国语》各语"一气读"的情况来看，所揭示诸条主要在《周语》，《晋语二》也有一条。

如《周语上》首章秦鼎云："'昔我'至'前人'七十四字一气读。"盖谓《周语上》"昔我先王世后稷""弈世载德，不忝前人"为一个相对独立语段。《周语中》"无亦择其柔嘉，选其馨香，洁其酒醴，品其百笾，修其簠簋，出其牺象，出其尊彝，陈其鼎俎，静其巾幂，敬其祓除，体解节折而共饮食之"上云："'无亦'一下五十一字一气读。"《周语下》"王无亦鉴于黎苗之王，下及夏商之季，上不象天而下不仪地，中不龢民而方不顺时，不共神祇而蔑弃五则，是以人夷其宗庙而火焚其彝器，子孙为隶，下夷于民"秦鼎云："'王无'

① （清）金圣叹著，周锡山编校：《冠华堂第六才子书西厢记》，万卷出版公司2009年版，第18页。

下至'于民'六十三字一气读。"又《周语下》同篇"而亦未观夫前哲令德之则，则此五者而受天之丰福，飨民之勋力，子孙丰厚，令闻不忘"秦鼎云："'而亦'至'不忘'三十四字承上文，又一气读。"《晋语二》"将以骊姬之惑蛊君而诬国人"秦鼎云："'将以骊姬'以下一百五字一气读。"盖谓自"将以骊姬之惑蛊"至"不可常也"为一个语段。

（二）为一句、句

此类往往揭示句子的起讫以及具体短语或词语的归属。如下：

"'谓启'以下十三字为一句"，盖谓《周语上》"及夏之衰也，弃稷弗务"韦注"弃，废也。衰，谓启子大康也，废稷之官，不复务农也"中的"谓启子大康也，废稷之官，不复务农也"为一个完整的句子。

"'犹土'至'乎出'十三字句，'犹其'至'乎出'十四字句"，盖谓《周语上》"民之有口也，犹土之有山川也，财用于是乎出，犹其有原隰衍沃也，衣食于是乎生"为一个语段。这是秦鼎对该句子仔细分析之后得出的精准判定。从语法的角度而言，"民之有口也"为主语，"犹"字为比况类动词，作谓语，而"土之有山川也，财用于是乎出""其有原隰衍沃也，衣食于是乎生"则为述语成分。

《周语上》"樊仲山父谏曰不可立也"下引一说云："'不可'句。'立也'属下句读。"就整体语境而言，"不可立也"为句更为稳妥。

《齐语》"小白余敢承天子之命曰尔无下拜"秦鼎云："'小白'以下十四字句。对天子在上，故曰下。"揭明此十四字为一个完足语气的语段。

《晋语二》"岂谓君无有，亦为君之东游，津梁之上，无有难急也"秦鼎云："旧读'东游津梁之上'句，卢本'东游'句。"从秦鼎《国语定本》本文句读看，从卢本。

《晋语三》"君厚问以召吕甥郤称冀芮而止之"韦注："问，遗也。以厚礼问遗此三人者，晋大夫来，因留止也。"秦鼎云："'人者'之'者'，《评钞》作'皆'，'遗'字句，此下七字句，'来'下五字句。"秦鼎所引《评钞》实穆文熙《国语钞评》。今检穆文熙《国语钞评》注文"者"作"皆"，"此"作"也"。揭明《评钞》的用字及其句读。

《吴语》"夫越王之不忘败吴于其心也戚然服士以司吾间"秦鼎云："服，习也。一本'夫越'至'心也'十二字句，'戚然服士'句，'以司吾间'句。"今多点为"夫越王之不忘败吴，于其心也戚然，服士以司吾闲"。按照韦注，"戚然"修饰"服士"不通。且上文云："今越王句践恐惧而改其谋。"此处"戚然"与上文"恐惧"正相对应，故"戚然"当属上。《说文》"伐"字引《春秋国语》作"于其心伐然"，《经义述闻》引王念孙考订，谓："今本作'戚'，乃'伐'字之讹，而韦所见本正作'伐'，不作'戚'。"[1] 可见王念

---

[1] （清）王引之撰，虞思征等整理：《经义述闻》，上海古籍出版社 2017 年版，第 1271 页。

孙、王引之父子所据《国语》为公序本系统。

（三）管到××

关脩龄《国语略说》颇用"管"字，对起领起作用的动词统辖范围进行揭示。秦鼎《国语定本》也有用例，相对较少，今仅检得三条，如下：

《周语上》"于是乎有朝日夕月以教民事君，诸侯春秋受职于王以临其民，大夫士日恪位着以儆其官，庶人工商各守其业以共其上"引或云："'于是乎有'管'朝日'至'其上'四十四字。"检京都大学图书馆藏皆川淇园批校本云："'有'字直当至下'以共其上'，相冒接读之。"知秦鼎此处所引"或说"出皆川淇园。可见，皆川淇园"直当至""相冒接读"类于关脩龄、秦鼎之"管"。

《晋语三》"臣怨君始入而报德不降，降而听谏，不战；战而用良，不败；既败而诛，又失有罪，不可以封国"秦鼎云："'臣怨'管到下三句。"揭出"怨"字作为谓语中心词，其统摄范围。

《晋语九》"夫事君者，谏过而赏善，荐可而替不，献能而进贤，择才而荐之，朝夕诵善败而纳之，道之以文，行之以顺，勤之以力，致之以死，听则进，不则退"秦鼎云："'夫事君者'，管下五十字。"

（四）连读

秦鼎《国语定本》中的"连读"用法与"句"差别不大，意在说明两个词语或一段话之间的语义语法关系。今仅检得两条。如下：

《周语下》"度于天地而顺于时动"韦注云："顺四时之令而动也。"秦鼎谓："'时动'连读。"秦鼎认为"时动"类于一个词，故谓之"时动"连读。从本句语法关系上看，"度""顺"分别为谓语动词，"于"为介词，"天地""时动"都是宾语成分，故"时动"二字是状中结构作名词性成分充当宾语。

《晋语五》"余将致政焉以成其怒，无以内易外也"秦鼎云："或以'余将'以下十五字连读。"秦鼎引或说实关脩龄《国语略说》之说。就语义上而言，"致政焉以成其怒"和"无以内易外"是同位关系，二者语义相近。如果划分句子层次的话，"余"是主语，"将致政焉以成其怒，无以内易外也"是述语。故秦鼎所谓或说，是有道理的。

（五）具体文字属上或属下

除了以"句""为句"等形式揭明词语的语法、语义关系之外，秦鼎有时候还对某些单音词语的上属或下属提出不同意见。《国语定本》此类训释形式较少，今检得两条。如下：

《晋语六》"夫以果戾顺行，民不犯也"秦鼎云："明本无'顺行'二字。或云：行，当为'则'，属下句。"韦注释"戾"为"帅"，关脩龄谓"戾"当训为"至"，云："至亦有达意。言果则必至，顺则必行也。旧注未允。"① 日本京都大学藏皆川淇园批校本亦谓"戾"训"至"，谓："即上文所云'彻'，与此同旨。"是皆川淇园与关脩龄观点同。户崎允明训"戾"为"定"，实与关脩龄、皆川淇园训"至"同。然三本俱未以"行"作"则"，唯关脩龄释文中有"则"字。

《越语下》"三年，而吴人遣之归"秦鼎云："'归'字本属下。按《吴越春秋》，吴赦越罢归，又留三年，始得释归。又以下文'反至五湖'例之，属上为是。"秦鼎本条依据他书载记以及下文行文，判定此处"归"字属下为句。实际上，从公序本、明道本的正文、注文的措置来看，《国语》各本"归"字是属下为句的，似不必有此一辨。

整体而言，秦鼎《国语定本》在辨析句读方面运用多种方式，甚至参照他书以及上下文，也对他本句读是非进行判定。此外，其"一气读""管到"等辨析章句的训释形式，是对关脩龄、皆川淇园等学者训释形式的继承。同时也说明，中国明清时期的诗文评点方式对日本《国语》研究的影响。

五　补充语言成分

秦鼎在训释《国语》过程中，往往对《国语》正文或韦注进行语法成分或关联词语的补充。这是自关脩龄以来的日本《国语》研究的一个特点。关脩龄以"蓄×字"或"添×字观"出之，往往所补为单音节虚词。至谷田部则以"斜抑"出之，但条目相对较少。至秦鼎，则以"×上添××观（看）"出之，所补既有单音词，也有短语。根据所补成分，大致可以分为补主语、补谓语、补状语、补补语、补中心词、补连词、补标记词、补动宾短语、补独立成分、补语气词等。

（一）补主语

秦鼎在分析《国语》语句时，认为存在省略主语的现象，故为补之。例如：

　　事神保民，莫不欣喜（《周语上》）
　　秦鼎："莫不"上添"民"字观。

　　故以其党启翟人（《周语中》）

---

① ［日］关脩龄：《国语略说》第四，日本环堵室藏版本，本卷第31页。

　　秦鼎："故"下添"颓叔、桃子之徒"六字观。

　　敢告滞积以纾执事，以救敝邑（《鲁语上》）
　　秦鼎："以救"上添"执事"二字观。

　　桓公令官长期而书伐，以告且选，选其官之贤者而复用之（《齐语》）
　　秦鼎："选其"上添"官长"二字观。

　　利方以成人，吾不能，将伏也（《晋语二》）
　　秦鼎："将"上添"吾"字观。

　　晋君之无道莫不闻，公子重耳之仁莫不知（《晋语三》）
　　秦鼎：二"莫不"上添"众"字观。

　　吾观晋公子贤人也，其从者皆国相也，以相一人，必得晋国（《晋语四》）
　　秦鼎："以相"上添"众贤"二字观。

　　吾不服诸夏而独事晋，何也（《楚语上》）
　　秦鼎："而"下又添"诸夏"二字观。

　　以上七条，皆补足主语。除了第五条外，其他六例都属于相邻的两个句子之间、后一句蒙上省主语，省略的主语在上一句中做句子成分，故为补出。但第二条的上一句为"初，惠后欲立王子带"，故秦鼎在"以其党"之前所补主语似有问题。今检韦注云："言初者，惠后已死。以其党者，谓颓叔、桃子缘惠后欲立子带，故以子带为党。"可见，"颓叔、桃子之徒"属于"其党"的范围，并非"故""以"之间省略掉的成分所指内容。"故""以"之间省"惠后"，当补"惠后"为是。第六条，从上句"其从者皆国相也"来看，"以相一人"前实省略"其从者"。仅仅是其从者，还不能说明其辅弼功能，必须把"皆国相"的特征加进去才能彰显其价值，故秦鼎以"众贤"概括之。第五条和其他几条不同，关键在于"莫"字的认识问题，古汉语语法认为"莫"是否定代词，"莫不"构成双重否定结构，从"莫"字否定代词的性质上看，本句中的"闻""知"是有主语的。秦鼎增"众"字，实际上是对"莫"的否定代词性质缺乏认识。

（二）补谓语
　　秦鼎在"添×字观"训释中，还对文句中省掉的谓语成分进行补足。例如：

有御楚之术而有守国之备乎？则可也，若未有，不如往也（《鲁语下》）
秦鼎："则可"上添"有"字观，"未有"下添"则"字观。

虽蝎谮，焉避之？不若战也（《晋语一》）
秦鼎："虽"下添"知"字观。

而能金玉其车，文错其服，能行诸侯之贿（《晋语八》）
秦鼎："能金""能行"上皆添"可得"二字观。

今其子孙将耕于齐，宗庙之牺，为畎亩之勤（《晋语九》）
秦鼎："宗"上添"犹"字观。

以上四条。第一条实际上所补"有"字可看作独词句，蒙上句而省。当然，如果所补"有"字不单独为句的话，也可以看作主语。第二条，秦鼎补"知"字甚为确当，能够更明晰地理解语义关系。第三条，秦鼎认为在"能"字之前加"可得"，语义关系更为完足，"可得"之"可"助动词，"得"则为动词作谓语，而"能金玉其车""能行诸侯之贿"则为宾语形式。第四条，秦鼎在"宗庙"前补比况类动词"犹"字，更能揭示前后句之间的本体和喻体关系。一些学者从《晋语九》这句话，得出"牛耕作为一种新生事物，确已出现于春秋后期"[①] 的结论，可参。

（三）补状语

秦鼎认为《国语》中有些句子省略了状语，故为补足。例如：

王从之，使于晋者道相逮也（《周语上》）
秦鼎："使于"上添"从是"二字观。

胜敌而归，必立新家。立新家，不因民不能去旧（《鲁语上》）
秦鼎："胜"上添"今"观，"不因"上添"而"观。

蓄力一纪，可以远矣（《晋语四》）

---

① 金景芳：《中国奴隶社会史》，上海人民出版社 1983 年版，第 274 页。另见白寿彝总主编、徐善辰、斯维至、杨钊主编《中国通史》第 3 卷《上古时代（上）》，上海人民出版社 2015 年版，第 316 页。全汉升口述，叶龙整理：《中国社会经济通史》，北京联合出版公司 2016 年版，第 36 页。

秦鼎："蓄力"上添"今"字观。

秦鼎在以上三条中，所补状语"从是""今"都属于时间状语。

（四）补补语

秦鼎在某些句子的谓语动词后面补充介宾结构充当补语。例如：

虽欲御我，谁与（《晋语三》）
秦鼎："与"下添"于晋"观。

从上下文而言，此处补充"于晋"符合《国语》原意。

（五）补中心词

秦鼎在训释中，对《国语》句子中隐含的中心词成分也进行了补充。例如：

子叔声伯如晋谢季文子（《鲁语上》）
秦鼎：或云，"文子"下添"之事"二字观。

按照秦鼎的理解，子叔声伯到晋国是为了季文子的事情进行斡旋的。根据韦注："谢季文子者，鲁叔孙侨如欲去季氏，谮季文子于晋，晋人执之。事在鲁成十六年。"故秦鼎补"之事"以膺其实。

（六）补连词

为了能够直观体现《国语》前后句之间的语义关系，秦鼎在有些句子的相应位置进行了连词的补充。例如：

天子曰：予必以不享征之且观之兵（《周语上》）
秦鼎："天子"上添"而"字观。

不禋于神而求福焉，神必祸之；不亲于民而求用焉，民必违之（《周语上》）
秦鼎：二"焉"字下添"则"字观。

亹亹怵惕，保任戒惧（《周语上》）

秦鼎："曇曇"上添"虽则"二字观。

夫战，尽敌为上，守龢同顺义为上（《周语中》）
秦鼎："战"下、"守"下皆添"则"字观。战、守二字对，守即朝。

诸侯其谁望之（《鲁语上》）
秦鼎："诸侯"上添"则"观。

君子能劳，后世有继（《鲁语下》）
秦鼎："劳"下添"则"字观。

若内外类而言反之，渎其信也（《晋语五》）
秦鼎：《略说》："渎"上添"则"字观。

其富半公室，其家半三军，恃其富宠以泰于国（《晋语八》）
秦鼎："恃"上添"而"字看。

以上八条，补"而"字两条，补"则"字六条。两条"而"字，第一条表转折，第八条表顺承。六条"则"字，第二条、第四条、第五条、第六条、第七条表顺承，第三条"虽则"连用表条件。第七条引关脩龄之说，检《国语略说》原文为"句上蓄'则'字"①，秦鼎引述，为与其"添×字观"训释形式一致而改动文字。

秦鼎也对表句中省掉的表假设否定成分予以补足。例如：

余一人岂敢有爱也（《周语中》）
秦鼎："余一人"上添"不然"二字观。

有的学者把"不然"看作"假否连词"②。
此外，秦鼎还对其他表顺承关系的复合连词进行补足。例如：

王室方骚，将以纵欲，不亦难乎（《郑语》）

① ［日］关脩龄：《国语略说》第四，本卷第25页。
② 雷文治主编：《近代汉语虚词词典》，河北教育出版社2002年版，第71页。此外，关于"不然"的语法化问题，武远佳：《连词"不然"的语法化》（《黑龙江教师发展学院学报》2021年第4期）有详说，可参。

秦鼎："将以"上添"于是乎"三字观。

　　根据何乐士（1930—2007）分析，介宾结构"于是乎"一般用作表承接的连词，"表示主分句所说的事情在前面分句所述事情之后发生，或者就是前面事情的结果"①。赵大明则根据"是"字指代的事物与谓词性中心词的语义关系，认为"于是乎"有两种动能，其一即表示动作行为发生或进行的时间；其二表示动作行为发生的处所或条件。② 具体《国语》本句而言，秦鼎补出的"于是乎"三字表示动作行为发生的时间。

（七）补标记词和语气词

　　秦鼎对带有较强烈判断或指称意味而没有"者""也"标记词的句子，予以补充"者""也"标记词。例如：

　　　　夫荣公好专利而不知大难（《周语上》）
　　　　秦鼎："大难"下添"者也"二字观。

　　　　结诸侯之信，重之以婚姻，申之以盟誓，固国之艰急是为；铸名器，藏宝财，固民之疹病是待（《鲁语上》）
　　　　秦鼎："誓"下、"财"下添"者"字观，"为"下、"待"下添"也"字观。

　　第一条在句尾补"者也"，第二条分别在名词后面加"者"，在两个句子最后加"也"。第一条属于性质判断；第二条属于复杂关系语句判断。

（八）补限定词

　　有些句子蒙上省限定词，秦鼎为补出。例如：

　　　　若为小而崇以怒大国，使加己乱，乱在前矣（《鲁语上》）
　　　　秦鼎：或云，"若"当作"今"。"乱"下添"己"字观。

　　本句中，上文有"己乱"，秦鼎谓"乱在前"之"乱"字的前面也隐含有"己"字。从上文"处大事小，处小事大，所以御乱也"的文字来看，这一段话"乱"字出现三次，都

---

　　① 何乐士：《〈左传〉语法研究》，河南大学出版社 2012 年版，第 345 页。
　　② 赵大明：《〈左传〉介词研究》，首都师范大学出版社 2007 年版，第 148—149 页。

是指祸乱。"己乱"特指祸乱加诸己身，而"乱在前"之"乱"实仍一般义，指发生祸乱这种现象，故不必补"己"字。

（九）补独立成分

秦鼎认为《国语》有些句子前面隐含有独立成分，故予补出。例如：

> 其若先王与百姓何（《周语中》）
> 秦鼎："其若"上添"若歪之"三字观。

> 请从司徒以班徙次（《鲁语上》）
> 秦鼎："请从"上添"若罪也则"四字观。

> 吾用御儿临之（《吴语》）
> 秦鼎："吾用"上添"若至则"三字观。

秦鼎所补"若歪之""若罪也则""若至则"都为独立成分，表假设。

（十）补副词

秦鼎认为有些句子的谓语前面应有相应的成分，故予补充副词等。例如：

> 序成而不至则修刑（《周语上》）
> 秦鼎："修刑"上添"始乃"二字看。

> 安用胜也？其能几何（《楚语下》）
> 秦鼎："安"下添"独"字观。

第一句中，秦鼎认为"修刑"前省"始乃"二字。上文为"修意""修言""修名""修德"，强调的是文治，至于"序成而有不至"才强调修刑。或秦鼎认为当从语言形式上与前四者有不同，故加"始乃"。第二条，"独"为仅词，补充在此处文句中，强调了子高对王孙胜各种劣势进行分析之后，对子西启用王孙胜的质疑。

（十一）补趋向义词

秦鼎认为《国语》中某些句子中的动词和动词后面的对象之间缺少趋向类词语，予以补出。例如：

> 吾与子谋吴，子曰未可也（《越语下》）
> 秦鼎："吴"上添"向"字观，下同。

在本句中，秦鼎认为"谋"字缺乏指向义，故补"向"，增加其指向效果。

（十二）补事件类动宾结构

秦鼎认为《国语》中有些句子叙述未完，故为补充动宾结构以完足语义。例如：

> 臣入晋境，四者不失（《周语上》）
> 秦鼎："晋境"下添"观之"二字观。

本句中，"四者不失"肯定是内史兴到晋国之后观察得出的，但《国语》本文仅仅有"入晋境"而无进一步的具体动作行为，故秦鼎为补出"观之"二字。

毋庸讳言，秦鼎"添×字观"的训释方式继承了关脩龄"蓄×字"的训释方式而又发扬光大之。这种训释方式的好处在于，可以把隐含的语义关系进行更为直观的揭示，对于精准理解《国语》文句之间、词语之间的语法语义关系是有帮助的。

结 语

综上可见，秦鼎《国语定本》训诂具有很大的价值和意义。其语义训释涉及普通词语、各种专门词语、句意串讲、章旨揭示、史实辨正、修辞用法、体例揭示等诸多方面。训释语义，往往运用义训，偶尔使用声训等方式。在辨析词语具体语义的时候，不仅直接揭明语义，还运用上下文或其他篇章中韦注释义进行语义辨析，同时运用其他典籍注疏进行语义辨正，运用其他典籍进行语义、理据，或史实补充。在辨析语义的同时，对《国语》、韦注包蕴的"古语"、成词成句进行揭示，对韦注引文功能、引文存在问题进行揭示。具体言之，秦鼎《国语定本》：（1）搜辑了众多《国语》研究资料，具有资料辑存价值；（2）充分吸收前此研究成果和《国语》传本；（3）首次系统全面地运用明道本《国语》进行勘对考校；（4）首次对张一鲲本以来的《国语》音注和宋庠《国语补音》进行区分；（5）运用到了《说文》等较早的中国小学文献；（6）在继承前代研究的基础上，又有新的开拓；（7）研究方法综合多样；（8）具有阙疑精神。职是之故，秦鼎《国语定本》在日本汉籍研究史上和日本《国语》研究史上具有较为广泛的影响。日本《国语》刻本中，只有《国语定本》一刻再刻，如此高频次的刊刻，是其他日本《国语》传本无法比拟的。秦鼎之后的龟井昱《国语考》在研讨《国语》中对秦鼎之说多有评骘，秦鼎之后的诸多日本《国语》批校本多有引录秦鼎《国语定本》之说。此外，日本学者研究《左传》《国语》者人数众多，而同时被后人增订标注者则相对较少，秦鼎之《春秋左氏传校本》《春秋外传国语定本》分别有近藤元粹、高木熊三郎为之标注，以广其传。某种程度上，反映了日本汉学界对秦鼎《国语定本》学术价值的肯定与认同。

同时也要指出，秦鼎《国语定本》刻本的版式采取了千叶玄之校订本《国语》的方式，以个人见解置于上栏，而以《国语》正文为下栏。由于上栏褊狭，容量有限，致使部分考校条目只能刻于相应篇章空白处，如果不仔细分别，极容易和韦注原文相混淆，给读者检寻阅读带来诸多不便。此外，和前此日本诸多《国语》研究者相同，秦鼎在引述相关研究成果时，存在着袭用而不注出的情况，此类条目在秦鼎《国语定本》存有一定比例。当然，秦鼎《国语定本》以及秦鼎汉籍研究还有很多问题尚待深入研讨。

点校本《续资治通鉴长编》元丰七年部分校读记

刘　冲*

（洛阳理工学院人文与社会科学学院，河南洛阳，471023）

摘　要：李焘的《续资治通鉴长编》是研究北宋史的重要资料，此书中华书局点校本中神宗元丰七年部分虽然经过多次校勘，但仍存在不少问题，包括误字、脱文、衍文、讳改未回改等。这种情况出现的原因在于李焘所依据的资料存在缺陷，在此书编纂、抄刻、整理过程中也产生了疏误。对该书的编纂与流传进行考察，对书中的讹误进行勘正，能够推进我们以此为基础进行的历史研究。

关键词：李焘；《续资治通鉴长编》；宋神宗；元丰；校勘

南宋李焘所编撰的《续资治通鉴长编》一书是研究北宋史的重要资料，但学界最常使用的中华书局点校本中却存在着不少讹误，如其中的神宗朝元丰七年（1084）部分，虽然经过研究者的不断校勘补正①，但仍存在一些问题，以下分条进行论述。

1. 卷三四二：元丰七年正月乙巳，"正议大夫滕甫知筠州。甫罢安州，入朝……甫上书自辨，寻改知湖州"，注文中补充说"五月一十二日辛酉，乃知湖州"②。按照李焘在《长编》中的书写习惯，"一"字实无出现之必要。查本年五月己亥朔，辛酉为二十三日，该日"正议大夫、知筠州滕甫知湖州"，注文为"正月乙巳可并此"③，所指正为上条，故上述

---

* 刘冲，1989 年生，男，历史学博士，洛阳理工学院人文与社会科学学院讲师，主要从事宋代文献与宋代军政研究。

① 梁太济：《〈长编〉点校拾遗》，《唐宋历史文献研究丛稿》，上海古籍出版社 2004 年版，第 548—551 页；马玉臣：《〈续资治通鉴长编〉重印点校本校勘献疑》，姜锡东、李华瑞主编：《宋史研究论丛》第 7 辑，河北大学出版社 2006 年版，第 513—514 页；李裕民：《〈续资治通鉴长编〉订误》，罗家祥主编：《华中国学》2016 年秋之卷，华中科技大学出版社 2017 年版，第 68 页；尹承：《〈续资治通鉴长编〉校识最录——〈国朝册府画一元龟〉研究之二》，姜锡东主编：《宋史研究论丛》第 21 辑，科学出版社 2017 年版，第 357 页；刘冲：《〈续资治通鉴长编〉神宗元丰朝纪事校正》，包伟民、刘后滨主编：《唐宋历史评论》第 9 辑，社会科学文献出版社 2022 年版，第 224—225 页。

② （宋）李焘：《续资治通鉴长编》（以下简称《长编》）卷 342，中华书局 2004 年版，第 8219 页。

③ 《长编》卷 345，第 8289 页。

"一十二日"应改为"二十三日"。

2. 卷三四二：元丰七年正月癸丑，神宗下诏给李宪说："具功状火急报明以闻，当与优赏。其兰州城里宜内墭下阔二丈，上收五尺马面，中间更增散楼子一座五间，仍添置砲台为便，可速具以闻。"①此处中间部分标点有误，应改为"上收五尺，马面中间更增散楼子一座五间"。"马面"为"城墙外侧附城墩台"，并非在城墙上面，"散楼子"所指应为"敌楼"②，故应如此标点。"报明"，《四库全书》底本同，文渊阁《四库全书》本作"保明"③，应据以改正。

3. 卷三四三：元丰七年二月庚午，"李宪上兰州城守追败西贼功状……勾当公事李毂迁一资寄资"，注文中说"又据《御集》正月二十五日手札：入内内侍省内侍、殿头勾当延福宫李毂守兰州有功，今来赴阙，可特迁东头供奉官，仍特添差勾当后苑。然则此云勾当公事，误也"④。此处注文中李毂官职标点有误。"入内内侍省"表明其所属机构，"内侍殿头"为其官阶⑤，"勾当延福宫"为其差遣，故上述文字标点应改为"入内内侍省内侍殿头、勾当延福宫李毂"。

4. 卷三四三：元丰七年二月壬申，"李宪乞招讨西贼及上挠耕策。诏：'卢秉昨得兰州关牒，不具以闻，及不遣兵牵制，已令赵卨往代。其令李浩同姚麟领兵出界招讨，委李宪计会赵卨详度施行。其逐路出界将兵，可乘隙伺便，为修往忽归之计，毋得调夫运粮'"，注文为"元丰八年八月八日，王觌言可考"⑥。该条注文的作用在于指示此书元丰八年八月八日己巳所载王觌的奏疏中曾论及此处所提及的攻打西夏事，但查该日并无相关记事，而元祐元年（1086）八月八日癸巳，在右正言王觌弹劾吕惠卿的奏疏中提及"元丰七年，神考当国家无事之时，其扰耕之兵尚限以三五千人"，或为上述诏书的详细内容⑦，故上述"元丰八年八月"疑为"元祐元年八月"之误。

5. 卷三四三：元丰七年二月甲戌，"都提举汴河堤岸司奏：'乞不许在京卖茶人户等擅磨末茶出卖，许诸色人告首，依私腊茶科罪支赏。'从之"，注文为"此据《盐法册》元丰七年二月六日敕增入，要考见初置水磨月日。六年二月二十七日，初置水磨，又八月十二

①《长编》卷342，第8224页。

②黄登峰：《宋代城池建设研究》，博士学位论文，河北大学，2007年，第110—112页

③《长编》卷342，影印《四库全书》底本，中华书局2016年版，第33册第18952页；景印文渊阁《四库全书》，台北：台湾商务印书馆1986年版，第319册第719页。所谓《长编》"《四库全书》底本"，系指该书从《永乐大典》辑出后的二次修改稿本，关于该版本的研究见苗润博《〈续资治通鉴长编〉四库底本之发现及其文献价值》，《文史》2015年第2辑，第221—243页。

④《长编》卷343，第8234—8235页。

⑤（元）脱脱等：《宋史》卷169《职官志九》，中华书局1985年版，第4036页。

⑥《长编》卷343，第8236页。

⑦《长编》卷385，第9376—9377页。

日，又是年六月一日"①。《盐法册》中六日事无特殊说明却置于五日甲戌末条，有违编年体体例。查元丰六年八月乙酉，"都提举汴河堤岸司奏：'修置水磨画一，乞禁止茶铺户入米、豆、外料等伴和末茶，募告者一两赏三贯，及一斤十贯，至五十贯。'上从之"，注文为"此据《盐册》八月十二日敕，要考初置水磨月日，故特书此。元丰六年二月二十七日，以初置月日，又七年二月六日、六月一日、绍圣元年九月二十八日"②，提及上述事件时作"二月六日"，六年二月二十七日癸酉提及时亦同③。二月甲戌水磨事上条为"诏诸陵三巡检下土兵，各以百人为额"，据《宋会要辑稿》，此为五日事④，亦即甲戌日，故上述甲戌末条前或脱去系日"乙亥"。另上述文献出处或为《盐册》，或为《盐法册》，元祐元年二月辛酉提及时作"元祐盐法册"⑤，则当以"盐法册"为准，八月乙酉条注文应据补"法"字。

6. 卷三四三：元丰七年二月丁丑记"先是，点检京东东路刑狱霍翔言：'齐、淄等州民号多马，禹城一县养马三千，牝马居三之一……'"⑥ 点检某路刑狱，北宋并无这样的用法，但《四库全书》底本、文渊阁《四库全书》本均作"点检"⑦，《皇朝通鉴长编纪事本末》作"提点"⑧。此为追溯五年二月之事，而《宋会要辑稿》所记亦为"提点"⑨，则上述"点检"似为"提点"之误，《宋史》所记该官职为提点刑狱公事⑩亦可证明此点。另在书中该条与上条所记为同一件事，不当另外标码，"先是"上所标之"25"应删去。

7. 卷三四三：元丰七年二月辛巳，"降引进使、高州防御使李浩为四方馆使，皇城副使、吉州防御使苗履为左藏库使，以奏贼犯兰州事异同也"⑪。此处所记苗履官职有误，因这一时期并无诸司副使带遥郡防御使者。元丰六年四月庚午，因出界功"皇城使、商州团练使苗履领吉州防御使"⑫，此次所降即为该官职，故上述"副"字为误加。但此字并非流传过程中的衍文，因《宋会要辑稿》所记亦为"二月十二日，降引进使、高州防御使李浩为四方馆使，皇城副使、吉州防御使苗履为左藏库使。以奏贼犯兰州事异同也"⑬，两者文字完全一致，皆应来自《神宗实录》，可见李焘所依据的材料就已经存在问题。此外，该条有后引号

① 《长编》卷343，第8237页。
② 《长编》卷338，第8145—8146页。
③ 《长编》卷333，第8027页。
④ （清）徐松辑，刘琳等校点：《宋会要辑稿》礼37之34，上海古籍出版社2014年版，第1575页。
⑤ 《长编》卷365，第8745页。
⑥ 《长编》卷343，第8238页。
⑦ 《长编》卷343，影印《四库全书》底本，第33册第18985页；景印文渊阁《四库全书》，第319册第728页。
⑧ （宋）杨仲良撰：《皇朝通鉴长编纪事本末》卷75《马政》，国家图书馆藏王灏抄本，善本书号15280，第6B页。关于该书版本的研究，参见闫建飞《广雅书局本〈长编纪事本末〉编校考》，《中华文史论丛》2020年第1期。
⑨ 《宋会要辑稿》兵24之21，第9121页。
⑩ 《宋史》卷167《职官志七》，第3967页。
⑪ 《长编》卷343，第8242页。
⑫ 《长编》卷334，第8054页。
⑬ 《宋会要辑稿》职官66之27，第4840页。

而无前引号，应删去后引号。

8. 卷三四三：元丰七年二月壬午，诏："州县除依条不许干预教阅外，其保甲有违犯及当抚谕弹压巡教官、指使违犯，自当觉察施行。若失觉察，保甲司按劾。"① 此处中间一句标点有误，应改为"其保甲有违犯及当抚谕、弹压，巡教官、指使违犯"，一是针对保甲，一是针对巡教官、指使，不应连在一起。

9. 卷三四三：元丰七年二月癸未，"泾州观察使宗胜为武胜军留后、祁国公，亮州观察使宗楚为镇宁军留后、郧国公，苏州观察使宗祐为定武军留后、巩国公"②。其中"泾州""苏州"皆为宋朝境内的州名，而"亮州"则并非如此，与其他诸州不同，且在《长编》中仅此一见，颇疑其为"亳州"之误，因无其他旁证，故暂列于此。另该条编号应为 43，而非 34。

10. 卷三四三：元丰七年二月癸巳，神宗下诏给李宪"令择其紧急要用者：黄桦神臂弓、黄桦乌梢金线弓各三千张，斩马刀、臂阵刀各一万柄，新样齐头刀一万五千口"发往熙河③。"令"，《四库全书》底本、文渊阁《四库全书》本均作"今"，应据改，此为沿袭底本浙江书局本之误④；"臂阵刀"，《四库全书》底本同，文渊阁《四库全书》本作"劈阵刀"⑤，则应据后者改，因宋朝有劈阵刀而无臂阵刀，如"骑兵佩劈阵刀，训肄时以木杆代之"⑥。

11. 卷三四三：元丰七年二月丙申，陕西路转运副使王钦臣言："近准朝旨，军须经费令经略、转运使通管……臣窃以'出纳之吝，谓之有司'，不变财用者将帅之事。两者得其人，则交济；若合为一职，则势有所不行。而帅臣是费用之地，虽使之通同聚敛，所入不补所出……"⑦ "不变"在此意思不明，查《四库全书》底本、文渊阁《四库全书》本均作"不爱"⑧，与"帅臣是费用之地"正好对应，应据改，此处为沿袭底本之误。⑨

12. 卷三四三：元丰七年二月丁酉，诏："开封府界户马，并以家产盐税为定。"注文为"五年五月五日霍翔云，已移入。七年二月八日，又五年八月七日，并七年二月八日及此日，又三月二十三日，皆合参考"⑩。如此标点，则合参考者出现了两次"七年二月八日"。本卷二月八日丁丑条注文云："《旧录》载霍翔奏及手诏，并于五年二月五日丁巳，朱本移入七年

① 《长编》卷 343，第 8243 页。
② 《长编》卷 343，第 8243 页。
③ 《长编》卷 343，第 8249 页。
④ 《长编》卷 343，影印浙江书局本，上海古籍出版社 1986 年版，第 3188 页。
⑤ 《长编》卷 343，影印《四库全书》底本，第 33 册第 19011 页；景印文渊阁《四库全书》，第 319 册第 734 页。
⑥ 《宋史》卷 195《兵志九》，第 4854 页。
⑦ 《长编》卷 343，第 8249 页。
⑧ 《长编》卷 343，影印《四库全书》底本，第 33 册第 19013 页；景印文渊阁《四库全书》，第 319 册第 734 页。
⑨ 《长编》卷 343，影印浙江书局本，第 3189 页。
⑩ 《长编》卷 343，第 8250—8251 页。

二月五日甲戌，今附八日丁丑。"① "霍翔奏"即上述"霍翔云"，墨本《神宗实录》载此事于元丰五年二月五日丁巳，朱本系于七年二月五日甲戌，李焘对此做出改动，将其附于七年二月八日丁丑，故二月丁酉条注文中"五月五日"应为"二月五日"，首句标点也应改为"五年二月五日霍翔云，已移入七年二月八日"。此外，三月壬戌条注文中"五年五月五日"② 也应改为"五年二月五日"③。

13. 卷三四四：元丰七年三月庚子，"以董毡为进奉使，廓州刺史李叱纳钦为胜州团练使"④。"为进奉使"，《四库全书》底本、文渊阁《四库全书》本皆同⑤，但"进奉使"意为进奉的使者，而非官职，作为青唐首领，董毡从未亲自向宋朝进贡，而是派使者前往。元丰五年二月癸酉，以董毡"进奉使李叱腊钦廓州刺史，增岁赐茶采有差"⑥，此次他应当也是因为进奉而获得升迁，故上条中第一个"为"字应为衍文，应删去，标点也应改为"以董毡进奉使廓州刺史李叱纳钦为胜州团练使"。此名字在《长编》中共出现三次，首次在元丰四年九月乙酉，作"李叱纳钦"⑦，其余两次为上述两条，据《四库全书》底本，第一处作"李叱纳钦"，其余两处皆作"李叱腊钦"⑧，译名亦不统一。《宋史》中亦作"李叱腊钦"⑨，则该人名字应以"李叱腊钦"为正。

14. 卷三四四：元丰七年三月乙巳条记"自嘉祐六年，始命开封府诸县盗贼囊橐之家立重法……至元丰，更定其法，于是河北、京东、淮南、福建等路用重法，郡县浸益广矣"⑩。其中标点有误，应改为"福建等路用重法郡县浸益广矣"，不应断开。另该条从属于上一条，不应另编号为"7"。

15. 卷三四四：元丰七年三月丁未，诏："京东转运使吴居厚修举职事，致财用登饶，又未尝创有更革，止用朝廷旧令，必是推行自有检察勾考法度。"⑪ 此处所记吴居厚官职有误。元丰六年九月戊申，"权发遣京东路转运副使吴居厚为天章阁待制、京东都转运使"⑫；丁未日之后的三月壬戌日又出现"京东路都转运使吴居厚"⑬ 的记述，《宋会要辑稿》记此事时

---

① 《长编》卷343，第8239页。
② 《长编》卷344，第8266页。
③ 梁太济先生已对他处"五月五日"之误做出辨正，不知何以未及这两条，见《〈长编〉点校拾遗》，《唐宋历史文献研究丛稿》，第545页。
④ 《长编》卷344，第8253页。
⑤ 《长编》卷344，影印《四库全书》底本，第33册第19017页；景印文渊阁《四库全书》，第319册第736页。
⑥ 《长编》卷323，第7789页。
⑦ 《长编》卷316，第7637页。
⑧ 《长编》卷316、卷323、卷344，影印《四库全书》底本，第31、32、33册第17594、17963、19017页。
⑨ 《宋史》卷492《吐蕃传》，第14164页。
⑩ 《长编》卷344，第8255页。
⑪ 《长编》卷344，第8255页。
⑫ 《长编》卷339，第8161页。
⑬ 《长编》卷344，第8266页。

也作"京东都转运使吴居厚"①，故丁未条中应补为"京东都转运使吴居厚"。《长编》之所以如此记述，当是因为所依据的资料即已如此，此即《宋会要辑稿》另一处所记吴居厚的官职为"京东转运使"②。

16. 卷三四四：元丰七年三月乙卯，因开修龟山运河功，"江淮等路发运副使、朝奉大夫蒋之奇，都水监丞、承务郎陈祐甫，各迁两官"，注文中云"六年十一月二十八日开河，七年二月十六日迁两官"③。三月庚子朔，乙卯为十六日，故"迁两官"时间应为三月十六日，而非二月十六日。

17. 卷三四四：元丰七年三月庚申吕惠卿条注文中引述了《吕惠卿家传》，其中说："延州之义合、白草与石州之吴堡、克乌以南诸城寨，凡千余里之边面，皆为内地。"④"克乌"，《四库全书》底本、文渊阁《四库全书》本皆作"克胡"⑤，查石州下并无克乌寨，而有克胡寨⑥，应据改。之所以会如此，应是点校本底本浙江书局本所依据的本子因避忌而改"胡"为"乌"⑦。

18. 卷三四五：元丰七年四月甲申条注文引《卢秉传》云："葫芦河川开噶平距寨二百里，秉谍知其恃险不为备，乃密遣姚麟、彭孙掩击之，斩获万数，牛羊马驼不可胜计。"⑧ 查《四库全书》底本，"开噶"原作"堪哥"，被朱笔划去后旁写以"开噶"⑨，《宋史》也记述姚麟"督诸将讨堪哥平，经略使卢秉上其功状，赐金帛六百"⑩，则"堪哥"为宋人所用之地名，四库馆臣将之改译为"开噶"，此处应据《四库全书》底本及《宋史》回改为"堪哥"。

19. 卷三四五：元丰七年四月壬辰，"是日，将至继仁殿，摄太常卿赵彦若度上必哭，因附入内都知石得一奏之，上遂不哭"⑪。此处所记石得一官职有误。元丰五年七月庚子，"西京左藏库使、吉州刺史、内侍副都知石得一为入内副都知"⑫；八年十一月壬寅，诏"石得一已充永裕陵使，罢入内副都知及兼领差遣"⑬，此间他一直为入内副都知，故上述文字中或脱去"副"字，或所依据的文献即已如此。

20. 卷三四五：元丰七年四月甲午，诏："简保宁六指挥，所阙人数依兰州创置壮城指挥

---

① 《宋会要辑稿》食货56之23，第7295页。
② 《宋会要辑稿》食货49之21，第7106页。
③ 《长编》卷344，第8260—8261页。
④ 《长编》卷344，第8265页。
⑤ 《长编》卷344，影印《四库全书》底本，第33册第19046页；景印文渊阁《四库全书》，第319册第743页。
⑥ 《宋史》卷86《地理志二》，第2137、2134页。该寨原隶属于石州，在葭芦砦建制升为晋宁军后归属于该军。
⑦ 《长编》卷344，影印浙江书局本，第3194页。
⑧ 《长编》卷345，第8275—8276页。
⑨ 《长编》卷345，影印《四库全书》底本，第34册第19066页。
⑩ 《宋史》卷349《姚兕传附姚麟传》，第11059页。
⑪ 《长编》卷345，第8280页。
⑫ 《长编》卷328，第7904页。
⑬ 《长编》卷361，第8637页。

例，于团结厢军投换。每指挥额外量增五十人，以备逃亡填阙。令经制司依例给转军钱。"①
"简保宁"，《四库全书》底本、文渊阁《四库全书》本均作"简中保宁"②，《宋史》记载熙宁七年（1074）"置凤翔府简中保宁六指挥三千人，专备熙河修城砦"③，四月甲午诏书所指即为这支军队，故"简"字后应据补"中"字，此为沿袭底本之误④。

21. 卷三四五：元丰七年五月庚子，"诏荆湖南提举常平司会计两路所置溪峒州县城寨岁费实数以闻，从右司员外郎孙览请也"，注文为"此月十一日、八月一日，六年五月十二日，可考"⑤。查其他两日皆有相关记述，六年五月十二日则无，而十三日戊子，"西上閤门使、果州刺史谢麟言：'先准朝旨，拨托口、小由、贯保、丰山四寨并若水仓隶属诚州……乞以小由、托口两寨依旧隶沅州，以大由等溪峒割隶诚州。'从之"，其后注文中标有"七年五月十一日"⑥，所指正为上条，故上述注文中"十二日"应为"十三日"。

22. 卷三四五：元丰七年五月壬寅，"初，贼数万寇塞门，（刘）昌祚遣米赟以本将拒之，斩级一百一十六……上喜甚，遣近侍即军中慰劳，诸将皆优擢"，注文中云"此据《张舜民墓志》，《昌祚传》亦同"⑦。此处标点有误，《张舜民墓志》中怎会如《刘昌祚传》般详细记述刘昌祚功绩，《长编》元丰四年十二月戊寅条注文中说"张舜民志刘昌祚墓云"⑧，即《刘昌祚墓志》为张舜民所作，故上述标点应改为"张舜民《墓志》"⑨，"张舜民"三字应标专名线。

23. 卷三四五：元丰七年五月甲辰，侍御史张汝贤言："比部员外郎宇文昌龄倚任吏人郑世隆，自守当官差权正名，令史世隆用事，援引使臣赵元为主事，而元不晓钱谷。昌龄庸暗，偏任小人，窃恐败事。"⑩此处标点有误，"令史"为吏人之一种，"正名令史"即有编制的令史，如至道三年（997）六月"诏祠部正名令史不得拣抽往逐处"⑪，故上述标点应改为"自守当官差权正名令史。世隆用事"。

24. 卷三四五：元丰七年五月己酉条记述"会议者欲招徕诚州西道、乌耳等，而辰、沅又欲籍蒋波六猺人为民，（孙）览曰：'西道、乌耳之蛮，犹禽兽也。'即奏罢之"⑫。"乌

① 《长编》卷 345，第 8280—8281 页。
② 《长编》卷 345，影印《四库全书》底本，第 34 册第 19079 页；景印文渊阁《四库全书》，第 319 册第 751 页。
③ 《宋史》卷 189《兵志三》，第 4674 页。
④ 《长编》卷 345，影印浙江书局本，第 3200 页。
⑤ 《长编》卷 345，第 8282 页。
⑥ 《长编》卷 335，第 8068 页。
⑦ 《长编》卷 345，第 8282 页。
⑧ 《长编》卷 321，第 7753 页。
⑨ 梁太济先生在《〈长编〉点校拾遗》中即已如此标点，但未说明理由，《唐宋历史文献研究丛稿》，第 550 页。
⑩ 《长编》卷 345，第 8283 页。
⑪ 《宋会要辑稿》职官 13 之 17，第 3379 页。
⑫ 《长编》卷 345，第 8285 页。

耳"，《四库全书》底本、文渊阁《四库全书》本均作"胡耳"①，应据以回改，此亦当为点校本底本浙江书局本所依据的本子出于避忌而改"胡"为"乌"②

25. 卷三四五：元丰七年五月乙卯，"龙图阁直学士、定州路安抚使蒋延庆奏乞：'伏望下都总管司，令从定州、河北驻扎第一、二将，每月一次轮马步军一指挥赴州衙教场，帅臣亲按阅提举'"，段后注文为"按：《纪》十八日事"③。"蒋"，《四库全书》底本、文渊阁《四库全书》本、浙江书局本均作"蔡"④。此时位至这一级别且名为"延庆"者为蔡延庆，《宋史》记载他"知开封府，拜翰林学士。以言者罢知滁州，历瀛、洪州，复龙图阁待制，帅高阳。阅岁，复直学士，移定武"⑤，"定武"为定州军号⑥，帅定武即为定州路安抚使，《宋会要辑稿》也记述本年八月时知定州为蔡延庆⑦，故"蒋延庆"应依据以上三本改为"蔡延庆"，此当为排印错误。"按纪"，《四库全书》底本、文渊阁《四库全书》本均作"案""记"。

26. 卷三四五：元丰七年五月丁巳，神宗批示："安塞败贼……却贼数万，斩获著名凶悍酋豪十数，寇丧气逃遁，与前后出寨俘斩老弱不同，可优厚推恩。"⑧"出寨"在此难解，似应为"出塞"，即出宋朝国境攻打西夏，但《四库全书》底本、文渊阁《四库全书》本均作"出寨"⑨，故暂存疑。

27. 卷三四五：元丰七年五月壬戌，诏："自今春秋释奠，以邹国公孟轲配食文宣王，设位于兖国公之次……"段后注文中云："据《林希传》。此议实自希出，希时为礼部郎中。"⑩注文如此断句则上述材料来自《林希传》，但其中又并未体现出林希的作用，此处标点有误，应改为"据《林希传》，此议实自希出，希时为礼部郎中"。

28. 卷三四六：元丰七年六月己巳记述皇甫旦"入蕃，为首领经沁伊达木凌节、萨卜塞置木沁等所绐，止塚山寺不得前，又妄奏获贼功状。上察之，故命追旦等付狱"⑪。查《四库全书》底本，"经沁伊达木凌节""萨卜塞置木沁"原分别作"景青宜党令支""铺撒四兼镂"⑫，后被划去旁写以上述名字，应予以回改。

① 《长编》卷345，影印《四库全书》底本，第34册第19090页；景印文渊阁《四库全书》，第319册第754页。
② 《长编》卷345，影印浙江书局本，第3202页。
③ 《长编》卷345，第8287页。
④ 《长编》卷345，影印《四库全书》底本，第34册第19095页；景印文渊阁《四库全书》，第319册第755页；影印浙江书局本，第3203页。
⑤ 《宋史》卷286《蔡齐传附蔡延庆传》，第9640页。
⑥ 《宋史》卷86《地理志二》，第2127页。
⑦ 《宋会要辑稿》职官61之41，第4711页。
⑧ 《长编》卷345，第8288页。
⑨ 《长编》卷345，影印《四库全书》底本，第34册第19096页；景印文渊阁《四库全书》，第319册第755页。
⑩ 《长编》卷345，第8291页。
⑪ 《长编》卷346，第8302页。
⑫ 《长编》卷346，影印《四库全书》底本，第34册第19119页。

29. 卷三四六：元丰七年六月甲戌，礼部"言：'欧阳修等编《太常因革礼》，始自建隆，讫于嘉祐，为百卷。嘉祐之后，阙而不录。熙宁以来，礼文制作足以垂法万世，乞下太常博士接续编纂，以备讨阅。'从之"，注文为"朱本又于九月二十三日己未书续《因革礼》，今止就此出之。"① 查九月戊戌朔，己未为二十二日，故上述注文中"二十三日"应改为"二十二日"。

30. 卷三四六：元丰七年六月乙亥条注文引王巩《甲申杂记》说刘晦叔昱"既至永兴，但见（孙）路与钟傅对榻而寝者一月。一日，傅谓晦叔曰：'此事决难为，得之易，守之难也。'其后钟傅被召，具言不可，（章）子厚亦意缓。后钟傅坐冒赏贬逐，又造成其议"②。该条存于今本《甲申杂记》中，其中"钟傅"作"钟传"③，此人在《宋史》中有传，所谓"坐冒赏贬逐"，是指"俄而白草原诈增首虏事觉，责监永州税，再贬连州别驾"④，故上述"钟傅""傅"应据以改为"钟传""传"。本卷六月己巳条记李宪"恚事不出己，使其属钟傅、李宇作奏，言（皇甫）旦难以集事，必无可为之理，与初奏不同"⑤，其中的"钟傅"也应据以改正。上述六月乙亥条注文所引《甲申杂记》文字中还记述"绍圣初，孙路亦以为可纳，章子厚除路漕陕西经营之。晦叔亦漕陕西，将行，问安厚卿、李邦直"，今本《甲申杂记》中无前一"亦"字，"将"后有"西"字，《长编》应据以删、补。

31. 卷三四六：元丰七年六月庚辰元绛卒条注文为"按：绛自太子少保赠太子少师，赠官不出本品自绛始。先是，胡宿自太子少傅、欧阳修、赵概自太子少师赠太子太师，三人皆以受遗故优赠之，非常典也。附注当考"。"按"字后出有校勘记云："阁本作'林希云'。"⑥ 此阁本所指为文津阁本，查《四库全书》底本、文渊阁《四库全书》本均作"林希云"⑦，其后既曰"附注当考"，则之前部分应引自某种文献，故当以"林希云"为正，其所指似应为《林希野史》一书。

32. 卷三四六：元丰七年六月癸未，诏："李宪乞选差兰州守城小使臣五人，赴安强、米脂、塞门、浮图、义合寨计度守备，委刘昌祚以名闻，李宪毋得占留。"⑧ "安强"，《四库全书》底本、文渊阁《四库全书》本、浙江书局本皆同⑨，但北宋无此砦名，而庆州下有"安

① 《长编》卷346，第8307页。
② 《长编》卷346，第8307—8308页。
③ （宋）王巩撰，戴建国、陈雷整理：《甲申杂记》，《全宋笔记》第2编第6册，大象出版社2006年版，第40页。
④ 《宋史》卷348《钟传传》，第11037页。
⑤ 《长编》卷346，第8302页。
⑥ 《长编》卷346，第8310、8318页。
⑦ 《长编》卷346，影印《四库全书》底本，第34册第19137页；景印文渊阁《四库全书》，第319册第766页。
⑧ 《长编》卷346，第8311页。
⑨ 《长编》卷346，影印《四库全书》底本，第34册第19138页；景印文渊阁《四库全书》，第319册第766页；影印浙江书局本，第3210页。

疆砦"，元丰五年方才收复①，故需要加强守卫，两者形近易讹，应据改。

33. 卷三四七：元丰七年七月甲辰，"大名府路安抚司言元城埽河抹岸"条注文为"《旧纪》书河溢元城埽，浸北京，遣使赈恤，赐溺死者家钱。《新纪》因之，但改'溢'字作'失'字"，且出有校勘记云："据文义，'失'疑为'决'之误。"②史源为宋国史本纪的《宋史》本纪记述为"河决元城"③，则应据此将"失"改为"决"。

34. 卷三四七：元丰七年七月丁未，吕惠卿上奏请将开垦宋夏间两不耕地"推之陕西诸路"，神宗遂"诏陕西诸军经略司详酌施行"。但北宋并无"诸军经略司"这样的用法。段后注文中说"此段与三月二十一日庚申所书并同"④，查该日记载为"知太原府吕惠卿言：'相度开麟、府、丰三州两不耕地，所收极厚，可助边计，乞推之陕西路。'诏陕西路经略司详酌施行"⑤，所用为"路"字，故上述"军"应为"路"。

35. 卷三四七：元丰七年七月乙丑，"枢密院言，交趾使人见辨议疆至，全未听伏，恐边防尚须警备。诏熊本缘边城寨及守御次第有未周备事，悉意措置，具如何施行以闻"，注文中云"八月九日、十九日、二十一日可考"⑥。查八月九日、二十一日皆有相关记事，但十九日却无，而十六日癸未，诏："交趾所议疆至，据近日奏报，已稍见涯涘。新除知桂州苗时中谙熟彼方蛮夷情伪，处画庶务，宜不在熊本下。兼本已有改命，恐于职事不肯任责。可趣时中不候般家，先次乘递马疾速赴任。"所记正与宋、交趾疆界事相关，且其后注文中云"初九日丙子、二十一日戊子可考"⑦，与七月乙丑条所标其余两日相同，故上述"十九日"应改为"十六日"。

36. 卷三四八：元丰七年八月庚午条载："先是，河决小吴，南直灵平下埽，甚急，当岁有水患。""小吴"后有注文曰："四年八月八日，河决小吴。"⑧查元丰四年八月八日并无相关记述，四月二十八日乙酉，"澶州言河决小吴埽"⑨，则上述"八月八日"应为"四月二十八日"。

37. 卷三四八：元丰七年八月丙子，"监察御史来之邵为将作监丞"，注文为"五月乙巳，初除御史"⑩。查本年五月乙巳日无记事，五月"丙午，宣德郎、大理评事咸平来之邵

① 《宋史》卷87《地理志三》，第2151页。
② 《长编》卷347，第8323、8338页。
③ 《宋史》卷16《神宗纪三》，第312页。
④ 《长编》卷347，第8324—8325页。
⑤ 《长编》卷344，第8263—8264页。
⑥ 《长编》卷347，第8337页。
⑦ 《长编》卷348，第8348页。
⑧ 《长编》卷348，第8343页。
⑨ 《长编》卷312，第7572页。
⑩ 《长编》卷348，第8346页。

为监察御史。用中丞黄履荐也"，注文为"八月丙子罢"①。则上述"乙巳"似应改为"丙午"，或出校勘记说明。但五月丙午另一条记事为"诏内人朝陵，诸陵使臣毋得差伎乐迎送，著西京令"②，此事《宋会要辑稿》亦有记载，文字仅少一"送"字，月日为五月七日，年份应承上条为元丰六年③，但如果该条前脱去了"七年"，那么其时间将为七年五月七日，亦即五月乙巳日。相对而言，《长编》内记事系年出现错误的概率较小，《宋会要辑稿》该条脱去年份的概率较大，若是如此，则八月丙子条注文中之"五月乙巳"无误，反而是五月丙午两条记事的系日皆应为乙巳。

38. 卷三四八：元丰七年八月丙子，"诏：'枢密院诸班直，每转员出职，内是长入祗候，已有升军恩例，以病故不得迁者，皆补外处；本城无升资指挥，自今与升一资。'"④此处标点有误。诸班直隶属于殿前司，枢密院为军政管理机构，二者不应相连；另本城为军队番号⑤，故该句标点应改为"诏枢密院：'诸班直……皆补外处本城，无升资指挥'"，前半部分意为下诏给枢密院指示处理诸班直之事，后半部分所指为身有疾病者出外为本城军官并升一资，以与在内者均衡。

39. 卷三四八：元丰七年八月壬午，"泸南缘边安抚司言：'罗克党、斗然、斗更等首领，乞依十九姓团结为义军，欲遣官管勾团结，分地把拓，立职级管辖。'从之"⑥。"罗克党"，《四库全书》底本同，文渊阁《四库全书》本作"罗始党"⑦，《宋史》记此事为"罗始党、斗然、斗更等诸酋请依十九姓团结，新收生界八姓、两江夷族请依七姓团结，皆为义军"⑧。该年十二月己丑，"泸南缘边安抚司言新收生界八姓罗始党一带，宋、纳两江夷族，愿依七姓团结为义军，乞刺字支例物。从之"⑨。故上述"罗克党"应改为"罗始党"。

40. 卷三四八：元丰七年八月丙戌，"都大提举汴河堤岸司言：'京东地富谷粟，可以漕运。其广济河下接逐处……今欲于通津门里汴河东城里三十步内，令修城兵就便开河一道，取土修城，及至斗门上安水磨，下通广济河，应接行运。'从之"。注文为"元丰五年二月十一日，初罢广济河运。七月二十日，六年九月四日"⑩。查其余两处皆有相关记事，但七月二十日则无，二十一日庚子，诏京东"转运、提点刑狱、提举輦运司，以旧广济河并今清河行

① 《长编》卷 345，第 8283 页。
② 《长编》卷 345，第 8284 页。
③ 《宋会要辑稿》礼 39 之 10，第 1612 页。
④ 《长编》卷 348，第 8346 页。
⑤ 《宋史》卷 189《兵志三》，第 4678 页。
⑥ 《长编》卷 348，第 8346 页。
⑦ 《长编》卷 348，影印《四库全书》底本，第 34 册第 19219 页；景印文渊阁《四库全书》，第 319 册第 787 页。
⑧ 《宋史》卷 496《泸州蛮传》，第 14248 页。
⑨ 《长编》卷 350，第 8396 页。
⑩ 《长编》卷 348，第 8348 页。

运比较利害"①，正与广济河事相关，则上条注文中"二十日"应改为"二十一日"。

41. 卷三四八：元丰七年八月戊子，"计议辨正安南疆至成卓言，已与黎文盛等辨正，乞降诏加恩赐。诏熊本问成卓：黎文盛公牒及面议并言不敢争占依知会、依宗旦所纳州峒，何因即乞降诏"②。根据此处所述，神宗既已获知交趾不敢争占依知会等所纳州峒，理应直接降诏赏赐，但却质问"何因即乞降诏"。本书元丰七年十月戊子条注文中引述有《枢密院时政记》的相关内容，此即"七年八月七日，令熊本勒成卓等供析：黎文盛等公牒及面议，并不曾言依宗旦所纳州峒等更不敢争占，今来便称各得归着了当，有何照据？及因何便乞降诏并恩赐？具诣实闻奏"③。这段文字即为八月戊子条中间部分的史源，正是因为黎文盛不曾言，故而神宗才问及，故上述"并"与"言"之间应据此补上"不曾"二字。另据《四库全书》底本、文渊阁《四库全书》本④及下文第49条所引《宋史·熊本传》，"知会"应改为"智会"，此为沿袭底本之误⑤。

42. 卷三四八：元丰七年八月戊子宋与交趾辨正疆界条注文中有"八峒不毛之地，事具六月四日壬申，及十一月二十二日戊子"⑥。查十一月丁酉朔，并无戊子日，且十一月二十二日并无记事，而十月二十二日戊子有以"敕交趾郡王乾德省"起始的一长段文字记述划界事⑦，故上条注文中"十一月"应改为"十月"。

43. 卷三四八：元丰七年九月辛亥，"大燕集英殿，酒五行罢，以上服药也"，段后注文中云："放翁《家世旧闻》：元丰秋燕，神祖方举酒，手缓，盏倾覆，酒沾御袍……明年，宫车晏驾，楚公进挽辞曰：'花是高秋宴后萎。'楚公，陆农师也，意盖谓此。《佛经》天人五衰，如宫殿震、身光灭之类，花萎亦其一也。已入《笔记》，天人五衰，记所无。"整理者于"宴后萎"后出有校勘记："'宴'原作'晏'，据《老学庵笔记》卷七改。"⑧李焘已经明确说这段文字引自《家世旧闻》，今本中即收有此条，虽然此事亦记载于其《老学庵笔记》中，但两者之间文字差异较大，不当以后者来校改。查《家世旧闻》，"晏"作"燕"⑨，若需要校改的话，也当以此为依据校改。另"楚公，陆农师也"为原书所无，应是李焘所加的注释，其后"意盖谓此……记所无"为《家世旧闻》中文字，极有可能李焘原注至"陆农师也"即已结束，其后文字为《永乐大典》编者所加，又或者"楚公，陆农师也"是比注文字体更小

---

① 《长编》卷328，第7904页。

② 《长编》卷348，第8349页。

③ 《长编》卷349，第8374页。

④ 《长编》卷348，影印《四库全书》底本，第34册第19225页；景印文渊阁《四库全书》，第319册第789页。

⑤ 《长编》卷348，影印浙江书局本，第3225页。

⑥ 《长编》卷348，第8349页。

⑦ 《长编》卷349，第8372—8374页。

⑧ 《长编》卷348，第8359、8364页。

⑨ （宋）陆游撰，孔凡礼点校：《家世旧闻》卷上，中华书局1993年版，第191页。

的字体，后掺入注文。另"记所无"之"记"所指为《老学庵笔记》，应标书名线。

44. 卷三四八：元丰七年九月戊午，"知永兴军刘庠言：'昨诏许商人便钱二十万缗，安抚司收润官钱，以末盐钱给还计置粮，依原价兑与转运司，其兑到得钱，本司已封桩。今夏丰稔，可以广籴，乞再许入便，每百缗加收润官钱十三千。'诏支末盐钱二十万缗，余依所乞"①。"商人便钱"难以理解，但《四库全书》底本、文渊阁《四库全书》本均同②，其后云"乞再许入便"，则"商人便钱"恐应为"商人入便钱"。另中间一句标点应为"以末盐钱给还。计置粮依原价兑与转运司"。

45. 卷三四八：元丰七年九月庚申，"河东转运使、天章阁待制陈安石，权转运判官、奉议郎庄公岳，各罚铜二十斤；转运司管勾文字、奉议郎晏朋，宣德郎王惟，各罚铜十斤。坐不应副麟、府州赏功绢也"③。《宋会要辑稿》记此事为"九月二十五日，河东都转运使、朝请大夫、天章阁待制陈安石，权判官、奉议郎庄公岳，各罚铜二十斤；主管文字、奉议郎晏明，宣德郎王惟正，各十斤。坐不应副麟、府州赏功绢也"④。两者除系日不同与个别异文外，叙述基本一致，应属于同源。但问题在于元丰五年四月乙亥，"朝请郎、天章阁待制、河东路都转运使陈安石试户部侍郎"⑤，后改任吏部侍郎⑥，七年十一月壬戌，"诏新除吏部侍郎领左选熊本与吏部侍郎领右选陈安石两易其职"⑦，并未再回到河东任职。元丰七年六月癸酉，"权发遣河东路转运使、朝散郎苗时中为直龙图阁、知桂州"⑧；七月辛丑，"新河东转运副使范纯粹为右司郎中。右司员外郎、承议郎孙览为河东转运副使"⑨，亦即此时主持河东路转运司事务者为孙览，而非陈安石，故该段记述应是系时、官职皆出现了问题。查元丰四年三月甲辰，"河东都转运使、朝散大夫陈安石为朝请大夫、天章阁待制再任"⑩，那么上述事件只能发生于此后至五年四月陈安石调任入京之前，如果上述记事月日无误的话，那么其时间应为元丰四年九月庚申，此时正处于宋夏交战时期，亦符合事件发生的背景。此外，《长编》还记述陈安石保举其下属"晏明减磨勘二年"⑪，结合《宋会要辑稿》所记，九月庚申条中"晏朋"应该为"晏明"；陈安石差遣也应补正为"河东都转运使"；"王惟"也应出异同校。

46. 卷三四八：元丰七年九月乙丑，"是日，西夏围定西城，将官秦贵等击却之"，注文

---

①《长编》卷348，第8359页。

②《长编》卷348，影印《四库全书》底本，第34册19249页；景印文渊阁《四库全书》，第319册第795页。

③《长编》卷348，第8360页。

④《宋会要辑稿》职官66之30，第4841页。

⑤《长编》卷325，第7827页。

⑥《长编》卷341，元丰六年十二月丙申，第8216页。

⑦《长编》卷350，第8388页。

⑧《长编》卷346，第8306页。

⑨《长编》卷347，第8321页。

⑩《长编》卷311，第7553页。

⑪《长编》卷314，元丰四年七月己亥，第7605页。

为"此据十月二十五日奏,《新纪》亦书:乙丑,夏人围定西城,熙河将秦贵败之。《旧纪》于十月癸巳乃书第五副将秦贵云云"①。查十月二十七日癸巳,"熙河兰会路制置司言:'九月乙丑,西贼围定西城等,五副将秦贵等奋死御敌,乞推恩'"②,《旧纪》将此事系于癸巳,当为奏报详情之日,故上述"二十五日"应为"二十七日"之误。此外,"奏"后之逗号应改为句号。

47. 卷三四九:元丰七年十月乙亥,"泾原路经略司言,蕃官告谕部族买战马,赏绢抚养,库阙钱。诏于凤翔府封桩李元辅经制绢内给万匹"③。此处标点有误。"抚养库"为经略司下辖库名,不当点断,如元丰五年八月庚申,"鄜延路经略司言:'汉户及归明界弓箭手自买马,乞依蕃弓箭手例,每匹给抚养库绢五匹为赏。'从之,环庆路准此"④。故上述标点应改为"蕃官告谕部族买战马赏绢,抚养库阙钱"。

48. 卷三四九:元丰七年十月乙亥,诏刘昌祚:"西贼大兵已寇熙河路,其鄜延路守御保甲,速详度放散以闻。"注文为"《新纪》书:乙亥,夏人寇熙州。《旧纪》不书"⑤。西夏此番所进攻者为定西城,隶属于兰州而非熙州⑥,但属于熙河路所辖。《宋史》本纪记此事为"冬十月乙亥,夏人寇熙河"⑦,故上述注文中"熙州"应改为"熙河"。

49. 卷三四九:元丰七年十月戊子条注文中引述《枢密院时政记》,其中说:"八月二十日,熊本奏:成卓等申:'黎文盛将出公状,于勾阳、顺安等处从南划断地界等事。'"⑧"勾阳",《四库全书》底本同,文渊阁《四库全书》本作"勿阳"⑨。此条正文中即作"勿阳",《宋史》所记为"是时,既以顺州赐李乾德,疆划未正,交人缘是辄暴勿阳地而逐侬智会。智会来乞师,本檄问状,乾德敛兵谢本,因请以宿桑八洞不毛之地赐之,南荒遂安"⑩。故上述"勾阳"应改为"勿阳"。

50. 卷三四九:元丰七年十月乙未泾原路战功条注文中引述"蔡绦《丛说》云:西羌唃氏久盗有古凉州地……于是鬼章之势孤,未几,又生得之,属元祐初也,遂以其事奏告祐陵焉"⑪。"祐陵",《四库全书》底本、文渊阁《四库全书》本皆同⑫。"永祐陵"为徽宗陵寝

---

① 《长编》卷348,第8362页。
② 《长编》卷349,第8376—8377页。
③ 《长编》卷349,第8369页。
④ 《长编》卷329,第7920—7921页。
⑤ 《长编》卷349,第8369页。"已"原作"巳",据文意改。
⑥ 《宋史》卷87《地理志三》,第2165页。
⑦ 《宋史》卷16《神宗纪三》,第312页。
⑧ 《长编》卷349,第8374页。
⑨ 《长编》卷349,影印《四库全书》底本,第34册第19279页;景印文渊阁《四库全书》,第319册第802页。
⑩ 《宋史》卷334《熊本传》,第10732页。
⑪ 《长编》卷349,第8378页。
⑫ 《长编》卷349,影印《四库全书》底本,第34册第19289页;景印文渊阁《四库全书》,第319册第805页。

名①，也可以用来指代其本人，元祐初年他尚未继位，更未去世，宋廷怎能将生擒鬼章的信息祭告给他。查蔡絛《铁围山丛谈》，此词作"裕陵"②，永裕陵为神宗陵寝名③，"裕陵"所指为宋神宗，正符合当时情境，应据改。

51. 卷三四九：元丰七年十月乙未条注文中引述"提举陕西等路买马监牧公事陆师闵奏：'勘会成都府、利州路经制买马司昨准朝旨，于雅州灵关、嘉州中镇等寨置场买马数内，雅州灵关寨并无蕃蛮马……本司今相度雅州灵关、嘉州中镇等寨置场买马并废罢。'从之。乃元祐元年七月二十一日圣旨。此据《嘉州编录册》，今依本月日增入。初置场在元丰七年十月二十九日"④。查本书元祐元年七月二十一日丙子所载，"提举"前有"成都府、利州路钤辖司奏"数字，亦即上述注文自"从之"前皆属于该机构所奏，故句中有其自称"本司"。"废罢"前有"合"字，应据补⑤，因该机构只有建议权，废罢之事需要朝廷批准。另"嘉州中镇等寨置场买马数内，雅州灵关寨并无蕃蛮马"中逗号应置于"数"后。十月乙未条"从之"之后的注文，除句子顺序及无"元祐元年"四字外，与七月丙子条完全一致，显得较为怪异，有可能"提举"及其之后的内容原不属于此处，又或者李焘虽将此条材料附置于此，但改写并未完成。

52. 卷三五〇：元丰七年十一月己亥，著作佐郎邢恕言："掌国史、实录、修纂日历、诸司关报、时政记并归秘书省国史案，长、贰、丞与著作同领签书，即难别有日月所。乞诸司关报但称秘书省勘会，日历长、贰、丞不与修纂，时政记、起居注并于著作所开拆，入库封锁。"⑥ 据此标点，"秘书省勘会"难以理解，应改为"乞诸司关报但称秘书省。勘会日历长、贰、丞不与修纂"。

53. 卷三五〇：元丰七年十一月甲辰，"夏国主秉常遣谟固咩迷乞遇赍表入贡，其表曰：秉常辄罄丹衷，仰尘渊听，不避再三之干渎，贵图溥率之和平……于七月内再有西蕃人使散巴昌郡、丹星等到夏国称，兼得南朝言语，许令夏国计会"⑦。"谟固"，《四库全书》底本原作"谟箇"，后被改译为"摩格"⑧；《宋史》所载为元丰六年"闰六月，遣使谟箇、咩迷乞遇来贡，表曰：'夏国累得西蕃木征王子书……西蕃再遣使散八昌郡、丹星等到国。'"⑨ 两书虽然系时不同，但从使者名字与表文内容看所记应为同一件事，整理者当是据此或《西夏书事》⑩

① 《宋史》卷22《徽宗纪四》，第417页。
② （宋）蔡絛撰，沈锡麟、冯惠民点校：《铁围山丛谈》卷2，中华书局1983年版，第32页。
③ 《宋史》卷16《神宗纪三》，第314页。
④ 《长编》卷349，第8379页。
⑤ 《长编》卷383，第9324页。
⑥ 《长编》卷350，第8382页。
⑦ 《长编》卷350，第8384页。
⑧ 《长编》卷350，影印《四库全书》底本，第34册第19301页。
⑨ 《宋史》卷486《夏国传下》，第14013—14014页。
⑩ （清）吴广成撰，龚世俊等校证：《西夏书事校证》卷26，甘肃文化出版社1995年版，第302页。

将底本之"摩格蔑密裕"①回改，但在回改或排印过程中将"箇"误作"固"，应予以改正。另据《西夏书事》②，"谟箇"为官职名，故《宋史》所标有误，《长编》所标之专名线也应删去。"散巴昌郡"，《四库全书》底本原作"散八昌那"，应据此予以回改，或出校勘记说明。

54. 卷三五〇：元丰七年十一月"甲子，蕃官供备库使兴迈、朗额依并为西京左藏库副使、河东第三将，以出界遇敌获级也。乙丑，以供备库使颖沁萨勒为皇城使，文思副使结博约特为西左藏库副使，韩绪、坚多克并为皇城副使，西头供奉官遵博纳芝为内殿承制，以贼入定西城，颖沁萨勒等清野力战，坚多克战重伤故也"③。甲子条中，供备库使为诸司正使，西京左藏库副使为诸司副使，品阶低于正使，不可能获得军功反遭降级，故甲子条或"供备库"后脱去"副"字，或"左藏库"后有衍文"副"字。另蕃官不可能出任正将，故上述标点应改为"西京左藏库副使，河东第三将以出界遇敌获级也"。乙丑条中，武臣官阶中无"西左藏库副使"而有"西京左藏库副使""左藏库副使"，文思副使高于西京左藏库副使，低于左藏库副使④，故该条中"西"字应为衍文。"兴迈""朗额依"，《四库全书》底本原作"昇也""浪移"；"颖沁萨勒"原作"郢成四"，"结博约特"原作"结通药"，"坚多克"原作"尖笃"，"遵博纳芝"原作"尊波纳支"⑤，都应据以回改。另整理者于"战重伤故也"后出有校勘记"阁本'重'上无'战'字"⑥，《四库全书》底本有此字，但被朱笔划去，文渊阁《四库全书》本无此字⑦，恐应据此本删去。

55. 卷三五〇：元丰七年十二月戊辰条记"是岁，秋宴，上感疾，始有建储意。又谓辅臣曰：'来春建储，其以司马光及吕公著为师保'"，注文为"此据邵伯温元祐辨诬。及吕大防所为《吕公著墓碑》，大防止称公著，不及光。当考"⑧。其中"元祐辨诬"连标专名线，邵伯温所著记述宣仁太后高氏诬谤事的著作为《辨诬》，或曰《邵氏辨诬》⑨，不知为何此处加有"元祐"二字，但无论如何，"辨诬"二字应加书名线，其后之句号也应删去。此条后又记"（邢）恕但与（司马）光之子康书，致（蔡）确语，康以白光，光笑而不答，亦再辞而后受之"，后有注文"此亦据邵伯温《辨诬》。恕除职方在十一月乙巳，《新纪》特

① 《长编》卷350，影印浙江书局本，第3237页。
② （清）吴广成撰，龚世俊等校证：《西夏书事校证》卷20，第237页。
③ 《长编》卷350，第8389页。
④ 《宋史》卷169《职官志九》此处有脱误，第4030页。其补正见龚延明《宋史职官志补正》（增订本），中华书局2009年版，第540页。
⑤ 《长编》卷350，影印《四库全书》底本，第34册第19314页。
⑥ 《长编》卷350，第8400页。
⑦ 《长编》卷350，影印《四库全书》底本，第34册第19314页；景印文渊阁《四库全书》，第319册第811页。
⑧ 《长编》卷350，第8390页。
⑨ （宋）陈振孙撰，徐小蛮、顾美华点校：《直斋书录解题》卷5《杂史类》，上海古籍出版社2015年版，第151页。

书，戊辰，司马光上《资治通鉴》"。① 其中标点应改为 "恕除职方在十一月乙巳。《新纪》特书：戊辰，司马光上《资治通鉴》"。

56. 卷三五〇：元丰七年是岁条注文中说："熙宁四年十二月十六日附载天下厢军马步指挥凡八百四十人，其为兵凡二十二万七千六百二十七，而府界诸司或因事招募之类不与焉。此熙宁四年数也，未见元丰实数。按：治平兵数总一厢十六万二千。""四十人"后整理者出有校勘记云："'四'下原脱'十'字，据阁本及《宋史》卷一八九《兵志》、本书卷二二八熙宁四年十二月丙寅条补。"② 查《四库全书》底本、文渊阁《四库全书》本均作"四十"，校勘记所提及之《宋史》与《长编》所载亦同③，故此处应是底本将"十"误作"人"④，应据以改字而非补字，因指挥数后不应加"人"字。"一厢"，《四库全书》底本、文渊阁《四库全书》本皆同⑤，查《宋史》记载为"盖治平之兵一百十六万二千，而禁军马步六十六万三千云"⑥，故"厢"字应据此及该条注文前半部分改为"百"。

以上共计56条，除去整理者无法看到相关文献的第28、31条外，以每条主要论述者计，李焘所依据的资料即已存在问题者3条，即第7、15、45条。日期月份数字、年号等错误11条，脱去系日者1条即第5条，系日错误者1条即第37条；其他误字12条；脱文5条；衍文2条。标点存在问题者11条；讳改有条件回改却未回改者3条；误校2条；漏校1条。此外还有排印错误2条，即第25、53条。这些讹误既有产生于编纂阶段者，也有些是由于抄刻时的无心之误与有意改窜，此外还有整理过程中出现的问题以及排印错误。这些疏误限制了对《长编》价值的进一步挖掘，我们在依据该书进行历史研究时，如果能够对该书的编纂与流传进行考察，对相关文字持审慎态度，明晰其体例，纠正其讹误，无疑能够更好地推进相关工作。

---

① 《长编》卷350，第8391页。

② 《长编》卷350，第8397、8401页。

③ 《宋史》卷189《兵志三》，第4644页；《长编》卷228，第5556页。

④ 《长编》卷350，影印浙江书局本，第3243页。

⑤ 《长编》卷350，影印《四库全书》底本，第34册第19332—19333页；景印文渊阁《四库全书》，第319册第816页。

⑥ 《宋史》卷187《兵志一》，第4576页。

学术述评

人的身份与战国秦汉中国

——评《出土简牍与秦汉社会身份秩序研究》

彭 卫*

（中国社会科学院历史研究院，北京，100101）

一

历史学是一门经验学科，它的进步需要新资料来推动。在今天的秦汉史领域，研究工作如果不借助新出资料，不仅会被多数人认为是落伍的，更会会被一些人认为是不专业的。然而，历史学也是一门思想的学科，因为资料不会自动为历史做出判断，它只是发射火箭的燃料，而火箭的起飞则需要将燃料用于助推它的各种观念和技术，仅有燃料或仅有观念和技术都是不行的。因此，在评价一个研究时，我们所说的"创新"，主要不是利用了新的资料，而是通过这些新资料发现了新的问题，是在梳理和解决问题的尝试中，认识到新的事物和重新判断已存在的事物，并将二者联系起来加以研究。这样，"创新"在很大程度上就是获得了对某些未知事物之有知，或者是对已知事物认识的某些改变，或者是调整了研究思路和方向；最后也是最重要的，是尝试提出既在"形象之内"又超越"形象"的某种观念。这一切都是今天所有科学研究得以取得所有成绩的基本准则。

贾丽英教授新近出版的《出土简牍与秦汉社会身份秩序研究》一书①在这些方面都有一些体现。例如它对"移爵"和"比地为伍"的探讨，对告地书中爵位身份真实性的探讨，对徒隶的婚姻家室和其他生活状况的探讨，对仗城旦身份的探讨，对司寇身份及变化的探讨，都是利用了新的资料，提出了与已有观点不同的新的见解。有的说法我个人是赞同的。例如作者指出，湖北荆州和随州出土的有高爵（五大夫和关内侯）内容的告地书，其书写方

---

* 彭卫，中国社会科学院学部委员、中国社会科学院古代史研究所研究员。
① 贾丽英：《出土简牍与秦汉社会身份秩序研究》，中国社会科学出版社 2023 年版。

式可能是当地巫者方术师承规则的反映，与墓主生前生活状况无关，并不是墓主的真实身份，这种将死者身份虚拟化与现实生活中的免役规定有关。① 这个解释无论是否被学界接受，但它是在用历史主义的眼光看待逝去的往昔，这就摆脱了对史料的复读式的简单理解。又如作者对《秦律十八种》中"仗城旦"的解释，指出了传统观点之于史实未洽之处，这就提供了新思路，也需要持有传统意见的学者有更多思考。凡此均值得肯定。

不过，在我看来，《出土简牍与秦汉社会身份秩序研究》一书更值得注意，也是更有意义的方面并不限于此。我指的是，它在一个重要的历史问题上提出了新的概念：这个问题就是秦汉皇权官僚国家中人的身份性——它不是某个群体或个体在社会生活中自然形成的身份类型，而是国家确定的身份秩序；这个概念就是身份序列的"爵刑一体"化——它不是描述性的概念，而是理论性的概念。

二

肇始于 17 世纪的近代意义上的自然法学说，迄至 18 世纪受到了欧洲启蒙运动思潮的继承和批判。这个过程正是历史上许多重要思想的共同命运。我相信，创造力以及与其同样重要的批判力的结合，乃是涌动着人类智慧源泉的必要前提：前者是对任何事物的了解、认识和行动，后者则是对任何有价值的主张在其发展起来并产生了影响之后的检查与改造。人类的知识正是通过这种理性的反思，成为新思想的起点。

在那部曾经饱受争议的《论人类不平等的起源和基础》一书中，批判自然法学说的代表人物之一让·雅克·卢梭提出了两个概念，即"自然的人"和"人所形成的人"；以及一个命题，即"人类社会的不平等状况来自人类自身"。② 其中，所谓"自然的人"，是指"野蛮"状态下的人类；"人所形成的人"，是指文明时代的人类。而上述的卢梭命题，指的就是包括社会身份差异在内的整个文明时代的基本特征。照卢梭的说法，罗马法学家使人类和其他一切动物毫无区别地服从于同一的自然法，他们把自然法则理解为自然加于其自身的法则，而不是自然所规定的法则；近代的自然法学家则把法则概念理解为，只适用于具有灵性的存在物亦即人所制定的一种规则。③ 换言之，在人类之外的动物世界中，并不存在人类社会所独有的法的需要。这个判断蕴涵着或者说在逻辑上的进一步推衍即是，在人类之外的动物界中没有身份性。可是，20 世纪奥地利杰出的动物学家康拉德·洛伦兹经过细致观察却发

---

① 贾丽英：《出土简牍与秦汉社会身份秩序研究》，第 165—184 页。
② ［法］卢梭：《论人类不平等的起源和基础》之《本论》，李常山译，商务印书馆 1997 年版，第 70—71 页。并参 ［法］勒赛克尔《〈论人类不平等的起源和基础〉引言》特别摘录的卢梭《忏悔录》的那些内容，同上，第 29 页。
③ ［法］卢梭：《论人类不平等的起源和基础》之《序》，李常山译，第 64—66 页。

现，其他动物和人类一样，由生命延续、逃避危险和进行攻击三种"驱力"所决定的基本生存状态，是以性别、年龄和地位的身份差异呈现的，声音的形态、羽毛的分布或身体某些部位颜色的不同等等，确定了动物群中个体的不同身份。① 由于人类和其他动物来自共同的自然创造，由于人类和其他动物在接受自然创造时拥有了许多共同的因素，我们有理由假设：其一，人类社会中身份性的源头可以追溯到它的自然状态，"人"自然状态下的身份性是以后文明状态下身份性基础的一个组成部分；其二，由于"文明"的人类依然保留着几乎全部的原有动物属性，因此，在文明出现后，"人"的自然性之于身份的意义依旧保留着，有时还显示出其重要的力量。这两个假设的证明不在本文讨论的范围内，但我现在至少可以指出，它们在一定范围内是真的。因为我们看到这些方面的融合，就成为从古代直到近代一些政治与伦理观念的出发点；我们后面还要提到的古代中国和近代西方某些思想家共有的"人性为己"和"自我保全"的观念，就是这样的例证。

然而，人的身份性是自然与文化结合的结果，也是文明时代诞生的一个标志。由于这一基本原因，人类在文明时代出现的不同身份，在根本上是不能用动物性的本能来解释的。在这个明易道理之外我想强调的是，随着文明的完全确立亦即国家的出现，直迄近代以来，人的身份差别以自然因素（体能和智能）、社会因素（个体与群体聚合，个体、群体之间的联系）和政治因素（国家形态）的重要程度，大致上以依次递增的趋势而呈现。尽管不同历史时期和不同文明地区，人身份之确定方式和表现形式有不小差异，尽管自然因素尤其是社会因素对人身份的影响仍然存在，但对一个人身份的确定，决定性地掌握在以制度、法律和主流价值观念亦即官方哲学为准绳的国家手中：个人、集体与国家这三者的关系，通过人的身份性，以最为直接、最为严格，也最具有实在性的表现而呈现；它不只是现象的，更是本质的。在这个过程中，如下四个方面尤其重要：

首先，在人类历史的走向上，身份的目标是与文明历史的目标相一致的。它根源于政治和经济的基础，它出现的本身就是人类在这个基础上的愿望的结果；而它在实践中又以各种方式推动和改变了历史。每一个文明单位的发展方式、容纳的内容以及实践的目标，亦即它的历史道路，都是这些因素合成的结果，是历史合力的一个重要表现。由此，研究者可以通过人的身份性思考人类政治和经济的历史，以至于人类文明的整体历史。

其次，身份是人的自我定位和社会定位的依据，在很大程度上决定了在其所属时代，每个个体应该做什么和如何做什么；决定了其活动应有的和可能有的范围；决定了其与其他人的关系；决定了其生存状态和心理状态。由此，研究者可以通过观察人的身份性，思考人类社会和生活的历史。

---

① ［奥］洛伦茨：《攻击与人性》，王守珍、吴月娇译，第 2 章"色彩和攻击"、第 5 章"习性、仪式和固定化"，作家出版社 1987 年版，第 33—37、65—83 页。

再次，人类历史上身份变化总是与人类文明的变动不相一致的，历史之进步、停滞、曲折迂回或倒退，也总是在人的身份之被确定和发生变化的过程中得到呈现，并反映出不同文明的特有气质。由此，研究者可以通过观察人的身份性，思考不同文明的历史发展道路。

最后，人的身份合理性的界定和确认也必然会表现在文明的意识形态当中，成为一个时代的思想结晶。古典时代孔子关于"正名"的伦理学说，[①] 柏拉图关于"正义"即是三种等级（身份）的人都做自己的工作而不去干涉别人的事情的定义，[②] 就是如此；近代的社会契约论，也是如此；现代政治学、伦理学和其他知识类型的更多主张还是如此。认识我们所感知到的宇宙，是人类精神世界的一个重要部分；"认识你自己"是人类精神世界的另一个重要部分，这两者分别具有的形而上学性和实践性，构成了我们所说的近代意义上的哲学。身份性这个古老而又历久弥新的问题乃是人类自我认识中无法避免的内容。由此，研究者可以通过观察人的身份性进程，为理解思想史的进程提供广阔的社会背景。

从这些意义上说，历史上人的身份性不仅是打开历史门扉的一把钥匙，也是包括理解当下和期待未来在内所有时代门扉的一把钥匙。

三

《出土简牍与秦汉社会身份秩序研究》最引人注目的方面，就在于它研究的正是这把"历史的钥匙"。它面对的是一个有着诸多困难和疑问的大问题。传统观点认为，爵制身

---

① 《论语·子路》："子路曰：'卫君待子而为政，子将奚先？'子曰：'必也，正名乎！'"《颜渊》："齐景公问政于孔子。孔子对曰：'君君，臣臣，父父，子子。'"[（魏）何晏等注、（宋）邢昺疏：《论语注疏》，《十三经注疏》，上海世纪出版股份有限公司 1997 年版，第 2506、2503—2504 页] 这两段话不在一篇，语境是不同的。但如果将《论语》中的孔子思想作为整体，不看其字句之义，而究其学说之实义，则两段正可对应。冯友兰的如下评论是允当的：孔子的意思是，每个"名"都有合乎其本质的含义，在社会关系中，每个"名"都含有一定的责任和义务。君、臣、父、子都是这样的社会关系的"名"，负有这些"名"的人都必须相应地履行其责任和义务（冯友兰著：《中国哲学简史》，涂又光译，北京大学出版社 2013 年版，第 42 页）。因此，孔子的"正名"说，至少用在国家和社会层面上，就是关于人的身份性的逻辑表述。

② 柏拉图对此讨论集中在《国家篇（理想国）》第 3、4 卷中，他的基本主张是：神在塑造人身体时，"在适宜担当统治的人身上掺了一些黄金……在那些辅助者身上掺了一些白银，在农夫和其他匠人身上掺了铁和铜"（3，415a—b），这三种不同等级（身份）的人即"挣工钱的人、辅助者和护卫者在城邦里各自做他们自己的工作，是正义。这就是正义"（4，434c）因此"一个城邦之所以被认为是正义的，乃是因为在城邦里天然生成的三个等级各自做他们自己的工作"（4，435b）；"每一个部分都在各司其职，无论是在统治，还是在被统治"（4，443a—b）。王晓朝译：《柏拉图全集（增订版）》中卷，人民出版社 2018 年版，第 114、133、134、145 页。总括而言，三个等级具有各自的身份性，最高等级用金子制成，他们是统治者或者是哲学家；其次用白银制成，他们是辅助者或战士；最低等级用铁铜制成，他们是各行业的普通劳动者。值得注意的是，在这个身份结构中，第一等级和第二等级中，身份与职业是一个概念；但在第三等级中，身份与职业则不是一个概念。看来，柏拉图是通过不同的标准，来解决高等级组成的单一和低等级组成的杂多的问题。

份构成了秦汉国家的身份秩序。然而，在爵制身份之外，还有许多其他身份的人群，他们中的一部分人被纳入在爵位体系中，随着爵位级差的变化而调整其身份；也有一部分人与爵位无缘，成为社会的另一种身份群体。如果这个现象不能得到解释，对秦汉国家和社会结构的认识就只能是表面的、不完整的或者是不准确的。国内外学术界对此研究的重点集中在隶臣妾（或徒隶）与庶人的身份上。《出土简牍与秦汉社会身份秩序研究》借鉴了有的法学研究者提出的"正身份"和"负身份"概念，沿着已有研究方向，提出了创新性判断，它指出秦汉时代的身份序列是"爵刑一体"，爵制身份为正身份，徒隶身份为负身份，由于庶人既可以由负身份的奴婢和罪囚通过"免"的方式成为庶人，也可以由正身份的有爵者，通过"废""夺"和"免"的方式成为庶人，因此衔接起正身份"爵"与负身份"刑"的枢点乃是庶人。① 这样，作者认为，秦汉国家全体社会成员基本都在这个身份序列中。

　　这个表述在逻辑上是明晰和自洽的，但它具有怎样的实在性呢？

　　在徒隶方面，作者的实证结论是：在已有的文献中没有发现一条"爵为公乘"同时又"刑为城旦"的例子，也找不到一条既"夺爵为士伍"同时又"免为庶人"的例子；甚至都是徒隶，也找不到一条同时既为隶臣又为鬼薪的例子。"一个人在那个时空中，只能是一种身份。公乘、城旦；士伍、庶人；隶臣、鬼薪，分别都是爵刑一体身份中的两个点，永远不会交叉存在。"②

　　在庶人方面，作者的实证结论是：传世文献中没有出现过一例作为身份标志的庶人实例，出土资料中仅有一例有疑点的"庶人"实例，由此可以推测秦汉时代没有"庶人某"这样的称谓。可是，《二年律令》又明确规定了庶人的权益，如此，庶人之存在确然无疑。③ 这样，问题就成为"庶人"概念其所指何在。作者通过分析户籍、各类名籍资料以及其他资料，提出的判断是，没有爵位身份或徒隶身份的一些人，是以"民""大男"或"大男子""民男子"等称谓加以表述的，这些人就是庶人。庶人的来源有正身份者（来自有爵者之下降）也有负身份者（来自徒隶之上升），这样，庶人身份是否是自由的，就不能一概而论了。具体说来，由正身份下降的庶人是自由的，从负身份获免的庶人对故主有依附关系，成为庶人的重犯尚须在官府劳作或成为复作者，但就总体而言，其身份是自由的。与正身份和负身份者相同，庶人身份也不是固定的，可以因赐爵和傅籍升为身份序列中的正身份。

　　作者以上论证是建立在尽可能全面的资料基础上的，对资料的梳理则是以表的形式呈现

---

① 贾丽英：《出土简牍与秦汉社会身份秩序研究》，第42页。
② 贾丽英：《出土简牍与秦汉社会身份秩序研究》，第6页。
③ 参见张家山二四七号汉墓竹简整理小组编著《张家山汉墓竹简〔二四七号墓〕》（释文修订本），文物出版社2006年版，第51页。

出来的。《出土简牍与秦汉社会身份秩序研究》有随文插表 24 个，书末附表 5 个，计 29 个表，与身份秩序研究有关的表占了三分之二，这是我看到的 "资料与研究随表" 较多的秦汉史著作。我所说的 "资料与研究随表" 指的是通过某项主题将相关资料集合在一起。这是归纳研究中的有效方法。而这有效性一个前提是对表题的设计。前面说过资料不会自动产生判断，实际上在研究工作中对资料的梳理和研究，对事物的事实判断和价值判断，通常也不是严格的前后相继过程，而是表现为彼此持续着的伴随和互动。《出土简牍与秦汉社会身份秩序研究》的《前三史正身份降为 "庶人" 汇表》《前三史赦殊死以下汇表》《两汉颁赦、减赎、赐爵次数汇表》《居延汉简、居延新简爵称汇表》《肩水金关汉简民爵爵称及年龄汇表》《秦汉赐爵表》《两汉减赎表》和《秦汉赦令表》等，汇集了已有的相关资料，我们看到在表的题定中，作者已经开始了研究。在历史学的惯例中，由此精细实证研究所支撑的判断，对于读者来说会有踏实之感。

　　"资料与研究随表" 不是近代才出现的方法。《史记》"十表" 用 "世表" "年表" 和 "月表" 三种编年方式，将三代至汉武帝时期的事件和人物综合叙述，其详今略古不完全出于司马迁重视现代史的考虑，应该还有资料积累方面的原因。① 尽管这些表主要是陈述的而不是研究的，但其中在资料的选择上必定会有作者的审慎判断，也就是说有了对经验对象的研究，如司马迁所说："故疑则传疑，盖其慎也。"② 因此，这在当时的历史编纂和研究上都是一个重要的创见。照多数古人的理解，所谓 "表" 的意义在于清晰地显示事物，③ 这就具备了 "资料和研究随表" 的基本要求之一。

　　在古代希腊，还出现了逻辑分析随表的早期形式。有些古代学者认为，将哲学引入雅典并影响了苏格拉底的阿那克萨戈拉（前 500—前 428）是 "第一个出版了带有图表的书籍" 的人。④ 这个说法可能是真实的，因为色诺芬讲述了他的老师苏格拉底的一个故事，在故事中，苏格拉底与一位名叫尤苏戴莫斯（Euthydemus）的自负青年讨论如何成为正直的人，苏格拉底先将 "正义" 和 "非正义" 分别用 "δ"（希腊文 "正义" 语词的第一个字母）和 "α"（希腊文 "非正义" 语词的第一个字母"）标出，放在两行上端，又将一些事例列在各自的纵行下。他先提出一个定义，在对这些事例辨析的过程中，原先预设的那个定义在不断检验中或被放弃

　　① 《史记·三代世表》太史公曰："五帝、三代之记，尚矣。自殷以前诸侯不可得而谱……至于序《尚书》，则略无年月；或颇有，然多阙，不可录。"《史记》（点校二十四史修订本），中华书局 2013 年版，第 623 页。
　　② 《史记·三代世表》太史公曰。《史记》（点校二十四史修订本），第 623 页。
　　③ 《史记·三代世表》《索隐》："应劭云：'表者，录其事而见之。' 案，《礼》有《表记》，而郑玄云：'表，明也。' 谓事微而不著，需表明之，故言表。"《正义》："表者，明也。明言事仪。"《史记》（点校二十四史修订本），第 623 页。
　　④ ［古希腊］第欧根尼·拉尔修著，马永翔、赵玉兰、祝和军、张志华译：《名哲言行录（上）》，第 2 卷第 3 章 "阿那克萨戈拉"，吉林人民出版社 2011 年版，第 73 页。

或被修改，直至完善。① 有的学者将此处"正义"和"非正义"两行译作"两边"，② 有的学者则译作"相反的两栏"（two opposite column）。③ 这些理解并无实质差别，都是准确的。

表之能够成为历史学（描述）和知识论（分析）的学术方式，是以分类的观念和"定位思维"的那种思想形式为前提的。我所说的"定位思维"指的是任何研究所必有之概念的确定，亦即任何概念必有之外延的准确。因此，研究工作中"表"的意义就不仅仅是古代中国学者所说的明晰性了，还需要分析性的介入。这个工作是自近代开始的。

近代归纳法的创始人培根，同时也是将归纳研究中资料和研究随表加以系统化的建筑师。为了讨论热的本质，培根设计了各种热物体的表（即"要质临现表"）、各种冷物体的表（即歧异表）和热度不定的物体的表（即"各种程度表"或"比较表"），目的是通过这些表来显示热与不同性质的物体的关系。④ 我以为培根归纳法有两项重要价值：

首先，它不仅看到了具有积极意义即与论题相合的那些现象，而且也看到了不具有积极意义的即与论题不相合的现象，即培根说的"法式应随所与性质之不在而不在，正不亚于它应随所与性质之在而在"。⑤ 这大体类似于逻辑学所说的必要条件和充足条件：相合的现象表明了它存在的依据，却无法完全说明它不存在的依据，只有将"在"与"不在"结合在一起，对现象的解释方可圆满。

其次，它区别了现象之重要性差异。无论是积极性的还是消极性的现象，其中都有某些部分格外重要，培根称为"享有优先（即特权）的事例"。这样的事例培根归类出 27 种，如单独的事例、隐微的事例、难逃的事例等等。⑥ 我们可以不同意培根的具体划分，但应该想到，一种现象必须与其他现象联系起来，它才能具有经验归纳的意义；同时，一种现象之重要与否不在于它自身而在于它与目标的关系。

在我看来，这两种联系对于今天的历史研究者来说，依然特别重要。略作补充的是，应该将培根所说的"不在"的例证进一步明确为相反的、相异的和未见到的三种情形。相反者表明了与陈述不同的情形，可能是某种例外，也可能导致对陈述的否定，最需要陈述者重视。相异者表明了某种中间状态，既不支持陈述，也不否定陈述，提醒陈述者考虑陈述的范围。未见者则限制了陈述的必然性，今天没有看到的资料或者没有观察到的现象，尽管从逻辑上说它是"空"的，但未必在以后不会出现，它同样提醒陈述者对陈述准确的自信感有所克制。这样，我就将论证的证据概括如下：

---

① ［古希腊］色诺芬：《回忆苏格拉底》第 4 卷第 2 章，吴永泉译，12—39，商务印书馆 2017 年版，第 141 页。

② ［古希腊］色诺芬：《回忆苏格拉底》，吴永泉译，第 146—155 页。

③ ［美］梯利：《西方哲学史》，［美］伍德增补修订，贾辰阳、解本远译，吉林出版集团股份有限公司 2018 年版，第 58 页。英文原版第 66 页。

④ ［英］培根：《新工具》，徐宝骙译，第 2 卷第 11—13 节，商务印书馆 2017 年版，第 130—159 页。

⑤ ［英］培根：《新工具》，徐宝骙译，第 2 卷第 12 节，第 133 页。

⑥ ［英］培根：《新工具》，徐宝骙译，第 2 卷第 22—51 节，第 177—324 页。

积极性的论据，即支持陈述的可信的根据；

非积极性的论据，即与陈述相反的、相异的和未见的根据。

在今天研究中我们所习惯的"资料与研究随表"方法，似乎缺少对非积极性论据价值的估计，即使有所关注，也只是作为自己判断的陪衬。我们的研究表或资料表大都是有利于自己判断的内容，或者是对积极性例证的富有热情思考，超过了对非积极例证本应有的同样程度的关注——我本人以往的一些研究也曾是如此，因此上面的这些思考也是我的自省。实际上，对非积极性例证思考的重要性和丝毫不亚于积极性的例证，二者并举方能更好地领会彼此之关联，增加陈述的合理性。这就是说，我们现下习惯的"资料与研究随表"的方法论是不够完善的，它存在着可能的漏洞；更重要的是，它还掩盖或忽略了可能存在的某些能够激发我们思考却没有进入我们思考之中的某些问题。基于上述这些理由，我以为应该对此有所改善。

四

在研究庶人问题时，由于没有发现"庶人某"的称谓，《出土简牍与秦汉社会身份秩序研究》问道：秦汉庶人去了哪里？这是向秦汉"现实"的发问。实际上，我们还应当问：秦汉庶人来自何方？这就要向秦汉以前的"历史"发问。"庶人"不是秦汉国家才有的阶层，无论这个阶层具有怎样的性质，它都是先秦时代数量众多的人群，是当时中国所有身份性人口中需要认真研究的客体。关于先秦时代"庶人"的存在状态和性质，作者回顾了中国古代社会形态讨论中的不同意见，这使得研究具备了必要的学术史起点。

认识"历史"是认识"现实"的基础，无论研究今天的"现实"还是研究"历史"的"现实"都是如此。秦汉的"庶人"并不完全等同于先秦的"庶人"，却与先秦的"庶人"有着千丝万缕的联系，它们是"子"与"父"的关系，既有"血缘"的遗传，也有成长的差异。如作者所指出的："中国古代先秦时期的'庶人'概念必然对秦汉时代产生重要影响。"① 因此，梳理和分析旧时代之变动着的和新时代之浮现出的所有因素，就可以帮助我们让问题变得更为明晰，让洞察力更具力量。这样，作者提出的"庶人"问题就可以有更多的思考：它既然是贯连起正身份与负身份的枢纽，它就不会是一种纤细的社会成分，就需要兼顾法律方面和法律以外的其他方面对其进行考察。"庶人"有三种状态即来源于正身份者、负身份者和暂时身陷缧绁中的人，其共同特征是大体自由的。

---

① 贾丽英：《出土简牍与秦汉社会身份秩序研究》，第5页。

作者这种历史描绘的出发点主要不在"庶人",而是在成为"庶人"的那些人;但如果以"庶人"为历史描绘的出发点,即由"庶人"成为"庶人"之外的那些人,并且将两个出发点结合在一起,我们看到的那个时代的社会政治情势,看到的那个时代身份变化的源与流状况,也许就会更为丰富清晰。

作者将"庶人"身份定义为"零"身份,这样的界定似有讨论余地。在现代逻辑学中,"零概念"(zero concept)与"虚假概念"(false concept)同义,指的是"没有正确地反映事物的特有属性的概念",这是因为在客观世界中并没有与之相应的事物,它的外延的分子数目是零。① 在本书中,作者所指"庶人"之"零"身份当然不是这种意义上的"零",其所指的乃是连接较高身份(正身份)和较低身份(负身份),并且可以上下变动的中间身份。如果这样理解,作者的论述就不存在逻辑上的困难了。不过,考虑到"零"概念在逻辑学上已然确定,若借用此"名"而未具其"实",或致歧义误解。因此,我的建议是,可以考虑对"庶人"身份是否还有其他可能的界定,这种界定需要的是基本前提,它不仅将"庶人"作为其上阶层与其下阶层的连接点,而且也将之作为时代变局中的群众基础。

不仅在"庶人"问题上,而且在与秦汉时代身份秩序有关的问题上,以及在秦汉国家和社会结构的所有方面,"历史"的观照都极为重要。先秦时代王权贵族制的基本特征是分封、等级、宗法和世袭,由这三个方面决定的身份制度本质是上层社会的制度,它主要通过"礼"来规范。春秋战国时期关于"礼"学说主要是由儒家主张和发展的。照冯友兰的说法,在儒家学说中,"礼"是一个内容丰富的综合概念,它的功能是对人的欲望的限制;在实践中它显示了三种意义:礼仪或礼节,行为准则和调节人际关系。② 可是,"礼"的对象并不是全体人民而只是贵族,"礼"的力量主要也不是暴力强制而是非法律的规范;因此,它就无法将全体人民动员和控制在国君手中。《商君书·更法》和《新序·善谋》都说商鞅变法的起点是在前所未有的"世事之变"即时代大变局下,以"正法之本"和"使民之道"为杠杆的政治应对,③ 这正是出于国君通过"法"掌握动员和控制全体人民权力的考虑。

商鞅及其后学学说的一个重要内容是厚赏重刑,它认为"文(赏)武(刑)"并举是"法之约"即法度的纲要。④ "文"或"赏"可以是赐爵,而"武"或"刑"可以是夺爵。法家政治理论的思想基础在很大程度上依赖于它的人性论,这在《韩非子·八经·因情》中明确

① 《逻辑学辞典》编辑委员会:《逻辑学辞典》,吉林人民出版社 1983 年版,第 694 页"虚假概念"条、第 801 页"零概念"条。

② 冯友兰:《中国哲学简史》,涂又光译,第 143 页。

③ 高亨注译:《商君书注译》,中华书局 1974 年版,第 13—14 页。(汉)刘向编著,石光瑛校释:《新序校释》,中华书局 2001 年版,第 1153—1154 页。

④ 《商君书·修法》,高亨注译,《商君书注译》,第 110 页。

表述为"凡治天下，必因人情。人情有好恶，故赏罚可用，赏罚可用则禁令可立，而治道具矣。"① 法家所说的人性指的是包括避害和趋利在内的人根本的自然属性，亦即性"恶"说，这有似于近代西方霍布斯和斯宾诺莎所说的"自我保全"的人性观；② 但后者将"自我保全"的权力归之于个人，而法家则将这个权力归之于君主。《商君书·去强》"兴国行罚，民利且畏；行赏，民利且爱"③ 的诉说，讲的就是这个道理。

先秦时期最富理性精神的法家学派反对"言者迂弘""行身离世"，④ 其思考虽是急功近利的，却也是理性的，而且显示了理性中冷峻和残酷的方面。它的错误不在于它的"性恶"学说的所有依据，那些都是真实的；也不在于它特别强调了人性中最基本的东西，将之作为其学说的基础，那些也恰是它的过人之处；正如它进化的历史观在当时是革命的，这些内容都是值得肯定的。法家的错误在于它是用对人性的君主政治裁剪来控制人性，在于它鼓吹使用直接暴力或间接暴力的方式建立起社会秩序，在于它对普通人生存权利的极度蔑视，其后果之有害，已经由历史证明了。

"礼"肯定了世袭身份的延续，而"刑"则打破了身份的固定性。战国时代法家学说是惩罚、激励和教化相结合的理论，即"壹赏、壹刑、壹教"⑤，大略云：

> 所谓壹赏者，利禄官爵搏（专）出于兵，无有异施也。
>
> 所谓壹刑者，刑无等级，自卿相将军以至大夫庶人，有不从王令，犯国禁，乱上制者，罪死不赦。
>
> 所谓壹教者，博闻、辩慧、信廉、礼乐、修行、群党、任誉、清浊，不可以富贵，

---

① 《韩非子·八经·因情》，梁启雄：《韩子浅解》，第448页。《慎子·因循》有类似的主张："天道，因则大，化则细。因也者，因人情也。人莫不自为也，化而使之为我，则莫可得而用焉。"[（战国）慎到著，许富宏校注：《慎子集校集注》，中华书局2013年版，第24页] 王叔岷曰："赵蕤《长短经·是非篇》引《孟子》佚文与《慎子》此句全同。"（《慎子集校集注》，第25页）但"人莫不自为也"的主张，与孟子性善说相异，不当为《孟子》书佚文。因此，这句话应该是慎到的主张而不是孟子的思想。侯外庐等认为慎到是由道到法的过渡性人物，这段话是这种情况的证据（侯外庐、赵纪彬、杜国庠：《中国思想通史》第1卷，人民出版社1957年版，第601页）现有资料，韩非之前，后期墨家提出了"因情"而推出某事之说。如《墨子·大取》"智与意异"条中"因请复""以其请得"，孙怡让云："请"当读为"情"[（清）孙怡让撰，孙以楷点校《墨子间诂》，第374—375页] 说是。不过《大取》说的"情"所指并非儒家孟子性善或荀子和法家性恶那种意义上的人的自然本质属性，而是常情。而慎到所说的"因人情"云云，则包含了与《韩非子》相近的判断，其中的道家成分要少于法家成分。韩非还说："人皆挟自为之心"（《韩非子·外储说左上》，梁启雄：《韩子浅解》，第137页），这也与慎到的用语相同。因此，《韩非子》"因情"说可能是对慎到"因人情"说的发展。

② [英]霍布斯：《利维坦》，黎思复、黎廷弼译，第14章"论第一与第二自然律以及契约法"、第21章"论臣民的自由"，商务印书馆2017年版，第98—99、162—173页；[荷兰]斯宾诺莎著，贺麟译：《伦理学》第三部分"论情感的起源和性质"命题6—8；第四部分"论人的奴役或情感的力量"命题20—22，商务印书馆1998年版，第104—105、185—187页。

③ 高亨注译：《商君书注译》，第46页。

④ 《韩非子·外储说左上·经一》，梁启雄：《韩子浅解》，第267页。

⑤ 《商君书·赏刑》，高亨注译，《商君书注译》，第126页。

不可以评刑，不可以独立私议以陈其上。①

　　上述文字引自《商君书·赏刑》，一般认为此篇是商鞅本人的作品。② 据此，"赏刑"可能是商鞅发明的一个合并语词，以后又成为法家的政治学的核心语词之一。《韩非子》每以"赏刑"并提：《饰邪》篇云"故贤王明赏以劝之，严刑以威之"。③ 《心度》篇云："夫民之性，恶劳而乐佚，佚则荒，荒则不治，不治则乱而赏刑不行于天下者必塞"④。赏与刑在战争年代这两桩举措最有效，也是"教"之依赖者，这正是"教"为何要放在三者最后的缘由，也可能是《赏刑》篇论述了赏、刑、教三个事项，却在篇目中略去"教"这一事项的缘由。

　　法家主张的一贯性随着强化君权而丰富。商鞅提出"赏厚刑重"，韩非子肯定这个主张⑤，并将"德（赏）"和"刑"更加明确为是专属君主的"二柄"。"二柄"既施之于"臣"也施之于"民"⑥，这样整个国家的所有人口都直接或间接地控制在君王的手掌之内。如果考虑到法家政治主张在战国时代的决定性影响，我们就会理解在此军国体制下的身份之依靠刑赏调整的必要性；就会理解何以在古代中国早期的历史进程中，走上了与古代希腊城邦不同的政治道路：在这个政治和社会结构中，它动员和控制的是全民，而不是像古代希腊那样，将人分成"公民"和"奴隶"，奴隶是私人的，主要受其主人而不是受国家控制（也许斯巴达是一个例外），减弱了国家（君主）的政治力量；从而也就会理解古代中国在王权贵族政治瓦解后走向皇权官僚政治之历史必然。

　　身份的爵位序列在西汉中期以后逐渐衰微，这是多种因素的结果，需要更为仔细地考察。但是有一点似乎是明确的，那就是这种爵位是适应战争时代的准军事身份制度（二十等爵在形式上与军事上的军衔制是相似的），在和平时代必然会遭到多样化生活方式和非战争时期国家常态化管理面临的诸多问题的冲击。汉初人所说的可以"马上得天下"与不能"马上治天下"的矛盾用在这里也是合适的。如果和平岁月足够久长，这种以战争和征服为鹄的

---

　　① 《商君书·赏刑》，高亨注译，《商君书注译》，第127、130页。
　　② 高亨说："根据《商君书》本文，有7篇很明确是作者献给秦君的书奏（也有可能是献给其他国君者）"，而《赏刑》篇三次出现"此臣"云云的文字，故可定为是商鞅本人的奏言。见高亨《〈商君书〉作者考》，高亨注译，《商君书注译》，第8—9页。
　　③ 梁启雄：《韩子浅解》，第137页。
　　④ 梁启雄：《韩子浅解》，第517页。
　　⑤ 《韩非子·定法》："问者曰：'申不害、公孙鞅，此二家之言孰急于国？'应之曰：'是不可程也……法者，宪令著于官府，刑［赏］罚必于民心，赏存乎慎法，而法加乎奸令者也。'"梁启雄：《韩子浅解》，第405—406页。
　　⑥ 《韩非子·二柄》论述了施之于"臣"："明主之所以导制其臣者，二柄而已矣。二柄者，刑、德也。何谓刑、德？曰：杀戮之谓刑，庆赏之谓德。为人臣者，畏诛罚而利庆赏，故人主自用其刑、德，则群臣畏其威而归其利矣。"《韩非子·八经·因情》论述了施之于"民"："君执柄以处势，故令行禁止，柄者，杀生之制也……故赏贤罚暴，举善之至者也……赏莫如厚，使民利之；誉莫如美，使民荣之；诛莫如重，使民畏之；毁莫如恶，使民耻之。"梁启雄：《韩子浅解》，第448—449页。

的身份制度就会名存实亡直至瓦解。西汉中前期司马迁说"庶人之富者或累巨万"①，东汉后期仲长统说："豪人货值，馆舍布于州郡，田亩连于方国。身无半通青纶之命，而窃三辰龙章之服"，"荣乐过于封君，势力侔于守令"②。这两段的文字好似一个有着渐强音的故事的首尾，真实而有富有形象感。以爵为核心，以刑赏为杠杆的秦汉身份制度源自法家基于人性依据的设计，然而这个设计在很大程度上却也是被人性打破的。

同时，还有一点似乎也是明确的，而且是更为重要的，那就是从春秋尤其是战国以来的历史大变局中，君权或皇权的中心地位始终稳定着且不断强化着。没有其他本位，无论是战国秦汉时代的爵位还是官位，都是由君权或皇权育衍的，而且官权在这种政治背景下有可能成为微缩的君权或皇权，这种表现我称之为"皇权与官权的内化"，它的内涵是皇权与官权的同构，它的外延是这种政治机体通过自我复制而孳生的一切皇权和类皇权个体。由于它是稳定的，因此这种方式就成为中国王朝历史循环的政治和社会基础。爵位和官位围绕着皇权这唯一的本位而延伸、而丰富、而深化，体现了早期皇权国家的特征。尽管秦汉之后，爵位制度并没有完全消失，其赏嘉作用也还存在，但却被缩小为仅用于对贵戚勋臣的荣誉，而不再作为将国家与社会密切联系在一起的普遍的制度。爵位序列之退出历史舞台，乃是因为皇权国家看到更有效的统治方式，这就是皇权与官僚体制的内化结合。

对秦汉皇权官僚国家和社会的讨论由来已久。如果以1975年睡虎地秦简的出土和1978年这批资料整理刊布为新的研究起点，以及此后近半个世纪以来相关出土资料的持续发现和刊布，这项研究工作达到了新的高度。我们不仅在一些细节上获得了更多的知识，更重要的是在对秦汉社会结构的认识上也获得了一些令人耳目一新的重要进展。如何继续推进这项有助于认识中国历史发展道路的重要工作，贾丽英教授《出土简牍与秦汉社会身份秩序研究》提供了一个很有意义的研究实例，我相信读者会从这部著作中获得启发。如果用扼要的文字概括我的结论，那就是我们的研究既应以小见大，也应以大驭小，要超越材料个别性和现象性的局限，在事物联系的过程中通过概念的提出、命题的陈述、推论的合理以及思想的进入，发现其性质。

五

最后，我想谈几句由阅读《出土简牍与秦汉社会身份秩序研究》联想到的一个更为一般

---

① 《史记·平准书》太史公曰。《史记》（点校二十四史修订本），第1738页。按，司马迁这句话虽然说的是李克（李悝）变法后战国的情形，但这与法家改革的历史实际并不一致。他所说的应该就是武帝初年"纲疏而民富，役财骄溢，或至兼并豪党之徒，以武断于乡曲"［《平准书》。《史记》（点校二十四史修订本），第1714页］的景况。

② （汉）仲长统：《昌言·损益》，孙启治校注：《昌言校注》，商务印书馆2012年版，第279页。

性的问题：历史研究者所"见"和所"识"的能有范围和应有范围。

　　研究思想史需要与政治史和社会史相融会，这个主张在今天差不多已经成为许多思想史研究者的"公理"了。我想指出的是，这个"公理"似乎并不是有些人所认为的那样，说它适用于一切思想。如果我们作粗线条而不是精确分类，包括伦理学、历史观念、政治和社会思想以及美学在内的观念，都无可避免地受此"公理"制约。何为存在，以及存在的特征、形态和属性这类形而上学的思想，以及与知识相关的所有内容，部分受此"公理"制约。有关思维的思想即逻辑学则主要不在此"公理"的范围之内，即纯粹的逻辑证明可以不受社会和政治情势的影响，而满足于由概念到概念的证明，或者满足于由思想到思想的变化，等等。也就是说，思想愈是纯粹，愈是在"形象之外"，就愈具有独立性而愈少受到他物的影响；一物体各分子之差异和彼此联系之程度，决定了此公理的意义。

　　然而，仅有联系还不足以构成此"公理"的充要理由，如果这种联系仅仅是并列关系即"事实"，而没有在彼此之间发生了联系和影响，特别是产生了联系和影响的结果即"事件"，此"公理"就是无效的；只有发生了"事件"而不是只有"事实"存在，我们才可以说"融会"是必要的，才可以说此"公理"是有效的。

　　很明显，与所有人类内在精神活动有别的外在行动的历史如政治史（尤其是政治制度史）、社会史等，都是需要与思想相融会的内容。但在今天融会的主张似乎并没有得到必要的重视，我们看到的政治史和社会史等的研究，与思想的历史或多或少是分开的。"行动的历史与思想的历史的融会"，还没有成为一个"公理"。

　　一般来说，"公理"不是由经验证明的，而是由逻辑关联赋予的，在此意义上我们可以像亚里士多德那样，把人类外在活动的历史融会于思想的历史这一"公理"，称为没有命题先于它的"自明"之物。① 我们所说的这两个融会即"思想融会于行动"与"行动融会于思想"在认识论上基于的是同一个逻辑基础，即它们原本就是一体的，而一体内之物彼此相关和影响，产生的是"事件"而不只是"事实"：心灵的活动影响或者潜在地影响了行动，而行动的过程和结果也影响或者潜在地影响了心灵。或者说，只有心灵而没有行动的显示，只有行动而没有心灵驱动，都是不可能的。

　　对于"思想史"的范围，我们可以有不同的界定。如果基于两个"融会公理"之依据，似乎就应当对"思想史"给予广义的理解：它是有关存在的形而上学，由此影响了我们对历史的哲学性的认识，战国秦汉时代的"五德终始说"和"三统说"就是这样的例子；它是有关人类事务的系统化的思想，由此影响一个时代政治、经济和文化建设，春秋战国时期的

---

　　① 亚里士多德的原话是："从最初前提出发即是从适当的本原出发。'最初前提'和'本原'我指的是同一个东西。证明的本原是一个直接的前提。所谓直接的前提即是指在它之先没有其他前提。"［古希腊］亚里士多德：《后分析篇》，余纪元译，第1卷，72a5；苗力田主编：《亚里士多德全集》第1卷，中国人民大学出版社2016年版，第249页。

各家学说的主要内容就是这样的例子；它是有关思维的思想，因为通过逻辑的提出和应用于政治社会事务，帮助了对"形象之内"各种活动的认识，孔子的"正名"以及墨家、名家、荀子的逻辑学说就是这样的例子；它是某些集体或个人对事物的认知，虽然不是有条理的或者也不是基于理性的意识，然而却可能对一个时代人类活动的形式和内容，以至时代的走向产生影响，激情与迷狂也能成为撬动历史的杠杆。尽管在所有时间中尤其是在历史的重要时刻，总是能看到某个或某些个有体系的思想发挥着巨大影响，看到理性的力量。但是，具体到特定对象，我们却不能说只有理论化的或有体系的思想才有融会的意义。或者被划入到理性领域中的那些精神活动才有融会的价值。"行动历史与思想历史的融会"这个命题的出发点，是人的全部活动与人的全部心灵的融合，它的终点则是人性历史的表达。那么，它是何以可能的呢？

从更为广阔的视野看，历史如同今天，还可以假设也包括未来，人类在其间所表现出来的无数千差万别的活动，乃是聚合在"人"这一整体之中的，其中的许多活动都很难用某个定义来概括。例如，我们就很难将人类生存所依赖的最基本的活动"食"与"色"仅仅定义为充饥和繁衍，因为在此类行为之中包含了许多超出此类行为的内容。

我们之所以能够在知识上将这些活动"区分"为政治的、经济的、社会的、思想的、宗教的、伦理的、文学艺术的、心理的以及自然科学的等等单元，是人类的理性成就。这个成就是应该赞美的，却又不是可以完全赞美的。为此成就，我们付出的代价是将整体性思维转换为个别性思维，或者让整体性思维服从于个别性思维。在个别性思维中，其所属的那个单元，就很难见到被理性区别开来的其他单元的内容。这样，本来是用于提高专业化程度的"区分"，却在很大程度上成为各足其足和各美其美的"隔离"；尤其是，作为人类是其所是的基础的"人性"，被有意无意地忽略了。如果不将任何"个别"看作整体的许多分子之一，如果不用整体思维去理解"个别"，如果不从人性的角度出发去理解文明，我们可能就会失去许多极其重要的东西：我们描述的历史就是一台运转着的没有生命的机器，而不是有血肉、有欲望、有目标、有创造力并且是在永远实践着的人类。如果说在历史曾经由于不恰当的预设，目的论对自然科学的发展造成的损害是严重的；那么我们也应该有同样的理由说，机械论对社会科学发展的阻碍也是严重的。我曾将历史学的实践性作为历史学的一项基本原则。[①] 这里我想强调的是，从根本上说，历史学之所有意义，乃是因为它来自实践，它是人类活动实践性之映现于我们精神世界的结果。换言之，人类的活动决定了历史学的活动，人类成长的实践性决定了历史学成长的实践性。如果我们承认这个假设是有效的，我们就应该对历史给予整体性的思考，就应该对历史给予人性的理解和人道的衡量。而人性则是

---

① 彭卫：《再论历史学的实践性》，初刊《清华大学学报》2016 年第 3 期。收入李振宏主编《当代历史学的理论思考》（河南大学出版社 2024 年版），对个别资料和行文作了修订。

一个既重要却又很不轻松的问题，需要另文讨论。

　　附记：本文的部分内容作为《出土简牍与秦汉社会身份秩序研究》一书序文随该书出版，本文是增修版。手边缺许富宏《慎子集校集注》和朱师辙《商君书解诂定本》，张欣副编审提供电子版，谨致谢意。

多卷本《中国环境史》评介

王 昊*

（河北师范大学历史文化学院，河北石家庄，050024）

环境史研究于 20 世纪六七十年代率先在美国发轫，之后在世界各地逐步兴起并发展起来。20 世纪 90 年代，"环境史"作为一个正式的学术概念被引入国内，自此逐渐发展成为目前史学界的热门研究领域之一，近年来不断涌现出新的研究成果。由河北师范大学环境史研究中心承担的教育部哲学社会科学研究后期资助项目的成果——多卷本《中国环境史》于2020 年 6 月至 2022 年 8 月由高等教育出版社陆续付梓。该成果分为先秦卷、秦汉卷、魏晋至宋元卷、明清卷、近代卷和现代卷六册，共计 180 余万字，主编戴建兵、副主编刘向阳，各卷主编分别为张翠莲、王文涛、谷更有、孙兵、徐建平和张同乐。该书突破传统的王朝史和断代史的编写范型，"按照历史时期不同时段文明演进的核心特色与环境变迁的自身规律作为分卷的标准"，[1] 在充分吸收前人研究成果的基础上，系统考察了我国上自先秦，下至当代的人与自然相互影响、协同演变的历史过程，勾勒出中华文明演进过程中人与自然关系的总体变迁轨迹。

一 环境通史的编纂具有重要的学术价值和现实意义

作为新的学术概念和历史学新研究领域的环境史在我国起步较晚，但在此之前，历史地理学、考古学、农林史等领域已经积累了大量与环境史密切相关的研究成果，为国内环境史研究的开展奠定了良好的基础。国内环境史研究自 20 世纪 90 年代开展以来，无论环境史理论与方法的探索，还是气候、水资源、动植物、土壤、疾病、自然灾害等环境要素及其与人

---

* 王昊，1989 年生，男，河北东光人，历史学博士，讲师，研究方向为唐宋社会经济史。

① 戴建兵主编，张翠莲等著：《中国环境史·先秦卷》，高等教育出版社 2021 年版，"丛书总序"，第 15 页。

类互动关系的专题研究，抑或考察具体时段人与自然互动关系的断代环境史、具体空间范围内人与自然互动关系的区域环境史，都已取得较为丰硕的研究成果。然而目前全面系统考察历史上人与自然互动关系的整体性、综合性与长时段的通达研究仍不多见，中国环境史的具体门类的研究"并不能全面、系统地解说中华民族与所在环境之间的复杂历史关系"①，有必要开展全面和总体的环境史研究，把握中华文明演进过程中人与自然关系的演变过程和规律。不仅如此，国内环境史研究自开展以来已有 20 余年，梳理总结前人研究成果，编纂系统的环境通史，对反思已有研究取得的成就和存在的问题，努力完善中国环境史的学科体系、学术体系和话语体系，推动环境史研究的进一步发展具有积极意义和重要的学术价值。

我国环境史研究的兴起和发展也是现实需求推动的结果。20 世纪八九十年代以来，随着我国社会主义现代化建设的迅速推进，生态环境问题也日趋严重，对我国经济和社会的持续发展以及广大民众的身心健康构成威胁，党和国家为此采取了一系列应对环境问题的措施。尤其党的十八大以来，党中央大力推进生态文明理论创新、实践创新和制度创新，"坚持人与自然的和谐共生"成为新时代坚持和发展中国特色社会主义的基本方略之一。该书通过长时段全面探究历史上环境变迁的过程、动因和结果，反思现实问题形成的历史源流，总结人与自然互动关系的规律特点，发掘应对环境问题的对策、经验和教训，有助于推进生态文明和美丽中国建设，具有强烈的现实关怀。

二　研究内容全面且重点突出，抓住了各个时期人与自然互动关系的核心特征

基于不同时代人与自然互动的维度差异，《中国环境史》每卷的内容既有重合，又略有不同。整体来看，气候变迁、森林砍伐、动物的迁徙消长、水环境与水资源利用、农业开发、自然灾害等内容各卷均有涉及。除了这些内容以外，各卷又根据不同时期文明演进的核心特色与环境变迁的自身规律而各有侧重。

先秦时期中华文明初兴，农业起源、人类定居、国家产生等因素影响了人类适应和改造自然的基本模式。先秦卷不仅探讨了环境变迁与中华文明形成的关系，环境变化对人类的居住方式、生计模式和文化兴衰的影响，而且重点通过考察普通聚落的形成与演化、城市的起源与发展、河道的治理与水利设施的修筑、原始宗教的兴起对自然环境的损益以及战争对生态环境的破坏等内容，探索原始先民选择、适应与改变自然环境的动态发展历程。该卷还论及先秦诸子的环境保护思想，以及国家产生之后的环境管理制度与法律禁令，这些多为后代

---

① 王利华：《生态史的事实发掘与事实判断》，《历史研究》2013 年第 3 期。

环保思想和管理制度的滥觞。

秦汉时期我国完成了大一统的中央集权化，成为整体的国家，以制度、权力和组织为核心对自然的进攻和改造能力得以大大提升。秦汉卷以农业生产发展和农牧业范围的变化为切入点，考察秦汉时期人口、垦田的变化，以及"山西""山东""江南"和龙门、碣石以北几大经济区的土地资源利用情况及其对生态环境的影响。该卷还对汉代洛阳和河北地区的自然灾害与环境开展个案研究，反映了当时政治中心和经济重心地区人与环境互动的多种面相。先秦时期即产生的月令、时令观念到秦汉时期影响越来越大，反映了时人顺应天时的观念，蕴含着丰富的生态保护思想，道教的产生也为认识人与自然的关系提供了深邃的生态智慧，该卷对这些问题的考察抓住了秦汉时期环保思想的时代特色。

魏晋南北朝至宋元的一千多年是我国历史上的重要变革时期，政权的分立与统一，人口迁徙与民族融合，南、北方经济地位的变动与经济重心的转移，政治制度、经济结构、文化风尚等诸多深刻变化，无不或多或少地影响了人类活动与生态环境的关系。所以该书突破传统的王朝史和断代史划分，把魏晋南北朝唐宋辽金元合为一卷。该卷对气候变迁与民族迁徙、经济重心转移、森林植被消长与黄河中下游河道变迁及其应对等以往学界关注的问题做了进一步探讨，而且以人口数量与分布区域的变化为切入点考察区域经济发展与生态环境的关系，对经济重心南移背景下的区域环境变迁、南方地区的农业开发、自然环境与手工业的兴衰等问题给予了更多的关注。此外，该卷对士人阶层和佛教、道教以及农书、林艺典籍反映的环保思想的考察，也突出了这个时期思想文化演变在人与自然关系认识方面的影响。

明清时期气候变迁对社会经济造成较大的影响，人口的增长与流动、美洲作物的引种加快了山地丘陵和边疆地区的开发进度，同时也带来了环境问题，是这个时期人与自然互动关系的突出表现。明清卷开篇即对明清小冰期的气候变化及其影响下的农业经济兴衰、社会波动进行分析，进一步深化了对这个时期气候变迁与社会响应的关系的认识。该卷还用较多篇幅考察人口持续增长和迁移、耕地扩展和美洲作物引种推广及其与环境变迁的关系，凸显了明清时期人类系统与自然系统相互影响、协同演变的时代特点。

近代以来，随着铁路、公路等交通运输业的兴起，西方农业新技术的引进，城市近代化、工业化的发展等因素的影响，环境问题更加突出，一些环境保护机构设立、环境保护法规颁布，环境保护与环境治理得到更多的关注。近代卷围绕近代社会呈现出的人与自然关系的新特点重点考察了以下问题：农业新技术的推广尤其是化肥的使用、农作物品种的引进改良对农业生产和环境的影响；近代工业化进程加快、经济发展对城市环境变迁的影响；近代环境保护机构的设立与环境保护法规的颁布对环境治理的积极意义。随着近代西方环保思想的传入，环境问题受到更多人的关注，该卷还通过对孙中山、熊希龄、李仪祉和竺可桢等人的环保主张的剖析，揭示出近代环保思想的新特点。

中华人民共和国成立以后，我国社会经济发展进入新的阶段，在现代化建设过程中，经济快速发展，资源过度开发，生态环境持续恶化，随之环境保护力度也不断加大。现代卷着重考察了"大跃进""文化大革命"时期不合理的发展方式，农药、化肥大量使用，不合理开采地下水等对农业生态环境的不良影响，工业化推进过程造成的资源过度开采和环境污染，集中反映了现代化建设进程中人与自然关系出现的问题。同时该卷也注意到1949年以来党和国家对环境问题的不断重视，环境保护工作力度的不断加大以及我国环保事业的发展。

三　研究资料丰富且征引翔实，提出了许多新的认识

"史料是做好生态环境史研究的关键。史料之于史家，犹如食料之于厨师。"① 编纂多卷本环境通史这样的鸿篇巨制自然要特别重视史料的搜集。传世文献中关于环境史的记载分布不平衡且比较分散，反映的环境信息残缺，② 需要广泛搜集各类文献，深入发掘其中的环境史信息。该书充分发掘不同时期文献记载和考古资料中的环境史信息，征引文献丰富翔实，为系统反映各个历史时期人与自然互动关系提供了坚实的资料基础。

先秦卷对有限的传世文献重新解读，而且特别重视对考古资料的详尽剖析，发掘考古报告中反映的原始先民生存环境、食物来源、生产工具、聚落形态和布局等信息。秦汉、魏晋至宋元和明清三卷结合传世文献的特点，发掘不同类型史料中蕴含的环境史信息，如正史中地理志、河渠志、食货志、天文志、五行志等史志部分关于区域环境、河流、人口、灾害等信息的记载；《水经注》《桂海虞衡志》等地理类著作关于山川河湖、动植物、区域自然环境等的记录；《太平经》《五灯会元》等道教、佛教文献关于环保思想的记载；《神农本草经》《齐民要术》等医书、农书中有关动植物及其栽培、养殖技术的内容；诗歌、散文等文学作品中反映的当时的气候、山川、河流、动植物等信息；地方志中关于区域物产土俗、山川河湖、人口、灾害等的记载……除此之外，这三卷也注意简牍、碑刻、文书等文献的运用，如秦汉卷利用简牍资料对居延地区植被的考察，明清卷利用碑刻资料对农田水利事业与水资源盈缩的研究。近代和现代两卷则特别注意档案、报纸、杂志等文献关于气候、灾害、污染事件，以及环保政策与实践等内容的记载。

该书在全面搜集、深入解读史料的基础上提出了许多新的认识。从20世纪70年代国人开始重视环境保护起，我国历史上以农业为主线的开发方式及其过程的研究大都认为是"环境破坏论"，这种观点的局限性在于"论者总是将人与自然、社会与环境看得相当对立，判

① 王利华：《徘徊在人与自然之间——中国生态环境史探索》，天津古籍出版社2012年版，第250页。
② 周琼、耿金：《中国环境史纲》，高等教育出版社2022年版，第85页。

断二者彼此总是处于一个矛盾激烈的关系式之中，甚至把二者看作是一个不变的矛盾体"①，该书注意到人与自然互动的纵向过程不仅包括衰败，而且包括和谐，"特别注重挖掘衰败与和谐的结构耦合点和地方性知识，找寻生态盈余与生态赤字的具象化表现，总结人类活动与生态承载力的耦合点与失序点"②。如先秦卷考察了新石器时代原始先民通过栽培作物、驯养动物、改进工具等方式主动适应环境的四个阶段，秦汉卷考察了秦汉时期时人通过兴修水利工程、发展漕运和捕捞养殖等方式对水资源的利用，均反映了古人与自然和谐共生的一面。魏晋至宋元卷通过考察这个时期手工业与自然环境的关系，指出魏晋至宋元时期手工业对环境的破坏有限，其对自然环境的依赖程度远远高于破坏程度。③ 明清卷在对这个时期人与自然关系的系统考察之后认为明清时期由经济开发而引发的环境变化包括环境改善、环境优化、环境修复等多种情形，但环境恶化、退化的情形似乎并不是主流，不宜过分夸大人类对环境的影响力。④ 这些都是对以往研究"环境破坏论"倾向的纠正。

再如目前国内学界比较集中于古代和世界环境史研究，对中国近现代环境史的研究相对薄弱。该书近代卷和现代卷比较全面地考察近现代环境与社会变迁，其中关于不同地区经济发展与城市环境变迁的关系，近代专门水利机构的设立与组织管理，中华人民共和国成立以后重大污染事件的环境史个案研究，以及现代海洋环境史研究等，均是以往研究关注较少的问题，这两卷在充分占有史料的基础上提出了许多新的认识。

四　研究方法多样且使用得当，做到通史视野与微观分析的有机结合

关于环境史的定义和研究内容，学界仍存在分歧，但环境史是跨学科的研究这一点已经成为共识。该书的编纂充分实践环境史的跨学科研究，每卷均注意吸收生态学、地理学、气象学、生物学、人类学、民族学等多个学科的研究成果和方法，"追求文理交叉渗透，推进科学与人文的融合，把中华文明演进的生态背景置于重要地位，改变了传统史学纯粹的人文分析路径"⑤。

通过借鉴多学科的方法，实现了研究路径的突破。该书编写紧紧围绕人与自然的关系和人与人的关系这两对环境史的核心范畴，突破了许多研究从林业、农业、水、疾病等单一因

① 侯甬坚：《"环境破坏论"的生态史评议》，《历史研究》2013年第3期。
② 戴建兵主编，张翠莲等著：《中国环境史·先秦卷》，高等教育出版社2021年版，"丛书总序"，第12页。
③ 戴建兵主编，谷更有等著：《中国环境史·魏晋至宋元卷》，高等教育出版社2022年版，第134页。
④ 戴建兵主编，孙兵等著：《中国环境史·明清卷》，高等教育出版社2021年版，第287—290页。
⑤ 戴建兵主编，张翠莲等著：《中国环境史·先秦卷》，高等教育出版社2021年版，"丛书总序"，第14页。

素切入的单维叙事结构，将气候、土壤、生物、地形等生态因子及其与人类活动的互动放入通史性的总体框架之中，构建人类与环境互动和文明演进的综合结构系统。其在研究路径上注意宏观视野与微观分析的有机结合，"在勾连微观区域生态系统的有机联系与相互作用的长效机制中，透视人与自然关系世界的总体变化，最终实现小生境与大世界的统一"①。如先秦卷以安阳殷墟地区为例来探索先秦时期环境变迁与人类活动、聚落演变的关系；秦汉卷通过汉代洛阳与河北自然灾害的个案研究来深化对汉代环境与社会的认知；近代卷由顺直水利委员会、华北水利委员会和长江水利委员会来探析近代环保机构的设立和组织管理情况等，都是通过"小生境"的微观分析来反映人与自然互动的"大世界"。

　　当然，编纂这样一套体例庞大且无先例可循的环境通史难免会存在一些不足：该书各卷的气候、动植物变迁部分多由自然科学领域的学者撰写，缺乏传统史学的人文分析，对气候、动植物变迁与人类活动互动关系的考察似嫌不足；生产技术的改进与工具的革新是人类适应环境变迁与区域差异的结果，推动人类社会进步的同时也使人类对环境的影响更加深刻，该书或可对这方面给予更多关注；由于编纂人员众多，该书的部分内容偶有重合，语言风格略有差异，当然这也是合编著作很难避免的问题。另外，编纂环境通史的体例划分如何兼顾文明演进与环境变迁的时段特征和区域差异，也是值得进一步思考的问题。尽管如此，作为国内环境史学界少有的通史性论著，该书的问世对推动中国环境史学科体系的完善和相关研究的纵深发展具有重要意义。

---

① 戴建兵主编，张翠莲等著：《中国环境史·先秦卷》，高等教育出版社 2021 年版，"丛书总序"，第 10 页。

《历史文献前沿》 征稿启事

　　《历史文献前沿》是由河北师范大学历史文化学院、古籍整理研究所主办、《历史文献前沿》编辑部编辑出版的历史文献类学术集刊，拟每年出版两辑。刊物拟开设"甲骨金文""简牍文献""文献考辨""版本校勘""域外文献""学术述评"等栏目。为更好地促进学术交流，提升刊物质量，特向广大专家、学者征求以上方面的佳作，望不吝赐稿。

　　为使稿件能够得到及时处理，作者来稿时请注意以下事项：

　　1. 来稿应为首发论文，一般字数在 8000—20000 字，做到齐、清、定。要求论点鲜明，层次清楚，文字精练，并附 300 字左右的中文摘要和 3—5 个关键词。其中，摘要要求表达简明，语义确切，直接表明文章的内容、观点。

　　2. 来稿所提供图表、照片务必清晰，扫描图片像素在 300dpi 以上，照片大小不低于 2Mb；图表、照片应有编号和说明文字、出处。

　　3. 引文务必核对准确，注释格式请按照《历史研究》执行。

　　4. 属于课题基金项目的论文，请在首页注明基金项目类别、课题项目名称及编号、批准号。

　　5. 来稿请附作者姓名、单位、通讯地址、邮政编码、联系电话、电子信箱等详细信息，以便联系。

　　6. 依照《著作权法》有关规定，编辑部有对来稿进行文字修改、删节的权利。对于抄袭、伪造或一稿多投等行为者，本刊将不再受理该作者的一切来稿。

　　7. 来稿须提供 word 文档，发送至编辑部邮箱：lswxqy@ sina. com，电话：（0311）80788407。

　　8. 自收稿之日起，编辑部将在 3 个月内通过电子邮件等方式告知作者稿件处理意见。因财力人力有限，来稿一律不退，请作者自留底稿。

　　9. 稿件一经刊用，本刊将寄赠稿酬、样刊。凡稿件刊用 2 个月内未收到稿酬和样刊者，请与编辑部联系查询。

《历史文献前沿》编辑部